2011上海贸易中心建设蓝皮书

贸易便利化与上海国际贸易中心建设

MAOYI BIANLIHUA YU
SHANGHAI GUOJI MAOYI ZHONGXIN JIANSHE

石良平 黄丙志等◎著

中国海关出版社

图书在版编目（CIP）数据

贸易便利化与上海国际贸易中心建设/石良平等著.
—北京：中国海关出版社，2011.2
ISBN 978-7-80165-803-6

Ⅰ.①贸… Ⅱ.①石… Ⅲ.①对外贸易—研究—上海市
Ⅳ.①F752.851

中国版本图书馆CIP数据核字（2011）第017163号

贸易便利化与上海国际贸易中心建设
MAOYI BIANLIHUA YU SHANGHAI GUOJIMAOYI ZHONGXIN JIANSHE

作　　者：石良平　黄丙志等
责任编辑：郑　巧
出版发行：中国海关出版社
社　　址：北京市朝阳区东四环南路甲1号　　邮政编码：100023
网　　址：www.hgcbs.com.cn
编 辑 部：01065194242-7537（电话）　　01065194231（传真）
发 行 部：01065194242-7540/42/44/45（电话）　　01065194233（传真）
社办书店：01065195616/5127（电话/传真）　　01065194262/63（邮购电话）
北京市建国门内大街6号海关总署东配楼一层
印　　刷：北京京都六环印刷厂　　经　　销：新华书店
开　　本：787mm×1092mm　1/16
印　　张：20.25　　字　　数：400千字
版　　次：2011年2月第1版
印　　次：2011年2月第1次印刷
书　　号：ISBN　978-7-80165-803-6
定　　价：48.00元

主要著者简介

ZHUYAO ZHUZHE JIANJIE

石良平

经济学博士，现任上海海关学院副院长，教授，博士生导师，享受国务院政府特殊津贴，上海市人民政府决策咨询专家，中国统计学会海关统计分会副会长，上海市统计学会副会长，上海市管理科学学会副理事长。曾任上海市统计局综合平衡处副处长、上海统计科学应用研究所所长、华东理工大学校长助理兼商学院院长。近年来，在宏观调控政策及金融与贸易政策研究等方面颇有建树，是目前“上海贸易中心建设”社会科学创新研究基地的领军人物和上海市政府发展战略研究所“石良平工作室”的首席专家。曾主持完成国家及省部级科研项目12项，出版专著4部、教材4部，发表学术论文200余篇。曾荣获 “中国统计科学技术进步” 一等奖及“上海市哲学社会科学优秀成果”著作类一等奖。

黄丙志

经济学博士，现任上海海关学院管理系副主任（主持工作）、海关风险管理研究中心执行主任，教授，硕士生导师，为“上海贸易中心建设”社会科学创新研究基地和上海市政府发展战略研究所“石良平工作室”的核心专家之一。目前，主要从事国际贸易与海关风险管理研究，先后主持或作为核心成员参与完成国家及省部级科研项目8项，出版专著2部，发表学术论文40余篇。

序

XU

一

在当今经济全球化和信息化浪潮中，上海国际贸易中心建设既面临着良好的机遇，又要应对新的挑战：一方面，随着东亚经济的崛起，特别是中国经济的迅猛发展，具有历史积淀、区位优势与经济实力的上海建设国际贸易中心的内外部基础条件逐渐具备；另一方面，近代工业革命时期及第二次世界大战后兴起的国际贸易中心大多携先发优势，已快速实现了向全球性网络中心节点的转型，而上海经济乃至中国经济的转型与升级，也迫切需要上海建设高级形态的国际贸易中心。韩正市长在2009年上海“两会”期间提出了把上海建设成为“投资便利、商业繁荣、流通发达、行政高效”的国际国内贸易中心的目标。“十二五”时期是上海建设国际贸易中心的关键时期，深入研究现代国际贸易中心发展的一般规律、发展趋势和特点，具有非常重要的理论与现实意义。

现代国际贸易中心具有技术、功能与制度三个层面的节点特征，基本都是信息港、服务港，甚至自由港。从技术与功能上来说，新时代的国际贸易中心逐步具备了全球性一体化综合资源配置的高端贸易功能，在制度上主要表现为相关管制的弱化（或者说贸易便利与自由化的促进），这是国际贸易中心功能转型与提升在制度层面上的决定因素和主要推动力。上海要建设现代国际贸易中心，还取决于最终能否形成以网络经济为基础的全球化知识密集型服务能力，取决于能否形成在电信和通讯技术快速发展基础上的对全球性综合资源配置的控制能力，取决于能否尽快出台并落实吸引全球资本与高端人才等要素流动集聚的宽松的服务性便利化制度与政策。

近年来，尽管上海的内外贸易量快速增长，但仍然属于低附加值的初级和中级制造类货物贸易中心，向高级专业性服务贸易中心转型还需要较长时期的努力。上海要成为现代国际贸易中心，就路径而言，一要厚实的腹地，二要国际化公司与人才的集聚。中国经济的高速增长为上海国际贸易中心提供了广阔的腹地，不断集聚的跨国公司地区总部及不断推出的吸引全球高级人才的制度创新，使上海的全球性综合资源配置和高端服务贸易功能逐渐发展并成长起来。

二

贸易便利化在国际贸易中不是一个新问题，早在 1923 年国际联盟的议程中就提出了贸易便利化的概念。当时，贸易便利化的主要任务是建立各国之间的双边贸易体系，尽可能地协调各国独立的贸易体系。随着经济全球化浪潮的不断高涨，贸易便利化成为国际经济的一个关键性议题，贸易便利化一词也越来越多地得到全世界的关注。由于不同框架关注贸易便利化议题的内容各不相同，因此，贸易便利化迄今在世界范围内尚无一个被普遍接受的统一定义，但对贸易便利化基本精神的理解是一致的，其要旨就是：简化和协调各种程序，加快贸易要素的跨境流动，促进国际贸易更高效的发展。当前，最能集中体现贸易便利化精神的是世界贸易组织（WTO）的“多哈回合”谈判和世界海关组织（WCO）的《全球贸易安全与便利化标准框架》。

建立科学高效的贸易便利化体系、消除贸易要素地区间与跨境流动的障碍及降低交易成本已经成为世界各国的普遍共识和促进国际贸易发展的迫切需求，这也是现代国际贸易中心发展的基本规律和发展趋势。世界经济论坛促进贸易发展指数中的“市场准入”制度、“边境管理”制度在一定程度上都能够反映出资本与人才要素流动的状况。就目前经济全球化新形势下国际贸易中心综合性资源配置的本质功能来说，全球资本和新的移民劳动力是跨国公司在世界城市现代服务业快速发展与集聚中表现出来的两个最突出的方面。促进资本与人才流动的便利化政策措施，是跨国公司带动现代服务贸易集聚发展和推动国际贸易中心向综合性资源配置高级形态功能转型升级的关键举措。

近年来，人们更多地从广义的范围（即影响贸易交易的整个环境）来考虑贸易便利化问题。在实践中，各种促进贸易便利化的措施大都体现为通过贸易程序和手续的简化、适用法律和规定的协调、基础设施的标准化和改善等，为国际贸易活动创造一个简化、协调、透明、可预见的环境。因此，贸易便利化涉及的内容十分广泛，几乎包括了贸易过程的所有环节，其中海关与跨境制度是问题的核心。

海关一直是贸易便利化的积极推动者。早在贸易便利化进入全球多边贸易谈判之前，WCO 就致力于通过制定各项公约、建议书来简化和协调各国海关制度。WCO 成立于 1952 年，其前身是海关合作理事会（Customs Cooperation Council，CCC），主要任务是改善、协调各国海关的运行及提高海关行政效率，以促进国际贸易的发展。海关合作理事会成立后，在简化和协调各国海关业务制度、便利国际贸易发展方面做了大量工作。为适应国际贸易环境的变化，2005 年 6 月，WCO 理事会通过了《全球贸易安全与便利化标准框架》。《全球贸易安全与便利化标准框架》的一个首要目标是在全球范围内建立供应链安全和便利的标准，以提高确定性和可预测性。同时，《全球贸易安全与便利化标准框架》要使一体化供应链管理适用于所有运输模式，并加强各成员在“游戏规则”下的合作，使全世界各海关当局能一致应对未来的挑战。

三

上海海关学院是全国唯一一所系统培养海关人才和从事海关管理、国际贸易等学科研究的本科院校，直属于中华人民共和国海关总署。目前，学院的国际贸易相关研究机构主要有国际贸易研究中心、海关税收研究中心、海关风险管理研究中心、海关法研究中心、报关研究中心。学院在国际贸易研究领域拥有一支雄厚的科研和师资队伍，长期承担着大量与国际贸易相关的教学与科研任务，在贸易便利化、国际物流、关税政策、海关法律等学术研究方面有着不可替代的特有优势，前期已经取得大批丰硕的成果。

多年来，根据海关总署及 WCO 的研究计划，结合国际贸易及海关事业的发展趋势，学院教师充分发挥自身优势，以如何发挥海关在国际贸易自由化和便利化中的积极作用为核心，开展了一系列课题研究。完成的科研项目包括《WTO“多哈回合”贸易便利化谈判研究》、《不同框架下贸易便利化议题的对比研究》、《结合 WTO 贸易便利化谈判分析我国当前的口岸管理体制》、《增值税转型对我国进出口贸易的影响》、《原产地规则在自由贸易区中的作用》、《现行中华人民共和国进出口税则存在的问题及修改建议》、《海关大监管体系建设研究》等，并发表了一系列与国际贸易及海关事务有关的学术论文，翻译了大量世界各主要国家在贸易便利化谈判中所提出的议案及海关合作方面的材料，为我国海关积极应对国际贸易和世界海关发展的新趋势提供了决策依据。上海海关学院逐渐成为海关总署的外脑智库。

学院在国际贸易领域长期与 WCO、海关总署、商务部保持着密切的联系，开展了一系列相关合作交流与培训。根据 WCO 的分工和要求，学院承担着 WCO 亚太地区国家（地区）的海关人员的培训任务，履行相应的国际义务。学院教师先后被派往日内瓦、布鲁塞尔、泰国、日本等多个国家进行国际交流。这种交流活动有利于了解和把握世界经济、全球贸易和各国海关的发展现状、趋势及存在的问题，使我们的研究更具有国际化的视野。同时，学院还是“国际海关高校网络”（International Network of Customs Universities，INCU）成员，并成功举办了“海关学术研究与发展伙伴国际论坛”。INCU 是一个促进世界海关组织和其他活跃于国际贸易与海关研究、海关教育培训领域的高校和研究机构相互联系的国际平台。在对外交流中，学院吸收借鉴国际先进经验，加速学院自身发展和学科专业建设，提升学院在国际贸易与海关研究领域的学术成就和国际影响力。

2009 年 5 月与 12 月，上海海关学院受邀与上海市人民政府发展研究中心共同举办了两期“上海国际贸易中心论坛”，以石良平副院长为首的科研团队围绕国际贸易主题进行了一系列的前期研究。2009 年 10 月，学院成功获批为“上海贸易中心建设”上海社会科学创新研究基地和上海市政府发展战略研究所“石良平工作室”，这是学院在国际贸易研究团队建设上的一个重大突破，也是给予学院在国际贸易研究领域特有优势与突出成绩的充分肯定。目前，上海社会科学创新研究基地已经与上海市商委研究中心及上海社会科学院贸易研究中心、上海浦东发展改革研究院、上海海关建立了密切高效的合作关系，多位专家与领导受邀担任创新研究基地的合作研究员。同时，学院与上海市外贸行业协会及众多的贸易公司（包括世界五百强在上海的总部或分公司）也建立了信息交流机制，可以随时监控主要企业的贸易流量及发现贸易便利化方面存在的问题，有利于及时、准确地掌握上海贸易的整体情况，为研究提供可靠的基础。

这部以贸易便利化与上海国际贸易中心建设为主题的专著是上海社会科学创新研究基地和“石良平工作室”在本年度取得的最新研究成果，其创新之处有三：一是站在历史高度审视了国际贸易中心的变迁、当代特征与未来趋势，同时横向标杆比照了世界各国贸易中心与国内各贸易中心，确定了上海国际贸易中心发展的目标定位；二是比较全面地梳理与提炼了上海国际贸易中心建设的重要路径和着力点；三是从贸易安全与便利化的海关视角，研究各个环节的改进对促进上海国际贸易中心建设的可行性，并提出相关政策建议。

本人曾在海关工作三十多年，分管过海关稽查、海关企业管理与海关风险管理等业务，对海关工作服务于经济发展及促进贸易安全与便利等方面有所心得，此次非常高兴地看到本书的出版，相信其必将对我国贸易发展、上海国际贸易中心建设和贸易便利化推进方面产生积极而重要的影响，同时也期望在以后的研究中能够不断有更多更优秀的成果问世，更好地服务于全国与地方经济及海关事业的发展。

上海海关学院党委书记 郝建民

2010 年 11 月

目录

MU LU

第二篇　上海国际贸易中心建设的路径与着力点

第三篇 国际贸易中心建设中的贸易安全与便利化：海关视角

0 导论：贸易自由化、便利化与上海国际贸易中心建设

2008年全球金融危机以来，贸易保护主义抬头，贸易制裁案件成倍增长。世界贸易组织（WTO）发布的《全球贸易警示》中显示，在2009年全球发生的130多起贸易制裁案中，中国成为最大的受害者，多达55起反倾销诉讼案是针对中国的。美国则成为第二大受害者，针对美国的贸易诉讼为49起。而在这些案件中，很大一部分又发生在中美两国之间。这是因为随着中国经济的崛起，中美两国贸易不断扩大，互为最重要的贸易对象国，两国间的贸易矛盾也随之而来。特别是在全球性金融危机之后，美方持续不断地发起对中国的贸易制裁，对进口中国的轮胎、油井管等多宗商品进行所谓的反倾销调查和征收高额关税。在此情形下，WTO曾预测，2010年全球范围内发生的贸易纠纷可能增加至437起，是2009年的3倍多。

自由贸易和保护贸易是一对孪生兄弟，无论在理论界还是贸易实务中都存在长期的争论和交锋。尽管大多数理论都已证明自由贸易能够促进全球资源的有效配置和利用，贸易双方都能够从贸易中获利，也有利于推动本国经济的增长，但在实践中，不同形式的贸易保护主义仍占有相当的市场，尤其是在某些国家竞争力下降或经济衰退时期，各种以保护国内经济利益为借口的贸易保护政策就会大行其道，严重损害自由贸易的经济氛围。

为推动全球贸易的自由化和便利化，许多国际与地区组织，如世界贸易组织、世界海关组织（WCO）、亚太经济合作组织（APEC）等，一直在向推动全球贸易自由化和实现贸易便利化的方向努力，并制定和规范了一系列国际贸易规则和海关通关程序，在减少和消除生产要素跨境流动的障碍、降低交易成本、建立高效的贸易便利体系方面做了大量工作。了解和熟知这些规则，对于我国经济融入全球经济及实现全球化战略有着十分重要的意义。对于把建设国际贸易中心作为奋斗目标之一的上海来说，本着进一步改革开放的精神，不断消除阻碍贸易自由化和便利化的障碍，创造一个良好的贸易环境，显得尤为重要。

0.1 自由贸易与保护贸易

所谓贸易自由化，是指一国对外国商品和服务的进口所采取的限制逐步减少，为进口商品和服务提供贸易优惠待遇的过程或结果。也就是说，贸易自由化

是通过降低或消除各种贸易障碍，推进各国间跨境交易活动的市场化和对外开放，以促进全球资源合理配置，增进全球经济福利的过程。可以看出，贸易自由化的过程，实质上也就是推进贸易便利化的过程。

贸易自由化的理论基础来源于亚当·斯密和大卫·李嘉图的“比较优势论”。该理论认为，对于一个国家来说，不仅在其具有超过其他国家的绝对优势的产品上进行专业生产是有利的，而且在那些具有比较优势的行业进行专业生产也是有利的。通过贸易互通有无，各国在具有相对较高生产力的领域进行专业化生产，将有助于提高各国的真实财富总量。从那时至今的几个世纪里，贸易自由化作为符合“自然秩序”的一种贸易模式，一直是人类不懈追求的目标，也是人们希望达到的一种理想境界。就连极力提倡自由贸易的亚当·斯密也很清楚这一点，他说：“期待贸易自由像期待乌托邦一样的荒谬，因为不仅公众的偏见会反对，而且更无法克服的是存在许多个人的私利，都会不可遏制地出来阻挡和反对自由贸易。”

正如亚当·斯密所预料的那样，一方面是人们大力宣传自由贸易的好处，而另一方面保护贸易却从没有退出过舞台。几个世纪以来，自由贸易和保护贸易就一直交错地存在着，只不过在一定时期内更倾向于某一方面而已，各国政府总会自觉或不自觉地采取保护本国贸易的措施。

贸易保护主义存在的一个基本理论是，由于各国经济发展的不平衡，以及存在着社会制度、经济体制和文化观念等方面的差异，从而导致贸易利益不可能在世界各国之间均衡分配。尤其是第二次世界大战以来，基于国家利益和民族利益的需要，在经济上落后的国家为了保护本国生产力的发展，特别是保护国内的工业，大力倡导并推行保护贸易政策；而发达国家为了保持国内市场的价格垄断和夺取国外市场，也总是对外打着贸易自由化的旗帜，对内实行严厉的保护贸易政策。

这种保护贸易普遍存在的现象引起我们对贸易理论的反思。传统自由贸易理论所依赖的基本假设是，国际市场和国内市场都是完全竞争的市场结构，但在现实中这种完全竞争的市场是不存在的。在目前世界各国贫富悬殊、经济实力差距很大、由经济大国决定贸易规则并主导国际贸易的全球经济中，要真正实施自由贸易难度极大。各国都根据自身的利益有选择性地游离在自由贸易和保护贸易之间。例如，19 世纪中叶，在英国经济实力达到顶峰时，曾通过修改《航海条例》和废止《谷物法》，提出了商品（包括鸦片在内）自由贸易口号。当时的美国和德国因国力不敌英国，则分别采取了汉密尔顿和李斯特的贸易保护理论和政策，并利用第二次产业革命和世界经济增长的有利时机，加速增长，扩大实力，在第一次世界大战前就赶上并超过了英国。当英国的世界经济领先地位丧失时，随即在20世纪20年代初通过了《染料法》和《工业保护法》，放弃了自由贸易。

第二次世界大战以后，从1947年开始的“日内瓦回合”到1995年结束的“乌拉圭回合”，虽然在关贸总协定的范围内，通过多边谈判促成了各成员国特别是发达国家关税的削减，促进了贸易自由化的发展，但是当日本、德国及一些新兴工业化国家和发展中国家依靠适度的贸易保护而迅速地强大起来，甚至在某些方面赶上和超过了美国时，美国又祭起了贸易保护的大旗。由于关税已经降低，因此非关税壁垒就成为主要的贸易保护手段。

由此可见，自由贸易虽然是人们不断追求的理想目标，但形形色色的贸易保护却是国际经济关系的现实。因此，在中国经济不断融入全球化的过程中，在中国的贸易量成为全球第一时，对这种现状一定要有充分的认识，并且把这种认识融入我们的贸易政策中去。

0.2 自由贸易区的作用与进程

尽管目前全球保护贸易盛行，但世界贸易增长的总体趋势是不可改变的。尤其是互联网革命以来，经济全球化的发展异常迅猛。过去30年间，世界贸易的年均增长速度超过了11%，占全球GDP的比重从22%迅速上升到了42%。与此同时，国际贸易的增长也极大地带动了国际资本的迅速流动，国际资本的流动数量也从20世纪70年代占全球GDP的5%上升到了如今的21%，超过了19世纪金本位制时期的黄金流动速度。

全球贸易额的迅猛增长和贸易保护主义盛行形成了一对矛盾，世界各国都在寻找一种阻力更小、贸易壁垒更少、贸易政策更为可行的贸易模式。自20世纪90年代以来，随着区域经济一体化的浪潮席卷全球，自由贸易区（Free Trade Area，FTA）贸易模式应运而生。至2008年年底，向WTO通报并已经实施的各类区域贸易协定（Regional Trade Agreement，RTA）已达421个，其中已经生效并开始运行的区域贸易协定有238个，FTA占90%以上。而与这种趋势相对应的一个奇特现象是，自WTO正式运行以来，至今尚没有成功地结束新一轮的多边贸易谈判。

第二次世界大战后建立起来的国际经济体系主要是布雷顿森林体系。这一体系在相当长一段时间里保证了全球经济、贸易和金融的有序开展，推动了以国际贸易和资本流动为主的经济全球化。布雷顿森林体系主要由国际货币基金组织（IMF）、世界银行（WBG）及关税与贸易总协定（GATT）维系。随着固定汇率制的瓦解和全球化的迅猛进展，三大机构的功能发生了很大变化，其中变化最大的就是原来临时性的关税与贸易总协定在1995年被正式的世界贸易组织所取代。尽管如此，全球贸易自由化的进程并没有得到根本性的改变。

一方面是全球化趋势迫切要求自由贸易的支撑，另一方面各国不断增加的非关税壁垒导致贸易自由化受限，而WTO的僵化机制和多边谈判的复杂性，使多边贸易谈判一再搁浅。正是因为这些因素，才促成了目前热闹非凡的区域贸易的FTA谈判。这是因为FTA谈判有着WTO不可替代的灵活性和自由度，参加的国家和地区可以从两个到多个不定（从目前的情况看，大多数FTA都是双边的，在通知WTO和已经实施的FTA中，80%是双边的），谈判和协商的方式也完全可以由参加方自由协商和改变，这样就在很大程度上规避了WTO僵化的机制所带来的谈判效率低下。同时，谈判方也可以根据自己的利益诉求点来选择谈判的主题，包括在WTO谈判中十分敏感的农产品问题、知识产权保护、跨境服务贸易、对环境和劳工权利的保障、开放投资领域、保护竞争等问题，这样就可以大大加快谈判的进程和效率，以促进区域贸易谈判的成功。

贸易区域化的现象也从另外一个侧面揭示了目前的国际经济制度跟不上全球化进程的问题。当WTO不能有效地促进贸易自由化时，或者说这种多边制度成本太高时，各国就会试图用双边或诸边的制度来取代它。而当这种局部的制度安排能够有效地替代全球性制度安排时，全球的贸易自由化还是能够在一定程度上得到促进的。因此可以说，这种区域化的制度安排是与经济全球化进程互补的，也是经济全球化的一种结果。

但是，在FTA进程中，有一个现象值得关注，那就是目前已经签署的绝大部分FTA都是以发达国家为主导，发达国家与发展中国家双边签订的，并且适用区域范围也相当较窄。从签订的协议中可以看出，大国在与小国的谈判中往往可以取得较有利的地位，在最终的条款中可以获得比在WTO的谈判中更大的利益。这就是为什么以美国、欧盟和日本为代表的发达国家（联盟）对于FTA的谈判表现出非常积极的态度的原因。也正是因为有了FTA上的获利，各方在WTO框架下的谈判都不肯让步，或者要价过高，进展不顺。

这是一个值得我们思考的现象。这种现象的出现，至少说明以下几方面的问题：

第一，我们理想中的多边贸易制度走得并不顺利，或者说，多边贸易制度已经不能满足经济全球化的要求。这是因为，世界各国加入经济全球化的目标是多重的，既有经济的要求，也有非经济的目标。经济的要求包括扩大贸易、增进福利、产业升级、经济增长和促进就业等；非经济的目标包括国家安全、政治外资目的、区域规划主导权等。如此多目标的谈判，很难在多边谈判中获利一致的意见，因此各国转向双边的 FTA 谈判也就变得不足为奇了。

第二，发达国家的全球战略是需要与发展中国家互补的。从目前已经形成的 FTA 中可以看出，非常活跃的还只是少数国家，而且主要是由发达国家和发展中国家双边签订。目前比较活跃的国家主要有欧盟各国、美国、日本、澳大利亚、新西兰、新加坡、以色列、智利、墨西哥、约旦、摩洛哥等。而在这些国家的 FTA 中，大多是一个大的发达国家与一个小的发展中国家签订。从中也可以看出，在这一签订过程中，非经济因素的重要性大于经济因素，政治标准仍是重要的出发点。这个倾向对我国的 FTA 战略尤为值得关注。

第三，贸易的标准正在发生深刻的变化。多边贸易谈判进展艰难的另一个障碍就是发达国家不断提高谈判筹码，在 FTA 协议中不仅有货物和服务贸易的自由化内容，还有投资、金融、知识产权保护、竞争政策、政府采购、技术壁垒、卫生检验检疫及劳工标准和环境标准等。这些标准在广度和深度上都突破和超越了 WTO 的范围，涵盖了 WTO 未覆盖的内容，形成了所谓的“WTO +”模式。

从上述现象中，我们还可以得出一些结论，那就是尽管 FTA 的发展趋势有利于破解保护贸易的难题，但其进程也是非常不顺利的，其基本状况与 WTO 的多边谈判相一致，也主要是以发达国家为主导，并且谈判的标准也在不断变化。

中国自 2001 年正式加入 WTO 后，也积极参与到全球化和区域化的进程中去，在 WTO 框架下与一些国家和地区签订了自由贸易区协定。2002 ~ 2010 年，中国已与 9 个国家和地区签订了 FTA 协定，正在谈判中的 FTA 协定有 5 个，正在研究进行谈判的有韩国、印度和瑞士，2010 年还启动了中、日、韩自贸区官产学联合研究。

从表 0 - 1 中可以看出，中国的 FTA 进展并不快，且主要是与发展中国家签约。随着国力的增强和国际地位的提高，中国在世界贸易中的排名已经从 1978 年的第 32 位提高到第 1 位，随之而来的就是贸易摩擦日益增加，贸易成本急剧提升。因此，大力推进我国的 FTA 战略，将是今后中国全球经济战略中的一项十分重要的任务。

表0－1　中国的自由贸易区进展

已签订的 FTA	签订日期
中国—东盟	2002 年 11 月 4 日
中国内地—中国香港	2003 年 6 月 29 日
中国内地—中国澳门	2003 年 10 月 17 日
中国—智利	2005 年 11 月 18 日
中国—巴基斯坦	2006 年 11 月 24 日
中国—新西兰	2008 年 4 月 7 日
中国—新加坡	2008 年 10 月 23 日
中国—秘鲁	2009 年 4 月 28 日
中国—哥斯达黎加	2010 年 4 月 8 日
谈判中的 FTA	**启动日期**
中国—南部非洲关税同盟	2004 年 6 月
中国—海合会	2004 年 7 月，已举行 4 轮
中国—澳大利亚	2005 年 4 月，已举行 14 轮
中国—冰岛	2007 年 4 月，已举行 4 轮
中国—挪威	2008 年 9 月，已举行 8 轮

资料来源：中国自由贸易区服务网：www. fta. mofcom. gov. cn。

尽管我国的 FTA 进展并不顺利，但就目前已经签订的 FTA 的实施情况看，中国企业利用 FTA 优惠政策的比例并不大。中国社会科学院 2009 年下半年就中国企业利用中国—东盟 FTA 的优惠政策情况进行了一个调查，发现利用优惠政策出口达到或超过 50% 的企业比例仅为 8. 8%，利用 FTA 优惠出口在 20% ~ 50% 的为 11%，没有利用 FTA 的企业为 47. 1%。这么低的利用率，说明中国—东盟自贸区的协定对中国外贸企业的影响力还很小。

在关于自贸区政策利用率低的原因分析上，该调查认为主要是“缺乏 FTA 信息”、“FTA 提供的降税优惠幅度太小”、“提供原产地证明的文件太复杂”、“取得原产地证书太慢或涉及费用过大”等。在 FTA 利用上，原产地规则发挥着重要作用，因为产品要想从贸易自由化中获益，就必须遵守原产地规则。调查表明，我国大多数企业不熟悉原产地规则，缺乏原产地规则方面的知识，因此他们宁可在对外贸易中不利用 FTA 的优惠条件。

这一情况给了我们一个重要警示：尽管我国的国际贸易额已成为世界第一，但我国企业的国际化程度却不高，对国际贸易规则的了解还很有限，对中国企业进行全球新的贸易制度和贸易规则的培训任务还相当繁重。

0.3 贸易便利化与贸易安全

贸易自由化还与贸易的便利化相关。在国际贸易过程中，烦琐的通关程序和大量的通关文件会对货物的通关产生不利的影响。根据经济合作与发展组织（OECD）的调查，繁杂的通关程序所产生的交易成本会占到交易总成本的2%～15%。因此，建立高效的贸易体系、消除贸易要素跨境流动的障碍、降低交易成本逐渐成为世界各国的普遍共识，也是推进贸易自由化的一个必要过程。在这种情况下，贸易便利化应运而生。

所谓贸易便利化，主要是指通过简化和协调各种程序，以减少贸易扭曲，加快贸易要素的跨境流动，促进国际贸易高效发展。表0－2展示了贸易自由化与贸易便利化之间的关系。

表0－2 贸易自由化与贸易便利化之间的关系

贸易自由化	贸易便利化
通过降低或消除各种贸易障碍，推进各国间跨境交易活动的市场化和对外开放，促进全球资源合理配置，增进全球经济福利。	通过简化程序、增强透明度、统一标准、完善规范、减少限制等措施，降低国际贸易活动中的交易成本，促进货物和服务的自由流动。

数十年来，各国际经济组织一直在向实现更为简便、更为协调的国际贸易程序的目标努力，贸易便利体系的内容已成为其关注的重点。

2004年8月，WTO总理事会正式将贸易便利化问题提上工作议程，并从技术协调和法律协调两个方面展开贸易便利化的谈判。从技术协调来说，要求各国的基础设施和设备标准化，如建立单一窗口，实现数据电子化、标准化等；从法律协调来说，则要求确立具有约束力的法律规则来协调各国通关管理法律制度，使之更加透明。鉴于2001年美国“9·11”事件的教训，WTO在提倡贸易便利化的同时，也开始关注贸易安全问题。

2005年6月，WCO通过了关于保障国际贸易供应链安全和促进贸易便利的一揽子文件——《全球贸易安全与便利标准框架》。这是到目前为止国际社会关于贸易安全与便利的最具引领性和权威性的框架协调。WCO拥有166个成员国海关，代表着全球99%的国际贸易量。海关拥有查验进出口及过境货物和物品的权力，也拥有拒绝物化进出口和加快进口的权力，因此，海关在全球贸易安全和便利方面承担着重要角色。

《全球贸易安全与便利化标准框架》有六大目标和原则：一是制定全球范围供应链安全与便利的标准，促进稳定性和预见性；二是形成对所有运输方式适用的一体化供应链管理；三是增强海关应对21世纪挑战和机遇的作用、职能和能力，这些挑战和机遇主要包括经济全球化和区域化的趋势、利用国际规则的能力、对付恐怖主义和分裂主义对贸易安全的威胁、世界各国在反腐和打击毒品走私等方面的合作；四是加强成员国海关之间的合作，提高甄别高风险货物的能力，要求加入《全球贸易安全与便利化标准框架》的国家都应针对安全威胁采取一致的风险管理手段；五是加强海关与商界的合作，要求成员国海关向满足供应链安全的最低标准并参照最佳做法的商界提供相应便利，并为经认证的经营者（Authorized Economic Operator，AEO）提供多种便利措施，赋予AEO更大的权力；六是通过保护国际贸易供应链安全，确保货物畅通无阻。

同时，《全球贸易安全与便利化标准框架》也提出了四个核心元素，包括：①协调对进口、出口和转运货物提前递交电子货物信息的要求；②加入《全球贸易安全与便利化标准框架》的国家都应针对安全威胁采取一致的风险管理手段；③应进口国的合理要求，出口国海关基于可比的风险布控手段，应对出口的高风险集装箱和货物进行检验；④成员国海关应向满足供应链安全的最低标准并参照最佳做法的商界提供相应的便利。

从以上四个核心元素可以看出，《全球贸易安全与便利化标准框架》实际上着眼于两个支柱，即各国海关与海关之间的合作安排及海关与商界之间的伙伴关系。只有确立了这种合作与伙伴关系，才能在安全的基础上完成便利化的许诺。《全球贸易安全与便利化标准框架》为世界贸易提供了一个全新的平台，它将提高海关甄别和处理高风险货物的能力，增强货物管理的效率，从而可以加快货物的通关和放行。

当然，我们也应当看到，《全球贸易安全与便利化标准框架》的一个主要原则就是试图建立一套国际标准，以增加各国海关在认识上的一致性和可预见性，但它只是一个最低标准，各国海关都可以根据本国的实际情况进行修订和分不同阶段实施。

0.4 中国海关的贸易便利化尝试

中国海关作为 WCO 的重要成员，对推进贸易安全与便利始终持积极的态度。近年来，中国的国际贸易总量急剧上升，通关的速度和效率面临严峻考验。为此，中国海关本着贸易安全与便利的原则，开展了一系列大改革与大调整，通过制度创新和技术创新，简化海关手续，优化作业流程，以提高通关效率。同时，海关也加强了与口岸各相关部门及商界的合作，努力创造一个更为优异和便利的贸易环境，以促进国际贸易的增长。

第一，在 WCO《全球贸易安全与便利标准框架》准则下，加强与各国海关之间的国际合作。目前，中国海关已经与 117 个国家和地区的海关开展了友好往来。中国和东盟自 2003 年正式启动海关领域的合作以来，建立了定期的署级磋商机制和由专家组成的海关协调委员会的磋商机制，推进中国—东盟自贸区原产地规则的谈判，并开展了广泛的能力建设合作。此外，中国海关还推动了中美、中欧海关在执法、统计、原产地、技术合作、贸易便利化等传统领域，以及反恐、知识产权保护等非传统领域的合作。中欧双方还启动了“中欧安全智能贸易航线试点计划”和“经认证的经营者”合作项目，推进中欧贸易的便利化。

第二，加强海关与商界的合作，积极推进分类通关管理。为了推进贸易便利化，加强与商界的合作，中国海关于 2008 年正式实施了《中华人民共和国海关企业分类管理办法》。该办法按照企业守法程度和信用度高低对有关企业进行了评估和分类，设置了 AA、A、B、C、D 共 5 个管理类别。按照守法便利的原则，对不同管理类别的企业实施相应的差别管理措施，使企业和社会普遍认可了“守法便利、差别管理、动态调整、关企合作、贸易安全”的通关原则和措施。

第三，构建大监管体系，推进海关业务改革。除了加强国际合作及与商界的合作外，海关在贸易便利化方面还进行了一系列改革，通过在综合治税、区域通关、无纸通关、新型保税监管体系等方面的综合改革，力图构建一个提升整体通关效率的海关大监管体系，并在具体措施方面实行提前申报、货到验收、属地申报、口岸验放、集中申报、选择查验、“7×24 小时”预约通关等多项便捷通关措施，以提高海关监管和通关效率。

第四，以现代信息技术为依托，提高智能化水平。为提高贸易便利化和通关效率，技术层面的信息化和智能化水平的提升至关重要。中国海关是中国最早使用信息技术的政府部门之一，目前，海关系统已形成了电子海关、电子总署、电子口岸的全方位信息化应用框架。全国海关通关管理系统（H2000）的应用实现了海关通关管理的全方位信息化，目前正在研发功能更为强大、整合程度更高、性能更佳的下一代通关管理系统。电子口岸实现了服务于“大通关”的统一信息平台，三十余万家企业可以通过电子口岸在网上进行申报，海关与相关政府部门、主要商业银行之间实现了信息交换与共享，极大地提高了通关效率，降低了贸易成本。同时，为了提高管理效能，海关还相继开发了由综合业务数据分析系统、关税监控分析系统、统计执法评估系统等项目构成的风险管理系统，实现了对进出境运输工具、货物的风险识别和有效处置，既保证了海关的有效监管，也便利了海关通关。

0.5 上海国际贸易中心建设的目标与贸易便利化

根据中央布置，上海正在加快建设成为国际经济、金融、贸易、航运中心。2009～2010 年，上海的国际金融中心和国际航运中心建设明显加速，国际贸易中心的建设也面临突破。根据规划，未来十年，上海进入经济转型的关键时期，世博会的战略影响将全面融入上海城市发展战略中，上海将完成四大战略转变、向服务经济结构的战略转变、向世界级城市群的核心战略转变、向全球城市网络节点的战略转变；向现代城市发展模式的战略转变。要实现这四个转变，上海必须完成以下三方面的基础建设。

第一，必须率先全面地参与或融入全球化规则制定和关系处理的过程中去。世界级城市或全球城市网络节点不是自封的，而是要全球认可的。不符合全球化基本交易规则的城市，是不可能成为世界级城市的。正如前文所述的那样，目前全球性交易的标准和规则正在发生深刻的变化，环境、气候、低碳、知识产权标准所占的比重越来越高，在这些问题上没有重大突破，要成为世界级城市和全球城市网络节点就无从谈起。因此，在重大制度和规则上的突破及国际性人才集聚和培养方面，上海必须要有更大的动作。

第二，必须花大力气降低交易成本。降低交易成本除了对政府行事规则进行改革以提升政府管理绩效外，还要大力建设一个有利于流动的基础设施。除了传统的交通网络，包括海陆空一体化和立体化的交通网络外，全面建设以无线为主的信息网络是下一阶段的重中之重。除了信息革命的深化，新一代网络建设已成为衡量世界级城市的重要指标，因此，上海必须建设成为全球信息化、网络化的功能集成平台，成为全球的信息中心，并形成这种网络流动服务的一系列产业和环境。上海的四个中心建设都将在这个平台上得以完成。

第三，要形成更为完善的服务功能。随着全球经济进入后信息化时代，产业结构的调整在网络化的条件下，通过业务外包的形式正向越来越精细化的方向发展，各种生产性服务业及为金融、贸易、航运服务的新型服务业不断诞生。这种态势对上海服务业的全面改造提出了新的要求。同时，随着全球产业结构的调整，服务业领域的外资进入中国将是“十二五”期间的一个显著特征。为此，上海应进一步拓展培植各类新型服务业的空间，同时也为这类服务的全球化提供更为广阔的平台。

从以上这些因素看，上海在建设四个中心的过程中，会将国际贸易中心建设放在一个首要的地位。这是因为国际金融中心和国际航运中心建设都需要以国际贸易为载体，国际航运中心的形成需要有国际贸易量作为支撑，人民币的国际化也需要大量跨境贸易结算。更何况作为世界性城市，上海必须提升全球资源配置的能力，这种能力的提升与形成各类全球性交易市场和交易中心是分不开的。只有全球性市场形成了，上海才有可能成为全球的定价中心、营运中心、资本集聚中心，各类金融产品才能在此基础上形成和运作。正因为如此，上海建设国际贸易中心的步子必将大大加快。

从目前已经形成的规划框架看，上海国际贸易中心建设主要包括六个方面，即要形成口岸集散中心、大宗商品交易与定价中心、贸易营运与控制中心、现代国际化采购交易中心、国际购物天堂、国际服务贸易中心。对贸易而言，不管形成多少个中心，其首要条件一定是贸易便利和交易成本相对较低。而要做到贸易便利和降低交易成本，在硬件上要充分利用信息革命形成的一切成果，以物联网的突破为契机，完成各类电子商务平台、网上贸易信息平台、电子交易支付平台等虚拟化贸易平台，以虚拟网络支持实体贸易网络，达到降低交易成本的目标；在软件上则要改革与贸易相关的各类审批体制，打破市场中介的垄断格局，引入竞争机制，降低市场准入门槛，并且理顺口岸工作的相关协调机制，改革目前贸易过程中商务、海关、外汇管理、商检、税务、航运、金融等部门分头管理的平行监管模式，探索地方综合协调机制，在 WTO 和 WCO 规则和要求的框架下，为各类贸易提供更为便利的交易条件。

本书将本着上述精神，对上海国际贸易中心建设和推进贸易便利化进行广泛的理论和实践探讨，以期为推进上海国际贸易中心建设作出贡献。

第一篇
国际贸易中心建设的发展趋势与上海的定位

GUOJI MAOYI ZHONGXIN JIANSHE DE FAZHAN QUSHI YU SHANGHAI DE DINGWEI

从纵向的视角历史地研究国际贸易中心的发展趋势与当代特征，从横向的视角客观地比较国内建设国际贸易中心的进展与模式探索，对于我们把握上海建设国际贸易中心的目标定位具有重要意义。本篇主要包括三个部分：世界各国贸易中心的变迁与当代特征；上海建设国际贸易中心的历史沿革与政策支持；长三角与珠三角主要城市的贸易增长效应比较分析。

1 世界各国贸易中心的变迁与当代特征

对于国际贸易中心的概念，从世界城市的视角去把握会更加准确和具有全局性。早在1915年，杰德斯（Patrick Geddes）就提出了“世界城市”一词，其所界定的世界城市主要就是从国际贸易中心角度给出的定义①。此后，世界城市的内涵得到了进一步发展（Hymer，1972；Heenan，1977；Friedmann，1986；Sassen，1991，2001年第2版；Hall，1996；Castells，1996，2000年第2版）。而今，“世界城市的本质属性，更多地表现为在全球化中的连通性。一个城市是否具有世界城市的功能，关键在于其融入各类世界网络体系的程度”②。在这个意义上说，国际贸易中心是世界城市在商贸流通方面的一个关于功能形态的核心内涵，是全球商贸流通网络化的关键节点，又通常被称为国际商业中心。本章将从世界城市的视角，考察世界各国贸易中心的变迁及当代的节点特征。

1.1 世界各国贸易中心的变迁

随着历史车轮的前进，在不同历史时期，国际贸易中心的功能与形态发生着明显而重大的转变。在制度层面上，贸易自由化与便利化的内涵与表现形式也随着贸易中心在技术和功能上的变化而演进。

贸易中心，最早源于古代的“集市”和城市化发展。对于大陆文明来说，城市在地理条件方面更看重陆路的要塞。当然，很多城市同时也沿江或沿河，但是就当时而言，陆路的意义要大于水路的意义，因为它们往往也是大国的军事重镇和政治文化中心，影响范围大多表现为区域性网络中的节点。从某种意义上说，国力强盛的辐射域和存续时间，也决定着一些商贸中心具有一定世界性网络中心节点的特征，如唐朝时“丝绸之路”的起点长安城。

“从1400年到1800年间世界经济的结构与发展来看，我们可以看到，作为

---

① 杰德斯1915年指出：世界城市是指那些在世界商业活动中占有一定比例数量的城市，可以说，那些世界商业活动高度集聚的城市便被视为世界城市。

② 周振华等主编：《世界城市——国际经验与上海发展》，上海社会科学院出版社，2004年5月第1版，导论第3页。

中央之国的中国，不仅是东亚朝贡贸易体系的中心，而且在整个世界经济中即使不是中心，也占据支配地位。”① 西亚也有以陆路为主，辅以水路的。“海上与运河贸易的结合，在许多城市转运货物。在许多世纪里，联结亚洲的波斯湾商路使巴格达成为各个方向的陆路、海上与沿河贸易的汇聚点和转运站。奥斯曼人确实占据着欧洲和亚洲之间的地理和经济枢纽，而且他们也竭力从中谋取最大的好处。东西方的香料和丝绸贸易通过奥斯曼境内的陆路和水陆要道。自拜占庭帝国以来的一千年间，君士坦丁堡凭借着其作为一个南北和东西交通枢纽的地位而发达起来。这也诱使奥斯曼人征服它，并把它改名为伊斯坦布尔。”②

对于海洋文明而言，城市在地理条件方面偏爱海洋水路的天然良港，如地中海沿岸的佛罗伦萨、威尼斯、米兰等贸易中心的繁荣。“威尼斯和热那亚的贸易、工业和财富主要基于这两个城市在欧洲和东方之间所扮演的中间人角色，甚至在整个中世纪黑暗时期，意大利城市都在某种程度上维持了这种角色。”③ 到了15 世纪大航海时代，大西洋沿岸的巴塞罗那、里斯本、阿姆斯特丹、伦敦、利物浦等贸易城市开始兴盛。“在交通运输业领域的竞争，亚洲过去也占据优势，直到19 世纪，以蒸汽为动力的铁路和轮船才使欧洲人在世界贸易中长驱直入。”④ 特别是近代以来，随着以蒸汽机为标志的工业革命的开始和以电气化技术为标志的工业革命的深入，铁路、公路、航海、航空等交通运输技术不断发展，国际贸易中心伦敦、纽约、鹿特丹等纷纷崛起。这些贸易中心逐渐具备了比较明显的世界性网络中心节点的特征。

总体来说，在第二次世界大战之前，无论是大陆文明还是海洋文明，贸易中心的功能都比较单一，主要体现为商品与货物的集散，换句话说，早期时代的这些贸易中心基本都可以归类为商品与货物集散型。第二次世界大战以后，随着世界经济的恢复和东亚的崛起，一些城市实施贸易开放政策，再加上集装箱技术的逐步推广使用，东京、香港、新加坡等城市陆续加入到国际贸易中心的行列中，

① ［德］贡德·弗兰克著：《白银资本——重视经济全球化中的东方》，中央编译出版社，2008 年9 月第2 版，中文版前言第2 页。

② ［德］贡德·弗兰克著：《白银资本——重视经济全球化中的东方》，中央编译出版社，2008 年9 月第2 版，73 ~ 74 页。

③ ［德］贡德·弗兰克著：《白银资本——重视经济全球化中的东方》，中央编译出版社，2008 年9 月第2 版，第56 页。

④ ［德］贡德·弗兰克著：《白银资本——重视经济全球化中的东方》，中央编译出版社，2008 年9 月第2 版，第274 页。

此时的国际贸易中心逐渐成为具备现代化意义的全球性网络中心节点。这一时期的贸易中心功能大多表现为加工贸易增值型，当然，像香港、新加坡等一些贸易中心的转口贸易功能也非常突出。

进入20世纪80年代的现代后工业社会中，经济全球化和信息化对国际贸易中心的发展与转型起到了至关重要的作用。这些贸易中心大多携先发优势，快速实现了向更深刻意义的全球性网络中心节点的转型，从功能上来说，开始逐步承担了全球性一体化综合资源配置的高端贸易。新时代的这些贸易中心，应该说属于综合资源配置与高端贸易型。

接下来，我们选取纽约、伦敦、东京世界三大国际贸易中心作为研究重点，从技术、功能与制度三个层面来进行比较研究，并进一步阐释上海国际贸易中心建设的前景和着力点。

1.2 当代三大国际贸易中心的技术性节点特征

技术在某种程度上决定着贸易内容、贸易流向及贸易运输方式，也在不同程度上决定着贸易成本的改变。实事求是地说，在不同时代，影响贸易发展的技术的表现形式与标准各不相同，但我们可以判定，从古至今，随着人类社会的进步与发展，与贸易相关的技术也在不断地发展变化，它一直是国际贸易中心发展与变迁的根本性条件。20世纪80年代以来，经济全球化与信息化飞速发展，在很大程度上也促进了与国际贸易相关的技术突破，主要涉及运输与港口技术、电信与通讯技术两个方面。总体来说，纽约、伦敦、东京都是深水港、航空港、信息港的集合。由于中间产品在不同国家生产，产品的附加值不同，所依赖的贸易技术和设施就不同。高附加值的中间产品采用航空运输的方式，中低附加值的产品则采用海上运输和公路运输的方式，而服务产品则采用信息传输的方式。

一、运输与港口技术方面

运输与港口技术是航运快速发展的基础，也是商品与货物贸易及服务贸易发展的支撑，在贸易中心建设中的意义则主要体现在港口设施和功能两方面。

现代国际贸易中心纽约、伦敦、东京、香港、新加坡等，都是沿海港口城市。20世纪50年代以前，由于海运船舶吨位低于万吨，对航道的水深要求不高，所以，港口多位于河流下游近入海处，且这种选位，既可以通过海运联系世界，又可以通过运河联系自身的腹地，如泰晤士河下游的伦敦、易北河下游的汉堡、莱茵河下游的鹿特丹和长江下游黄浦江畔的上海等。[①] 但这以后，随着国际货物贸易量的大增，工业设备的大型化和集装箱运输技术的出现及提升，海运船舶吨位超过万吨，对航道的水深提出了更高的要求。为此，大量河港城市开始沿河向海口发展，同时，海岸地带的港口城市，因为水深条件优越，适应船舶大型化、重吨位化的要求，位于全球海运要冲的海港城市，像新加坡、香港等就此成为世界的海运枢纽。

纽约、伦敦、东京在先发优势的基础上，通过扩建、改建或新建深水港，保持或一定程度地提升了自身的贸易中心地位。例如，纽约港为了改善和扩充港口设施采取了两大重要举措：一是对位于斯塔滕岛的 Howlandhook 集装箱码头进行扩建，并于2004 年底完工；二是在新泽西伊丽莎白海运码头雇用承包商建设新的铁路设施，2004 年第一季度开始全面与美国全国铁路系统联网。纽约港还计划继续扩建集装箱泊位，该扩建项目预计投资 3.5 亿美元，将在码头原有 3 个集装箱船泊位上，增加 1 个 400 米岸线的泊位，码头前沿水深将由目前的 12.2 米浚深至 15 米。项目建设计划从 2011 年开始，预计 2014 年完工，届时码头吞吐能力有望提升至 120 万国际标准箱，并有助于吸引大型船舶靠泊。而伦敦港为适应集装箱技术发展和箱船靠泊需要，从 1967 年起在泰晤士河口以北离伦敦市中心近 100 公里的费利克斯托兴建集装箱枢纽港，1990 年又在泰晤士河口离市中心 56 公里外，新建泰晤士港。东京港最大的集装箱码头大井码头，则从 1996 年起开工改建，到 2004 年 1 月全部重新启用，将原有 8 个泊位改建成 7 个泊位，每个泊位由 250 ~ 300 米改成 330 ~ 350 米，泊位前沿水深由 13 米浚深为 15 米。1961 ~2004 年，东京港共计完成了 6 次港湾改订计划，2008 年 6 月已经开始实施第 7 次港湾改造计划。

中国上海也很早看到了工业设备大型化和集装箱运输技术对深水港的要求，敏锐地把握住了国际贸易中心的发展趋势和自身的努力方向，于 1996 年开始新建洋山深水港，2005 年 12 月 10 日竣工开港，2006 年 12 月 10 日二期竣工启用，上海港集装箱吞吐量就突破 2 000 万标准箱，是 2003 年的 2 倍。二期工程启用之后，洋山深水港码头岸线从 1 600 米延伸至 3 000 米，拥有 9 个深水泊位，堆场面积从 87 万平方米拓展到 140 万平方米左右，桥吊总量增至 34 台，港区设计年吞吐量也从 250 万标准箱增长到 460 万标准箱。洋山深水港的竣工为上海国际贸易中心的建设与地位的确立拓展了广阔的空间，奠定了坚实的基础。

---

① 姚为群：《全球城市的经济成因》，上海人民出版社，2003 年 10 月，第 91 页。

与此同时，随着陆路运输技术的发展及运输体系的现代化对内河运输体系的替代，以及国际航空运输技术和业务的发展对部分国际海运体系的替代，建立陆海空一体化运输体系也成为发展的必然趋势。美国北卡罗来纳州推出的“全球分拨园区”就是这方面的一种探索，这一系统以集装箱运输为基础，以海港为交汇点，将海运、空运、铁路运输和高速公路卡车运输连为一体，形成物流的调拨中心。纽约、伦敦及东京都具备优良的陆海空运输体系，陆路连接腹地进行内外辐射，空运支持高技术、高附加值产品的运输与贸易，海运支撑大宗货物商品、低附加值制造业产品的运输与贸易，在空港、海港或陆路枢纽的商贸集散地形成了高度发达与一体化的物流体系。上海在建设国际贸易中心的进程中，按照运输、港口技术与业务发展的规律，也已经或正在推出虹桥交通与商贸枢纽建设、浦东“三区三港”联动等一系列重大举措。在2009年遭受全球金融危机的情况下，上海港货物吞吐量依然达5.9亿吨，集装箱吞吐量达2 500万标准箱，浦东空港货运量达254.1万吨，以上三项数据分列世界第一、第二与第三。在虹桥交通与商贸枢纽和“三区三港”联动实质性发挥作用后，相信上海国际贸易中心的建设将会再上一个新台阶。

二、电信与通讯技术方面

电信与通讯技术是现代贸易发展最重要的技术推动力量，在推进商品可贸易化、加快贸易流通、降低贸易成本、带动贸易主体多元化和便利化参与等方面都发挥了积极作用，是国际贸易中心向高级形态转型发展的关键所在。

国际贸易中心的高级形态主要表现为全球性综合资源配置与高端贸易，也就是说，一些国际贸易中心具备了全球性综合资源配置的控制能力，在金融、高级人才等核心要素的拥有和关键的专业性服务贸易方面处于全球支配地位。丝奇雅·沙森（2005）认为，金融和专业服务是电信和信息化技术的主要使用者，这些技术使得远距离管理和服务及瞬时汇款成为可能，由此进一步促成了所有权或控制权的不断集中。在这样的条件下，经济活动的空间日趋分散，又要求跨国公司中央功能的扩展及促成为此类功能提供服务的各类专业化公司的诞生和集中。①

美国拥有最发达的传统基础设施系统，如电力和电话，同时也是互联网背后技术和数据网络的原始开发者，因此，美国在互联网上成了绝对的全球中心，成

① ［美］丝奇雅·沙森著，周振华等译：《全球城市》，上海社会科学院出版社，2005年，第14页。

为区域间数据流动的巨大交换机，例如，从伦敦到澳大利亚的数据需要通过纽约来连接。纽约以压倒性的优势（通过百万兆每秒来衡量）成为美国国际互联网的骨干。在欧洲，伦敦是链接到美国的主要互联网枢纽，阿姆斯特丹和法兰克福也越来越受到欢迎。由于全球城市中存在对各种语音、图像、计算机通信的巨大需求，这些全球城市成为控制、协调、处理和传输信息和知识的节点（Graham, 1999）。在全球和区域信息流、网络链接及互联网枢纽方面，当今全球公认的前三名分别是纽约、伦敦和东京。

东京的信息技术优势为其国际贸易中心地位的保持和转型发展起到了积极的推动作用。我们从东京都信息通信业的就业人数和事务所数量来判断其信息技术的发展状况。根据东京都的统计数据，2006 年东京都的信息通信业的事务所数量达 21 326 家，从业人数达 759 290 人，几乎占全部从业人数的近 10%。在其产业细分中，主要的信息服务业包括软件业、信息处理服务业和信息提供服务业等。其中，2006 年东京都软件业的事业所近 8 000 家，占信息服务业的 70% 以上，吸纳此行业内 72.4% 的就业人口，总计 347 236 人；信息处理服务业的事业所和从业人数分别占到 12.6% 和 15.7%；信息提供服务业的事业所和从业人数分别占到 5.8% 和 4.6%。[①] 总体来说，东京都的信息通信业产业处在发展的上升期，同时庞大的事业所和从业人数为这一行业的扩大发展提供了基本的保障，为东京整体的信息基础设施建设创造了必要的条件。而且，也正是因为东京便利的通讯信息等方面优越的因素，强化了东京的集聚效应作用，即越来越多的公司愿意将公司的总部设置或转移到东京，利用东京都内信息传递的高效性等优势，调拨生产资源及协调贸易关系，从而推进东京向高级国际贸易中心形态的转型和升级。

在城市信息化战略实施过程中，随着城市信息化程度的提高（即所谓比特/原子的比值上升），城市转型的潜力增大。这种城市功能转型意味着城市的经济、金融、贸易等中心赖以形成的支撑性基础发生了根本性变化，从过去的以商流和物流为主的基础性支撑转向以知识流、信息流为主的基础性支撑。因此，上海要建立国际性的经济、金融、贸易中心，从城市功能上讲，就是从“商品加工中

① 东京都（2008 年）《平成 18 年事业所・企业统计调查报告》，转引自沈玉良等著：《上海国际贸易中心建设研究》，上海人民出版社，2009 年，第 227 页。

心”转向“信息处理中心”[①]，通过城市信息化，提高城市服务功能，增强对外辐射能力。从这个视角考虑，上海现代化世界城市和国际贸易中心地位的真正确立，还得取决于最终能否形成以网络经济为基础的全球化的知识密集型服务能力，取决于能否形成在电信和通讯技术快速发展基础上的全球性综合资源配置的控制能力。

与过去相比，上海在传统和先进通信技术方式上都取得了喜人的进步。上海固定线路电话数量快速增长，2000 年上海的家庭电话覆盖率达到97%，之后超过100%，平均每户拥有电话1.5 台。移动电话用户也有了飞跃式的发展，从1999 年的每100 户家庭拥有移动电话15.5 台上涨到2006 年的118 台。上海的数字信息和互联网接入在20 世纪90 年代出现了惊人的增长，特别是互联网用户大幅上升，从20 世纪90 年代中期的几千户上升到2006 年的960 万户，约占上海总户籍人口（1 370 万）的3/4。考虑到上海家庭平均规模为2.8 人，这就意味着互联网拥有近50%的家庭覆盖率，其中超过1/3 的家庭使用宽带。在这些方面，上海还比不上纽约、首尔、香港和新加坡，但鉴于上海的起步位置和其信息基础设施的整体发展状况，这预示着上海将有重大的进展。同时，上海信息基础设施也经历了快速的增长。2000 年，电信宽带互联网覆盖了90%以上的地区，拥有320G 的交换能力；上海拥有世界上最大的ATM（异步传输模式）市政互联网和最大的ATM 数字交换中心（Yin，2002）。2004 年，上海个人电脑拥有率达到60%，毫不逊色于纽约（66%）、东京（43%）、首尔（60%）和新加坡（60%）。[②] 上海信息基础设施发展的目标是：实现多媒体网络传输，进一步加强中心城区的信息吞吐能力，同时与郊区建立更多的网络连接，完善信息传播的渠道。这样，中国上海建设具有全球性综合资源配置能力的国际贸易中心就有了技术方面的实力，但高级人才等方面的软实力还很欠缺。

此外，制造业中的模块化技术的发展及与之相伴的生产性服务专业化也推进了贸易集聚及各大国际贸易中心的形态转型与升级。随着制造业中模块化技术的飞速发展，国际产业链出现拉长与延伸，特别是制造产业的低端制造环节向发展中国家转移，国际贸易中的中间产品贸易量不断增长，使发达国家城市和发展中

---

① 周振华：《信息化与世界城市新发展》，见周振华等主编：《世界城市——国际经验与上海发展》，上海社会科学院出版社，2004 年，第51 页。

② 周振华、陈向明：《全球信息化时代中的飞跃与滞后：比较分析视角下上海的电信和信息化发展》，见陈向明、周振华主编：《上海崛起》，世纪出版集团、上海人民出版社 2009 年，176 ~ 180 页。

国家的城市之间形成了层级的分工体系。从专业性城市的角度看，发达国家城市提供产业价值链中的高端服务和制造，以研发业务为核心，以跨国公司为载体，控制全球价值链，形成了高级专业性服务贸易中心。纽约、伦敦两大国际贸易中心在此方面的表现就非常突出，而东京在这方面相对要弱一些。相较而言，发展中国家城市以制造和与制造有关的专业性服务为中心，以吸引外国直接投资和本土企业投资为主体，形成了相对低附加值的货物贸易中心。东京在这方面相比纽约和伦敦来说仍保持了较大比例的货物贸易，换句话说，东京的贸易形态转型要比纽约和伦敦慢一些，上海等发展中国家城市的贸易量快速增长，基本属于低附加值的初级和中级制造类货物贸易中心，向高级专业性服务贸易中心转型还需要较长时期的努力。

1.3 当代三大国际贸易中心的功能性节点特征

从历史来看，贸易中心在功能与贸易内容层面上主要可以分为商品与货物集散型、加工贸易增值型、综合资源配置与高端贸易型三大类，层级水平依次递升。至今，现实世界中仍存在着这三类贸易中心，从侧面说明了有些老的贸易中心转型缓慢，而更多的是在当今经济全球化与信息化条件下，随着先进的国际贸易中心在金融、法律、会计、研发、设计等生产性服务业及其引发的服务、技术等综合资源配置与高端贸易方面实现了空前的“超级聚集”（唐·泰普斯科特等，1999 年），从而生产活动安排及其加工品贸易和低水平的商品与货物集散贸易开始出现分散化，在这种发展进程中出现了一批中小型的国际贸易中心。可以说，综合资源配置，特别是信息处理，已经是现代贸易城市成为“国际”、“中心”节点的标志性特征，是先进的国际贸易中心的本质功能。很多发达国家的国际贸易中心提供产业价值链中的高端服务和制造，以研发业务为核心，以跨国公司为载体，控制全球价值链，属于专业服务性国际贸易中心；而一些发展中国家的贸易中心，以吸收外国直接投资和本土企业投资为主体，以加工制造业为支撑，基本属于货物集散性贸易中心。

全球高端服务业贸易的发展主要得益于新的通讯和电信技术的出现、跨国公司的全球性生产活动安排和相关管制的弱化三个方面。第一个方面的影响在前面部分中已经论述，第三个方面的影响将会在后面部分中展开，这里主要分析第二个方面，即跨国公司的全球性生产活动安排对贸易中心功能提升的影响。随着跨国公司生产活动的发展对生产服务业的需求日益增加，管理和控制生产的服务机构、分支机构及办事处已经形成全球性网络。生产服务业包括金融、法律、会计、开发、设计、广告、批发、储运、通信、情报服务等行业，其中心内容是商务与消费市场的结合。生产服务业逐渐向主要大城市集聚，从而使这些城市在功能与贸易内容上日益向服务、技术等综合资源配置与高端贸易转型和提升。

下面，我们将对所选取的纽约、伦敦、东京三大国际贸易中心在功能与贸易内容上的表现，特别是对城市所拥有跨国公司的数量、规模及行业分布等反映高端服务业贸易发展质量的指标，进行比较研究。

据联合国贸易发展委员会估计，目前世界上有近4.5万家跨国公司，其国外分支机构达28万家，形成了一个庞大的全球生产和销售体系。这些跨国公司控制了全球2/3的生产能力，经营着全球2/3的对外贸易，掌握了全球70%的对外直接投资与技术转让。当代最重要的工业（汽车、电子、航空、石化等）和最重要的服务业（金融、保险、电信等）都已纳入跨国公司的全球化生产和服务网络体系。[①]

丝奇雅·沙森（2005）认为，以跨国公司活动表现的全球经济的扩张，导致了全球化城市服务人才的日益集中。随着跨国公司业务的扩张，管理、协调、服务和金融活动更加有利可图，也提高了日益增长的专业技术、外部资源和服务人才的需求。[②] 当前，一种新型的、更高层次的跨国公司的形式，即全球性公司正在兴起，它打破了跨国公司国与国的界限，使领导层国际化，也进一步加快了经济全球化的步伐。[③]

以全球最具影响力的三大国际贸易中心纽约、伦敦、东京为例，它们的第三产业增加值占GDP的比重均在80%以上。以金融活动为核心的生产服务业在一些中心城市迅速集聚，促进了国际金融中心和商务中心的形成。[④] 从某种意义上说，金融交易服务属于服务贸易的一部分，很多国际贸易中心本身又是国际金融中心。雷德（1989）研究认为，纽约、伦敦属于全球性金融中心，阿姆斯特丹、东京等属于第二层次的国际性金融中心，多伦多、悉尼、新加坡、香港等属于第

---

① 沈开艳：《21世纪世界城市发展趋势》，见周振华等主编：《世界城市——国际经验与上海发展》，上海社会科学院出版社2004年，第70页。

② K. C. Ho：《新加坡：制定和实施竞争性城市经济政策的经验》，见周振华等主编：《世界城市——国际经验与上海发展》，上海社会科学院出版社2004年，第121页。

③ 谢守红：《经济全球化与世界城市的形成》，见周振华等主编：《世界城市——国际经验与上海发展》，上海社会科学院出版社2004年，第36页。

④ K. C. Ho：《新加坡：制定和实施竞争性城市经济政策的经验》，见周振华等主编：《世界城市——国际经验与上海发展》，上海社会科学院出版社2004年版，第38页。

三层次的区域性金融中心。当然，很多学者在金融中心城市划分上的研究结论（Drennan，1996；Meyer，1998）存在较大分歧，但在金融中心与商务中心紧密联系的认识上基本一致。沙森（2001）对世界城市生产服务业进行研究，认为金融和生产服务业是特定生产过程的产品，并形成了颇具规模的独立市场，已成为决定城市在全球经济中竞争力强弱的新的重要因素。弗里德曼（1995）也将纽约、伦敦、东京三个顶级世界城市称为全球金融连接，纽约、伦敦、东京的金融产业占第三产业的比重分别达到17.2%、21.2%、10.7%。

纽约、伦敦、东京这三个城市的外汇交易额、证券市场交易额及所拥有的外国银行数更是其他城市望尘莫及的。1986年，纽约、伦敦和东京占有的世界市场资本从1974年的73%上升到80%，其中纽约独自控制了全球资本的40%。纽约在世界金融网络中的角色有着它自身优势的基础，它是世界经济领导集团的核心，股票交易所、商业银行和证券公司又高度集中，这些先进的集团服务网络能支撑和执行由公司和控制中心所作出的决定。1999年，纽约证券市场的交易额高达8.9万亿美元，是伦敦的3倍左右，是东京的5倍多。纽约还是世界上保险基金和养老基金数额最高的城市，并成为解除金融管制后的最重要的资本投资来源。伦敦历来是欧洲货币市场的主要交易点，也是世界最大的外汇交易中心，拥有世界上最大的国际银行网络。1994年，伦敦拥有429家外国银行，外汇日交易额达4 640亿美元，均居全球之冠。日本则是世界上最大的资本输出国，这些大量的资本通过东京的金融机构，输出到世界各地，同时输入利润、利息和租金，东京以资本输出的方式控制全球的经济。1996年，在全球100家最大的银行中，总部位于东京的有13家，而纽约、伦敦分别是4家和5家。日资银行的全球网络化建设也推动了东京国际贸易中心的发展，为东京及日本的国际贸易全球性覆盖提供了服务性的金融保障。在东京的城市发展中，政府不仅制定了发展框架，将东京定位为全球金融和商务中心，将东京及其周边地区改造成以知识和信息为基础的产品基地，还通过政策引导，支持东京服务业基础设施建设，推动东京商务功能的发展与完善。在政策上，政府强调核心商业功能和城市商务功能聚集的重要性，并采取具体而有效的促进措施。在这些政策的推动下，东京不仅形成了良好的信息技术等基础设施，而且成功地集聚了各种政府办公点、大公司总部及银行、证券、保险、物流、技术研究服务等各种现代服务业机构，从而促进了生产性服务业和服务贸易的迅速发展。

世界城市的一个重要功能是全球生产的管理和控制中心，也就是全球服务、技术等综合资源配置与高端贸易的中心。近20年来，一方面，生产活动正向全球范围扩散，工厂、企业大规模地向边缘地带和发展中国家转移；另一方面，对这种生产活动的管理和控制则向大城市集中，生产和管理在空间上逐步分离。少数世界城市依靠其现代化的基础设施、高等级的生产服务网络和高效率的指挥系统而成为众多大型跨国公司总部云集之地，成为跨国公司全球生产经营和战略策划中心。

1996 年，世界城市所拥有的全球 500 家最大跨国公司总部的数量，东京 92 家，纽约 38 家，伦敦 27 家。东京之所以能超过纽约位居榜首，是由于战后日本经济崛起，大批日本公司进入全球 500 强行列。围绕着为跨国公司和跨国银行服务的需要，生产服务业在世界城市迅速崛起，特别是像广告、会计、法律等高级生产服务业更是发展迅速，日益成为衡量世界城市发展程度的一个重要标准。例如，1997 年纽约市广告营业总额达 376 亿美元，东京为 314.5 亿美元，伦敦为 153.2 亿美元；在 20 家全球最大广告公司中，总部位于纽约的有 6 家，伦敦有 4 家，东京有 5 家，远远超过其他大城市，显示了其作为“全球城市三角”的突出地位。

由上面的比较可以看出，对于纽约、伦敦、东京三大国际贸易中心而言，它们既有强大深远的国际化公司、人才聚集及全球性综合资源配置功能的引领，又都具备本土广阔雄厚的腹地支撑。

而作为转口贸易比较发达的新加坡和中国香港，也紧跟经济信息化、全球化的步伐，不断发展新兴的高端贸易功能，非常重视开拓市场腹地。新加坡作为一个城市国家，面临着土地和劳动力的严重短缺，不得不选择这样一个战略：超越海岸线去发展，以此作为手段保持国内产业的增长。1989 年，新加坡提出了“增长三角”的概念，把新加坡及其两个最近的邻国——马来西亚和印度尼西亚组成了一个经济圈。根据各国的比较优势，圈内的三个合作伙伴各自有不同的发展重点，新加坡应该出口技术计划和工程管理经验。平均地价，在巴丹是每平方米 2.30 美元，在柔佛是 4.08 美元，在新加坡是 4.25 美元。其基本设计是把巴丹、柔佛和新加坡三角经济区发展成为一个同一的经济区，由巴丹和柔佛提供土地、劳动力和原材料，新加坡提供资本和管理，一个公司就能一站式完成投资（新加坡，联合海外银行，Ng，Wong，1991：p8）。新加坡的经济发展历程证明，以取长补短的合作方式确保互惠互利，以分区专业化协调获得一定的积极的价值。马来西亚、印度尼西亚和新加坡政府在工业和旅游方面的“增长三角”合作，就是一个比较成功的例子。① 与此同时，新加坡鼓励跨国公司在新加坡设立全球总部、地区总部，并制订了总部奖励计划，实施若干优惠政策。据统计，目前在新加坡设立的各类跨国企业超过 7 000 家，其中 4 000 家以新加坡为基地管理区域业务。新加坡政府对企业从国外获得的符合规定的收益按 15% 征收所得税，时间为 3 年。此外，新加坡政府为适应全球金融业的发展，不断调整监管方式，从固定单一的监管向以风险管理为核心转变，为贸易的发展奠定了金融基础。时区的特殊性为新加坡成为连接欧美金融市场的枢纽，实现全球 24 小时的不间断金融交易提供了可能。外汇和各种金融产品交易活跃，也吸引了大量企业的融资活动。新加坡通过提供优惠税收，鼓励外国金融机构在新加坡设立机构或提供高成长、高附加值金融服务，其优惠政策包括对金融运营总部的奖励和对金融财务中心的奖励。2010 年，新加坡首次超过中国香港，成为亚洲最有吸引力的环球金融中心。金融业的宽松环境将为新加坡贸易中心地位的上升产生积极而长远的影响。

在香港，跨国公司区域总部的数量由 1991 年的 602 个增至 2001 年的 944 个，并在 2005 年达到了 1 167 个，2007 年又上升到 1 246 个；区域办事处由 1991 年的 278 个增加至 2005 年的 2 631 个，2007 年为 2 644 个。1991 ~ 2005 年，越来越多的区域总部开始从事批发、零售及贸易相关服务。2005 年，这些在香港的区域总部开始进入一个重要的业务领域——服务、金融及银行业。无论是作为全球业务外包的门户，还是作为跨国公司全球协调和生产控制的枢纽，香港的重要地位都主要体现在商业、贸易和管理上。② 当然，对于不同国家的跨国公司来说，在把香港作为其区域代表和协调、控制中心时，其具体功能方面还是有显著差异的。"对日本的跨国公司来说，香港是最重要的营销、销售和客户服务中心。……对美国的跨国公司来说，香港在协调、支持和汇报区域行动上，是非常重要的。"(Thompson, 2000, p182) 跨国公司的区域企业总部在借助香港贸易中心便利的同时，也强化了香港国际贸易中心的地位。此外，香港回归中国后，中国内地为其提供了进一步发展的广阔腹地，特别是签署《内地与香港关于建立更紧密经贸

---

① K. C. Ho：《新加坡：制定和实施竞争性城市经济政策的经验》，见周振华等主编：《世界城市——国际经验与上海发展》，上海社会科学院出版社，2004 年，第 118 页、第 123 页。

② 吕大乐、赵永佳：《成为中国的全球城市：香港（与上海）超越全球—地方的双重地位》，见陈向明、周振华主编：《上海崛起》，世纪出版集团、上海人民出版社 2009 年版，128 ~ 130 页。

关系的安排》（CEPA）之后，香港与内地的联系更加日益紧密，中国内地在港设立地区总部和办事处的数目也逐年递增。

上海要成为国际贸易中心，一要腹地，二要国际化公司与人才的集聚。关于腹地，对于作为长江三角洲（以下简称长三角）、长江流域，甚至全国经济龙头的上海市而言，只要长期坚持服务长三角、服务全国大局的目标，广阔雄厚的腹地将会形成并不断得以增强；关于国际化公司与人才的集聚，对于具有国际化历史和“先试先行”政策优势的上海来说，更需要不断推进便利化政策的深入及进行集聚国际化公司和高级人才的制度创新，全球性综合资源配置和高端服务贸易功能才会逐渐发展并凸显出来。

1.4 当代三大国际贸易中心的制度性节点特征

针对不同技术水平和贸易功能认识上的差异，各世界贸易中心在促进贸易发展方面对贸易安全与便利、贸易自由化采取不同的政策与措施，其中包括促进与限制要素流动等方面。前面已经说过，相关管制的弱化是全球高端服务业贸易发展及国际贸易中心功能的转型与提升在制度层面上的决定因素和主要推动力。

从宏观上来说，贸易发达的城市基本都是以自由市场经济体制为基础发展起来的。国际贸易中心的形成及其功能升级与推进自由贸易的政策法规是分不开的。英国早在19世纪中期就开始在全球推动自由贸易主张，先废弃《谷物法》，结束对谷物进口的限制和关税，又废弃《航海条例》，不再要求英国及其殖民地的外贸运输必须由英国船队运送，结束英国海运公司的垄断，使英国全面进入自由贸易时期。英国随之成为主宰世界的帝国，伦敦也成为老牌的国际贸易中心，并在一个半世纪中始终保持着全球领先地位。纽约抓住两次世界大战的机会，大力发展对外贸易，奠定了世界第一大国际贸易中心的地位。第二次世界大战后，日本以“贸易立国”为基本国策，大力推行对外贸易，为东京和全日本的迅速崛起奠定了基础。东京国际贸易中心的发展不仅依赖于积极的贸易政策的施行，同时还含有与贸易相关的其他措施、政策的颁布施行，如与贸易货物运送相关的港湾、物流等方面的法律健全，及推进关东地区产业整合计划、出口贸易货物竞争力的产业政策等相关规定。比如，20世纪70年代实施的进口促进政策中包含了进口体制的完备，其中涉及产业调整援助和港湾设备的扩充等。积极的进口促进政策的提出，为东京的国际贸易量的扩大和贸易中心地位的建立提供了政策扶植平台，可视为东京国际贸易中心初步建立的时代背景。因此，外向的开放战略、自由的贸易政策、优惠的鼓励措施及相应的商贸法规的健全与完善，都对国际贸易金融中心的形成与发展起着不容忽视的影响。

推动贸易发展的要素主要包括市场准入、边境管理、运输及电信基础设施和商业环境四个方面，其中前两个属于制度层面的要素，商业环境中也包含制度因素，它们都和贸易中心发展密切相关。为此，我们选取世界经济论坛对世界各地进行统计并公布的贸易促进指数来作一个简单的比较（见表1-1）。

表1-1　2008年主要国家或地区的贸易促进指数

国家或地区	市场准入	边境行政管理	运输和电信设施	商业环境	总分	排名
中国香港	6.66	5.99	5.66	5.84	6.04	1
新加坡	4.99	6.51	5.53	5.82	5.71	2
荷兰	5.10	5.98	5.73	5.22	5.51	11
日本	5.86	5.55	5.42	4.90	5.43	13
美国	5.65	5.29	5.66	5.08	5.42	14
韩国	4.07	5.49	5.23	5.02	4.95	24
中国	4.07	4.51	4.15	4.28	4.25	48

资料来源：2008年世界经济论坛，http：//www.weforum.org/en/initiatives/gcp/GlobalEnablingTradeReport/index.htm。

表1-1中关于贸易促进指数描述中的“市场准入”、“边境行政管理”、“商业环境”三个变量，都直接或间接与制度层面的贸易便利化、自由化相关，因此贸易促进指数又被称为“贸易便利指数”。通过比较三个变量的数据可知，中国与美国、英国①、日本有很大差距。假定上海代表中国，而纽约、伦敦和东京分别代表美国、英国和日本，可以肯定地说，上海在制度层面上发展贸易的促进措施远不及纽约、伦敦和东京。而中国香港和新加坡在制度层面的政策举措上的总分甚至超过了纽约、伦敦和东京。在2009、2010年世界经济论坛公布的贸易促进指数的排名中，新加坡的分数分别为5.97分、6.06分，连续两年位居第一，成为全球最具吸引力的贸易与投资地区；香港的分数分别为5.57分、5.70分，排名第二。

① 英国在世界经济论坛2008年公布的贸易促进指数中的排名是第16位，在表1-1中没有各项具体得分，所以没有列入。

中国香港历来奉行自由港政策，税制简单，可以说是全球税率最低的地方之一。香港以本地域为征收税项的基础，只对来自香港的利润及收入征税。香港没有增值税和营业税，主要直接税是利得税（企业所得税）、薪俸税（个人所得税）和物业税。税务局每年寄出缴税通知书，利得税和薪俸税等数据必须在指定期限前自行呈报，每年报税一次。新加坡自独立以来，亦以“贸易立国”为根本，大力推行外向发展战略和自由港政策，旨在建立自由和开放的国际贸易环境。新加坡政府实施优惠税收政策，向符合条件的贸易商核定“全球贸易商地位”，拥有此地位的贸易商可享受优惠的税收政策：企业所得税为5%或10%，远低于22%的一般企业所得税。该计划是新加坡政府为鼓励国际贸易大公司将新加坡作为贸易基地从事进出口的一项重大措施，鼓励相关企业使用新加坡作为中枢进行区域或全球离岸贸易业务。此外，为吸引国际重要的船主将运营基地设在新加坡并建设国际海运中心，新加坡向符合在新注册、拥有并经营一定规模的船队，每年在新加坡直接商业费用支出超过400万新元等条件的航运公司提供优惠：航运公司所拥有的船只（无论是否在新注册）运营所得收益均可豁免所得税，免税期为10年；该类航运公司从附属公司、子公司等处获得的分红也可免税。由于实行自由贸易政策，新加坡仅有少数商品需要缴纳关税或者进口受限，仅对酒精、烟草、石油产品和摩托车征收高额关税。新加坡进口产品都不限制配额，大部分产品无需许可证进口，只有医药品、危险品、化学药品、电影电视、武器和弹药需要申领进口许可证。

从微观上来说，把自由市场经济体制或推进自由贸易的政策法规进行指标细化，主要反映在促进要素流动方面的各类政策与措施，资本与人才的流动又是其中的重心所在。世界经济论坛促进贸易发展指数中的“市场准入”和“边境管理”在一定程度上都能够反映出资本与人才要素流动的状况。就目前经济全球化新形势下国际贸易中心综合资源配置的本质功能来说，全球资本和新的移民劳动力是跨国公司在世界城市现代服务业快速发展与聚集中表现出来的两个最突出的方面。以纽约为代表的美国城市，对外来移民和财富转入的重视程度非常高。它们认为，来自外国的工作移民是一个世界城市在劳动力供给中一直保持竞争优势的原因之一。随着纽约人口自然增长的缓慢下降，移民将成为劳动力增长的一个越来越重要的来源。据统计，本土出生的美国公民平均每周挣581美元，而外国出生的美国公民每周挣600美元，要比本土出生的美国公民多。纽约正是意识到这一点，将移民劳动技能和专业化的培训作为重要抓手，使得他们能够比非大都市区的工人生产出更多的商品和提供更多的服务。[①] 美国自20世纪80年代以来不仅对高层次外来技术移民非常重视，而且对拥有较多财富的移民也积极欢迎，特别是以石油发家逐渐富裕起来的阿拉伯中东地区的移民，这些人申请向美国移民相对比较容易，美国一直到“9·11”事件发生后才加强了对移民审核方面的限制。仍未从金融危机中恢复的美国，已开始推行EB-5类签证，吸引各国有钱人入籍，最低投资50万美元（约人民币342万），即有资格申请美国绿卡。美国国务院最新公布资料显示：2008年10月~2009年9月的上一联邦财政年度获批的EB-5类签证移民总数，已从2008财政年的1 443人升至4 218人，其中七成左右主要来自中国。据统计，2009年度，中国移民美国约为6.5万人，“分数有可能达标的人才基本素质为硕士以上学历，精通英语，3~5年以上工作经验”，基本都是“中国的中坚分子”技术性移民为主，也有部分华人富豪。高端外来人才的技术创造力和外来财富集聚的乘数扩张力，为纽约贸易中心的快速转型与提升带来了发展活力和本源性驱动力。

以伦敦为代表的英国城市长期支持资金和人员的进出自由，特别是鼓励资金和高级人才的自由进入。在金融危机日益深化的大背景下，英国政府对财富性投资移民更加重视，申请资料的要求得到进一步简化，审核速度也得到提高，同时还有很多优势：①无资产来源要求。申请人不用解释资产来源，申请文件十分简单，只要求提供资产证明即可。而且，对于所申报的资产，可以是通过继承、赠予、证券投资、期货买卖、生意经营等任何一种形式获得，条件非常灵活。②无需管理经验。英国投资移民对经商管理经验没任何要求，也不用申请人提交商业计划书，只要年满18周岁都可以作为主申请人提出英国移民申请。③可自由选择主申请人。正因为英国投资移民项目没有资产来源及管理经验要求，所以夫妇双方可以任选一方作为主申请人提出申请。并且，若家庭中已年满18岁的成年子女已在英国留学，可以将资产过户到该子女名下，然后由其作为主申请人单独申请移民英国。④投资方式简单。英国投资移民也属于被动投资移民项目，投资方式非常简单。被动投资，无任何投资风险，每年固定回报约2.5%。⑤审批时间短。英国投资移民的申请周期非常快，从开始递交申请到最后拿到居住签证只有3个月的时间。⑥直接享受英国福利。英国投资移民一旦申请成功，申请人立刻开始享受英国所有优厚的福利待遇，包括全面且免费的国民保健体系服务

---

① 沈开艳：《21世纪世界城市发展趋势》，见周振华等主编：《世界城市——国际经验与上海发展》，上海社会科学院出版社，2004年，第79页。

(NHS)、儿童和孕妇福利、伤残/疾病福利、退休福利、寡妇福利、失业福利、低收入人士福利和社会基金等。⑦英国允许双重国籍。在移民5年后，只要申请人满足一定的居住要求，则可以申请成为英国公民。在高级人才吸引方面，英国也积极应对。英国的新移民法于2008年2月29日实施，旨在吸引来自非欧盟地区的高技术移民，严格控制低技术移民，其中严禁雇主聘用非法劳工。英国的新移民法效仿澳洲的“分级制”移民记分制度，这项制度将使高技术工人得到足够多的分数，以申请到英国工作。新体制优先选择企业家、金融界优秀人才和高技能的外国专业人士，如科学家和优秀工程师，同时强调年轻、财富和专业资质。拥有高技术的人员、高级商务人士、企业家和科学家被视为是“最能为英国经济作出贡献”的人而被列入“第一级层”。鼓励财富和高级人才的流入，为伦敦国际贸易中心的持续发展和升级转型奠定了基础。

相较而言，东京在吸引国际资金和人才流入方面，比纽约和伦敦要逊色很多。如果说东京在国际贸易中心的竞争中已经落后，很明显这就是关键因由之一。以投资移民政策为例：①开公司。要求投资经营签证的申请人必须在日本注册公司，也就是日本人通常讲的株式会社。②注册资金。为500万日币，约合人民币35万。③公司经营范围不限。可以从事餐饮、旅游、贸易，甚至是购置房产。④要持续盈利。在公司运作1个月后，就可以向日本入管局递交投资经营签证的申请，第一次获签时期限为1年，第6年即可申请入日本籍。此签证主要针对公司的法人，并且要求公司在这5年间都必须在经营，并且获得赢利。⑤商业计划书。与英国的投资移民政策相比，我们发现，以东京为代表的日本城市对国际投资移民普遍要求很高，这在一定程度上限制了东京国际贸易中心向高级形态的转型。当然，东京自身对本国资金和人才的集聚还是具有相当大的吸引力，对其地位的保持发挥了积极的作用。东京成为国际贸易中心的一个重要条件是政府为现代服务业的发展提供了强有力的政策支持，并培育专业人才优势。在一系列政策的推动下，一方面，东京成功地聚集了各种政府办公点、大公司总部及银行、证券、保险、物流、技术研究服务等各种现代服务业机构，从而促进了生产性服务业和服务贸易的迅速发展；另一方面，东京集中了日本17%的高等院校和27%的大学生，并拥有占全国1/3的国家级科研和文化机构，东京34.27%的人受过高等教育。东京努力保持人才高地的战略地位，其强大的人才储备为现代服务业的集聚发展和国际贸易中心的转型创造了良好的智力条件。

新加坡政府积极建立良好的商业环境，大力吸引外资和投资移民。外资的大量涌入与国际贸易中心的发展可谓相辅相成。在投资政策方面，新加坡政府积极在管理审批制度、产业政策、税收优惠上提供便利，包括：通常给予外资以国民待遇，除了与国防有关的某些行业外，对外资在新加坡的运作没有任何限制；完全开放商业、外贸、租赁、直销广告、电信市场，推进资本市场发展；对先驱公司（即涉及巨额资本开支或复杂技术和生产能力的企业）和某些金融企业给予税收优惠等。2008 年，新加坡取消了遗产税，令该国对外国富豪的吸引力加大。新加坡对移民没有居住时间的限制，因此许多获得新加坡“绿卡”的华人富豪仍可以持续在大陆经营企业，这点也对大陆业务存续的企业家具有很大吸引力。许多华人富豪都在新加坡乌节路（属于商务中心）购买公寓房，或者是圣淘沙购买别墅，形成新的生活圈。

香港经济自由，允许货物、资金和人员自由进出。根据《华尔街日报》与传统基金会 2009 年发布的《全球经济自由度指数报告》显示，香港连续 15 年获评为“全球最自由经济体系”。对外来或离岸投资、资金流动调配及企业的国籍或拥有权等均没有限制。由于香港是个自由港，只要符合法律要求，谁都可以从事外贸，谁都可以创办外贸公司。香港贸易发展局是一个半官方的贸易服务机构，人们只要花很少费用，即可从发展局或其他机构的电脑资料库中查出世界各国和各地区的货源、市场、贸易公司和厂家的情况，很快就能同贸易对象建立联系。香港实行的低税政策和外汇自由出入、外币自由兑换、免税进口一般货物等政策，对贸易发展起着显著的促进作用。

上海是否具有发展高级形态国际贸易中心应有的高附加值服务方面的能力，关键取决于国际资金和专业人才的集聚政策。上海的金融、保险和不动产（Finance，Insurance，Real Estate，FIRE）的产出值与其他服务业相比在增加，在金融、保险和不动产部门就业的人数占服务部门总就业人数的份额，从 1997 年的 2% 缓慢增加到 2001 年的 5.5%，这一变化是迈向世界城市最显著的特征。但这个代表性的比例明显低于全球金融中心（如中国香港、伦敦、纽约）发展过程中所拥有的百分之十几的比例（Sassen，2001）。在金融服务业、贸易、物流、不动产、国际航空、汽车制造、生物制药和新材料等方面，上海对训练有素的人才的规划需求到 2005 年为止是 137 万，到 2015 年为止是 200 万。[①] 知识广泛的专业人才的短缺表明，上海不仅不会成为拥有控制和主导功能的世界级服务中心，而且缺乏支持高新技术企业发展的能力（陈向明，2004），这是给我们的警示。

---

① 陈向明：《全球化中的城市定位和竞争策略：给上海的启示》，见周振华等主编：《世界城市——国际经验与上海发展》，上海社会科学院出版社，2004 年，第 200 页。

为此，上海市政府一直努力探索吸引人才政策，柔性居住证和刚性户籍互为补充，促使上海人才引进总量逐步走高，2002～2007年引进海内外人才累计超过43万人（包括21万办理居住证的人才），但是与高级形态国际贸易中心发展的要求还存在很大的差距。

总体来说，在制度层面上，上海国际贸易中心建设需要加快政府职能转变，基本出发点是从原来的行政审批职能转变到为企业服务的功能，转变到实现国际贸易中心所需要的利益角度。① 第一，同商务部、外交部等中央政府下的各部门合作，在长三角企业的主要贸易区域（如虹桥或浦东三林世博园现代服务区）设立服务平台。上海要在世界上形成贸易网络，首先要建设贸易网络体系，通过政府和各类企业在主要出口城市形成商业网络。第二，从世界城市的角度研究发展中国家建设国际贸易中心的发展路径，政府会同不同部门和研究机构进行相关政策研究，提出差别性政策。第三，改善商业环境，继续吸引国内外资金和高端人才集聚上海。第四，形成与长三角地区政府之间定期的协调机制，真正使长三角形成一个区域整体，提升长三角地区的综合竞争力。2010年5月，国务院正式批准实施《长江三角洲地区区域规划》，明确了以上海为核心的城市与产业发展带的发展定位，要把长三角建设成为亚太地区重要的国际门户、全球重要的现代服务业和先进制造业中心、具有较强国际竞争力的世界级城市群。

此外，从现代国际贸易中心的一个重要形态——离岸贸易发展的要求来看，制度层面的设计也是国际贸易中心发展的基本条件。所谓离岸贸易，是指贸易双方不是为了交易所在地（国）的需要，交易的商品也不是交易所在地（国）的商品，仅仅借助于交易所在地（国）的交易优惠条件（管制、费用、税收等），取得降低交易成本的一种交易方式。由此可见，要发展离岸贸易，首要的任务就是实施能够降低交易双方成本的一系列政策或制度，吸引贸易商来上海设立区域或全球贸易基地，促进贸易发展。上海要发展成为现代国际贸易中心，离岸贸易的繁荣与发展是其中一个不可或缺的路径。目前，在外高桥保税港区发展起来的跨国公司运营中心主要以面向国内进口业务为主，日后重心将逐步转向离岸贸易经营，可以看做发展离岸贸易的一种模式。“三港三区”联动可以考虑在进一步完善洋山港区服务设施的基础上，实施管理审批与海关监管便利化、费用与税收退免等特优惠政策，鼓励离岸贸易发展；全面试点跨国公司运营中心等多种模式，包括吸引国际重要航运公司或船主的运营基地落户、吸引跨国公司货物或资

① 沈玉良等著：《上海国际贸易中心建设研究》，上海人民出版社，2009年，第127页。

源的配置与转运的区域或地区中心设立等。上海已经确定建设自由港的远景规划，可以考虑在洋山港区试点的基础上，通过贸易便利化系列配套政策驱动，逐步在“三港三区”联动中推进。政策制定中，可以参照国际自由港发展的海关监管便利化政策，目的就是将原来妨碍进出口贸易的繁杂手续减少到最低程度，其共通的原则主要有：强化进入国内市场货物的卡口监管，严惩走私行为；货物入区备案，区内储存不监管，出区核销；简化报关手续；实行电脑监管，使货物进出方便快捷；采用现代化海关监管系统。

2 上海建设国际贸易中心的历史沿革与政策支持

贸易是现代经济的基础，贸易兴市是上海的重要城市特征，国际贸易中心建设是上海“四个中心”建设的重要组成部分。上海自 19 世纪 50 年代开始成为中国和远东地区的贸易中心，新中国成立以后进入历史发展的新阶段，是中国重要的商业中心和经济中心城市。国际贸易中心与其他“三个中心”是相辅相成、互为支撑的关系。

上海加快建设国际贸易中心，有利于主动承接世界服务业的转移，有利于促进产业结构调整和经济发展方式转变，有利于促进服务业和服务贸易的发展，有利于推进上海的经济转型和科学发展，从而在长三角和我国东部沿海地区的发展中进一步发挥积极的作用。

2.1 上海贸易业发展回顾

新中国成立以来，上海贸易业迅速发展，在管理机构、流通体制、流通规模、经营方式、业态业种、经营设施等各个方面都发生了深刻的变化，为上海的经济发展作出了重要贡献。2009 年上海批发零售贸易业商品销售总额为 31 974 亿元，比 1949 年的 20.18 亿元增长了 1 583 倍，平均年递增 13.1%。

一、应对投机，稳定物价，恢复经济

新中国成立初期，上海面临严峻形势：工商萧条、物资匮乏，还遭受海上封锁、空中轰炸。投机势力哄抬物价，扰乱市场，造成物价飞涨。从 1949 年 7 月起，上海连续出现 4 次物价大涨风，以大米、棉纱、煤炭等市民生活必需品和生产资料价格暴涨。在中央财政经济委员会的指导和支持下，上海市人民政府综合运用贸易、金融、税收及行政管理的办法，同投机势力进行有效的斗争，平息了涨价风。内外贸易业成为确保市场供应、打击投机势力、稳定人民生活、粉碎海上封锁、恢复上海经济的重要环节。

上海国营贸易部门加紧调运商品，利用当时掌握的有限物资，通过抛售或吞吐控制物价涨势，先后平抑稳定了“两白一黑”（大米、棉纱、煤炭）和“五洋杂货”（火柴、蜡烛、石油、肥皂、卷烟）的价格。

二、粉碎封锁，扶助生产，增加就业

由于西方世界对新中国实行封锁、禁运，上海对外贸易形势严峻，钢、铜、铝等依赖进口的金属材料告缺，橡胶、纸张等也紧缺，严重影响了上海工业生产的恢复和发展。当时上海外贸部门采取了各种措施：国营、私营、外贸企业联合起来，与外国轮船公司协商，争取在中国就近的国际港口（如中国香港、孟买）卸货，再由铁路转运来上海；鼓励出口，允许私商采用寄售方式出口；鼓励私商使用自备外汇进口；采用进出口联销办法，以出口结汇抵偿进口所需外汇。上海对外贸易部门还积极发展同苏联、东欧、东南亚国家的贸易，出口生丝、茶叶、桐油、猪鬃、大米等，进口急需商品，缓解了部分商品供应紧张的局面。

针对就业困难的问题，国营贸易公司还通过扩大对私营工厂的加工订货、调整批零差价等措施扶助生产，增加就业。上海贸易业的发展提供了大量就业岗位，除了新中国成立初期增加就业外，在20世纪80年代以后的上海产业结构调整中，还消化了许多下岗、转岗人员。2009年末上海批发零售贸易业、餐饮业从业人员为205.49万人，比1949年末的35.83万人增长了4.74倍，平均年递增2.95%；在最近20年中，贸易业、餐饮业平均每年增加6.5万人。

三、组织货源，保障供应

新中国成立后的前30年里，我们基本上属于“短缺经济”，贸易部门的主要任务是保障供给。为保证市民生活必需品的供应，管理部门一是对部分紧缺商品实施凭票、凭证定量供应，二是控制集团购买，三是发展修配网点和修配业务等。1954年，上海市民食用油按计划实行定量供应，1955年实行凭证定量供应粮食。在60年代初的三年经济困难时期，内贸部门一方面扩大采购，回收利用边角料和废旧物资，支持工业部门增产轻纺产品满足需求；另一方面对紧缺商品扩大凭票定量供应。1962年经济困难时期，上海凭票、凭证供应的商品从1958年的8种增加到92种。

改革开放后，随着经济发展，供应日益丰富，票证逐步减少。1983年底，上海取消布票、纺织品专用券，棉布、针棉织品全部敞开供应；1993年4月起，放开粮油购销和价格，上海取消了粮票、油票最后两张票证。2009年全市社会消费品零售总额达5 173亿元，比1949年的12.23亿元增长了422倍，平均年递增10.6%。

四、出现失误，经历曲折

在大跃进和“文化大革命”中，贸易工作受到错误思想的影响，出现不少失误。例如，盲目追求高指标，“大购大销”，收购了不少货不对路、质量低劣的商品，造成大量积压和损失；所有制盲目“升级”，合作企业升级为国营商业，个体商贩当做“资本主义尾巴”被割掉，集贸市场被取缔，造成流通渠道单一，零售网点减少，经营特色消失；“文化大革命”破“四旧”导致商店经营特色的消失和服务质量的下降，许多“老字号”店名被改换成具有浓厚政治含义的新店名，许多特色经营和服务被取消。上海零售网点严重不足，设施老化，技术人员缺乏等问题突出，住宿难、就餐难、买菜难、修理难等问题愈发严重。

“文化大革命”中对外贸易政策也被搞乱。在出口中实施以我为主，强加于人，影响了许多商品的生产、收购和出口；“以进养出”业务被停止，“文化大革命”前签订的一批引进合同被撤销，技术引进工作被迫中断。60 年代上海的出口值一直在 9 亿美元线下徘徊。

五、对内对外开放，大贸易格局形成

改革开放以后，上海贸易业从发展社会主义市场经济的要求出发，积极地、有步骤地推进改革和开放，取得了前所未有的高速发展，整个面貌发生了日新月异的变化。贸易流通体制从封闭式、单渠道、多环节转变为开放式、多渠道、少环节；市场体系从狭隘的内循环转变为立足大贸易、组织大流通、发展大市场；贸易企业管理从行政直接干预转变为企业依法自主经营；市场运行机制从计划分配转变为市场调节、自由流通；商业业态和经营方式从传统模式转变为现代商业，超市、便利店、大卖场等连锁经营大发展，快餐店、专卖店、专业店、购物中心、折扣店迅速崛起，邮购、自动售货机等无店铺销售不断涌现，“B to B”、“B to C”等电子商务迅猛发展；经济所有制结构从基本国有经济垄断转变为多种经济成分共同发展，出现了一大批个体商业、民营商业和股份制商业、中外合资商业；商业设施建设从陈旧落后转变为新颖先进，购物环境大为改善。2009 年末全市商场店铺面积达 5 089 万平方米，比 1978 年末的 228 万平方米增长了 21 倍，全市人均商业营业面积增长了 16 倍。

改革开放后，为了加快外贸体制改革和企业机制转换，上海进一步放开外贸经营权。20 世纪 90 年代中期，上海先后组建了东方、兰生、机械等一批企业集团，以扩大规模经营，加快综合经营的步伐，大外贸格局逐渐形成，各方协同出口创汇，上海对外贸易快速增长。出口商品的结构也发生了变化：工业产品比重上升至90%以上，深加工产品出口逐步取代初级产品，进口原料加工成成品后出口快速增长，一些技术含量较高的船舶、电力设备等成为上海出口商品中的佼佼者。2009 年上海市进出口总额达2 777 亿美元，比 1949 年的 0.93 亿美元增长了2 985 倍，平均年递增 14.3%。其中，2009 年进口总额为1 358 亿美元，比1949 年的0.11 亿美元增长 12 344 倍，平均年递增 17.0%；2009 年出口总额为1 419亿美元，比 1949 年的 0.82 亿美元增长1 729 倍，平均年递增 13.2%。

2.2　2009 年上海贸易业发展概况

2009 年，面对国际金融危机冲击和自身发展转型的双重考验，上海积极采取一系列应对举措，深化落实国家“扩大内需、促进消费”的政策，出台支持外贸、促进服务贸易和服务外包发展等政策措施，全市经济总体向好，贸易业继续保持快速增长的发展态势。2009 年的上海贸易业发展呈现以下主要特点：

一、商贸服务业保持快速稳定发展

1. 贸易产业规模和增速保持领先

2009 年，上海批发零售业和住宿餐饮业共实现增加值 2 422 亿元，比上年增长 11.2%，占全市和第三产业比重分别达到 16.1% 和 27.1%。

2009 年，上海实现商品销售总额 31 974.39 亿元，比上年增长 19.3%；实现社会消费品零售总额 5 173.24 亿元，比上年增长 13%。剔除商品零售物价指数，上海社会消费品零售总额实际增长 13.7%，增速比上年提高 1.7 个百分点。消费规模创下本市历史新高，保持了 2004 年以来连续 6 年两位数增长势头和全国中心城市商业发展的领先地位。

在拉动经济增长的投资、出口、消费三大主力中，消费连续两年保持领先增长。2009 年，社会消费品零售总额增速高于社会固定资产投资总额增速 3.8 个百分点，高于出口增速 29.2 个百分点；消费实际增速高于全市生产总值增速 5.5 个百分点。

2. 扩内需、促消费效应显著

上海贸易业热烈响应国家和上海市扩内需政策，大力推进汽车、家电下乡和以旧换新工作及节能空调惠民工程，汽车、家电等耐用消费品销售快速增长。截至2009 年底，全市家电下乡实现销售 7.5 万台、销售额 1.8 亿元；家电以旧换新实现销售75万台、销售额30亿元，在全国9个试点省市中保持领先；受理汽车、摩托车下乡2 055辆，拉动新车消费3 612万元；汽车以旧换新实现销售4 358辆、销售额8.28亿元；销售国家节能惠民工程补贴的节能空调32.8万台，占同期空调总销量的46%。

2009年，上海抓住节庆商机全面开展营销活动，拉动节庆消费快速上升，创新营销成为销售增长新动力。元旦、国庆、中秋等节日期间，销售同比增长都在20%以上。9、10月份上海商业以“2009上海购物节”为抓手，围绕“迎世博、扩内需、重民生”，在全市18个区县、2万个商业网点开展了500多项营销活动，取得了显著成效。

3. 贸易经济贡献度进一步提高

商业对上海税收的贡献率居全市各大产业第一。2009年，上海商业税收总额完成1 219亿元，比上年增长7.4%，占全市税收总额的18.3%。

世博会前夕，全市固定资产投资建设加大力度，一批商业设施建设竣工。2009年，上海商业固定资产投资总额完成276.55亿元，比上年增长8.7%，增速比2008年提高了1.8个百分点。2009年，全市住宿和餐饮业实现投资48.2亿元，比上年增长29.2%，增幅比上年提高了2个百分点。

商业引进外资显著增长。2009年，上海商业利用外资合同项目1 538项，占全市利用外资合同项目总数的49.8%；商业引进外资合同金额25.78亿美元，比上年增长7.6%，占全市引进外资合同金额总数的19.4%，比2008年提高了5.4个百分点。

商业吸收就业率居第三产业第一。目前，上海商业从业人员达205.49万人，占全市从业人数的19.5%，是第三产业中提供就业岗位最多的行业。在2009年全市提供的60万个新增就业岗位中，商业占50%以上，为增加城乡居民家庭收入、降低城镇居民失业率及保持社会和谐稳定作出了很大的贡献。

二、贸易业发展环境优化和质量提升

1. 加强规划和政策引导

2009年以来，上海先后发布了《上海市商业网点布局规划纲要（2009～2020年）》、《上海服务贸易发展中长期规划》、《促进上海服务贸易全面发展的实施意见》、《促进服务外包产业发展的实施意见》及《技术先进型服务企业、服务外包示范园区认定管理办法》等专项规划，上海市贸易业发展环境得到进一步优化。

2. 对外开放水平稳步提高

2009年，上海抓住国际金融中心与国际航运中心建设、世博会和虹桥枢纽建设的机遇，吸引了更多跨国公司地区总部，特别是跨国金融机构、配套服务机构和营运中心、研发中心等落户上海，全年共吸引外资总部经济机构79家。截至2009年底，落户上海的外资总部经济机构达755家。

2009年，上海贸易业"走出去"迈上了新台阶，服务业对外投资总额达15.4亿美元，比上年增长117%，对外工程承包和劳务合作营业额比上年增长31.8%。

2.3 "十二五"期间上海贸易业发展环境分析

一、积极抓住世博效应谋发展

2010年世博会期间，上海贸易业将精心做好世博服务保障工作，继续提升"窗口服务行业"服务质量，抓住世博营销契机，开展文化营销、服务营销、网络营销等各类主题营销活动，创造消费热点，进一步扩大消费。依托世博会大客流形成的大市场，酒店业、餐饮业、零售业等都受到直接拉动。

世博会之后，上海贸易业还将积极抓好世博后续利用，发挥好世博后续效应。一是将世博会展示的众多新产品、新技术、新理念、新生活方式加快转化和应用，寻找贸易发展新的突破口，从过去依靠投入为主的外延式扩张转变到以功能建设、服务集聚、品牌培育、技术创新为主的内涵式发展上来；把世博后续效应充分融入上海"四个中心"的建设，特别是国际贸易中心建设中去；把世博会带来的无形资源转化为上海贸易业发展的现实优势。二是世博会特许产品开发及销售形成的工作机制和网络资源在世博后进一步发挥后续作用。三是世博会期间形成的保障市场供应和安全应急机制在世博后进一步发挥积极作用。四是窗口服务行业迎世博形成的服务标准和整合机制在世博后进一步发挥长效作用。五是结合世博园区场馆的后续利用，打造具有标志性意义的高端服务经济集聚区。

二、上海国际贸易中心建设有序推进，虹桥商务区建设全面展开

继国务院批准上海国际金融中心、航运中心建设出台之后，上海又积极开展

国际贸易中心建设。市政府与商务部重点围绕上海国际贸易中心建设，签署了《部市合作协议》。2010 年，上海国际贸易中心建设将由“破题”逐步进入“解题”，有望带动商贸、会展、物流等加快发展。虹桥商务区作为上海国际贸易中心建设的新平台，将建设成为服务长三角地区的商务中心。

三、世界经济缓慢复苏，国内经济继续回升，补充扩大消费政策，继续为上海贸易业发展释放新动能

世界经济形势向好将有利上海贸易业的发展，国际贸易总量的上升将提高上海贸易及各类相关服务业的需求。

“十二五”期间，我国将进一步完善“扩大内需、促进消费”的政策措施，巩固扩大传统消费，积极培育热点消费，推动消费结构的优化升级，充实完善扩大城乡居民消费的政策。上海将根据国家扩内需的部署要求，认真落实各项消费惠民政策，继续引导和扩大消费，努力促进消费升级，从而为推进贸易业发展提供新动能。

一是延续家电以旧换新。贯彻国务院的有关决定，家电以旧换新政策将延续到 2011 年底。通过推动家电以旧换新工作持续开展，加快家电产业结构调整和产品升级换代，扩大居民和单位家电消费需求。同时，电子废弃物进入规范化回收渠道，交由指定拆解企业循环再利用并作无害化处理。二是大幅提高家电下乡产品最高限价。进一步完善家电下乡补贴标准和办法，上海增选燃气灶纳入补贴范围。三是加快老旧汽车报废更新，补贴标准为按车型不同每辆补贴 4 500 ~ 7 500元。四是率先试点新能源汽车补贴。财政部、科技部、工信部、国家发展改革委联合出台《关于开展私人购买新能源汽车补贴试点的通知》，启动私人购买新能源汽车补贴试点工作，安排一定资金并出台相应配套政策措施，重点对充电站等基础设施建设、新能源汽车购置和使用、电池的报废及回收体系建设等给予支持。五是将汽车下乡政策延长实施至 2011 年年底，已纳入汽车下乡补贴渠道的摩托车下乡政策执行到 2013 年 1 月 31 日。六是为城乡居民创造便利消费的环境。加快建设“万村千乡”农家店，加快建设商品配送中心，为农民提供符合卫生安全标准的产品；“万村千乡”农家店建立电子支付网络，方便农民消费。推进家政服务体系建设和标准化菜市场改造，支持有实力的连锁企业拓展服务功能，挖掘社区消费潜力。深入推进以宣传绿色消费、开辟绿色通道、培育绿色市场为内容的“三绿工程”。支持二手车交易市场升级改造。

2.4 上海国际贸易中心建设的主要思路和目标

加快推进上海国际贸易中心建设的发展思路是“两个提高、两个加快”，即提高市场开放程度，降低市场准入门槛，简化市场准入程序，吸引中外贸易主体集聚；提高贸易便利化水平，促进贸易要素通畅流动，提高贸易效率；加快建设以要素市场和消费服务市场为重点的现代市场体系，充分发挥在国际国内市场上的资源配置的基础作用、价格发现的引导作用及流通对消费的带动作用；加快营造国际一流水平的商贸发展环境，使上海成为交易机会多、综合成本低、市场秩序好、万商云集、消费者近悦远来的现代化国际大都市。

到2020年，基本建成具有国际国内两个市场资源配置功能、现代服务业发达、服务长三角服务全国、与我国贸易国际地位相匹配的国际贸易中心，内贸与外贸互相融合，货物贸易、服务贸易（包括技术贸易）同步发展的总体格局；基本形成市场开放度与贸易便利化程度高，物资流、商品流、订单流、信息流、服务流、资金流、人员流等贸易要素流动顺畅的运行机制；基本形成有形市场和无形市场并存、国际市场与国内市场相通、要素市场与消费品市场并举的市场局面，形成贸易要素集聚、贸易主体活跃、知识产权保护有力、诚信体系健全、贸易标准化程度高的市场体系；基本形成口岸货物集散中心、大宗商品交易与定价中心、贸易营运与控制中心、国际会展与跨国采购中心、国内市场流通中心、国际购物中心的功能框架；基本形成贸易设施完备、信息化程度高、服务体系发达、法制环境完善、政府廉洁高效、社会治安良好、人居环境舒适的商贸环境。

2.5 加快上海国际贸易中心建设的主要措施和需要的政策

围绕“两个提高、两个加快”的发展思路，一手抓整合提升，一手抓优化布局，上海近期重点争取在提高贸易便利化、建设虹桥商务区、集聚专业服务业、发展新型业态、提升流通业水平、活跃贸易主体、建设购物天堂、构建综合财经资讯平台、实施品牌/贸易标准化和商务诚信战略、建立协作共建合作推进机制等方面取得突破。

加快推进上海国际贸易中心建设离不开国家及有关部门的支持，尤其是在某些政策上，应支持上海先行先试，如上海扩大保税区功能，逐步试点推进有总量控制的资本项下货币可自由兑换；简化加工贸易内销审批环节，推动加工贸易企业扩大内销；延长外籍人员在沪免签证期限；开展融资租赁试点；建立免税商品购物区，便于境外人士在沪购物和出境人员回国购物；实施境外人士购物离境退税制度；积极争取海关、检验检疫等部门的支持，建立保税或完税进口产品展示区，使上……海成为进口商品展示中心；开展上海国际贸易中心建设立法研究；开展商务立法调研，加强商务法律体系建设，争取形成上海建设国际贸易中心相关条例；进一步完善落实完善海关、外汇、税务等总部经济政策，适应跨国公司总部功能性项目发展需要等。

3　长三角与珠三角主要城市的贸易增长效应比较分析

随着我国对外开放的程度不断加深，一个城市的贸易职能在该城市的各项职能中所起的作用越来越突出。对于我国东部沿海开放城市来说，其贸易职能尤为重要。围绕着以城市贸易职能为核心的“贸易中心”的提法，成为近年来各主要沿海城市贸易发展目标制定过程中的一个热门话题。

我国地域的辽阔性决定了在贸易发展过程中不可能只有一个贸易中心。在国务院2009年对上海国际贸易中心建设作重要批示的同时，也批准了《深圳市综合配套改革总体方案》，其中的重要方案之一就是要使深圳与香港功能互补，并错位发展成为全球性的贸易中心。除了上海、深圳之外，随着环渤海一带近年来开发力度的不断加快，天津建设成为北方国际贸易中心的步伐也在逐渐加快，甚至像宁波这样紧邻上海的中型城市，早在2006年当地政府就正式批准了“宁波国际贸易中心”的建设项目。可以说，国内各主要沿海城市在国际贸易中心打造的问题上，是一个相互竞争与相互协调的过程。

3.1　研究方法

研究不同城市之间的贸易互补与协调问题，是典型的经济地理领域的命题。因此，本章将借助于经济地理领域中常用的偏离—份额模型（Shift-share Model），在引入空间结构要素的基础上，重新构建偏离—份额分析的空间扩展模型，并且通过运用该模型，完成长三角与珠江三角洲（以下简称珠三角）25个主要城市贸易增长效应的分解与评价工作。

一、偏离—份额分析的传统模型

偏离—份额分析方法最早是由美国学者 Daniel（1942）提出的，后经 Dunn（1960）等人的发展与完善，逐渐成为经济地理学和区域经济学等学科常用的统计分析工具。偏离—份额分析方法将特定地区的经济增长变量分解成三个分量，即区域分量、产业结构分量和空间竞争力分量，从而用以衡量产业结构和空间竞争力在区域经济发展中的贡献率。被分解的常见经济变量有GDP、就业人数等，也可以是贸易额等其他经济变量。

若用 X_{ij} 表示地区 j 第 i 产业部门经济变量 X 的初始值（$i=1, 2, \cdots, S$；$j=1, 2, \cdots, R$），X'_{ij} 表示该变量的期末值，则偏离—份额分析的传统模型可以用如下公式表示：

$$\Delta X_{ij} = X'_{ij} - X_{ij} = X_{ij} r + X_{ij}(r_i - r) + X_{ij}(r_{ij} - r_i) \tag{1}$$

其中，$r = \frac{\sum_{i=1}^{S}\sum_{j=1}^{R}(X'_{ij} - X_{ij})}{\sum_{i=1}^{S}\sum_{j=1}^{R}X_{ij}}$；$r_i = \frac{\sum_{j=1}^{R}(X'_{ij} - X_{ij})}{\sum_{j=1}^{R}X_{ij}}$；$r_{ij} = \frac{X'_{ij} - X_{ij}}{X_{ij}}$。

（1）式中，$X_{ij}r$ 表示区域分量，指特定地区基期某产业部门按照相邻区域内所有产业部门的平均增长速度发展所带来的增量；$X_{ij}(r_i - r)$ 表示产业结构分量，指特定地区某产业按照相邻区域内该产业的实际增长率与该区域内所有产业平均增长率的差值发展所带来的增量，反映了地区产业结构不同带来的经济发展差异，如果产业结构分量为正，说明相邻区域内某产业的增长超过区域内平均经济增长率；$X_{ij}(r_{ij} - r_i)$ 表示地区竞争力分量，指特定地区某产业按照该地区该产业的实际增长率与相邻区域内该产业的实际增长率的差额发展所带来的增量，反映了地区竞争力不同带来的经济发展差异，如果空间竞争力分量为正，说明该地区某产业具有竞争力，即该地区某产业的增长率超过相邻区域内该产业的增长率。

从（1）式可以看出，偏离—份额分析法是一种通过相对较少的变量变换，不断剥离深刻经济内涵的统计方法。由于该方法是最简单易行的分析技术之一，而且分析结果相对准确，因此得到了广泛的应用。①

二、偏离—份额分析的空间扩展模型

偏离—份额分析的传统模型尽管有技术上分析快捷、准确的优点，但在不断开放的现实经济中，产业连带关系引发的地区与地区之间的空间联动效应日益增强，这使偏离—份额分析的传统模型在理论上存在的缺陷逐渐显现。具体来说，偏离—份额分析的传统模型在量化分析地区经济变量的过程中，假定地区 j 第 i 产业部门与地区 k 第 i 产业部门是不发生的联系的，因此只注重不同地区纯粹的产业结构效应和竞争力效应分析，忽略了由产业部门和地区之间复杂的相互依赖关系引发的空间联动效应。

---

① 史春云等：《国外偏离—份额分析及其扩展模型研究述评》，载《经济问题探索》，2007 年第 3 期，第 133 页。

Esteban-Marquillas（1972）认为，造成上述弊端的主要原因在于偏离—份额分析的传统模型在分解经济变量增量时未准确考虑不同产业部门在经济运行中的权重大小，而只是简单地设定各产业部门具有相同的权重。其解决方案是在传统模型中引入“同位变化量”（Homothetic Change，X_{ij}^*）以反映空间联动效应，具体如下：

$$X_{ij}^* = \Sigma_{i=1}^S X_{ij} \frac{\Sigma_{j=1}^R X_{ij}}{\Sigma_{i=1}^S \Sigma_{j=1}^R X_{ij}} = \frac{\Sigma_{i=1}^S X_{ij}}{\Sigma_{i=1}^S \Sigma_{j=1}^R X_{ij}} \Sigma_{j=1}^R X_{ij} \tag{2}$$

将（2）式纳入（1）式，则（1）式可以改写为：

$$\Delta X_{ij} = X_{ij}' - X_{ij} = X_{ij} r + X_{ij}(r_i - r) + X_{ij}^*(r_{ij} - r_i) + (X_{ij} - X_{ij}^*)(r_{ij} - r_i) \tag{3}$$

（3）式中，$X_{ij} r$ 和 X_{ij}（$r_i - r$）的含义同（1）式。由于（1）式未考虑地区与地区之间的相互作用，所以（1）式中 X_{ij}（$r_{ij} - r_i$）事实上既表示地区 j 的整体竞争优势，同时也包括了地区 j 与其他地区之间的空间联动效应。作了改进之后的（3）式，其第三项 X_{ij}^*（$r_{ij} - r_i$）表示撇除地区与地区之间相互作用之后的地区 j 的整体竞争力，第四项 $(X_{ij} - X_{ij}^*)(r_{ij} - r_i)$ 则表示由产业部门和地区之间复杂的相互依赖关系引发产业 i 在 j 地区的集中程度。

由于单纯地引入同位变化量在解释地区与地区之间的空间相互联系方面依旧有所欠缺，Nazara 和 Hewings（2004）将空间区域纳入了偏离—份额分析的框架，构建了空间效应值：

$$X_{ij}^v = \Sigma_{i=1}^S X_{ik} \frac{\Sigma_{k \in V} X_{ik}}{\Sigma_{i=1}^S \Sigma_{k \in V} X_{ik}} \tag{4}$$

V 表示与地区 j 相邻区域的集合。纳入空间效应值后的偏离—份额模型被修正为：

$$\Delta X_{ij} = X_{ij}' - X_{ij} = X_{ij} r + X_{ij}(r_i - r) + X_{ij}^{v*}(r_{ij} - r_i) + (X_{ij} - X_{ij}^{v*})(r_{ij} - r_i) \tag{5}$$

其中 $X_{ij}^{v*} = \Sigma_{k \in V} w_{jk} X_{ik}$，$w_{jk}$ 表示地区 j 与其相邻的地区 k 之间的经济依赖权重。（5）式通过空间效应值成功地在模型中纳入了空间依赖变量，但其存在的一个致命缺陷是经济变量空间效应值的总和与该变量的实际值不符，即 $\Sigma_i^S \Sigma_j^R X_{ij}^{v*} \neq \Sigma_i^S \Sigma_j^R X_{ij}$。因此，需要对（5）式通过引入空间同位效应值（Homothetic Spatially Influenced Change）进一步修正。具体的做法是借鉴 Esteban-Marquillas（1972）引入同位变化量的思想［见（2）式］，引入修正后产业部门权重的概念，即 $\frac{\Sigma_{j=1}^R X_{ij}^{v*}}{\Sigma_{i=1}^S \Sigma_{j=1}^R X_{ij}^{v*}} = \frac{X_i^{v*}}{X^{v*}}$，从而构建空间同位效应值 $X_{ij}^{v*} = X_j \frac{X_i^{v*}}{X^{v*}}$，这样偏离—份额分析的空间扩展模型最终可以表示成：

$$\Delta X_{ij} = X'_{ij} - X_{ij} = X_{ij}r + X_{ij}(r_i - r) + X_{ij}^{v**}(r_{ij} - r_i) + (X_{ij} - X_{ij}^{v**})(r_{ij} - r_i) \quad (6)$$

（6）式中，第一项表示区域增长效应，第二项表示产业结构效应，第三项表示地区竞争力效应，第四项则表示空间联动效应。本章以下对长三角和珠三角各城市贸易增量的分析工作将围绕（6）式展开。

3.2 数据处理与说明

一、城市贸易功能的划分与贸易数据来源

我们的研究目标是在国内打造国际贸易中心的建设初期，从整体上比较东部沿海城市的贸易结构及与此相关的贸易现状，从而为下一步的政策制定提供决策依据。这就决定了在数据的选取上，必须采用城市贸易数据作为研究的原始数据。

然而，国内目前细化的对外贸易统计工作通常只是针对一级行政区，即可以提供细化的外贸数据的统计口径通常是省、自治区和直辖市，按二级行政区划（地级市）口径可以公开提供的外贸统计数据仅仅是地级市的进口总额数据和出口总额两组数据。在实证研究中，通过这两组简单的粗线条数据很难捕捉到城市外贸进出口数量变化背后的结构性信息，这很大程度上成为阻碍学者们针对城市贸易问题进行深入量化研究的重要原因。

根据陈家海等（2006）的研究，一个城市的贸易活动，同时包括了“支持性贸易”和“中转性贸易”①。前者一方面为生产活动提供投入品，为消费活动提供对象物；另一方面为生产过程的“产出物”提供销售服务。后者是指从自己城市之外的一个城市购进货物，并转卖给另一个城市。陈家海等（2006）将后者细分为：①国内不同地区或城市间的中转贸易；②国际转口贸易；③国内其他地区或城市经本地中转的出口和经本地中转而在国内其他地区或城市分销的进口②。仔细分析可以发现，陈家海等（2006）对城市贸易活动的概括实际上包括对内贸易和对外贸易两个方面。沿着这样的思路，我们可以从内贸和外贸的角度，把一个城市的贸易功能简单地分为国内贸易功能和国际贸易功能两个层面。从纽约、伦敦和东京等发达国家的城市来看，它们既承担了国际贸易中心的职能，同时也

---

① 陈家海、徐菲、樊福卓：《城市间功能关系：对贸易业的分析》，载《长江三角洲发展报告 2006：城市间功能关系的演进》，上海人民出版社，2006 年，第 141 页。

② 同上，第 142 页。

扮演了国内贸易枢纽的角色。因此，我们认为从国际贸易中心建设的角度，把城市的贸易功能从内贸功能和外贸功能两个层面进行理解是比较合适的。

与以上对城市贸易功能的划分相对应，一个城市的贸易增长应该包括内贸增长和外贸增长两部分。国内相关统计年鉴虽然没有按行业划分的城市外贸进出口细分数据，但可以找到各城市按行业划分的内贸和外贸的混合数据，这样就可以满足比较长三角与珠三角主要城市贸易增长效应的研究需要。这部分数据通常汇集在各地级市统计年鉴限额以上批发零售贸易业相关资料中。由于各地对行业划分的标准不尽相同，为了达到在一个统一的标准下分析比较的目的，本章以下所采用的贸易数据均来自于《长江和珠江三角洲及港澳台统计年鉴》。

二、限额以上贸易数据的可行性说明

城市的限额以上批发零售业细分数据基本可以解决由于城市细分进出口数据缺乏带来的数据可获得性难题。但需要说明的是，尽管“限额以上”数据在统计过程中通过设定限额标准排除了“限额以下”部分的城市贸易量，但该项数据并非统计普查获取，而是通过抽样调查获得，所以存在一定统计误差。若一个城市的企业经营规模都比较小的的话，利用该项数据得到的测算结果会出现较大的漏损，进而影响研究结论的准确性。为谨慎起见，本章在利用限额以上批发零售数据进行测算之前，先对各城市限额以上批发零售数据是否具有典型性作一个初步的调查判断。

表3－1　长三角和珠三角限额以上批发业和零售业销售额相关占比

名称	限额以上零售额/社会消费品零售总额				限额以上批发额/限额以上销售总额			
年份	2002	2005	2006	2007	2002	2005	2006	2007
长三角经济区								
上海市	0.52	0.62	0.62	0.71	0.70	0.82	0.83	0.83
南京市	0.31	0.39	0.45	0.45	0.82	0.85	0.80	0.81
苏州市	0.21	0.35	0.43	0.42	0.76	0.73	0.71	0.74
无锡市	0.27	0.35	0.35	0.32	0.69	0.62	0.69	0.71
常州市	0.25	0.24	0.32	0.34	0.76	0.70	0.73	0.69

续表

名称	限额以上零售额/社会消费品零售总额				限额以上批发额/限额以上销售总额			
年份	2002	2005	2006	2007	2002	2005	2006	2007
镇江市	0.17	0.20	0.30	0.32	0.68	0.59	0.55	0.59
南通市	0.18	0.20	0.23	0.22	0.75	0.77	0.73	0.73
扬州市	0.16	0.23	0.25	0.28	0.66	0.58	0.53	0.09
泰州市	0.13	0.19	0.20	0.24	0.81	0.69	0.72	0.69
杭州市	0.31	0.45	0.48	0.56	0.89	0.90	0.89	0.88
宁波市	0.26	0.34	0.36	0.40	0.83	0.86	0.85	0.84
嘉兴市	0.16	0.22	0.03	0.24	0.82	0.83	0.97	0.83
湖州市	0.11	0.25	0.31	0.32	0.84	0.72	0.67	0.68
绍兴市	0.19	0.30	0.31	0.38	0.71	0.69	0.67	0.64
舟山市	0.16	0.18	0.21	0.22	0.80	0.87	0.91	0.84
台州市	0.13	0.18	0.27	0.28	0.82	0.82	0.79	0.79
珠三角经济区								
广州市	0.22	0.38	0.37	0.37	0.86	0.86	0.86	0.88
深圳市	0.32	0.45	0.47	0.50	0.63	0.72	0.73	0.71
珠海市	0.23	0.31	0.32	0.34	0.69	0.78	0.78	0.76
佛山市	0.20	0.29	0.29	0.28	0.83	0.87	0.86	0.85
江门市	0.12	0.22	0.24	0.24	0.81	0.70	0.68	0.64
东莞市	0.10	0.36	0.39	0.46	0.80	0.68	0.65	0.60
中山市	0.18	0.30	0.33	0.34	0.77	0.81	0.80	0.79
惠州市	0.07	0.18	0.21	0.23	0.78	0.64	0.58	0.53
肇庆市	0.06	0.25	0.21	0.19	0.87	0.70	0.72	0.65

数据来源：根据《长江和珠江三角洲及港澳台统计年鉴》各年度的相关原始数据计算得出。

表3－1列出了到目前为止《长江和珠江三角洲及港澳台统计年鉴》中长三角16个城市和珠三角9个城市数据均俱全年份的相关指标测算值。从表3－1可以看出，在限额以上批发零售销售额中，各城市限额以上零售业销售额占社会消费品零售总额的比例普遍较低，到2007年只有上海、杭州和深圳的该项指标达到了50%及以上，表明限额以上批发零售销售额中就零售一项而言，存在较大

的统计漏损。但从批发一项来看，截至 2007 年，除了镇江、扬州和惠州限额以上批发销售额占限额以上批发零售总额的比例未超过 60%，其他城市的该项指标均在 60% 以上。

一个城市的贸易功能通常体现在其大规模的国内批发流量和对外的进出口流量两个部分。就批发零售贸易的统计口径而言，一方面，限额以上批发销售额包括了所有的出口部分，因为在统计实践中，外贸企业的销售额是按批发标准执行的；另一方面，限额以上批发销售额也包括了企业年销售规模在限额标准以上的国内批发销售部分。因而，综合表 3－1 的两项指标值来看，由于各城市限额以上批发销售额占限额以上批发零售总额普遍很高，较好地反映了城市贸易功能的“规模性”，笔者认为利用《长江和珠江三角洲及港澳台统计年鉴》中限额以上批发零售销售数据来解释长三角和珠三角各城市的贸易功能具有较大的合理性。但鉴于镇江、扬州和惠州限额以上批发销售额占限额以上批发零售总额的比例较小，以下实证分析中将排除这三个城市。

三、空间权重的选取与设定

为了研究地区与地区之间贸易的空间关联效应，我们在（5）式和（6）式中均引入了表示空间依赖关系的空间权重。在偏离—份额分析过程中，引入空间权重通常有两种途径：一是通过增加新的扩展变量对确定性偏离—份额分析的传统模型进行修正，二是运用回归模型纳入在空间上相互独立的残差权重。① 本章采用的偏离—份额模型属于离散模型，因此，我们对空间权重的选取通过增加新的扩展变量来实现。

地区与地区之间的相互依赖关系可以用一个 $R\times R$ 的权重矩阵 W 表示，其元素 w_{jk} 代表地区 j 和地区 k 之间的相互依赖程度，其值是非负、有限的。元素 0 表示某一个地区自身不存在自我依赖性。第 j 行表示地区 j 与区域中其他地区之间的相互依赖关系。

$$W=\begin{bmatrix} 0 & w_{12} & \cdots & w_{1R} \\ w_{12} & 0 & \cdots & w_{2R} \\ \vdots & \vdots & & \vdots \\ w_{R1} & w_{R2} & \cdots & 0 \end{bmatrix}$$

① Mayor, M., Loez, A. J., Spatial Shift-share Analysis versus Spatial Filtering: An Application to Spanish Employment Data [J]. 2008, 34 (1).

为了简化后续计算过程，通常的做法是将空间权重矩阵 W 按行进行标准化，即满足以下两个条件：（1）$0 \leqslant w_{jk} \leqslant 1$；（2）对于任何一行 j，都有 $\Sigma_k w_{jk}=1$。

空间权重矩阵的选择是空间计量模型化中的关键步骤。不同空间权重矩阵的制定标准将对经验分析的结果造成很大的影响。在设定空间权重矩阵时常见的选择标准有两个：一是按照空间距离设定空间权重，二是按照经济距离设定空间权重。

将空间距离作为空间权重的做法，其核心思想是：地区与地区之间的空间距离越近，其相互依赖关系越强；反之，地区与地区之间的空间距离越远，则其相互依赖关系越弱。采用这种权重选取标准的主要是 Moran（1948）、Geary（1954）、Cliff 和 Ord（1981）等。

将经济距离作为空间权重的做法，其核心思想是：地区与地区之间的相互依赖关系主要由经济因素所决定，在同一个大区域中，尽管有些地区不相邻，但由于其人口流动、商业往来等经济活动较多，它们之间的相互依赖关系反而可能比相邻的区域之间的依赖关系更强。Molho（1995）、Boarnet（1998）和 Lee（2008）分别采用不同的函数形式在空间模型中将经济距离作为设定空间权重的标准。

空间权重设定的两种典型选择标准在实践中都具有非常强的现实意义，这里将综合考虑以上两种选择标准，在设定空间权重时参考 Fingleton（2001）简单引力模型的做法，将空间距离和经济距离同时纳入空间权重中。具体形式为：$w_{jk}=Q_{j0}^2 d_{ij}^{-2}$，其中 Q_{j0} 表示地区 j 基期的经济产出，d_{ij} 表示地区 i 和地区 j 之间的空间距离。在具体计算过程中，经济产出将采用《长江和珠江三角洲及港澳台统计年鉴》中长三角和珠三角各城市的 GDP 数据，空间距离将采用《中国电子地图 2010 版》中城市与城市之间的直线距离。

3.3 计算结果与分析

本章利用（6）式对 2005～2008 年长三角和珠三角主要城市限额以上批发零售销售额的增量进行了分解，以下将从长三角和珠三角区域整体、商品结构和典型城市三个不同的层面对分解结果进行分析。

一、区域整体比较分析

贸易增长是长三角和珠三角地区贸易发展的共同趋势，长三角地区贸易增长总体上高于珠三角地区。从表 3－2 可以看出，2005～2008 年，长三角和珠三角地区各城市的贸易额均有不同程度的增长，珠三角地区各城市平均贸易增长额为 886.1 亿元，平均增长率为 64.5%，长三角地区各城市平均贸易增长额为 1 134.9 亿元，平均增长率为93.2%，比珠三角高出约1/3。

表3-2 2005~2008年长三角和珠三角主要城市贸易增长效应分解

城市	增长额（亿元）	增长幅度（%）	对增长额的贡献程度（%）				
			整体效应	结构效应	空间效应		
					效应和	净竞争效应	区位效应
长三角地区							
上海市	6 094.51	60.90	136.37	-6.44	-29.93	-26.67	-3.26
南京市	684.89	27.68	300.10	-34.34	-165.76	-140.67	-25.09
苏州市	1 170.87	116.59	71.24	-7.60	36.36	31.99	4.37
无锡市	650.37	101.34	81.96	-3.50	21.54	6.67	14.87
常州市	217.35	71.03	116.94	-12.84	-4.10	0.28	-4.37
南通市	198.70	46.89	177.14	-15.28	-61.86	-69.23	7.37
泰州市	338.74	249.90	33.24	-0.98	67.75	850.50	-782.75
杭州市	3337.63	93.50	88.84	10.11	1.05	-2.98	4.03
宁波市	2 111.55	147.80	56.20	-5.39	49.20	49.45	-0.25
嘉兴市	322.49	83.31	99.69	-11.45	11.76	22.58	-10.82
湖州市	137.78	77.31	107.43	-7.27	-0.16	10.37	-10.53
绍兴市	200.20	59.78	138.93	-32.65	-6.28	-29.71	23.43
舟山市	117.14	83.05	100.01	2.03	-2.04	157.25	-159.29
台州市	306.43	85.97	96.61	-3.17	6.56	28.13	-21.57
珠三角地区							
广州市	4 454.49	99.92	83.12	4.89	11.99	12.02	-0.03
深圳市	1 136.38	61.21	135.69	-10.45	-25.24	-27.78	2.54
珠海市	36.44	12.13	684.88	-0.07	-584.82	-255.73	-329.09
佛山市	687.82	70.70	117.48	14.98	-32.47	-43.31	10.85
江门市	144.32	89.61	92.69	-17.58	24.89	398.96	-374.07
东莞市	360.81	95.54	86.94	-12.34	25.41	27.37	-1.97
中山市	264.56	80.50	103.18	-14.32	11.14	30.34	-19.20
肇庆市	4.20	6.14	1351.86	-162.81	-1 089.06	-875.28	-213.78

数据来源：根据2005年和2008年《长江和珠江三角洲及港澳台统计年鉴》中限额以上批发零售销售额数据计算得出。

长三角和珠三角地区贸易增长过程中面临共同的阻碍因素，结构效应普遍呈现负值。表3－2显示，在长三角和珠三角两个区域中，除了杭州、舟山、广州和佛山的结构效应呈现正值之外，其他城市的结构效应均为负，这表明长三角和珠三角地区同一产业的贸易额增长率要普遍低于国内其他地区。造成这种现象的主要原因在于长三角和珠三角地区是国内最发达的沿海地区，这两地城市的经济发展和贸易开放起步都相对较早，贸易规模的基数总体上要高于国内其他城市，因而增速就比较缓慢。

进一步观察发现，长三角和珠三角地区各城市贸易增量的结构效应与空间净竞争效应不完全一致，但空间净竞争效应的作用比较突出。从理论上讲，一个城市贸易增长的结构效应越大，则该城市的产业结构在贸易增长中的作用越明显，进而将直接构成影响该城市贸易竞争力的有利因素。就长三角和珠三角的实际情况来看，尽管这两大区域中各城市贸易增长的结构效应普遍呈现负值，但在长三角14个研究样本城市中有9个呈现正的净竞争效应，在珠三角8个研究样本城市中有4个呈现正的净竞争效应。笔者认为造成这种结果的原因是多样的，除了产业结构直接影响城市的贸易竞争力之外，长三角和珠三角各城市近年来实行的一系列贸易优惠政策及贸易环境逐步优化等因素都在逐步转化成这些城市的贸易竞争效应。

值得关注的是，长三角和珠三角贸易增量中的区位效应总体上为负，城市与城市之间整体的空间联动作用有待进一步提升。根据前文对研究方法的解析，区位效应实际上是在描述产业的空间集聚状况。表3－2显示，在长三角14个研究样本城市中有9个城市的区位效应为负，在珠三角8个研究样本城市中有6个城市的区位效应为负。这表明尽管近年来长三角和珠三角地区出现了大量的产业集群，但城市总体的产业集聚程度较弱，长三角和珠三角城市贸易增长中的区位效应提示了城市与城市之间的产业空间布局需要从规模经济的角度进一步合理化。

二、商品结构比较分析

从区域整体层面对长三角和珠三角贸易增长的分析，可以对这两个区域贸易增长背后的结构性特征作出大致判断，但一些更为细化的问题需要从商品结构层面加以进一步探究。我们把长三角和珠三角每个研究样本城市2005～2008年增长幅度位居前五位的商品分类销售额增长情况进行分解，详见表3－3。

表3-3 2005~2008年长三角和珠三角各城市销售增幅排前五位的商品类别

地区	商品类别	增长额（亿元）	增长幅度（%）	整体效应（%）	结构效应（%）	净竞争效应（%）	区位效应（%）
上海	金属材料类	2 528.88	267.2	31.1	22.9	52.4	-6.3
	煤炭及其制品类	214.94	118.1	70.3	45.4	-15.8	0.1
	金银珠宝类	62.57	112.0	74.2	85.7	-57.7	-2.1
	石油及其制品类	1 835.69	86.6	95.9	8.7	-4.4	-0.2
	化妆品类	61.50	68.9	120.6	27.4	-46.1	-1.9
南京	家具类	5.59	340.9	24.4	2.6	668.1	-595.1
	建筑及装潢材料类	35.22	318.2	26.1	1.9	231.9	-160.0
	体育、娱乐用品类	26.60	296.9	28.0	-2.7	104.7	-29.9
	家用电器和音像器材类	299.40	172.6	48.1	-14.1	34.9	31.1
	金属材料类	317.32	158.4	52.4	38.6	12.0	-3.0
苏州	煤炭及其制品类	41.60	875.8	9.5	6.1	326.1	-241.7
	建筑及装潢材料类	50.76	574.9	14.4	1.1	138.5	-54.0
	金属材料类	432.77	374.1	22.2	16.3	57.4	4.1
	金银珠宝类	22.07	292.3	28.4	32.8	27.8	11.0
	服装鞋帽、针、纺织品类	313.77	111.1	74.8	-26.4	19.5	32.1
无锡	金属材料类	472.06	505.0	16.4	12.1	52.8	18.7
	中西药品类	61.77	231.2	35.9	-10.0	57.6	16.5
	金银珠宝类	7.69	209.0	39.7	45.9	13.5	0.9
	建筑及装潢材料类	6.22	154.7	53.7	4.0	97.5	-55.1
	五金、电料类	10.28	131.6	63.1	-27.1	53.8	10.2

续表

地区	商品类别	增长额（亿元）	增长幅度（%）	整体效应（%）	结构效应（%）	净竞争效应（%）	区位效应（%）
常州	家具类	0.38	292.3	28.4	3.0	978.4	-909.8
	金属材料类	79.67	282.1	29.4	21.7	57.0	-8.1
	金银珠宝类	4.08	240.0	34.6	40.0	24.7	0.8
	煤炭及其制品类	5.02	161.9	51.3	33.1	28.1	-12.5
	通讯器材类	3.13	136.7	60.8	-35.1	193.1	-118.8
南通	家具类	0.30	214.3	38.8	4.1	1 048.2	-991.1
	文化办公用品类	7.35	122.3	67.9	8.1	65.9	-41.9
	体育、娱乐用品类	2.32	118.4	70.2	-6.9	40.2	-3.5
	金银珠宝类	5.05	113.2	73.4	84.7	-29.7	-28.3
	中西药品类	12.52	90.7	91.5	-25.4	33.6	0.2
泰州	建筑及装潢材料类	13.08	130 800.0	0.1	0.0	19 528.9	-19 429.0
	五金、电料类	3.83	1 665.2	5.0	-2.1	585.9	-488.8
	中西药品类	64.49	1 588.4	5.2	-1.4	104.0	-7.8
	家具类	0.19	633.3	13.1	1.4	2 341.5	-2 256.0
	机电产品及设备类	25.70	561.1	14.8	-1.3	347.0	-260.5
杭州	建筑及装潢材料类	56.52	174.1	47.7	3.5	77.3	-28.5
	金属材料类	1 724.06	155.5	53.4	39.3	2.5	4.8
	五金、电料类	71.74	124.1	66.9	-28.8	39.1	22.8
	家具类	6.97	109.4	75.9	8.0	54.5	-38.5
	机电产品及设备类	159.91	107.8	77.1	-6.6	96.2	-66.7
宁波	煤炭及其制品类	130.38	820.0	10.1	6.5	136.9	-53.5
	金属材料类	503.70	307.9	27.0	19.8	50.0	3.2
	建筑及装潢材料类	38.49	298.4	27.8	2.1	111.9	-41.8
	化工材料及其制品类	372.11	237.6	35.0	-7.5	36.7	35.9
	金银珠宝类	6.06	186.5	44.5	51.4	9.5	-5.5

续表

地区	商品类别	增长额（亿元）	增长幅度（%）	整体效应（%）	结构效应（%）	净竞争效应（%）	区位效应（%）
嘉兴	煤炭及其制品类	23.79	566.4	14.7	9.5	127.8	-51.9
	金属材料类	65.34	169.2	49.1	36.1	16.0	-1.2
	家具类	7.53	168.5	49.3	5.2	23.9	21.6
	建筑及装潢材料类	5.08	165.5	50.2	3.7	83.8	-37.7
	五金、电料类	13.44	148.0	56.1	-24.1	29.7	38.3
湖州	建筑及装潢材料类	5.94	1 120.8	7.4	0.5	446.2	-354.1
	煤炭及其制品类	29.84	412.2	20.2	13.0	30.1	36.8
	金银珠宝类	2.10	189.2	43.9	50.7	4.7	0.7
	金属材料类	21.76	178.9	46.4	34.1	30.7	-11.2
	文化办公用品类	0.97	161.7	51.4	6.1	491.9	-449.4
绍兴	化工材料及其制品类	40.64	285.4	29.1	-6.3	100.5	-23.4
	金银珠宝类	2.07	181.6	45.7	52.8	2.3	-0.8
	石油及制品类	63.44	145.5	57.1	5.2	58.6	-20.9
	通讯器材类	1.58	97.5	85.2	-49.2	257.4	-193.3
	食品、饮料、烟酒类	45.36	64.7	128.5	-45.8	13.1	4.2
舟山	化工材料及其制品类	4.11	1 644.0	5.1	-1.1	3 001.5	-2 905.4
	建筑及装潢材料类	4.18	853.1	9.7	0.7	371.6	-282.1
	家具类	0.07	700.0	11.9	1.3	7 427.6	-7 340.7
	五金、电料类	1.33	578.3	14.4	-6.2	576.1	-484.3
	金属材料类	19.71	275.3	30.2	22.2	100.9	-53.3
台州	煤炭及其制品类	17.47	656.8	12.6	8.2	194.0	-114.8
	文化办公用品类	1.90	246.8	33.7	4.0	1 124.5	-1 062.2
	通讯器材类	1.62	234.8	35.4	-20.4	854.2	-769.1
	建筑及装潢材料类	3.19	221.5	37.5	2.8	213.1	-153.4
	体育、娱乐用品类	0.35	194.4	42.7	-4.2	617.0	-555.5

续表

地区	商品类别	增长额（亿元）	增长幅度（%）	整体效应（%）	结构效应（%）	净竞争效应（%）	区位效应（%）
广州	石油及其制品类	3 758.91	261.4	24.1	26.3	49.6	0.0
	金银珠宝类	32.02	139.9	37.3	80.3	-20.1	2.6
	煤炭及其制品类	552.94	116.6	41.6	68.4	-8.0	-2.1
	体育、娱乐用品类	60.25	94.8	46.7	42.1	10.1	1.1
	化妆品类	42.77	85.5	49.3	60.5	-9.2	-0.5
深圳	煤炭及其制品类	19.68	250.5	24.9	41.0	528.4	-494.3
	体育、娱乐用品类	29.00	200.4	29.3	26.4	54.8	-10.6
	文化办公用品类	97.02	162.4	33.8	37.9	37.2	-8.9
	服装鞋帽、针、纺织品类	265.87	124.7	40.0	25.9	32.0	2.2
	食品、饮料、烟酒类	471.62	119.4	41.0	26.4	26.5	6.0
珠海	书报杂志类	14.46	1 617.6	4.9	0.5	189.7	-95.1
	金银珠宝类	0.31	540.0	13.3	28.7	1 288.1	-1 230.2
	化工材料及其制品类	11.64	300.0	21.7	17.0	369.4	-308.1
	家用电器和音像器材类	29.52	216.0	27.8	19.6	78.3	-25.7
	服装鞋帽、针、纺织品类	11.78	137.5	37.7	24.4	138.0	-100.0
佛山	煤炭及其制品类	23.59	238.3	25.8	42.5	206.2	-174.6
	金属材料类	708.42	170.3	32.8	56.9	6.0	4.3
	金银珠宝类	2.15	152.7	35.2	75.9	-44.0	32.8
	建筑及其装潢材料类	79.10	122.9	40.3	43.3	7.2	9.2
	五金、电料类	33.72	98.3	45.8	26.1	13.1	15.0
江门	煤炭及其制品类	6.33	3 641.2	2.2	3.7	4 386.7	-4 292.6
	建筑及装潢材料类	4.90	2 981.3	2.7	2.9	1 637.5	-1 543.2
	金属材料类	22.61	843.4	9.0	15.6	831.3	-755.8
	化工材料及其制品类	37.61	296.9	21.9	17.2	60.5	0.5
	家用电器和音像器材类	18.10	221.2	27.3	19.3	70.6	-17.2

续表

地区	商品类别	增长额（亿元）	增长幅度（%）	整体效应（%）	结构效应（%）	净竞争效应（%）	区位效应（%）
东莞	金银珠宝类	33.30	2 787.9	2.9	6.2	109.4	-18.6
	家具类	18.17	613.0	11.9	13.2	74.3	0.6
	日用品类	63.10	419.3	16.5	13.1	77.2	-6.8
	化工材料及其制品类	55.32	191.6	30.2	23.7	52.6	-6.6
	体育、娱乐用品类	1.50	159.7	34.2	30.9	145.1	-110.2
中山	金银珠宝类	1.46	1 380.0	5.7	12.2	998.0	-915.9
	通讯器材类	1.83	363.4	18.6	7.9	2 420.5	-2 346.9
	文化办公用品类	4.53	161.6	33.9	38.0	139.6	-111.6
	石油及其制品类	114.63	153.6	35.1	38.3	44.2	-17.6
	食品、饮料、烟酒类	78.47	142.8	36.8	23.7	38.2	1.3
肇庆	煤炭及其制品类	10.54	971.0	7.9	13.0	266.3	-187.1
	金银珠宝类	1.63	256.3	24.5	52.7	12.0	10.8
	中西药品类	7.54	229.9	26.5	19.2	86.7	-32.4
	化妆品类	0.18	171.4	32.6	40.0	143.6	-116.3
	五金、电料类	0.69	36.2	69.6	39.7	-9.8	0.5

从中可以发现：长三角和珠三角都存在贸易商品销售同构现象，而长三角地区的商品销售同构现象更为突出。长三角地区销售的同构商品主要集中在金属材料类、煤炭及其制品类、金银珠宝类、家具类、建筑及装潢材料类五大类产品；珠三角地区销售的同构商品主要集中在金银珠宝类和煤炭及其制品类两大类产品。从这些商品的销售同构频率来看，在被研究的长三角地区14个样本城市中，金属材料类和建筑及装潢材料类产品在其中的10个城市销售增幅位列前五，煤炭及其制品类、金银珠宝类和家具类产品在其中的7个城市销售增幅位列前五；在被研究的珠三角地区8个样本城市中，金银珠宝类产品在其中的6个城市销售增幅位列前五，煤炭及其制品类产品在其中的5个城市销售增幅位列前五。

从各城市销售增幅位列前五的销售增量分解情况来看，一方面，长三角和珠三角地区的空间净竞争效应总体都呈现正值①，这主要是由于长三角和珠三角各城市作为国内最为发达的地区，积聚了大量的贸易优势，商品在种类上具有较强的贸易竞争力；另一方面，长三角和珠三角地区的空间区位效应普遍呈现负值，表明即使在销售增幅中位于前列的商品，其销售环节中相互依赖的空间优势依旧没有得到发挥，这与表3－2显示的长三角和珠三角地区各城市整体缺乏空间联动效应相吻合。

从细分商品的结构效应来看，珠三角地区具有明显的正结构效应，但长三角地区的正结构效应并不明显，部分商品呈现负结构效应。就长三角地区出现负结构效应的商品类别来看，主要集中在化工材料及其制品等对环境具有高污染的产品上。近几年来，随着贸易发展中的环境问题日益被受到重视，长三角地区有的放矢地把大量高污染、高能耗的产业陆续转移到了经济相对欠发达的中西部地区。这种负结构效应表面上显示长三角地区城市在某些商品类别上的销售增长率低于国内其他区域的同类产品销售增长率，但本质上反映了长三角产业结构的升级与部分产业的对外转移。

三、典型城市比较分析

鉴于上海、广州、深圳在长三角和珠三角地区中贸易地位的重要性，以下对这三个城市2005～2008年主要商品类别的贸易增量进行具体比较分析。对这三个城市主要商品类别的选择与表3－3按增幅大小的选取标准有所不同，这里把贸易增长额作为选取标准，原因在于贸易绝对增量是考察贸易中心城市贸易状况的一个重要方面。选取结果详见表3－3。

从整体上来说，三个城市中上海的贸易增量最大，广州次之，深圳最小。其中，广州具有正的结构效应和净空间效应，而上海和深圳的结构效应和净空间效应为负。造成这种格局的原因主要在于，上海和深圳近几年都为了建设国际贸易中心的目标加速了产业结构的调整，但在调整的短期内使部分产业的贸易额增速低于国内其他城市，同时，调整过程中也可能使一部分产业受损，进而与周边城市相比暂时丧失了竞争力。另外，由于深圳毗邻香港，近几年深圳从某种意义上已开始扮演了境内对香港出口通道的角色，因

① 根据表3－3显示，上海和广州销售增幅位于前五的商品出现了明显的负向空间净竞争效应。鉴于上海和广州在国内城市中贸易地位的重要性，本书将在“典型城市比较分析”中详细探讨。

而深圳与周边城市的空间依赖性逐年增强，区位效应呈现正值；而上海和广州与周边城市的空间依赖关系表现为承担着周边城市进口港的职能，因此区位效应呈现负值。

从具体商品类别来看，金属材料类、石油及其制品类产品在上海、广州和深圳三地的贸易增长额中均名列前五，且三地在该两类商品上的结构效应均为正值。但由于工业在深圳产业结构中的比重逐渐减小，重工业的竞争优势也逐步减弱，体现在金属材料类和石油及其制品类产品的净竞争效应均占出现较大的负值。与三地总体的区位效应相匹配，表 3－3 中深圳各商品类别均呈现正向区位效应，而上海和广州则分别有三类商品出现负向区位效应，且上海相应的负向区位效应要比广州大，这与长三角相邻城市作为上海的腹地且大多通过上海进口的现实也比较吻合。

表 3－4　2005～2008 年上海、广州和深圳销售增长额排前五位的商品类别

城市	类别	增长额（亿元）	增长幅度（%）	对增长额的贡献程度（%）			
				整体效应	结构效应	净竞争效应	区位效应
上海	金属材料类	2 528. 88	267. 24	31. 08	22. 86	52. 40	－6. 33
	石油及其制品类	1 835. 69	86. 57	95. 95	8. 70	－4. 43	－0. 22
	机电产品及设备类	518. 59	34. 75	239. 01	－20. 36	－107. 89	－10. 76
	化工材料及其制品类	249. 28	48. 30	171. 98	－36. 98	－37. 58	2. 59
	煤炭及其制品类	214. 94	118. 07	70. 35	45. 41	－15. 84	0. 07
	总　体	6 094. 51	60. 90	136. 37	－6. 44	－26. 67	－3. 26
广州	石油及其制品类	2 852. 51	261. 39	31. 78	2. 88	65. 31	0. 04
	金属材料类	551. 68	71. 29	116. 50	85. 68	－98. 23	－3. 96
	煤炭及其制品类	322. 95	116. 63	71. 21	45. 97	－13. 62	－3. 57
	中西药品类	130. 26	49. 89	166. 48	－46. 14	－19. 56	－0. 78
	服装鞋帽、针、纺织品类	112. 61	39. 48	210. 36	－74. 35	－36. 34	0. 33
	总　体	4 454. 49	99. 92	83. 12	4. 89	12. 02	－0. 03

续表

城市	类别	增长额（亿元）	增长幅度（%）	对增长额的贡献程度（%）			
				整体效应	结构效应	净竞争效应	区位效应
深圳	食品、饮料、烟酒类	278.10	119.36	69.59	-24.83	44.99	10.25
	服装鞋帽、针、纺织品类	159.56	124.66	66.63	-23.55	53.30	3.62
	通讯器材类	156.52	90.40	91.88	-53.10	26.95	34.27
	石油及其制品类	109.46	24.97	332.61	30.14	-272.27	9.51
	金属材料类	96.92	56.50	147.00	108.11	-280.13	125.01
	总　体	1 136.38	61.21	135.69	-10.45	-27.78	2.54

数据来源：根据2005年和2008年《长江和珠江三角洲及港澳台统计年鉴》中限额以上批发零售销售额数据计算得出。

3.4 简要结论与启示

本章通过利用2005~2008年长三角和珠三角各主要城市限额以上批发零售销售额数据，借助于偏离—份额分析的空间扩展模型，对长三角和珠三角城市贸易增长效应进行了分解，并从区域整体、商品结构和典型城市三个方面进行了比较分析，得到如下简要结论与启示：

第一，贸易增长是长三角和珠三角地区贸易发展的共同趋势，长三角地区贸易增长总体上高于珠三角地区。长三角和珠三角地区各城市贸易增量中的区位效应总体上为负，城市与城市之间整体的空间联动效率有待进一步提升，同时，负向结构效应成为贸易增长的重要阻碍因素，但代表贸易竞争力的空间净效作用比较突出。

第二，长三角和珠三角地区都存在贸易商品销售同构现象，长三角地区的商品销售同构现象比珠三角地区的商品销售同构现象更为明显。金属材料、煤炭及其制品、金银珠宝、家具和建筑及装潢材料是长三角地区的主要销售同购对象，金银珠宝和煤炭及其制品是珠三角地区的主要销售同购对象。

第三，上海、广州、深圳分别作为长三角和珠三角的典型城市，承担着不同的贸易职能。上海和广州分别承担着周边城市进口港的职能，具有负向空间区位效应；深圳扮演着境内对香港出口通道的角色，具有正向空间区位效应。

第四，中国地域辽阔，决定了在贸易发展过程中不可能只有一个贸易中心城市。注重不同贸易中心城市之间的互补和协调，通过在不同的经济区域人为地扶持和打造贸易中心城市，将有助于中国贸易的进一步发展和繁荣。

第二篇

上海国际贸易中心建设的路径与着力点

SHANGHAI GUOJI MAOYI ZHONGXIN JIANSHE DE LUJING YU ZHUOLIDIAN

上海国际贸易中心建设已经破题，但实现这一目标的路径有哪些，主要着力点何在，这些正是本篇研究的重点内容。本篇主要包括六个部分：启动上海自由港建设的历史脉络与现实优势；完善与提升保税区能级；建设与发展大宗商品交易市场；加快发展与开放服务贸易；大力推进物流产业集聚；强化行业协会的对外贸易职能。

4 启动上海自由港建设的历史脉络与现实优势

近百年来，上海历经风雨和波折，始终保持着重要的国内和国际地位及影响力。上海建设自由港既有难得的历史财富，又有现实的经济实力及其背后的中央政策的支持与区位发展优势。以史为鉴，可以知兴替，全面了解上海经济发展的轨迹及原因，将对上海自由港建设与规划发展大有裨益。

4.1 近代上海自由港建设的历史积淀

一、近代上海自由港的发展及其历史地位

近代是上海经济发展中最辉煌的时期。近代上海享有“东方巴黎”的美誉，是远东地区最大的工商业、贸易、金融和航运中心之一。近代的上海号称中国的“半壁江山”，在近代中国经济中具有举足轻重的地位，同时也是远东地区的第一大都市，对远东乃至世界经济也有重要影响。

1. 近代上海是中国的贸易中心

开埠之前，清政府于1685年在东南沿海设立了四个海关，其中江南海关就管辖上海周边的长江区域。虽然外国商人不能直接到上海进行贸易，但是上海口岸与东南亚国家的海上贸易一直很兴旺。当时的上海已经是我国南北贸易、沿海和腹地贸易的最大港口，也是江南和东亚地区重要的贸易中心之一。

鸦片战争后，根据《南京条约》和《五口通商章程》的规定，上海于1843年11月17日正式开埠。上海的社会经济环境发生了根本性的变化，外国商人和商船纷至沓来，中外贸易中心逐渐从广州转移到上海。到19世纪50年代，上海彻底取代广州，成为中国的贸易中心，外国商品和外资纷纷涌进长江门户，开设行栈，设立码头，划定租界，开办银行等，国际贸易、国内埠际贸易及上海本地零售业都空前繁荣。1936年，上海直接对外贸易额占全国的55%；与对外贸易相联系的国内埠际转口贸易中，上海占全国的75.3%。1934年，上海人口数量达到335万人，在世界大城市中排名第六，人口增长之快居全国之最。新中国成立前夕，上海已成为拥有545.5万人口的特大城市，巨大的购买力造就了上海这

个近代中国最大的商业零售市场。

同时，受到外国商行的影响，上海旧的商业经营方式和商业组织逐步转变为新兴商业贸易机制。对外贸易中，进出口商行是主要贸易机构。1936 年，上海拥有专业进出口商行 917 家，其中外资洋行 675 家，华商行 296 家。国内贸易商行中，既有大量本埠批发字号经营国内埠际贸易，还有许多外地商帮，在上海口岸和内地之间形成一个商品互相流通的网络，即国内货物—上海口岸—国外市场。20 世纪 20 年代，上海华商纷纷成立纱布、粮油等商品交易所，经营方式逐步与外资企业接轨，成为国际产业资本在中国市场的延伸。在抗日战争前夕，上海各大华商商品交易所的各大商品交易量，如棉花、煤、小麦等，在全国首屈一指。

中日《马关条约》迫使清政府允许外国列强在通商口岸开设工厂，中外所有商人在上海投资和贸易，都可以按照西方市场经济的规则进行，上海自然成为近代中国的“商业绿洲”。在外国资本投资办厂的热潮中，上海成为外资企业最多的通商口岸，共兴办了 1 800 多家外资企业。在抗日战争前夕，上海集中了外商在华工业投资的 67%，是外商在华投资最多的城市。

同时，在外商的影响下，上海商人也纷纷投资近代企业。1895～1928 年，中国近代民族工业的创办达到高潮，上海创办民族资本工厂达 1 781 家，形成了以轻纺为主，化学、日用品、印刷、食品等门类比较齐全的工业体系和工业区。至抗日战争前夕，上海有近代工厂 5 500 多家，近代工业的产值及产业工人人数都占到全国的 50% 左右，成为名副其实的近代中国的工业中心。新中国成立前夕，上海棉纺工业纱锭占全国的 50%，动力织布机占全国的 60%，毛纺锭占全国的 80%，卷烟设备占全国的 70% 以上，面粉产量占全国的近 40%。

2. 近代上海是中国和远东的国际航运中心

上海是著名的港口城市，具有优越而独特的地理位置，位于中国南北海岸线的中端和第一大河长江的出海口，背靠中国传统文化经济繁华区域苏州、杭州和南京，远带广阔的两湖、巴蜀、鲁豫、冀晋等区域，离韩国、日本、菲律宾、新加坡等国的距离适中，这是中国其他城市所不具备的区位优势。开埠后，上海利用其独特的地理优势，发展轮船运输业。1862 年，在上海设立的第一家轮船公司是美商旗昌洋行设立的旗昌轮船公司；1872 年，首家华商轮船公司轮船招商局在上海成立。20 世纪 30 年代，上海的外商华商轮船公司已达 60 家左右。19 世纪 60 年代以后，形成了以上海为中心，西面有长江航线，北面有北洋航线和朝鲜、海参崴航线，东面有日本航线，东南面有菲律宾航线，南面有宁波、福州、台湾、汕头、香港及南洋和澳洲进而连接欧美航线的国内外商业航运网络，这个网络以上海为中心成扇状排列。内河、长江、沿海和远洋四大航运系统的形成，标志着上海航运中心地位的确立。1922 年，上海已位列世界六大港口之一，上海港的吞吐量仅次于纽约、伦敦、汉堡、洛杉矶，已与大阪、神户两港接近，成为全国和远东的国际航运中心。

3. 近代上海是全国和远东的国际金融中心

上海作为国内外贸易的集中地和航运中心，带动为其提供资金调集和融通的金融业发展，遂成为全国和远东的国际金融中心。1847 年，英国丽如银行率先在上海开设分行。1936 年，上海已有外国银行 28 家，占全国主要通商口岸外资银行总数的 33%。外国银行的进入，使上海金融业逐步被纳入世界金融体系中，为上海成为国际金融中心牵线搭桥。在外国银行的刺激下，华资银行也相继在上海成立。1897 年，第一家华资银行——通商银行成立。到 1936 年，全国华资银行共 164 家，其中总行设在上海的就有 59 家，占 36%。同时，上海还有上百家的钱庄。外资银行、华资银行和钱庄三者优势各异，业务各有侧重：外资和合办银行侧重于国际汇兑，华资银行侧重于吸收存款和对工商业贷款，而钱庄则侧重于国内商业贸易结算等传统金融业务。大批外资华资银行在上海的集中开设，使上海成为各种金融交易、资金划拨、汇兑等金融业务的中心，具备了很强的资金集散和辐射功能，并且与伦敦、纽约等世界主要金融市场联系在一起。

同时，上海的外汇市场、证券市场及黄金市场也达到了一定的交易量和规模，且经营范围具有开放性、国际性，主要表现在：①上海外汇市场的主要业务包括为国际贸易提供资金周转和金融服务、对国际投资款项进行划拨及外汇买卖，当时在汇丰银行挂牌交易的外汇就有 15 种，中国国际收支绝大部分是通过上海完成的；②上海是近代远东地区最大的黄金市场，交易量仅次于纽约和伦敦；③伦敦白银市场的定价经常根据上海银市的交易状况调整；④上海的众业公所同时经营中国和远东各地的外商公司股票、债券、公债等，是近代中国历届政府内外债融资的重要平台。在民国时期，上海是中央银行所在地，有中国银行、交通银行等大型的金融机构，对政府财政资金与全国资金运转有支配权，持有 50% 以上的政府公债和全国工矿企业 1/5 的信贷资金。因此，上海已经成为全国和远东国际金融中心。

正如 1935 年出版的《上海指南》中说的“上海，世界第六大城市；上海，东方的巴黎；上海，西方的纽约”① 那样，上海的航运、商业、金融及工业的发展，促使上海发展成为集贸易中心、工业中心、航运中心、商业中心、金融中心为一体的多功能经济中心。

二、上海近代自由港发展的原因探究

上海在开埠后经历短短的百年时间，就从一个县城发展成为当时全国乃至远东的经济中心，其发展之快堪称奇迹。究其原因，主要有以下三点：

1. 上海具有得天独厚的地理位置

发挥位于国际国内两个市场结合部的中点和远东航线的中点的区位优势，上海利用国际国内两大市场资源，首先发展成为全国的贸易中心，进而发展成为经济中心。

2. 近代上海租界提供了特殊的制度条件

租界最主要的特点是内部自治管理，租界的领土主权所有国将租界视为外国领土，不轻易干涉租界内部事务，因此，租界一般选择设立在沿海等通商口岸或便于贸易活动的城市。外国人则多愿意在租界投资办厂或从事贸易活动，建立教堂进行传教及开办学校、医院等附属设施。租界的经济文化繁荣程度往往远高于其周围的地区，自然发展成为本地的商业中心，并拉动城市部分相关行业的发展。纵观曾经是通商口岸的城市，其商业中心的形成一般都伴有租界的历史。

20 世纪初的上海公共租界外滩，其繁荣的程度远高于当时中国的一般城市，租界内的商务活动拉动了上海经济发展，且公共设施完善，治安相对平稳，吸引了相当多的国内外投资、贸易和定居。

同时，我们也应该全面地认识近代的租界。近代租界是我国殖民地、半殖民地时期所特有的一种历史现象，以牺牲国家权力和民族尊严为代价，是帝国主义列强践踏我国主权的一种手段。近代租界是为西方列强利益最大化服务，而对出租方经济的带动作用是租界必然产生的一种外部效应，而非其本意，因此，近代租界与自由港制度的性质完全不同。但是我们可以从中得到启示：实行宽松、自由的经营管理制度有利于贸易和经济的发展，但过度放松管制，就极易造成走私、偷逃关税等牺牲国家主权利益和扰乱国内正常经济秩序的后果。

---

① All About Shanghai, Univesity Press, 1935, p1.

3. 上海具有海纳百川的胸怀与开拓创新的精神

近代租界的长期存在，造就了上海开放的心态和多元化视角。自开埠之始，上海就面向全国乃至世界，没有外汇管制，货币自由兑换，商品和资本自由流动，投资环境宽松，形成了与国际对接的各种要素市场，很快就成为全国的贸易中心和金融中心。

同时，近代上海素有“冒险家的乐园”之称，正面理解就是敢于冒险、勇于创新。近代上海投资和贸易多元化，尤其是外商运行的商业规则和企业管理制定与旧上海截然不同。上海各界在外商的影响下，不断创新经济制度，如近代公司、商行、保险、银行、证券、外汇等制度等都首先在上海发育成长。制度创新为上海经济发展带来了生气与活力，上海创造了中国近代史上的多个第一，涌现了一大批著名的企业家，培养了一批最优秀的工程技术人员和管理人员，如“面粉大王”、“纺织大王”荣氏兄弟（荣毅仁的伯父荣宗敬和父亲荣德生），上海商务印书馆的出版业元勋张元济，“火柴大王”、“煤业大王”、“企业大王”刘鸿生，“棉纱大王”穆藕初，“西药大王”和“肥皂大王”项松茂，“冠生园”的冼冠生，“中国摩根”陈光甫等。

纵观从开埠到 19 世纪 40 年代的时期，上海逐步建立起自由市场经济体制，以自身独特而优越的地理位置为基础，发挥人们的聪明才智，抓住租界制度的外部正效应，化自身潜在地理优势为经济发展的实际优势，通过自由竞争逐步发展成为中国及远东地区最大的工商业、贸易、金融和航运中心之一。

4.2 新中国成立后上海对国内经济的支持与赢得的地位

新中国成立后，在计划经济时代，上海由近代全国和远东的多功能经济中心转变为中国单一的工业中心。

一、上海逐渐失去全国和远东国际金融中心的地位

1949 年的上海经济几乎崩溃，百业凋敝，物资匮乏，物价飞涨，投机盛行。中国共产党在上海打响了意义“不下于淮海战役”的新中国经济第一战。查封上海证券大楼，取缔银元、黄金、美钞投机活动，稳定了金融。中央财政经济委员会从各地组织调拨物资，保证上海的物资供应，击败投机商，稳住了上海物价。之后，随着中国银行总管理处、交通银行总管理处等由上海迁往北京，新中国的金融决策和管理中心从上海转移到北京。政务院规定：各国营企业、国家机关及

合作社的现金除准予保留规定的限额外，必须一律存入中国人民银行；资金全部由中央银行垂直调拨，一切贷款按季度批指标，其他非银行的投资信托公司、股票债券投资公司被取消，并指定中国人民银行为国家现金调度的总机构。这样一来，国家就控制了现金的流通。同时，私人金融业实行公私联营和合营，人民银行成为全国信用、结算、现金出纳的唯一机构。这种转变对昔日作为全国乃至远东国际金融中心的上海而言，可以说是毁灭性的，自此，上海就失去了全国和远东国际金融中心的地位。

二、上海逐渐失去贸易中心和航运中心的地位

1950 年 3 月 3 日，政务院颁布《关于统一国家财政经济工作的决定》，号召统一全国财政，以实现全国财政收支平衡；统一全国国营贸易工作，以实现全国物资调拨平衡；统一全国金融工作，以实现全国现金收支平衡。中央统一财经工作对治理当时的恶性通货膨胀、猖獗的投击势力及混乱的经济秩序是十分有效而重大的举措，迅速稳定了国内市场，使国家经济走上了稳定发展的轨道。但是，全国财政收支、物资调配、现金管理三个统一的政策，打破了上海原先独立运转的经济系统，即以上海地方为主的经济体系被以部门为主的纵向管理体系肢解，分别纳入全国大的经济系统中，上海遂成为全国一盘棋中的一个棋子。

新中国成立后，国家从发展国民经济的全局出发，统一掌握和计划管理重要物资，建立了与计划经济相适应的国营专业物资公司。而在民国前，上海没有国家统一的物资流通管理机构，有许多商业会馆、公所、同业公会等组织，都是代表商人利益的民间组织机构，难以适应高度集中计划经济体制的需要。因此，上海开始进行大规模的公私合营，1955 年成立上海市物资供应局，行使计划分配物资的权限。上海市物资局建立下属的木材、煤炭、化轻等重要物资的专业公司和郊县物资局，初步形成了较为系统的物资供销网络，即以国营商业为主导的各级供销社层层批发的计划供应物资体系。同时，中央把贸易权分配给各地方政府，撤销中央部委和各省驻沪办事处，使上海与国内各地的横向经济联系被切断，在国内外贸易中的作用大大降低，并逐渐失去全国贸易中心和中心航运的地位。

三、上海成为我国的工业基地和国有经济的重镇

新中国成立后，全国实行“统收统支”管理体制，即“收支两条线”的财政体制。据统计，1949～1990 年上海市上解中央支出占地方财政预算内收入的 83.94%，地方分成收入的占地方财政预算内收入的 16.06%。上海为中央财政作

出了巨大贡献，但上海地方财政的自有财力非常小，难以支持上海的发展，因此，上海经济建设所需要的庞大资金主要靠中央财政拨付。

“一五”时期，中央对沿海工业采取“合理利用，以改建扩建为主”的方针，不作大的扩建和发展。国家投资重点转向内地，苏联援建的156个项目中，没有一个项目落地上海。“一五”时期，上海工业总产值占全国的比重，从1952年的19.8%下降为1955年的17.4%。1956年，毛泽东提出“好好地利用和发展沿海工业老底子”，上海市委抓住机遇，制定了“充分地利用上海工业潜力，合理地发展上海工业生产”的方针，进行了三次工业大改组，上海经济建设获得了10年的大发展，初步建成中国先进的工业和科学技术基地，形成了一批新兴工业区。1965年，上海工业产品品种达10万种以上，机械设备成套生产的品种220种，占全国主要成套品种的87.3%。

在长达30年的国有化和计划经济过程中，上海转变为我国以重工业为中心的综合性工业基地。同时，上海各类企业均变身为国有企业，上海也因此成为我国国有经济的重镇，1978年上海市的所有制结构中，国有经济占75.2%。上海还是我国计划经济运行高效的典范，30年经济增长率平均在10%以上，综合实力列全国首位。

虽然上海转变为趋向功能单一的工业基地，与近代上海的地位和影响无法相比，但是在高度集中的计划经济体制下，国家战略转移，加上“大跃进”和“十年动乱”，上海能抓住机遇，制定“充分利用，合理发展”的工业方针和调整、改组上海工业的具体措施，重点发展重工业和新兴产业，优化上海的工业结构，并赢得“共和国的长子”称号，是十分不易的，更是可贵的。它直接决定了上海在未来国家发展战略中的定位及其在全国各省区市中的地位。

4.3 改革开放以来上海的功能转型与功力储备

自改革开放以来，中国走了一条渐进式的发展道路。改革之初，“摸着石头过河”，中央选择了地理位置优越而对全国经济影响不大的深圳、珠海、汕头、厦门4地为经济特区的首批试点，缔造了珠三角地区经济高速发展的黄金时段。上海不是首批特区试点，因为它是我国综合实力最强的工业基地，所以要承担稳定全国经济的重任。同时，上海是国有经济的重镇，拥有全国60%的工厂企业和工人，改革难度很大。从整个国家战略的渐进安排来看，上海没有被列入首批特区是一个理性选择。但是，经过20世纪90年代开始的“奋勇直追”，上海成功实现再次“起飞”，正由国家单一的工业中心转变为国际航运中心、国际金融中心、国际贸易中心和世界经济中心。

1990 年，中央决定开发开放浦东，国务院给予浦东 10 项优惠政策，给上海增加 6 项配套资金的筹措权。上海以其独特的优势迅速引入了大量外资和世界级企业的进驻，激活了整个长三角地区的经济潜能，对中西部地区的辐射进一步增强，极大地推动了全国区域经济的协调与统筹发展。从此，浦东勇立国家改革开放的潮头，上海在长三角和全国经济发展中的地位更加突出。上海的经济发展再造辉煌得益于一系列的改革举措与中央政策的支持，这都是功能转型和功力储备的“大手笔”。

一、上海外高桥保税区——全国第一个保税区和第一个区港联动保税区

1990 年 6 月经国务院批准设立的上海外高桥保税区，规划面积为 10 平方公里，位于上海浦东新区，濒临长江入海口，地处黄金水道和黄金海岸线的交汇点，紧靠外高桥港区，是全国第一个保税区。

经历一系列先行先试的探索，外高桥保税区开发建设 20 年来，经济增加值、工业产值、进出口贸易额、海关及税务部门税收收入和企业销售经营收入等主要经济指标都保持了年均 20% 以上的高速增长，已经成为集国际贸易、先进制造、现代物流及保税商品展示交易等多种经济功能于一体的综合型保税区，也是上海重要的现代物流产业基地、进出口贸易基地和微电子产业带的重要组成部分。

为促进上海外高桥保税区的发展，根据《国务院办公厅关于同意上海外高桥保税区与外高桥港区联动试点的复函》（国办函〔2003〕81 号）的要求，上海出台了《推进上海外高桥保税区和外高桥港区联动发展的试点意见》（沪府办〔2004〕17 号）。所谓区港联动，是指通过加强保税区与临近港区的合作，在港区划出部分区域作为保税物流园区，实行保税政策和按“境内关外”定位进行管理，简化相关手续，方便货物在区、港和境内外之间快速流动，实现保税区的政策优势和港区的区位优势互补，形成“前港后区”联系密切、“境内关外”运转自由的特殊海关经济监管区域。

上海外高桥保税区是第一个实行区港联动的保税区，抓住这一契机，在区内贸易、投资、物流、监管等方面进一步改革，开放度、自由度和便利化程度都进一步提高。截至 2008 年 12 月底，保税区累计批准来自 94 个国家和地区的10 242 个项目，其中世界 500 强企业中有 111 家入驻保税区；累计吸引投资总额 160.6 亿美元，合同外资 74.1 亿美元，实际利用外资 50.3 亿美元；区内企业从业人数达 19 万，其中外籍工作人员 9 200 余人。目前，上海外高桥保税区是全国保税区

中经济总量最大的一个。

二、洋山深水港和洋山保税港区——我国第一个保税港区

伴随着经济全球化，世界航运市场正在迅速走向一体化、网络化，世界范围内的市场竞争日趋激烈，国际市场竞争的焦点集中于争夺航运中心地位和抢占航运制高点。在我国这样一个市场巨大、腹地辽阔的国家，特别是长三角地区，如果没有一个国际航运中心，在国际分工与竞争中就会处于被动地位。

近年来，中国经济强劲发展及由此生成的辽阔腹地，早已成为东北亚各港口虎视眈眈的一块“肥肉”。以低费率和优良服务吸引船公司，把中国青岛、大连港作为其支线的喂给港，包括新疆在内的辽阔的中国内地成为釜山、光阳港的经济腹地。而我国最大的港口城市上海，地处环球主干航线交汇点和中国江海交汇点，其地理位置被喻为“罕见的优越”，但因为没有深水港，上海长期陷于箱源充足却做不了全球航线网“母港”——枢纽港的尴尬。因此，2002 年国务院批准了《国家计委关于审批上海国家航运中心洋山深水港一期工程可行性研究报告的请示》，指出：“洋山深水港区在行政区划上隶属浙江省舟山市，上海市与浙江省同意在有利于上海国际航运中心建设、洋山深水港区的发展和充分考虑当地政府利益的前提下，由国家确定其港政、航政、口岸管理权属；交通部同意依托上海建设国际经济、金融、贸易中心的综合势力，以‘一港一城’为原则，由上海港务局对洋山深水港的港政实行一体化管理。”同时，该请示还提到“洋山深水港归上海海关管理”，可见建设上海国际航运中心是党中央从国家发展全局出发，做出的一项重大战略决策。

经过三年多建设，洋山港于 2005 年 12 月 10 日正式开港，结束了上海没有深水港的历史，提升了上海港的枢纽地位，为加快国际航运中心建设提供了非常好的硬件设施。同年 6 月，国务院正式批准设立我国第一个保税港区——洋山保税港区，推出有吸引力的国际中转政策，使上海国际航运中心的软环境条件取得重大突破。洋山保税港区的功能定位主要是发展集装箱港口运输服务及国际中转、配送、采购、转口贸易和出口加工等业务，同时积极拓展区域功能，大力培育国际航运市场服务及为物流和制造业提供支持和配套的其他各类业务。

洋山保税港区集中了我国港口和海关特殊监管区的所有核心政策，也充分体现了与国际惯例接轨的精神。除集装箱枢纽港口的基本功能外，目前保税区、出口加工区和保税物流园区所施行的海关、检验检疫、外汇、税收等方面的政策，在保税港区也都有效，即集目前国内保税区、出口加工区、保税物流园区三方面

的政策优势于一体，也就是通常所说的“三合一”叠加政策。

洋山深水港区与洋山保税港区两者互为依托、相辅相成，既大大提升了航运基础设施的能级，又扭转了我国与周边国家港口竞争的政策劣势，对增强上海国际航运中心的集聚辐射和国际中转功能，具有非常重大的促进作用，也促使国际航运格局重新“洗牌”。洋山港开航时，韩国驻上海总领事馆做了一份《上海物流报告》，分析洋山港开发对韩国的影响，报告建议釜山港等港口必须引进中转费用减免等制度，将行政手续实现“一条龙”服务，同时必须吸引世界各大船舶公司的超大型货轮，否则极有可能被排挤而成为二流港口。而香港则宣布将减收港口停泊费用。

三、上海综合保税区管理委员会

2009 年 11 月 18 日，上海综合保税区管理委员会正式挂牌成立。其作为上海市政府的派出机构，将统一管理位于浦东面积达 20 多平方公里的“三区”——外高桥保税区（含外高桥保税物流园区）、浦东机场综合保税区、洋山保税区的行政事务。而“三区”内又分别拥有高桥港、浦东国际机场空港及洋山港。2010 年 5 月起，外高桥和洋山联动已经启动，7 月 1 日起，《上海浦东机场综合保税区管理办法》正式实施，使洋山港、外高桥港、浦东机场空港，以及洋山保税港区、外高桥保税区、浦东机场综合保税区等“三港三区”的联动变得名副其实。上海保税港区由此成为国内实行类似自由港和保税区政策的初始样板。

国务院关于推进上海建设“两个中心”的意见（国发〔2009〕19 号文）提到“借鉴国际自由港政策，拓展洋山保税港区功能”，在洋山港“探索建立国际航运发展综合试验区”，上海市政府已经把打造自由港视为综合试验区的最终目标。上海“三步走”建设“自由港”的目标已经明确：以中国第一个保税港区洋山港为核心，建设符合国际惯例的自由港，到“十二五”期间再把洋山港的政策推广到上海“三港三区”及周边临港新城等航运服务集聚区。上海“十二五”规划中，洋山保税港区将建成上海国际航运中心的核心区域，外高桥保税区将建成上海国际贸易中心的重要功能前沿，浦东机场综合保税区将建成国际航运中心的重要组成部分，进而让“三区”带动“三港”，实现国际集装箱枢纽港和机场空运枢纽港在功能上的互补。①

---

① 上海市发展改革委副主任、市发展改革委研究院院长肖林在 2009 年 11 月 30 日召开的“航运金融服务国际会议（2009）”上的讲话。

四、上海浦东新区和南汇区合并成为新浦东新区

1990年4月，上海抓住浦东开发这一重大机遇，完成从改革开放“后卫”到“前锋”的华丽转身。2005年6月，国务院批准浦东综合配套改革试点，这是党中央、国务院在我国进入科学发展新阶段做出的又一重大决策。时任上海市委书记的习近平同志指出，“上海要继续高举浦东开发开放的旗帜，继续当好改革开放的排头兵，更好地为全国改革开放服务”。围绕“着力转变政府职能、着力转变经济运行方式、着力改变二元经济与社会结构”这三项中心任务，浦东在新一轮改革中继续不辱使命，做好中国对外开放的窗口，并取得了举世瞩目的发展成就，成为“中国改革开放的象征”和“上海现代化建设的缩影”。浦东生产总值年均增长率超过18%，经济总量占上海市的比重由1990年的1/12上升到2009年的1/4，形成了以服务经济为主体的产业格局和创新驱动为主导的发展模式，成为上海经济快速发展的重要增长极。

2008年全球金融危机和经济衰退使中国面临经济结构的转型，上海经济发展也面临同样的困难。为了经济又好又快地发展，中国开始了新一轮更深层次的改革开放。2009年3月，国务院发布《关于推进上海加快发展现代服务业和先进制造业、建设国际金融中心和国际航运中心的意见》，明确提出：“到2020年，将上海基本建成与我国经济实力和人民币国际地位相适应的国际金融中心、具有全球航运资源配置能力的国际航运中心。”同年5月，国务院批复同意撤销上海市南汇区，将其行政区域并入上海市浦东新区。“新浦东”显然不仅在于区界及人口的扩大，更重要的是它承载着国家战略整体功能提升的使命。从此，在中国海岸线的中点与长江出海口的南侧，在“陆家嘴—外高桥—洋山港”所构成的逾千平方公里的三角地带上实现了统一的行政区划，浦东开发开放、综合配套改革、上海“两个中心”建设三大国家战略聚焦，金融、航运、贸易、行政管理体制等多个领域的改革先行先试政策汇聚。这既是上海浦东再次腾飞的难得机遇，也是浦东的“二次创业”。浦东计划到2020年，新区生产总值占上海市比重超过1/3，建成上海国际金融中心和国际航运中心的核心功能区，真正成为联系国内外经济的重要枢纽。

五、长三角区域规划

我们可以从不同角度来理解长三角的概念。长三角的地理概念，是指长江入海的地方，由于河水所含的泥沙不断淤积而形成的低平、坦荡、宽阔的三角形陆

地。长三角的经济概念，是指以上海为龙头的江苏、浙江经济带。根据长三角区域规划，长三角将形成以上海为核心的“一核九带”空间格局，这里是中国目前经济发展速度最快、经济总量规模最大、最具有发展潜力的经济板块。

这里正在不断崛起充满活力的大型城市群。2009 年全国百强县市竞争力排名中，长三角的县市入选 53 个，并占据了前 10 位中的 9 个，县域经济的崛起使长三角城市连片化、都市化趋势明显。它更是吸引了众多世界级经济巨人的目光，已变成为一个吸引国际资本与技术的强大磁场。目前，世界五百强企业已有 400 多家在这一地区落户。

上海国际化大都市初现雏形，逐渐发展成为世界经济、金融、贸易和航运中心，带动着长三角地区的发展。但是，长三角地区之间有一定分工的同时，也存在过度竞争问题。例如，“港口热”就暴露出长三角内部港口之间的恶性竞争，长三角“内耗”掣肘上海国际航运中心建设的步伐。长三角地区还面临着提高自主创新能力、调整经济结构等更深层次的改革问题。1997 年 9 月 18 日，国务院发出《国务院关于同意上海组合港组建方案的批复》（国函〔1997〕87 号），上海组合港管理委员会按照“深水深用、浅水浅用”的原则，对组合港范围内深水岸线集装箱泊位的规划、建设及发展进行综合平衡和协调，避免重复建设；按照“合理分工、优势互补”的原则和经济规律，对组合港范围内集装箱码头的营运和分工进行协调，避免无序竞争。2009 年，上海组合港管理委员会研究共同应对金融危机的《长三角区域港口集装箱运输应急联动方案》，并做了许多工作，但仍然无法实现区域港口航运有序竞争和协调发展的目标。

长三角地区的转型升级到了关键时期，需要更强有力的改革措施。2010 年 5 月 24 日，国务院正式批准实施长三角区域规划。这是贯彻落实《国务院关于进一步推进长江三角洲地区改革开放和经济社会发展的指导意见》（国发〔2008〕30 号）和进一步提升长江三角洲地区整体实力和国际竞争力的重大决策部署，是深入实施区域发展总体战略、促进全国经济平稳较快发展的又一重要举措。规划要求，长三角地区在科学发展、和谐发展、率先发展、一体化发展方面走在全国前列，努力建设成为实践科学发展观的示范区、改革创新的引领区、现代化建设的先行区、国际化发展的先导区，为我国全面建设小康社会和实现现代化作出更大贡献。长三角地区发展的战略定位是：亚太地区重要的国际门户、全球重要的现代服务业和先进制造业中心、具有较强国际竞争力的世界级城市群。区域规划首次明确了长三角的区域布局，并详细规划了各个城市产业发展的重点，有利于破解长三角城市在产业分工与定位上的“同构”困局，也有利于上海核心地位的确立。

此外，2010 年上海举办世博会，犹如吹响了进军的号角，凸显出上海的核心地位及其强大的辐射力，使周边的长三角地区主动把与上海互动作为重要战略，并以路桥交通网络的规划和建设为契机，积极打造长三角“3 小时经济圈”。“接轨上海、实现共赢”已成为长三角区域各地政府的共识。长三角经济一体化的推进，也必将为上海经济稳定快速发展提供坚实的基础。

4.4 上海启动自由港建设的现实优势

上海目前正处于打造“四个中心”的关键时期，试点启动自由港战略必将有力促进上海“四个中心”的建设。全面、正确地认识上海自身条件及其在全国和世界经济发展格局中的地位和优势，对于试点启动自由港战略将十分有益。

一、上海建设自由港的自然条件优越

上海面向东海，是西太平洋地区重要的国际港口城市，位于太平洋西岸南北航线的中点，国际海运可达五大洲的五百多个港口，与日本、旧金山、伦敦、澳大利亚、鹿特丹、汉堡等世界著名口岸均有定期货轮往来。它背靠长江辽阔腹地，宁波、舟山、南通、连云港等港口位于其两翼，陆路、铁路、航空等综合配套集疏运网络发达，与华东、华中平原腹地关系密切，内外联系十分广泛。

二、上海建设自由港的基础设施条件良好

上海是我国经济发达、市场完善、现代化、国际化程度高的大都市，有门类齐全、实力雄厚的工业基础，有较强的科研和技术创新能力，有较为完备的金融服务体系，有先进的现代航运基础设施，有铁路、公路、水路、航空、管道等多种运输方式组成的综合交通网络，其港口设施、技术装备和管理水平在全国处于领先地位。

三、上海建设自由港拥有辽阔而富裕的经济腹地

长江是我国内河通航里程最长、通航条件最好的河流，是世界上运量最大、运输最繁忙的通航河流，目前的货运量是美国密西西比河的 2 倍、欧洲莱茵河的 3 倍。长江流域七省两市的面积、人口和经济总量分别占全国的 18%、36% 和 35%。近 20 年来，长三角地区相继建设了沪宁杭高速公路、杭州湾跨海通道、洋山港区、长江口深水航道、浦东国际机场、虹桥综合枢纽、京沪高速铁路等一

大批重大交通基础设施，初步形成了由铁路、公路、港口、内河、深水航道、机场和城市地铁等组成的连接长三角内外部的综合运输体系框架，为上海港（处于长江流域的龙头位置，是贯通江海的重要节点）带来了稳定的巨额货运吞吐量，增强了喂给能力，也带来了西方先进的管理理念和技术人才。强有力的腹地经济是支撑上海港持续快速发展的重要动力，上海建设自由港无疑是长三角地区更广泛地参与国际分工及提升区域整体实力和国际竞争力的一大契机。

四、上海国际金融中心建设步入快车道

上海洋山保税港区是我国设立的第一个保税港区，集中了我国港口和海关特殊监管区的所有核心政策，也体现了与国际惯例接轨的精神，使上海港软环境得到了极大的改善。极富吸引力的国际中转政策，使全球航运要素加速集聚上海，全球前五十大班轮公司均在上海开展了班轮运输业务，世界最大的 8 个国外船级社也都在上海设立了代表处，全球知名金融、保险巨头纷纷落户上海，提升了上海港的软实力。上海国际金融中心建设步入快车道，为启动自由港建设创造了良好的金融环境。

五、上海国际航运中心建设成效显著

中国是航运大国，中国海运船队规模位居世界前列。2009 年，我国港口货物和集装箱吞吐量分别达到69.1 亿吨和1.21 亿标准箱，均居世界第一。世界港口集装箱吞吐量排名前 10 位的中国港口有 6 个，其中上海港完成货物吞吐量5.92 亿吨，已连续5 年蝉联世界首位，是世界第一大货运港；上海港集装箱吞吐量2 500 万标准箱，已连续3 年名列世界第二；浦东国际机场货邮吞吐量排名世界第三；上海关区进出口商品总额占全国的 27.1%。2008 年全国省域经济综合竞争力排名中，上海第一，并已连续4 年名列全国第一。可见，上海是我国目前最有能力试点建设自由港的城市，也最具有代表性，其建设自由港的现实优势，在全国可以说无人比肩。

我们可以归纳如下：上海是享誉世界的国际化大都市，有开放和多元的文化，有忍辱负重、把握机遇和发挥优势的能力，拥有非常优越的地理位置，有超群的经济实力，有中央的政策支持，等等。因此，上海试点启动自由港战略，必将交出令人满意的答卷。

5 完善与提升保税区能级

保税区是我国自20世纪90年代起借鉴国际自由贸易区和出口加工区的成功经验，在外运港口创设的具有中国特色的特殊经济区域。经过二十多年的发展与运作，保税区较好地发挥了对区域经济贸易的辐射、带动作用，在加快我国外向型经济发展的过程中发挥了重要的作用。就其在国际贸易方面的特殊优势而言，保税区是国际贸易中心建设的一个重要路径与抓手。为此，本章将通过分析我国保税区的发展与功能演化、上海保税区的经济效益现状及保税区在上海国际贸易中心建设中的责任与任务，探讨保税区在上海国际贸易中心建设中存在的主要问题，进而提出针对性的改进措施和建议，进一步推动上海国际贸易中心的建设。

5.1 我国保税区的发展与功能演化

一、基本概念界定

1. 自由贸易区的概念和内涵

国际惯例理解的自由贸易区包括国家行为、境内关外、功能突出、高度自由几个要素，但由于自由贸易区的类型多样、历史不同、功能各异，人们对自由贸易区的认识和看法也各有差异，以至于对于自由贸易区的概念，迄今为止理论界都没有形成一个公认的权威表述。许多国际组织、政府和学者不断尝试对世界上形形色色的自由贸易区称谓进行理论概括，目前比较流行和广为接受的定义主要有以下几种。

《京都公约》对自由贸易区的定义：“自由区”是指一国的部分领土，在这部分领土内运入的任何货物就进口税及其他各税而言被视为关境之外，免于实施惯常的海关监管制度。

1984年联合国贸易发展会议报告中关于自由贸易区的定义是：自由贸易区是货物进出无须通过国家海关的区域，此类区域主要用于存储和贸易。而最近则强调进行制造、加工和装配业务活动，货物进入自由区可不缴纳关税或受配额的限制。

美国关税委员会给出的定义是：自由贸易区对用于再出口的商品在豁免关税方面有别于一般关税地区，是一个只要进口商品不流入国内市场便可免除关税的独立封锁地区。

经济学家贾瓦德纳指出：自由贸易区是投资促进区、出口促进区、对外贸易区的同义语，它既不同于一般自由贸易区（如欧洲自由贸易区、中国—东盟自由贸易区），又不同于一般的自由港，它是一个岸上飞地，一律拥有治外法权地位，拥有真正的豁免权，不受国内民法和政府的制约。

《中国利用外资基础知识》一书中指出：自由贸易区是划在所在国或地区的海关管辖区的关卡之外，以贸易为主的多功能经济性特区。世界各国的自由贸易区与自由港的功能基本相近，实际上是自由港的发展，它主要以促进对外贸易为主，也发展出口导向的加工业及商业、金融业、旅游和其他服务业。

以上对自由贸易区的认识基本上都其界定为由政府主导开发，处在关境之外但受到海关监管，并给予宽松的政策的发展对外贸易的特别区域。此外，关于自由贸易区的研究还有两种范围的概念：一是国家间自由贸易区（两个或两个以上的国家或地区或单独关税区组成的区内取消关税和其他非关税限制，区外实行保护贸易的特殊经济区域或经济集团，是区域经济一体化的重要内容与表现形式）；二是国家内特殊关税区域（一个国家或单独关税区内部设立的置于海关管辖之外的特殊经济区域，区内外国货物免税进口，允许进口货物长期储存并进行加工，取消对进口货物的配额管制，也是自由港的进一步延伸）。

2. 我国保税区的概念和内涵

保税区是我国在20世纪80年代后成功创办经济特区的基础上，主要在外运港口创设的具有中国特色的特殊经济区域。“保税”本属海关用语，可以理解为“对于从国外进口的货物，在一定条件下暂时保留关税的征收”，它是海关实施贸易便利化的产物。我国保税区与国外的海关保税区域、保税仓库和保税工厂并不是同一个概念，其作用和功能不仅仅是保税，“保税区”是我国创造的有中国特色的名词。相对于日趋成熟的世界自由贸易区而言，我国的保税区尚处于发展的初级阶段。

国内关于我国保税区比较权威的界定是《中国利用外资基础知识》一书中的解释：中国的保税区是海关监管的特殊区域，实际上它类似于其他国家在港口划出一块并用铁丝围网起来的自由区或自由港，是以贸易为主的多功能经济特区。1997年8月1日海关总署发布的《保税区海关监督办法》明确规定：保税区为海关监管区，海关在保税区内依法执行监管任务。保税区与非保税区分界线应设置完善的隔离设施。

综合以上各种表述并结合我国保税区运作实际情况，本书将保税区定义为：保税区是经国家批准设立的，由海关监管的，具有“境内关外”某些特点的，区内进口货物免缴关税并取消其他贸易限制的，从事国际贸易、保税仓储、出口加工、商品展示等活动的特殊经济区域。其设立的目的就是要在特定的区域内集中建设完善的基础设施，采取国际上自由贸易区、自由港通行的做法，创造出良好的软硬件环境，吸引国内外的投资者进入保税区，充分利用区内特殊的政策和区位优势，从事国际贸易、出口加工和仓储物流等业务，使保税区成为我国发展外向型经济的重要窗口。

3. 我国保税区与国际自由贸易区的比较

我国保税区是借鉴国际自由贸易区的通行做法，结合我国实际情况设立的新型对外开放区域。因此，我国保税区在体制与政策层面与符合国际规范的自由贸易区相比，既有共同点，又有不同之处。

（1）相同之处

①按国际通行标准设置隔离设施。我国保税区同国外自由贸易区一样，都是先划出一定的区域，再按国际通行的标准设置隔离设施，隔离设施内外实行不同的经济政策。

②实行自由贸易或者相对自由贸易。自由贸易是保税区和自由贸易区共有的基本特征。我国保税区与境外之间进出的货物，实行出口被动配额管理，不实行进出口配额、许可证管理，区内货物可以在区内企业之间转让、转移，与国外自由贸易区类似。

③均为特殊经济区域。两种区域相对于国内普遍实行的政策法规、管理体制、运行机制等都具有特殊性。同时，区内不允许居民居住，进出口货物在区内仅限于生产性消费，而不允许用于生活消费。

④均享有一些优惠政策。税收减免是两种经济区域最基本的优惠政策。

⑤均存在“二线”货物监管问题。无论是世界自由贸易区还是我国保税区，与国内其他区域的货物往来按国家进出口政策办理。

（2）不同之处

①设区目的不同。国外设立自由贸易区的基本目的是在不影响对国内市场保护的前提下，最大限度地获取全球自由贸易给国家经济带来的好处。我国保税区

则是为了改善我国的投资、建设的软环境，特别是利用海关保税的独特条件，最大限度地利用国外的资金、技术，发展外向型经济，使保税区真正成为开放型经济的新增长点，充分发挥保税区的带动效应，带动区域经济的发展。

②定性和定位不同。纵观国际上规范的自由贸易区，都具有相同的性质，即都把自由贸易区视为“境内关外”，免征关税，并赋予其他税收优惠，海关监管手续简单，一概免除繁杂的常规手续；功能尽管各有侧重，但都向综合功能发展；区内统一管理，效率高，不致互相牵制扯皮；区内企业作为国内企业，享受国民待遇；地理条件优越，基础设施比较完备。我国没有对保税区的定性进行明文规定，致使各部门认识不统一。

③区域功能不同。由于各自由贸易区所在国的国情不同，其功能选择也是各有侧重，但基本上以转口贸易、进出口贸易、加工贸易为主体功能，以保税仓储、展示批发、商业服务性为辅助功能，是一种以贸易为主的特殊经济区域。我国保税区的功能设定更为宽泛，涵盖了国外自由贸易区、出口加工区的功能，但在各功能的实际利用上与国外自由贸易区比有重大差距；转口贸易功能受地理位置和操作手续的影响，难以形成规模；出口功能由于受出口退税政策的影响难以发挥其作用；加工功能受企业进出口经营权的限制及货物在保税区与非保税区之间进出，相对区外企业多了一道手续，制约了加工功能的发展；区内贸易公司不具备进出口权，只能与国外或国内有进出口权的企业进行贸易，制约了贸易功能的发展。

④管理体制不同。世界自由贸易区的设立属于国家行为，多由设置政府直接管理。设区国一般都设立专门机构代表国家行使管理权利，负责对自由贸易区实行宏观经济管理与协调，具有较高的管理权威。国外自由贸易区既有以政府为主导的管理体制，也有公司形式的管理体制及政府、企业混合管理体制。我国保税区则是宏观上由国务院主管机构进行管理，微观上由所在地方政府管理，保税区管委会作为地方政府的派出机构，代表地方政府管理保税区的行政事务，属于地方政府行为，这在客观上决定了保税区行政管理的复杂性，也使管理机构的权威性较差。

⑤政策法规不同。自由贸易区的法制建设完善，先立法、后设区，以确保政策措施的统一性和稳定性。制定以税收优惠为主的优惠措施是自由贸易区吸引投资、扩大贸易活动的关键性措施。发展中国家对自由贸易区的优惠较发达国家更多，主要包括企业经营自由、货物流动自由、人员进出自由、外汇自由、经济优惠等。中国保税区由于实行属地原则，全国各保税区的优惠政策不统一，而且由

于缺乏以国家名义的立法，致使国家各部门出台的政策法规存在相互矛盾、缺乏衔接、难以操作的问题。由于政策的稳定性较差，中国保税区形成明显的政策依赖，当政策不利时，保税区发展陷入困境。

⑥海关监管不同。国际上一些自由贸易区成功运作的一个重要因素就是最大限度地减少繁杂的海关手续。自由贸易区海关监管的共同原则是：强化进入国内市场货物的卡口监管，严惩走私行为；货物入区备案，区内储存不监管，出区核销；简化报关手续，实行电脑监管，使货物进出方便快捷；采用现代化的海关监管系统。海关监管的出发点不是通过监管增加税收，主要是为了促进贸易的发展。而我国《保税区海关监管办法》中明确规定，保税区是海关监管的特定区域，实行封闭管理，境外货物在进出保税区时，都要接受海关监管。

二、我国保税区发展概况

经国务院批准，从 1990 年起，我国在东部沿海港口地区兴办了 15 个保税区。此后不断拓展保税体系下不同功能的海关特殊监管区域，开发建设了保税港区、综合保税区、保税物流园区、保税区、出口加工区等不同功能和类型的特殊监管区域。经过 20 年的建设与发展，各保税区在改善贸易与投资环境、扩大招商引资和功能拓展等方面，取得了积极进展，初步显示出其特有的经济活力和辐射功能，正在成为带动依托城市和腹地对外开放与经济发展新的增长极，并已成为我国对外开放和逐步与国际经济接轨的成功典范。

1. 保税区的发展现状

综观保税区 20 年的发展，其经济总量一直保持较快增长。2009 年，全国 15 家保税区共实现增加值 2 384.88 亿元，比上年增长 7.8%；完成销售收入 14 747.94亿元，与上年持平；完成进出口总额 1 144.30 亿美元，比上年下降 16%；批准投资项目 4 011 个，吸引投资总额 171.93 亿美元，比上年增长 23.2%；完成合同外资 71.80 亿美元，比上年增长 3.8%；实际利用外资 38.02 亿美元，比上年增长 12.8%；实现各类税收收入 1 221.84 亿元，比上年增长 7.3%；完成固定资产投资额 467.04 亿元，比上年增长 35.9%，为国家和地方经济发展作出了积极贡献。[①]

受全球金融危机影响，2008、2009 年全国保税区的综合经济指标有所下降。

① 中国保税区出口加工区协会编：《中国保税区出口加工区年鉴（2010）》，中国海关出版社，2010 年，116～120 页。

2009 年，全国海关特殊监管区域实现进出口总值 2 794.3 亿美元，同比减少 6.7%，比同期全国进出口总值下降 13.9%。可喜的是，在区外加工贸易持续大幅下降情况下，全国出口加工区自 2008 年 6 月开始连续增长，12 月进出口值达 163.6 亿美元，同比增长 63.4%，环比增长 5.8%，创单月历史最高。

2009 年，海关推动设立综合保税区，将一些距离相近的特殊区域和保税监管场所进行优化合并，实现强强联合。同时，按照国务院要求，海关积极在全国出口加工区全面拓展保税物流功能和开展研发、检测、维修业务。截至 2009 年底，全国共设有海关特殊监管区域 96 个，其中保税港区 13 个，综合保税区 8 个，出口加工区 55 个，保税物流园区 6 个，保税区 12 个（原有 15 个），珠澳跨境工业区 1 个，中哈霍尔果斯边境经济合作中心中方配套区 1 个。经过 20 年的发展，海关特殊监管区域已成为我国引进外资和加工贸易发展的重点区域。①

2. 保税区的发展阶段

我国保税区的成长、发展是一个不断克服体制障碍，努力与国际惯例接轨的过程。由于我国保税区的发展时间较短，数据统计不规范，缺乏可靠的划分依据，国内学者尚没有对我国保税区的发展历程进行明确的划分。借鉴目前已有的国内学者的相关研究成果，本书从功能发挥的角度将其划分为两个主要阶段。

阶段一：1990 ~ 1998 年，以出口加工功能为主流

从 1990 年第一个保税区设立到 1998 年全国 15 个保税区发展形成一定规模为第一阶段。这一时期，主要是探索保税区的发展模式。各保税区由于没有统一的立法，各地管理模式不一，功能开发各有侧重，但由于享有宽松的海关监管政策和优惠的税收政策，多数以出口加工为主。这一阶段，我国保税区的贸易功能，特别是转口贸易、过境贸易、物流分拨等功能发挥得不好，这主要是由于监管模式和港口发展的影响：保税区作为海关监管区，在通关速度、监管手续、外汇管理等方面与自由贸易区有着很大的区别。另外，保税区依托的港口在发展贸易方面优势不大，国际航线不多，集装箱吞吐量不是很大，制约了保税区贸易和物流分拨功能的发挥。

阶段二：1999 年至今，物流分拨成为主要功能

各保税区自 1999 年起逐步将物流分拨作为主要功能进行开发，并由此带动周边区域物流业的发展，这是保税区功能的回归。国际物流功能在我国保税区得

---

① 《海关总署：海关特殊监管区域魅力大，2009 年实现进出口总值 2 794.3 亿美元》，见 http：//www.customs.gov.cn/publish/portal0/tab1/info210010.htm。

以充分发挥，其主要原因有：一是保税区的政策优势。免许可证、免配额、免关税及进口环节税及保税仓储时间无限制和设立外汇账户等特殊政策，使国外产品进入保税区如同在本国跨省流动，既可快速进入中国市场，又可转口其他国家。二是保税区的区位优势。保税区大都紧临港口（多为大型集装箱码头），同时与国际机场有高速公路相连，使发挥国际物流功能成为可能；三是保税区的服务优势。海关、外汇、商检、税务、银行、保险等都在保税区设立了机构，区内一般还设有会计师事务所、审计师事务所、律师事务所、报关行、货代公司、船代公司等，为企业融资、结算、汇兑、报关等经营活动提供服务。

三、我国保税区的功能演进

保税区，这种海关特殊监管区域在中国的发展经历了“保税区—出口加工区—保税物流园区—保税港区”的演进过程，满足了发达国家在全球范围内组织生产、优化资源配置及转移低端产业等发展要求，也给予了发展中国家发挥资源与劳动力优势和追赶发达国家的难得机遇。这个发展和功能演化过程推动了全球生产力的发展，促进了世界经济增长，与全球经济一体化的发展趋势相吻合。

1. 从保税区到出口加工区

（1）保税区与出口加工区的优惠政策比较

保税区和出口加工区是我国政府针对不同时期国内外的不同发展形势和需要所设立的海关特殊监管区域，因其设立的目的不同，所享受的政策倾斜也有所不同（见表5－1）。

表5－1　保税区和出口加工区的优惠政策对比

对象	保税区	出口加工区
开办公司	营业范围不受限制，可设立集加工、贸易、仓储、商品展示为一体的综合性工贸企业	营业范围：生产加工、仓储、物流（各项业务不能兼得）
	内、外资企业出口创汇可以不结汇	外资企业出口创汇可以不结汇
	国内外企业或国外贸易商社可在此开办独资贸易公司	国外企业不允许办独资贸易公司
税收政策	从国外进口自用的生产设备、建筑材料及合理的办公用品等免交关税和进口环节增值税	自用的生产设备、建筑材料及合理的办公用品等免交关税和进口环节增值税

续表

对象	保税区	出口加工区
国内税收政策	保税区国内对应税劳务没有免税优惠	国家对区内加工出口的产品和应税劳务免征增值税、消费税
出口货物	出口货物装船后可退税	国内采购零部件或机械设备运抵区内即可办理退税
进口货物	用进口零部件或原材料加工的商品进入国内可按原材料打税	进口零部件或原材料加工的商品进入国内按制成品打税
成品内销政策	区内销往境内区外的货物，只有当内销成品完全由进口料件组成时，才按成品征税	加工区内企业销往境内区外的货物，按制成品征税

（2）功能设置和核心业务对比

我国设立保税区的目的是利用外资发展加工工业，扩大对外贸易，开拓国际市场，发展外向型经济。其保税功能主要是为了发展转口贸易，增加有关各项费用收入，同时给予贸易以经营上的便利，便于其货物待机出售。通过转口贸易的扩大，可以加强贸易影响，提高国家在国际贸易中的地位；通过吸收外资，学习先进技术和科学管理方法，扩大出口，取得各种外汇收入（如产品直接创汇收入、区内项目的税收收入、劳务费和租赁业务收入等）。我国保税区从设立之初就具备了自由贸易区的一般功能，是发展以转口贸易、保税仓储、出口加工等外向型经济为导向的特殊经济区域。

作为最大的发展中国家，我国设立出口加工区的目的，首先是积极探索既符合国际惯例，又能满足我国规范加工贸易管理需要的新的监管模式，引导新增加的加工贸易企业及区外现有加工贸易企业进入区内，将现行加工贸易"漫山放羊式"向"圈羊式"集中规范管理转变，为规范管理、提高水平、促进加工贸易健康发展探索和积累经验；其次，为出口型加工企业提供更宽松的经营环境，带动国产原材料、零配件的出口，为扩大外贸出口作贡献；最后，积极探索新的科学管理的通关作业模式，把出口加工区试点和建立现代海关制度结合起来，突破现有通关模式的局限，为出口加工区内企业物流提供方便快捷的通关便利。

由此可见，在功能和核心业务上，出口加工区的功能定位比较单一，主要是开展出口加工业务，区内企业生产的最终产品，基本上都是直接出口的。

2. 从保税区到区港联动

区港联动是指加强保税区与临近的港区合作，在港区划出特定的区域（不含码头泊位），实行保税区的政策，以发展物流产业为主，按“境内关外”定位，实行封闭管理的监管特殊区域——保税物流园区。

（1）保税物流园区与保税区的政策比较

与保税区的政策、功能方面的优势相比，保税物流园区的独特优势体现在区港联动发展上，这也使得其与保税区在进出口手续、出口退税、贸易收付汇、工商管理等方面存在一定的政策差别（见表5-2）。

表5-2 保税区与保税物流园区的政策对比

项目	保税区	保税物流园区
政策限制	国产货物进区不能退税	加工贸易企业不适宜
外汇政策	实行结汇制度，按企业意愿结汇	区内货物分拨企业，在自有外汇不足的情况下，允许企业购汇解决；实行区内企业非贸易购汇试点；对货物流通与资金流不一致的付汇，允许区外企业持相关凭证向境外企业付汇
税收政策	货物进口保税，出口退税；国产货物进区不退税；成品内销按原材料税率征税	进口保税，出口退税；国产货物进区退税；内销按货物实际状态征税；货物通关快速便捷
通关政策	加工贸易免审批，实行手册管理，实行台账保证金制度，空运货物采取直通式快速通关	加工贸易免审批，实行手册管理，实行台账保证金制度
国内货物进区视同出口	否	是
打印退税联	需要跟踪到货物出境	出口报关完成即可
出境报关	两次出境备案	一次出境备案
出口报关	一次出口报关，一次进区报关，共两次	一次出口报关
集装箱业务	中转集装箱只能整箱进出，并要求14天内必须报关	可以拆、拼箱，并无堆存时间限制
卡口	人工管理	无人自动化管理
区内企业自用设备，办公、生活消费用品的产品认证	检验检疫机构必须强制性产品认证	检验检疫机构免于强制性产品认证，免于实施品质检验

（2）功能设置和核心业务对比

目前，我国大部分保税区毗邻港口，但并未与港口直接相连，港口被人为地排除在保税区之外。这种区港分离的模式客观上使我国保税区没有一线、二线之分，成了全封闭区。与国际惯例的“U”形自由贸易区（一边连接出海口，一边连接国内非保税区）不同，我国的保税区是“O”形，即两边都是非保税区。区港分离成为保税区功能进一步开发的瓶颈，货物进出不流畅、费用高，流量经济难以活跃。因此，针对我国入世后保税区原有的政策优势逐渐削弱和功能逐步弱化的现实，国家决定对保税区进行新一轮改革：保税区与港口联动。

区港联动进一步整合了保税区的政策优势和港口的区位优势，通过设立连接保税区和港区的保税物流园区，将保税区的特殊政策覆盖到港区，实现区域联动、功能联动、信息联动、营运联动，拓展和提升保税区和港口的功能，形成保税区与港口良性互动发展的局面。区港联动是发展自由贸易区的国际通行模式，联动区域集成了国际中转、国际配送、国际采购、国际转口贸易四大国际功能。实行区港联动改革的目的，是在继续发挥保税区现有政策优势的基础上，充分利用临近港口货物集散便利的交通优势，简化海关手续，加快物流速度，降低商务成本，提高监管效能，吸引仓储物流企业投资，促进保税区向仓储物流专业化方向发展。通过保税区政策与港口功能的联动，实现港口和自由贸易区之间的无缝对接，体现自由港的作用。

实施区港联动，将大大降低制造业的物流成本；将有力地加强保税区对港口的支撑作用，促使港口在国际竞争中处于优势地位，扭转我国国际集装箱中转业务流失的局面；可以优化国际物流运作流程，简化通关手续，加快物流速度，大大降低制造业的物流成本，加快发达国家产业转移的步伐；进一步扩大对外开放，促进产业结构调整和升级，增强我国出口产品的国际竞争力，扩大我国外贸出口。

3. 从保税区到保税港区

（1）保税港区的政策突破

保税港区集保税区、出口加工区、保税物流园区三方面的政策优势与港口的区位优势于一体，是目前我国港口和陆地区域相融合、保税物流层次最高、政策最优惠、功能最齐全、区位优势最明显的海关特殊监管区域。保税港区是对保税区、出口加工区及保税物流园区的继承和创新。

①管理体制突破。保税港区实行全域封闭化、信息化、集约化监管，真正实

现区港一体化。区港联动政策是最接近于保税港区政策的海关监管模式，但是它由港口海关和保税区海关分头管理，采取区港联动政策后，在区内实行“一次申报、一次查验、一次放行”，但仍有两重卡口，在实际运作中很难达到“一线放开、二线管住”的政策目标。而保税港区由一个海关对港口和陆上区域进行统一管理，口岸效率将得到大幅提升。

②政策实施突破。现行出口加工区政策主要是为了吸引国际加工业务，因为产品必须全部出口，而区内不可以开展物流配送业务，会制约加工贸易价值链的延伸。加工贸易价值链的延伸一般有两个方向：一是向上游，即提高加工贸易的国内采购率；二是向下游，即发展国际物流配送业务。而保税区政策的重点是进港保税，主要发展国际贸易和国际物流等产业。两大政策叠加后就产生了“1 + 1 >2”的放大效应，使得产业链得到延伸，价值链迅速凸现，对提升区域产业层次具有积极的推动作用。

③服务对象突破。从服务对象看，保税区由于主要发展保税仓储和加工贸易，吸引的大多为制造型企业，而区港联动主要面对大型物流企业、采购商和零售商，对企业的经营范围及准入条件都加以限制。保税港区经营政策较区港联动宽松，根据保税港的不同功能，除物流企业、零售商和采购商外，还能吸引贸易公司及大型制造企业入驻。

（2）保税港区的功能突破

保税港区是在港口作业区和与之相连的特定区域内，集港口作业、物流及加工为一体，具有口岸功能的海关特殊监管区域，是海关多元化保税物流监管体系的龙头。港口作业区在港口基本功能的基础上重点扩展国际中转、国际配送、国际采购、国际转口贸易、出口加工区五大功能，并将拓展相关功能，如金融贸易、信用保险、国际商品展示等。保税港区充分整合了其他海关特殊监管区域的政策优势和港口的功能优势，进一步提高对外开放水平，大力促进港口经济、腹地经济、国际经济的融合发展，创新口岸管理体制和物流运作机制，加快实现地区贸易、加工、物流、航运的便利化和国际化，不断增强吸引外资和聚集航运要素的能力，积极推进区域航运中心建设，全面提升地区国际竞争力。

四、不同保税区域的对比分析

保税区作为我国发展自由贸易区的第一步，具有国际贸易、出口加工、保税仓储和物流分拨等基本功能。出口加工区则是为了承接国际产业转移，迎合加工贸易发展趋势的要求，对保税区的出口加工功能进行了提升和优化，同时其出口加工功能享有比保税区更加优惠的政策。

区港联动作为自由港的雏形，将保税区的政策功能与港口的国际物流服务功能结合起来，实现了口岸物流政策功能与装卸、运输、中转、分拨等物流服务功能的优势互补和有机整合，从而推动了口岸物流与国际惯例的全面接轨，为发展物流业提供新的发展环境。

保税港区叠加了保税区、出口加工区、保税物流园区乃至港口码头作业的所有政策和功能，是海关特殊监管区域未来整合和发展的方向。与保税区相比，其“区港一体”的整合优势得到充分显现；与出口加工区相比，保税港区具有的物流分拨等功能使其与境外、区外联系更加紧密；与保税物流园区相比，保税港区允许开展的出口加工业务使其更具临港加工优势。

综合保税区是国务院为推进区域整合试点而批准的、在保税物流业务集中的内陆地区设立的一种新型的海关特殊监管区域，其具有的功能和享受的政策与保税港区相同，[①] 都是我国对外开放层次最高、政策最优惠、功能最齐全、区位优势最明显的特殊经济功能区之一。海关特殊监管区域的功能和政策的比较详见表5－3、表5－4。

表5－3　海关特殊监管区域功能比较

海关特殊监管区域	保税仓储	港口作业	制造、售后服务	国际转口贸易	保税加工	保税物流
保税港区	√	√	√	√	√	√
综合保税区	√	√	√	√	√	√
保税物流园区	√		√	√	√	√
保税区	√			√	√	√
出口加工区	√				√	√
跨境工业园	√		√	√	√	√

① 《海关总署关于执行＜中华人民共和国海关保税港区管理暂行办法＞有关问题的通知》。

表 5－4　海关特殊监管区域政策比较

<table>
<tr><th>名称</th><th>功能</th><th>税收政策</th><th>海关监管</th></tr>
<tr><td>保税港区</td><td>1. 仓储
2. 出口加工
3. 国际采购、分销和配送
4. 进出口贸易(包括转口贸易)
5. 国际中转
6. 检测维修
7. 商品展示
8. 经海关批准的其他业务</td><td>1. 境外货物入港区保税
2. 地区货物出境免征出口关税
3. 国内货物入港区退税
4. 港区内加工产品不收增值税
5. 货物出港区时视同进口,按实际状态办理报关手续
6. 货物入港区应当征收出口关税的,海关按照有关规定征收
7. 港区内货物可以自由流转
8. 地区内建设及业务开展需进口的机器、设备等及进口自用合理数量办公用品免税
9. 港区与其他海关特殊监管区域、保税监管场所之间的货物交易、流转,不征收进出口环节和国内流通环节的有关税</td><td>一个海关统一监管</td></tr>
<tr><td>保税物流园区</td><td>1. 仓储
2. 流通性简单加工和增值服务
3. 国际采购、分销和配送
4. 进出口贸易(包括转口贸易)
5. 国际中转
6. 检测维修
7. 商品展示
8. 经海关批准的其他业务</td><td>1. 境外货物入园区保税
2. 园区货物出境免征出口关税
3. 国内货物入园区退税
4. 港区内加工产品不收增值税
5. 货物出园区时视同进口,按实际监管方式的有关规定办理
6. 货物入园区应当征收出口关税的,海关按照有关规定征收
7. 园区内货物可以自由流转
8. 园区内建设及业务开展需进口的机器、设备等及进口自用合理数量办公用品免税
9. 园区与其他海关特殊监管区域、保税监管场所之间的货物交易、流转,不征收进出口环节和国内流通环节的有关税</td><td>港口和区域分属两个海关监管，卡口通行涉及两个海关监管</td></tr>
<tr><td>保税区</td><td>1. 仓储
2. 加工
3. 进出口贸易(包括转口贸易)
4. 商品展示
5. 经海关批准的其他业务</td><td>1. 货物入区保税
2. 区内货物出境免征出口关税
3. 国内货物入区不退税,离境可退税
4. 区内加工产品不收增值税
5. 全部使用境外料件加工的制成品出区,按进口制成品征税
6. 用含有境外料件加工的制成品出区,按所含境外运入料件征税
7. 货物入区应当征收出口关税的,海关按照有关规定征收
8. 区内货物可以自由流转
9. 区内建设及业务开展需进口的机器、设备等及进口自用合理数量办公用品免税
10. 港区与其他海关特殊监管区域、保税监管场所之间的货物交易、流转,不征收进出口环节和国内流通环节的有关税</td><td>港口和区域分属两个海关监管，以转关方式实行监管衔接</td></tr>
</table>

续表

名称	功能	税收政策	海关监管
出口加工区	1. 出口加工 2. 保税物流 3. 研发业务 4. 检测业务 5. 维修业务	1. 境外货物入园区保税 2. 地区货物出境免征出口关税 3. 国内货物入园区退税 4. 港区内加工产品不收增值税 5. 货物出区内销，按成品征税 6. 货物入区应当征收出口关税的，海关按照有关规定征收 7. 区内货物可以自由流转 8. 区内建设及业务开展需进口的机器、设备等及进口自用合理数量办公用品免税 9. 加工区与其他海关特殊监管区域、保税监管场所之间的货物交易、流转，不征收进出口环节和国内流通环节的有关税	港口和区域分属两个海关监管，以转关方式实行监管衔接

5.2 上海保税区的经济效益现状

在我国的保税监管区建设中，上海一直处于启动领先、发展领先、经济效益领先的优势地位。1990 年，全国第一个规模最大、启动最早的保税区落户上海外高桥；2003 年，全国首家区港联动试点区域在外高桥启动；2005 年，全国第一个保税港区也花落上海，即洋山保税港区。在全国 13 个保税区中（2007 年为 15 个保税区，后经资源整合和功能提升，缩减为 13 个），外高桥保税区的 GDP 规模、销售收入、工业产值、进出口总额、税收收入等五大经济指标在全国保税区中均处于领先地位。在《金融时报》2010 年对全球自由贸易区进行的一项排名评比中，上海外高桥保税区以最高分被评选为第一①，在世界范围内亦处于领先地位。

一、上海保税区的建设与发展概况

目前，上海地区的保税监管区域主要有外高桥保税区、洋山保税港区、浦东机场综合保税区及 6 个出口加工区（分别为松江、金桥（南区）、青浦、闵行、漕河泾、嘉定出口加工区）。各区域的分布见图 5－1。

2009 年 11 月 18 日，上海综合保税区管理委员正式挂牌成立。作为上海市政府派出机构，上海综合保税区管委会统一管理洋山保税港区、外高桥保税区（含

① 《全球自由贸易区排名：中国上海外高桥保税区居第一》，见 http：//news. xinhuanet. com/fortune/2010－06/02/c_ 13328339. htm。

外高桥保税物流园区）及浦东机场综合保税区的行政事务。管委会成立后，“三区”将实现政策、资源、产业和功能的联动互补，发挥更大的集聚效应，凸显“三区”作为海关特殊监管区域的整体优势，使其成为上海推进“两个中心”建设的重要平台和抓手。据介绍，洋山保税港区重点建设国际航运综合实验区，大力发展国际中转、现代物流、商品展示、仓储租赁、期货交割等多层次业务；外高桥保税区重点建设国际贸易示范区，大力开展国际贸易等货物和服务贸易功能；浦东机场综合保税区重点建设临空功能服务先导区，大力发展航空口岸物流、贸易和金融服务等功能。[①] 这三类保税监管区的基本信息见表 5－5，2009 年主要经济指标完成情况见表 5－6。

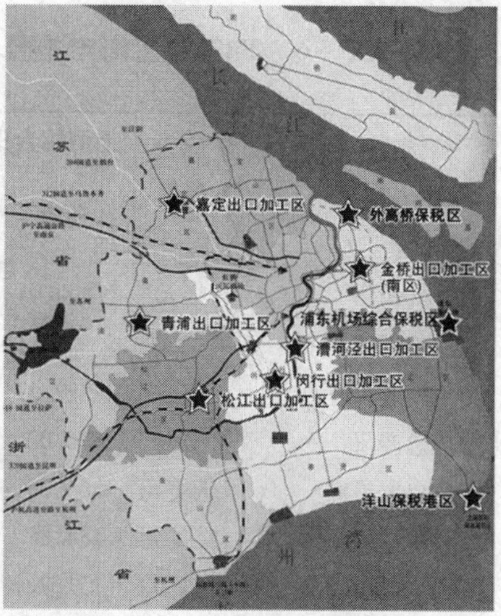

图 5－1　上海市主要保税监管区域分布

表 5－5　上海市主要保税监管区域基本信息

保税监管区域	地理区域	规划面积（km^2）	至 2009 年底已封关运作面积（km^2）	批准设立时间	在全国同类型保税区的设立次序	封关运作时间
外高桥保税区	东至港电路、富特东一/二/三、孟莲路，南至五洲大道、孙家沟（区内便道），西至杨高北一路、杨高北路、申江路，北至威斯路	10	8.9	1990 年 6 月	1	1993 年
洋山保税港区	由小洋山港口区域、芦潮港陆上区域和连接洋山岛与陆地的东海大桥组成	8.14	8.14	2005 年 6 月	1	2005 年 12 月 10 日
浦东机场综合保税区	位于浦东国际机场西侧，东至机场三跑道停机坪，南至横 10 路，西至 A30 公路东辅道，北至横 0 路	3.59	—*	2009 年 7 月	7	2010 年 4 月 2 日

*浦东机场综合保税区一期 1.60 平方公里于 2010 年 4 月 2 日通过验收，封关运作。

数据来源：《上海综合保税区经济发展统计公报 2009》。

① 《上海综合保税区昨成立“三港三区”联动正式启动》，摘自《上海商报》，2009 年 11 月 19 日。

表 5－6　2009 年上海市主要保税监管区域主要经济指标完成情况

指标	单位	上海综合保税区合计		洋山保税港区		外高桥保税区	
		全年	增长（%）	全年	增长（%）	全年	增长（%）
营业（销售）收入	亿元	6 860.01	–	228.92	–	6 631.09	1.8
商品销售额	亿元	5 607.11	–	6.08	–	5 601.03	1.7
物流企业营业收入	亿元	2 519.69	–	221.75	–	2 327.94	-0.4
工业总产值	亿元	576.07	9.5	–	–	576.07	9.5
进出口贸易额	亿美元	566.70	-10.8	15.58	80.4	551.12	-12.0
其中：进口额	亿美元	434.88	-8.5	12.03	76.1	422.85	-9.7
出口额	亿美元	131.82	-17.6	3.55	96.9	128.27	-18.9
税务部门税收	亿元	247.61	–	12.91	–	234.70	7.8
其中：新区级税收	亿元	53.91	6.4	0.23	-6.7	53.68	6.5
海关部门税收	亿元	550.04	16.1	224.38	29.4	325.66	8.4
新增注册企业	家	292	-2.0	39	3.3 倍	256	-12.3
其中：外资企业	家	90	-45.8	–		90	-45.8
吸引投资总额	万美元	31.58	113.3	12.68	16.9 倍	18.90	34.0
其中：合同外资	万美元	9.06	20.1	0.07	-51.5	8.99	21.5
港区货物吞吐量	万吨	19 655.2	-4.9	7 346.3	-2.5	12 308.9	-6.2
港区集装箱吞吐量	万标箱	2 138.7	-9.4	784.9	-4.6	1 353.8	-12.0
期末企业从业人员	万人	21.94	–	0.35	–	21.59	10.8

二、外高桥保税区对城市经济发展的促进作用

外高桥保税区作为全国第一个建立的保税区，经过 20 年的发展与运作，在全国保税区中，乃至世界自由贸易区中，均居领先地位。上海的另外两个重要的海关特殊监管区——洋山保税港区及浦东机场综合保税区，因为建设开发时间晚，发展成熟度和经济效益都远不及外高桥保税区。因此，笔者将外高桥保税区选为重点研究对象，主要从 GDP 规模、销售收入、工业产值、进出口总额、税收收入等方面，分析它对浦东新区和上海市经济发展的促进作用。

1. 外高桥保税区动态经济效益

首先，以时间为轴，动态分析 1993～2009 年外高桥保税区的经济发展水平

变迁（详见表5－7）。

表5－7 1993～2009年外高桥保税区主要经济指标

指标	单位	1993年	1996年	2000年	2003年	2006年	2009年	2009年比1993的倍数	2009年比1996的倍数
生产总值（增加值）	亿元	3.58	41.23	120.64	323.18	671.64	993	277.4	24.1
营业（销售）收入	亿元	11.58	279.6	842.13	2 268.06	4 748.41	6 631.09	572.6	23.7
商品销售额	亿元	10.47	223.7	623.39	1 645.95	3 998.48	5 601.03	535.0	25.0
进出口货物总值	亿美元	3.20	10.46	76.23	209.28	448.82	551.12	172.2	52.7
其中：进口额	亿美元	1.85	7.05	56.41	160.76	331.48	422.85	228.6	60.0
出口额	亿美元	1.35	3.41	19.82	48.52	117.33	128.27	95.0	37.6
批准项目数	个	526	561	396	1053	558	256	0.5	0.5
吸引投资总额	亿美元	10.11	4.77	5.47	13.6	16.42	18.9	1.9	4.0
保税商品交易总额	亿美元	0.26	22.92	125.76	242.66	436.27	638.53	2 455.9	27.9
港口货物吞吐量	万吨	114.2	381.9	771.0	1 627.2	1 904.7	2 007.4	17.6	5.3
港口集装箱吞吐量	万标箱	0.89（1994年）	33.8	92.7	202.7	251.7	229.1	257.4	6.8
税收总额	亿元	2.04（1994年）	23.03	83.08	225.12	358.71	560.36	274.7	24.3
其中：海关税收	亿元	0.59（1994年）	16.97	59.58	148.2	212.93	325.66	552.0	19.2
税务部门税收	亿元	1.45（1994年）	6.06	23.5	76.92	145.78	234.7	161.9	38.7
固定资产投资	亿元	22.61	16.13	14.14	25.92	30.42	14.34	0.6	0.9

数据来源：《上海综合保税区经济发展统计公报2009》。

从动态发展来看，外高桥保税区的生产总值、税收总额、营业收入、进出口货物总额、保税商品交易总额、港口货物和集装箱吞吐量等主要经济指标快步攀升。1993～2009年，保税商品交易总额共增长了2 455倍，年均增长153.4倍，遥遥领先于其他指标。2009年外高桥保税区的营业收入、商品销售额、海关税收三项指标较1993年分别增长了571.6倍、534倍、551倍，进口额和港口集装箱吞吐量也分别增长了227.6倍、256.4倍。一些经济指标，如保税商品交易总额、营业（销售）收入、商品销售额、税收总额及海关税收，由于基数非常小，在经历了1994年和1995年的快速发展后，统计数据明显增加。在1996～2009年的14年时间里，外高桥保税区增长最为迅速的经济指标变为进出口货物总额，共增长了51.7倍，其中进口额增长了59倍，出口额增长了36.6倍；其他指标，如生产总值、税收总额、营业收入、商品销售额、保税商品交易总额，也都增长了20多倍。保税区的生产总值（增加值）在2009年达到993亿元，相当于1993年的277.4倍（平均年增长17.3倍），相当于1996年的24.1倍。由此可见，外高桥保税区在推动进出口贸易发展方面发挥了十分重要的作用，贸易业是外高桥保税区经济贡献最大的核心产业。

2009年，外高桥保税区进出口货物总额551.12亿美元，其中进口货物总额422.85亿美元，出口货物总额128.27亿美元，保税区国际贸易继续保持“进大于出”的格局。据统计，2009年外高桥保税区与195个国家和地区保持紧密经贸往来（在全球金融危机的情形下，仍比上年新增3个贸易往来国家和地区），全年进出口贸易额超过10亿美元的国家和地区达到13个，合计完成进出口贸易额429.56亿美元，占保税区进出口额的77.9%。随着众多跨国公司在保税区设立区域性采购中心、分拨中心、运营中心，投资企业的运作模式不断创新完善，对国内市场的辐射作用进一步增强，促使保税区的一般贸易和仓储转口贸易功能得到充分发挥，进出口贸易方式进一步优化。2009年保税区的进出口贸易结构中，利用保税区“保税、免税、滞后纳税”政策和功能优势发展起来的保税区仓储转口进出口额继续占据主要比重，完成404.60亿美元，占外高桥保税区进出口额的73.4%。

2009年外高桥保税区的进口与出口贸易结构如图5－2所示。

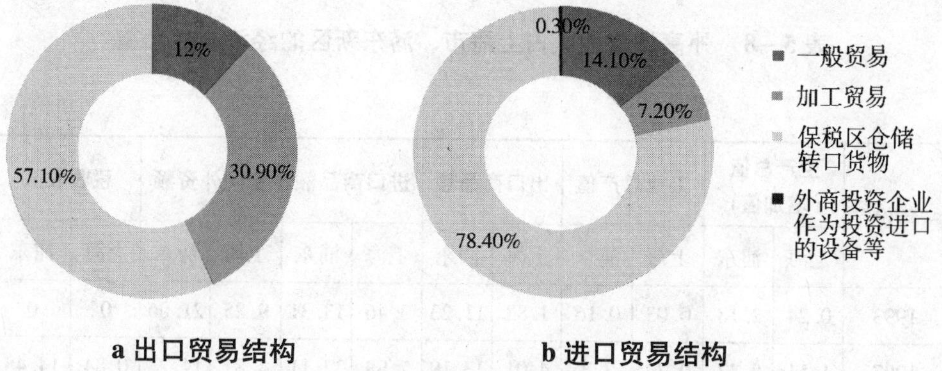

图 5－2　2009 年外高桥保税区进出口贸易结构

根据上海市统计局颁布的重点贸易企业的统计标准，截至 2009 年底，外高桥保税区拥有限额以上重点贸易企业 1 701 家，占保税区贸易企业数量的 1/3。这些贸易企业充分发挥保税区的功能服务和政策区位优势，遵循经济规律扩大销售规模，促使市场份额不断巩固提高，全年完成商品销售额 5 450. 9 亿元，占外高桥保税区商品销售总额的 97. 3%，销售额第一的上海三星半导体有限公司更是超过 200 亿元，是零售业巨头上海百联股份的 2 倍多。由此可见，外高桥保税区在集聚贸易企业，尤其是集聚并发挥重点贸易企业的引领作用方面发挥了积极的作用。

2. 外高桥保税区与地区经济发展的比较

外高桥保税区的经济发展是浦东新区、上海市及整个长三角地区经济发展大系统中的一个子系统，与地区经济发展有密切关联。本节将通过有关数据的分析，探讨外高桥保税区与浦东新区及上海市经济发展的关系。

(1) 综合经济指标比较

以下对外高桥保税区与浦东新区、上海市的经济总量关系进行分析。表 5－8 列出了近年来外高桥保税区的生产总值、工业总产值等几个主要经济指标占上海市、浦东新区的比重。

表5－8　外高桥保税区占上海市、浦东新区的经济指标比重

单位:%

年份	生产总值（增加值）		工业总产值		出口商品额		进口商品额		合同外资额		税收收入	
	上海	浦东	上海	浦东	上海	浦东	上海	浦东	上海	浦东	上海	浦东
1993	0.24	2.18	0.03	0.16	1.83	11.23	3.46	13.31	9.85	21.06	0	0
1997	1.51	8.37	0.79	3.3	4.01	13.19	7.98	22.11	4.81	14.22	0.84	14.48
2001	3.49	15.95	2.77	11.22	9.66	24.21	18.63	33.04	7.51	27.67	2.8	25.5
2005	6.24	27.04	3.15	12.55	10.65	25.98	26.77	48.98	4.45	10.89	4.7	25.46
2008	6.96	30.25	2.17	9.84	9.34	26.17	30.65	55.39	4.32	14.82	4.87	24.09

表5－8表明，自1993年以来，外高桥保税区经济指标在上海市和浦东新区所占的比重越来越大，尤其是在浦东新区的经济地位日益突出。1993年，外高桥保税区的生产总值占浦东新区的比重不足3%，税收收入为0。而到2008年，其生产总值占浦东新区的30%多，税收收入也占了浦东新区的1/4。在表5－8所列经济指标中，进口、出口商品额在上海市、浦东新区所占的比重非常大，特别是2008年进口商品额在市、区的比重分别达到了30.65%和55.39%，进一步表明贸易业是外高桥保税区经济贡献最大的核心产业。从表5－8还可以看出，1993～2005年外高桥的工业总产值比例占上海市、浦东新区的比例呈上升趋势，但2008年有所下降。这是因为随着产业结构的不断调整和优化，保税区的产业结构和发展重点也发生了变化，以国际贸易和现代物流等现代服务业为主体的第三产业在保税区经济发展中的优势突出。2008年，保税区第三产业完成增加值820.17亿元，比上年增长18.4%，增幅比全市高7.1个百分点；占保税区增加值的比重达到86.0%，比2007年又上升1.5个百分点，比全市（第三产业占53.7%）和浦东新区（第三产业占54.4%）高出30多个百分点。与此同时，保税区第二产业的比重继续下调。

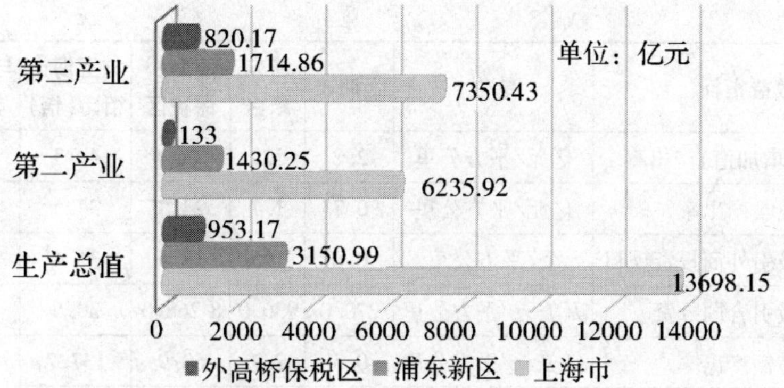

图 5-3　外高桥保税区与上海市、浦东新区的生产总值比较（2008 年）

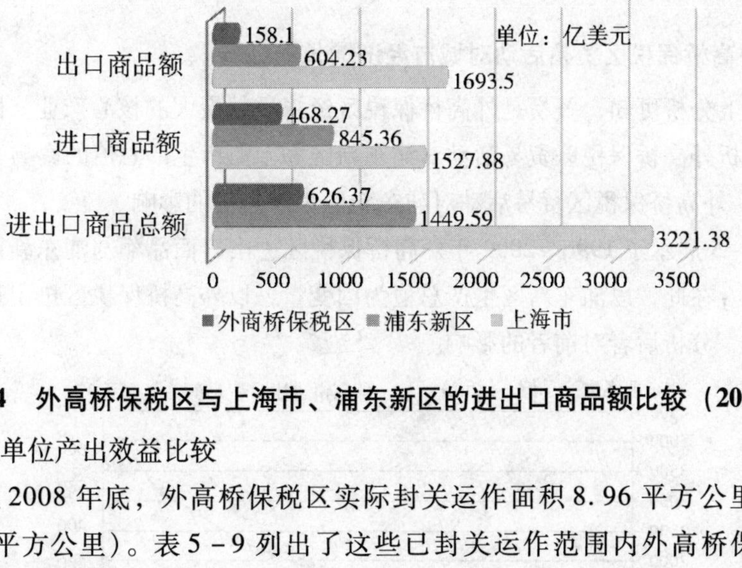

图 5-4　外高桥保税区与上海市、浦东新区的进出口商品额比较（2008 年）

（2）单位产出效益比较

截至 2008 年底，外高桥保税区实际封关运作面积 8.96 平方公里（批准面积 10 平方公里）。表 5-9 列出了这些已封关运作范围内外高桥保税区单位面积产出的经济效益，并且与上海市和浦东新区的相同指标进行了比较。由表可知，外高桥保税区的生产总值、税收总额、外商投资项目、合同投资额、贸易额等指标的单位产出效益远远高出上海市、浦东新区同类指标数倍。其中，最为突出的是进口额产出率，外高桥保税区相当于上海的 217 倍，相当于浦东新区的 33 倍。外高桥保税区的进出口交易额的单位产出率相当于上海的 137.7 倍、浦东新区的 25.7 倍。

表 5-9　2008 年外高桥保税区与上海市、浦东新区的单位产出效益比较

效益指标	单位	上海市	浦东新区	外高桥保税区	与上海市相比(倍)	与浦东新区相比(倍)
生产总值(增加值)产出率	亿元/平方公里	2.2	5.9	106.4	49.3	18.0
税务部门税收产出率	亿元/平方公里	0.7	1.7	24.3	34.5	14.3
单位面积吸引外商投资项目	个/平方公里	0.6	1.5	18.5	31.4	12.3
单位面积吸引合同外资	万美元/平方公里	270.0	936.0	8 268.0	30.6	8.8
进出口贸易额产出率	亿美元/平方公里	0.5	2.7	69.9	137.7	25.7
其中：进口额产出率	亿美元/平方公里	0.2	1.6	52.3	217.0	33.0
出口额产出率	亿美元/平方公里	0.3	1.1	17.7	66.1	15.6

3. 外高桥保税区贸易活动对城市经济增长的影响

由以上分析可知，贸易是外高桥保税区经济贡献最大的核心产业。因此，以下主要分析外高桥保税区贸易活动对浦东新区和上海市生产总值的影响。

（1）外高桥保税区贸易活动对浦东新区生产总值的影响

图 5-5 展示了 1996~2009 年外高桥保税区进出口商品额与浦东新区生产总值的走势。在此，以浦东新区生产总值为因变量，以外高桥保税区进出口贸易额为自变量，分析后者对前者的影响。

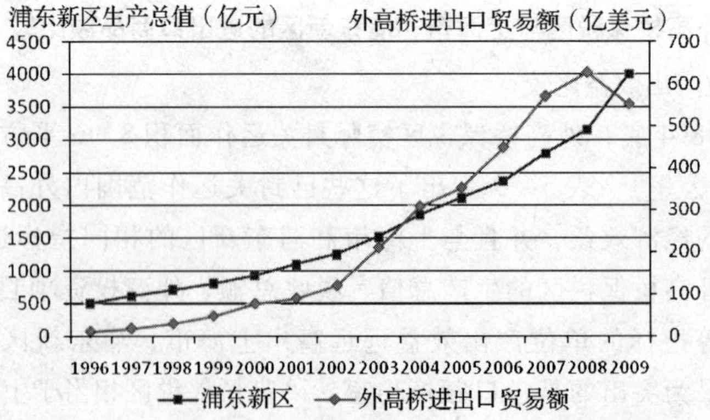

图 5-5　近年来外高桥保税区进出口商品额与浦东新区生产总值变化

采用最小二乘法进行回归分析的结果如下：

$Y = 567.84 + 4.542X$

（$t = 4.46$）（$t = 11.75$）

式中，Y 代表浦东新区生产总值，X 代表外高桥保税区进出口贸易额。二者的相关系数为 0.959，线性相关度很高。

该回归方程中各项指标的 t 值均高于 $t_{0.025}$（11）［查表得 $t_{0.025}$（11）= 2.201］，说明回归方程有效。可决系数 R2 = 0.9201，说明外高桥保税区进出口贸易额对于上海市生产总值的解释程度达到 92.01%，拟合程度很好。

（2）外高桥保税区贸易活动对上海市生产总值的影响

图 5－6 展示了 1996～2009 年外高桥保税区进出口商品额与上海市生产总值的走势。在此以上海市生产总值为因变量，以外高桥保税区进出口贸易额为自变量，分析后者对前者的影响。

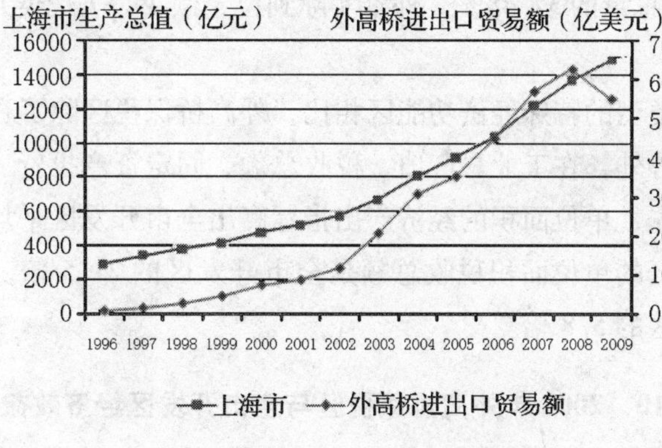

图 5－6　1996～2009 年外高桥保税区进出口商品额与上海市生产总值变化

采用最小二乘法进行回归分析的结果如下：

$Y = 3253.6 + 17.259X$

（$t = 10.63$）（$t = 18.568$）

式中，Y 代表上海市生产总值，X 代表外高桥保税区进出口贸易额。二者的相关系数为 0.983，线性相关度很高。

该回归方程中各项指标的 t 值均高于 $t_{0.025}$（11）［查表得 $t_{0.025}$（11）= 2.201］，说明回归方程有效。可决系数 R2 = 0.9664，说明外高桥保税区进出口贸易额对于上海市生产总值的解释程度达到 96.64%，拟合程度很好。而且，当外高桥保税区进出口贸易额增加 1 美元时，上海市生产总值将增加 17.3 元，表明前者对后者有着明显的乘数效应。

三、外高桥保税区与其他特殊经济功能区的效益比较

2008年，上海有41个开发区，其中国家级经济技术开发区4个，出口加工区6个，保税区1个，高新技术产业开发区1个，金融贸易区1个，旅游度假区1个，保税港区1个，市级开发区26个。全市开发区实现工业总产值12 983.03亿元（包括国家级、市级开发区和部分工业集中区，下同），比上年增长9.19%，占全市工业总量的50.64%，其中国家级开发区实现工业总产值4 203.63亿元，市级开发区工业总产值8 444.33亿元；上缴税金总额1 216.70亿元，比上年增长14.89%，其中国家级开发区772.05亿元，市级开发区419.35亿元；完成固定资产投资总额691.88亿元，比上年下降6.91%，其中国家级开发区200.15亿元，市级开发区471亿元；引进外资项目988个，比上年下降20.64%，占全市总量的26.36%；吸收合同外资金额64.14亿美元，比上年增长14.15%，占全市总量的37.48%，外资实际到位金额49.87亿美元，比上年增长26.77%。

与全市各种类型的特殊经济功能区相比，外高桥保税区除了在进出口贸易额方面占据很大优势外，在工业总产值、税收总额、固定资产投资、吸收合同外资等方面都保持领先，单位面积的经济产出指标高出全市开发区平均水平数倍。例如，外高桥保税区的单位面积税收总额是全市开发区的21.5倍，吸收合同外资金额是全市开发区的5.8倍。

表5-10　2008年外高桥保税区与全市开发区经济效益比较

名称	工业总产值		税收总额		固定资产投资		吸收合同外资金额	
	（亿元）	（亿元/平方公里）	（亿元）	（亿元/平方公里）	（亿元）	（亿元/平方公里）	（亿美元）	（亿美元/平方公里）
全市开发区	12 983.03	28.71	1 216.7	2.69	691.88	1.53	64.14	0.14
外高桥保税区	555.63	62.04	517.98	57.83	18.52	2.07	7.4	0.83

注：2008年外高桥保税区实际已开发面积8.956 3平方公里。

5.3　保税区在上海国际贸易中心建设中的使命

一、上海国际贸易中心的功能定位

工业革命以后，涌现了伦敦、纽约、鹿特丹等国际贸易中心，并且随着工业

进程的推进，贸易中心的功能也在不断地演化，有腹地型、转口型，并开始向全球性网络中心节点转化。以世界公认的国际贸易中心发展规律及其基本功能和形式为参照，可以发现贸易与金融、航运之间为相互联系、相互支撑、相互促进的互动关系。目前，上海国际航运中心的建设目标已经明确为具有全球航运资源配置能力的国际航运中心。

上海国际贸易中心的定位不能拘限于腹地型、转口型这种基本的、传统的国际贸易中心类型[①]，而应定位为全球性贸易网络中心节点，即搭建中国国内贸易、中国进出口贸易和世界各国间贸易三大平台，内贸、外贸相融合，承担全球性一体化综合资源配置。上海国际贸易中心建设的基本思路是“两个提高，两个加快”，即提高市场开放度，降低市场准入门槛，简化市场准入程序，吸引中外贸易主体集聚；提高贸易便利化水平，促进贸易要素通畅流动；加快建设以要素市场为重点的现代市场体系，充分发挥市场配置资源的基础性作用和价格发现的引导作用；加快营造国际一流水平的贸易发展环境，使上海成为交易机会多、综合成本低、市场秩序好、商贸人员满意度高的城市。[②]

二、上海国际贸易中心的建设目标

上海国际贸易中心建设的总体目标：到2020年，基本建成与我国贸易国际地位相匹配、具有国际、国内两个市场资源配置功能、现代服务业发达的国际贸易中心。

根据世界贸易发展的新趋势，上海国际贸易中心将具有六项基本功能，即口岸货物集散中心功能、大宗商品交易与价格发现中心功能、贸易营运与控制中心功能、国际展览与跨国采购中心功能、国内市场流通中心功能、国际购物中心功能。上海将重点从六方面推进国际贸易中心建设：一是提高市场化开放程度与贸易便利化水平。要深化行政审批制度、贸易管理制度和口岸通关模式改革，扩大服务业对外开放，降低市场准入门槛，开展贸易领域“一门式”服务，实施“大通关”二期工程。二是构建具有国际、国内市场资源配置功能的市场体系。加快构建和完善货物贸易市场体系、商品消费和服务消费市场体系、服务贸易市

① 程大中：《国际贸易中心的历史演变及其对上海的启示》[J]，载《世界经济情况》，2009年第7期，19~21页。

② 《上海国际贸易中心建设集中“六方面”重点推进》[N]，载《解放日报》，2009年9月22日。

场体系、电子商务市场体系和与贸易相关的专业服务市场体系。三是集聚高能级、有活力的贸易主体。吸引集聚国内外大企业和地区总部，采用现代国际贸易运行新模式的企业、商品和服务技术含量高的企业，以及国际国内贸易组织、贸易促进机构和行业组织。四是强化贸易对产业结构调整的带动作用。突出促进贸易与产业的互动、贸易增长方式的转变和贸易结构的优化。五是打造上海国际贸易中心空间载体。重点打造贸易“标志性核心区”与“区域性空间载体”。六是营造国际一流水平的商贸环境。提升上海设施、制度、人才和人居环境，推进形成与国际贸易中心相适应的管理体制及长三角地区贸易合作联动发展机制。①

三、保税区在上海国际贸易中心建设中的责任与任务

根据上海国际贸易中心的六大基本功能、六大重点建设方向和“两个提高，两个加快”的基本建设思路，融合国际贸易、保税物流和口岸功能叠加优势于一身的上海三大保税区——外高桥保税区、洋山保税港区、浦东机场综合保税区，在上海国际贸易中心建设中承担着先锋、示范、引领的职责，具体可从以下三大方面、九大要点研究它们在国际贸易中心建设中的责任和任务（参见表5－11）。

表5－11　保税区在上海国际航运中心建设中的责任与任务

责　任	任　务
提升贸易便利化水平	1. 便利通关
	2. 便利保税监管货物流转
	3. 畅通口岸物流
增强贸易产业集聚度与辐射能级	1. 吸引和鼓励高能级贸易主体落户
	2. 着力建设专业化贸易平台
	3. 扩大保税区经济腹地范围
拓展多元化贸易功能	1. 继续做大做强转口贸易、加工贸易
	2. 积极开展保税货物内销贸易
	3. 努力开拓离岸贸易

① 《上海国际贸易中心建设集中“六方面”重点推进》[N]，载《解放日报》，2009年9月22日。

1. 提升贸易便利化水平

建设国际贸易中心，首当其冲要提升贸易便利化水平，创造更为便利的贸易环境。

贸易便利化涉及贸易商、海关、运输代理、银行、保险、检验检疫及国际贸易等众多的其他参与者，而海关作为代表国家在进出境活动中行使监管职能的行政管理和执法机关，其重要性不言而喻。保税区属于海关特殊监管区域，区内企业享受区外企业所不具备的诸多政策优势和贸易便利性。为推进国际贸易中心建设，保税区要积极主动地适应贸易主体的经营需求，主要从通关便利、保税监管货物流转便利和口岸物流畅通三个要点入手，进一步提升贸易便利化水平。

（1）通关便利。寻求海关的支持，采取一系列通关便利化措施，提高货物通关速度，促进货物流动和贸易发展。譬如，建立健全企业诚信管理体系，从对货物的监管转变为对企业的监管，创新海关保税监管模式；打造“信息化通道”，将企业的进出口有关信息，自动、实时地与政府、海关、商检、外管局、出口退税部门、银行、码头等相关部门实现数据的无逢对接，实现信息共享，为企业提供网上办理报关、商检、原产地证、纺织品产地证、各类许可证、外汇结售汇、出口退税等审批、制单、办证的手续，缩短货物的通关时间，提高通关效率。

（2）保税监管货物流转便利。保税监管货物是指处于保税状态下的海关监管货物，包括加工贸易项下的各类料件、成品和加工中的残次品等，以及进出特殊监管区域进行储存、加工、装配、检测、维修、展示等的货物。保税区要联合海关、检验检疫、税收等部门，为区域内企业与口岸之间、区域与区域外企业（场所）之间、区域与区域之间的保税监管货物流转提供便利。

（3）口岸物流畅通。口岸是国家对外开放的窗口，也是外贸进出口的通道。“三区”得益于优越的区位优势，具有开展口岸物流的便利条件。保税区要协调好口岸物流相关管理部门，加强软硬环境建设，完善配套服务，进一步优化口岸环境，吸引更多的中西部区域和其他区域的货物从这些口岸进出。

2. 增强贸易产业集聚度和辐射能级

（1）吸引和鼓励高能级贸易主体落户。高能级贸易主体具有贸易量大、辐射范围广的特点，并具备一定的定价权。目前，上海的跨国公司地区总部型企业数远低于香港和新加坡。按照《财富》杂志 2008 年度排名，世界 500 强跨国公司已有 110 多家进驻外高桥保税区，投资总额累计超过 15 亿美元。在培育认定的

123 家营运中心中，仅 7 家被上海市认定为地区总部。① 因此，保税区要发挥政策优势，吸引和鼓励地区总部、营运中心等高能级贸易主体在区内聚集。

（2）着力建设专业化贸易平台。外高桥保税区在国际医疗器械和工程机械两个交易中心成立后，已经拥有了汽车、钟表、酒类产品等十大专业贸易平台，初步形成在全国乃至亚太地区具有重要影响力的商品进出口集散中心。保税区下一步要在夯实原有专业贸易平台的基础上，积极开发建设新型专业化贸易平台，扩大区内国际贸易总量规模。

（3）扩大保税区经济腹地范围。一方面，依托保税区内高能级贸易主体和专业化贸易平台；另一方面，加快推进三个保税区与三大相邻港口——洋山深水港、浦东国际机场和外高桥港口的联动，提升保税区的服务能级，扩大其经济腹地辐射范围。

3. 拓展多元化贸易功能

（1）继续做大做强转口贸易和加工贸易。转口贸易和加工贸易在上海三大保税区的贸易方式中占据绝对主导地位。在推进上海国际贸易中心建设的过程中，保税区要发挥传统优势，继续做大做强这两类贸易方式。

（2）积极开展保税货物内销贸易。上海建设国际贸易中心的基础是建设国内贸易中心。保税区需充分利用自身的产品优势，从准入制度、海关操作手续、税收政策、交易方式等方面入手，积极开展内销业务。

（3）努力开拓离岸贸易。离岸贸易是现代国际贸易中心的主体贸易方式之一，具有降低关务、税务、财务、国际结算等项成本和避开国别贸易壁垒的优势。保税区可进一步开拓离岸贸易业务，为把上海国际贸易中心建设为全球商贸流通网络化的关键节点而努力。

5.4 保税区在上海国际贸易中心建设中存在的主要问题

在明确了保税区在上海国际贸易中心建设中理应承担的责任与任务的基础上，我们从目前上海的三个保税区——外高桥保税区、洋山保税港区、浦东机场综合保税区（以下简称“三区”）的运行情况出发，分析保税区在上海国际贸易中心建设中存在的主要问题。

① 赵广君：《上海国际贸易中心建设过程中保税区的功能作用研究》[J]，载《经济论坛》，2009 年 10 月第 20 期。

一、监管职能分离，通关速度慢，不利于贸易便利化发展

货物通关监管涉及部门多，相互之间分离执法、权力分割，影响通关速度。

1. 海关与商检的监管分离

货物的进出口由海关和商检分门把守，企业报关时，同样的内容要填写两次，分头报送，两个部门分头检查。这不仅给企业增添了不少麻烦，而且实际上延缓了通关速度。

2. 区、港海关独立执法

根据我国保税区的海关监管方法，只有综合保税区和保税港区是由一个海关统一监管，而保税区采取的是港口和区域分属两个海关监管，以转关方式实行监管衔接的管理。因此，在“三区”中最典型的是外高桥保税区，虽然紧邻外高桥港口，但港区和保税区海关分设，企业报关须报两次，两个海关也须分头检查。即便是保税区国际中转的货物也需要两次报关，货物由境外进入保税区时采取的货物备案与区外进出口报关在程序和效率上差别不大。

3. 区间保税监管货物流转管理复杂

从海关特殊监管区域的优惠政策和开放度来看，保税港区和综合保税区比保税区的等级高，而且海关对区间保税货物的流转按照转关处理，造成了区间保税货物流转的手续烦琐，税收征管复杂，给区域之间的企业合作带来不便。

二、企业经营成本高，软环境不足，不利于吸引外贸企业集聚

1. 市场准入门槛过高，税负过重

在市场准入方面，“三区”包括外高桥地区设立贸易企业，特别是外贸企业的门槛比较高，经营范围限制较严。在税负方面，运输、装卸、运输、仓储、保险等领域都属于服务业，现在服务业征税是征营业税，就存在重复征税问题，使国际贸易产业链上的企业税负很重。过高的准入门槛和过重的企业税负将不利于保税区吸引贸易企业，尤其是外贸企业的集聚，更难以形成规模效应，提高辐射能级。

2. 软环境建设存在不足

“三区”的规模和硬件环境在国内保税区中首屈一指，但在招商引资优惠政策、专业化贸易平台建设、信息共享平台建设等软环境建设方面存在诸多不足。

洋山保税港区虽已封关运作5年多，但是区内入驻的企业少，过境的多，实际入驻企业仅达目标的10%左右。

三、"三区"发展失衡，北强南弱，不利于深水港和空港的航运业发展

"三区"发展呈现明显的北（外高桥保税区）强、南（浦东机场综合保税区和洋山保税港区）弱的态势：外高桥保税区作为我国第一个批准建立并封关运作的保税区，其GDP规模、销售收入、工业产值、进出口总额、税收收入五大经济指标均处于全国保税区的领先地位（见图5－7）。2005年12月封关运作的洋山保税港区虽然具有更大的政策优势，但是由于建设发展期较短，各项经济指标均不同程度地落后于外高桥保税区。其2009年工业总产值为0，商业销售额也仅6.08亿元，约相当于外高桥保税区的0.1%；进出口贸易额15.58亿美元，约相当于外高桥保税区的2.8%。而浦东机场综合保税区虽于2010年4月通过验收，但尚未正式运作，尚无经济产出实现。

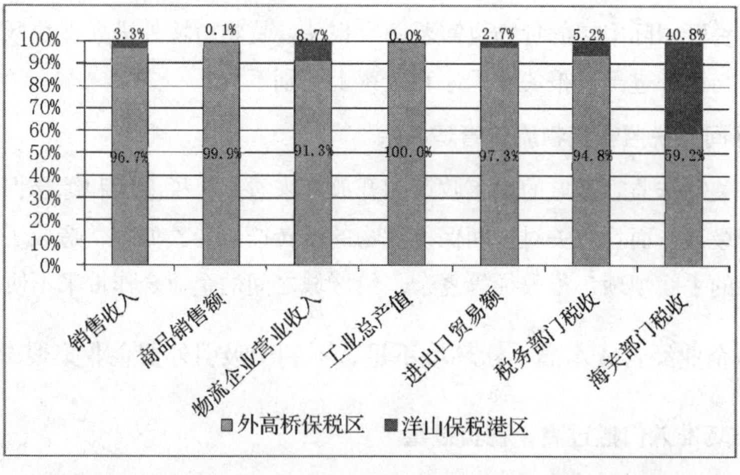

图5－7 2009年上海综合保税区主要经济指标区域比例

如果把外高桥保税区和洋山保税港区在封关运作相同时间内的经济指标进行比较，可以发现2009年洋山保税港区的各项经济指标依然低于同样运作4年的1997年的外高桥保税区（见表5－12）。如此悬殊的差距，如果不采取积极的措施应对，将难以发挥保税港区的特殊政策优势，不利于依托洋山保税港区促进贸易发展和洋山港自身的航运业务发展。而刚刚起步的浦东机场综合保税区也面临同样的问题。

表 5－12 洋山保税港区与外高桥保税区封关运作 4 年的主要经济指标比较

名　称	销售收入（亿元）	商品销售额（亿元）	工业总产值（亿元）	进出口贸易额（亿美元）
洋山保税港区(2009)	228.92	6.08	0	15.58
外高桥保税区(1997)	360.3	286.6	44.5	17.8
洋山保税港区(2009)与外高桥保税区(1997)之比	1:1.57	1:47.14	—	1:1.14

四、相关监管制度与监管方式钳制，不利于拓展保税区的业务面

1. 保税货物内销规模小

保税货物转内销是企业根据市场需要，将加工贸易保税货物销往境内的正常市场行为。自 2006 年以来，保税货物内销的总额虽然不断增加，但总体规模仍较小，其原因在于我国现行的加工贸易管理政策、管理制度、内销渠道、企业运营模式存在着制约保税货物内销的因素。按照保税区加工贸易“两头在外”的政策定位，部分减免税设备、不作价设备的税收管理政策，影响了企业拓展内销业务的积极性。海关对出区内销货物主要按制成品征税，并加征缓税利息的税收政策，也不利于扩大内销。

2. 进入保税区货物退货限制

在进出口贸易中，出口商对进入保税区的货物，如发现部分产品不符合要求退回工厂复加工再出口，在操作上按现行规定必须按报关单退出同批全部货物，而不能退换部分产品，从而增加了企业的运输成本。

3. 维修政策的限制

随着国内贸易量的放大，产品维修量也在逐渐增大，一些企业有意利用保税区优势设立全球维修中心，对国外产品进行售后的维修工作。例如，西门子公司、瑞士钟表集团等都希望既能解决非保物资进出不方便的问题，在区内设立非保仓库，又能在区内成立“两头在外”并能维修国内设备和仪器的各类维修中心。但由于受保税区维修政策上的限制，维修业务在保税区内也无法有机整合。[①]

---

① 浦东新区政协经济和科技委员会：《围绕“两个中心”和“三港三区”目标，推进外高桥国际贸易示范区建设》，2009 年 11 月 2 日。

5.5 提升保税区能级的措施与建议

上海国际贸易中心的建设需要大力发展和突出海关特殊监管区域——保税区在国际贸易方面的特殊优势，突出其在构建国际贸易核心要素方面的特色专长，强化其贸易服务功能。针对以上对保税区在上海国际贸易中心建设中存在的主要问题的分析，提出如下改进措施和建议：

一、借鉴自由贸易区的管理体制，改善监管职能分离的现状，提高通关速度

第一，建议加强保税区与海关、商检、外汇等职能部门的协调，建立海关、商检等职能部门联系更紧密的联席工作机制，借鉴国际经验，实施“单一窗口”模式的监管，改变企业报关时同样的内容要填写两次并分头报送，两个部门分头检查的监管现状，使贸易经营企业只需一次性提交相应的信息和单证，有效提高货物通关速度。

第二，建议与海关总署协商，尝试在外高桥保税区试点推行保税港区和综合保税区的海关监管方法，进行资源整合，把目前外高桥港口海关和保税区海关的监管职能合并，推进港区一体化，实现特殊监管区域和口岸监管现场的联动通关，简化进出保税区货物的报关程序，提高通关效率。

第三，简化保税货物流转管理手续，方便保税区内企业在其他海关监管区域内开辟新业务，保证区与区之间、区与区外的保税货物便捷流转和深加工顺利结转。

二、加大招商引资优惠政策，优化软环境建设，吸引高能级外贸企业集聚

第一，建议提供实质性的招商引资优惠政策，降低保税区企业入驻门槛和企业税负，为企业入区提供便捷、周到的服务和简便的审批手续，同时着力打造公共信息平台，便于企业之间、企业与监管部门之间的信息交换，吸引更多的投资方入驻保税区。

第二，积极鼓励和引导区内企业向“微笑曲线”的两端提升和发展，推动现有的加工制造企业向产品的研发设计、营销及售后技术服务转变。在区内设立高端产品研发中心、检测维修服务中心并开展仓储、配送、分拨等物流服务，延长产业链，提高附加值，逐步将保税区发展为高能级外贸企业的聚集地，形成规模效应，提高辐射能级。

三、实现“三区”错位、联动发展，发挥保税区的先锋示范作用

根据上海市政府提出的“三区三港”联动发展目标，“三区”的定位和发展方向各不相同：外高桥保税区定位为“国际贸易示范区”，洋山保税港区将着力打造“洋山国际航运发展综合试验区”，浦东机场综合保税区则重点发展临空功能服务区。“三区”之间不是竞争关系，而是要在经营产业和服务面向上形成错位互补、联动发展的格局，共同推进上海国际贸易中心的建设。

具体而言，外高桥保税区在已有的良好基础上，要进一步推动国际贸易、保税仓储物流业、先进制造业三大功能性产业的发展，进一步增强国际贸易、现代物流、先进制造业和保税商品展示等多种经济功能。洋山保税港区要加快周边生活配套环境建设，加大招商引资力度，吸引外商投资和企业入驻；配合洋山深水港在国际航运中心建设中的定位，重点发展国际转口贸易；鼓励开展期货保税交割、离岸贸易、船舶融资租赁等新型业务，试点起运港退税制度，把国内流失到韩国釜山港转口的货流吸引至洋山港。浦东机场综合保税区要配合浦东国际机场的发展目标——亚太地区复合枢纽港，抓住临空产业发展，尤其是与航空运输有关的物流业，如快递分拨中心、飞机融资租赁、航材租赁与检修等临空产业经济业务，同时支持区内注册企业在“三区”内跨区开展业务。

“三区”地理位置分散，可以充分利用地方电子口岸平台，推动“三区三港”业务信息和管理资源实现互联、互通及共享。

四、协调相关监管制度和方式，促进保税区拓展业务面

第一，有针对性地出台鼓励加工贸易成品内销的政策和措施，建立保税货物内销预审核制度，将内销料件和成品的审价归类作业环节前移，在通关审单环节仅对价格进行程序性审核，并推行“专窗作业”，实现“即时申报、即时出单”，进一步简化内销审批业务，提高通关效率，方便加工贸易企业办理内销征税手续，实现出口、内销“两条腿”走路；会同国家有关部门积极研究降低加工贸易内销征收缓税利息率问题，并适时进行调整；全面推广“内销征税管理系统”，实现海关内销征税管理电子化和审核无纸化，充分发挥内销征税管理系统的各项功能，确保企业电子数据申报方便、及时、顺畅。

第二，积极会同商务主管部门放宽对具有自主品牌与核心技术的高新技术企业和大型装备制造业出口产品返回国内维修的限制，引导在国内设立研发中心和检测维修服务中心。

6 建设与发展大宗商品交易市场

随着现代贸易方式的改变，国际贸易中心也从原来的以贸易集聚为特征的传统国际贸易中心向以功能和网络为特征的现代国际贸易中心转变，其特点是以中间产品贸易、转口贸易和离岸服务为主体，以现代信息技术为手段，在世界城市贸易网络体系中发挥中枢功能的作用。上海国际贸易中心的六项基本功能，给出了国际贸易中心建设的路线和方向，其中一项功能是“大宗商品交易与价格发现中心功能，拥有辐射能力强、虚拟与实体相结合的大宗商品交易中心和价格发现中心，形成若干价格指数”。因此，建设与发展大宗商品交易市场，是上海国际贸易中心建设的一条重要路径。

6.1 世界主要国际贸易中心都拥有大宗商品交易市场

国际贸易中心是世界各国之间进行商品交换的场所，是商品进行国际交易的集中地，其基本的功能和形式是交易大宗商品，并提供与此相关的交易服务。世界国际贸易中心是在“地理大发现”之后，在全球科技进步和社会生产力发展的推动下，伴随20世纪初统一的世界市场的形成，在世界各国被卷入世界市场的过程已经基本完成后，由区域性贸易中心逐步演化而形成的。目前分布全球被公认的国际贸易中心有三十多个，它们是纽约、亚特兰大、巴尔的摩、哥德堡、休斯敦、洛杉矶、新奥尔良、奥兰多、东京、鹿特丹、新加坡、安特卫普、布鲁塞尔、日内瓦、香港、米兰、哥本哈根、里斯本、墨尔本、多伦多、莫斯科等。

商品交易及其交易服务功能，是上述城市作为国际贸易中心的内涵与核心，依其商品交易的品种数量、规模大小和交易服务功能强弱，可分为专门商品交易中心和综合国际贸易中心两类。作为基本层面的是为数众多的专门商品交易中心，如有色金属：纽约、伦敦、新加坡；天然橡胶：新加坡、伦敦、纽约、吉隆坡；谷物：芝加哥、伦敦、利物浦、鹿特丹、安特卫普、米兰；咖啡：纽约、伦敦、鹿特丹；棉花：纽约、新奥尔良、芝加哥；羊毛：纽约、伦敦、墨尔本；黄金：纽约、伦敦、香港；石油：纽约、伦敦、东京、新加坡。更高层次的综合国际贸易中心，不仅具有多类大宗特色商品交易和交易服务功能，拥有世界最大的大宗农矿商品交易所，而且是主要的国际资本市场所在地，是国际证券交易、债券市场交易、外汇和黄金交易中心，此类中心主要是纽约和伦敦。图6－1、6－2、6－3、6－4分别为2006年～2010年7月纽约商品交易所COMEX金属期货、NYMEX能源期货、CBOT农产品期货及LME金属期货月度成交量图。

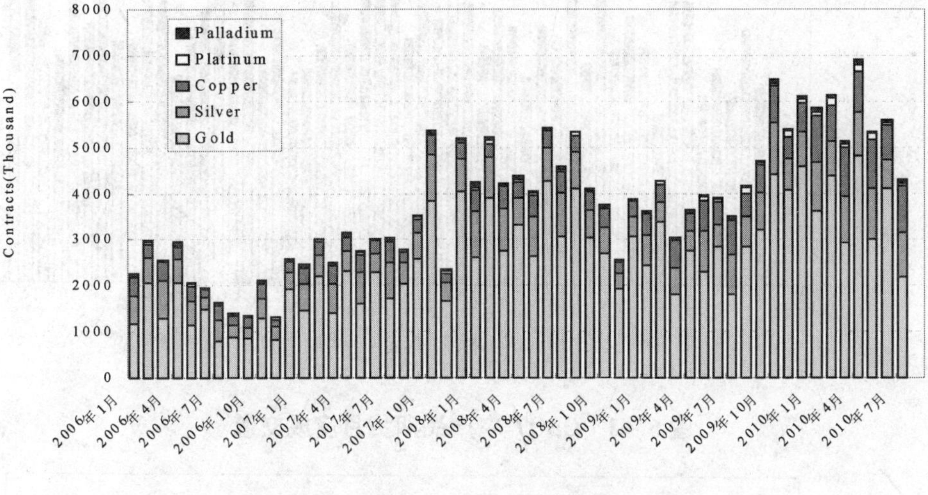

图6－1　COMEX金属期货月度成交量

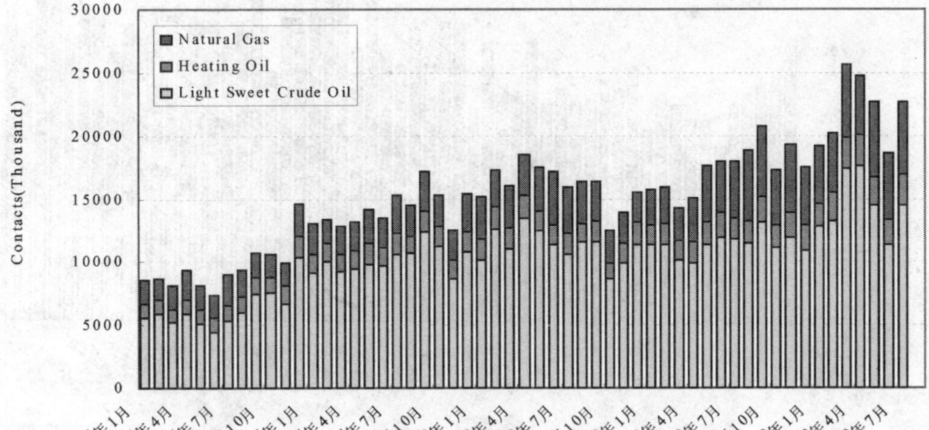

图6－2　NYMEX能源期货月度成交量

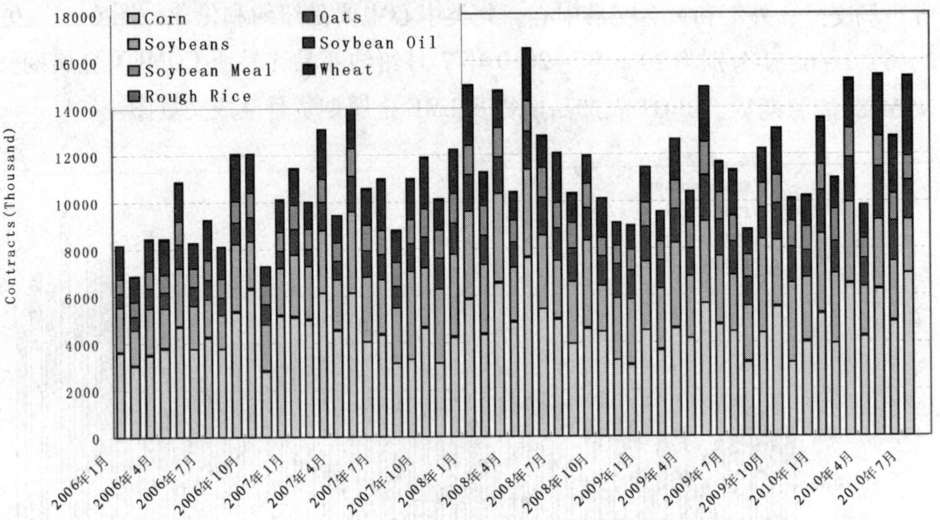

图 6-3　CBOT 农产品期货月度成交量

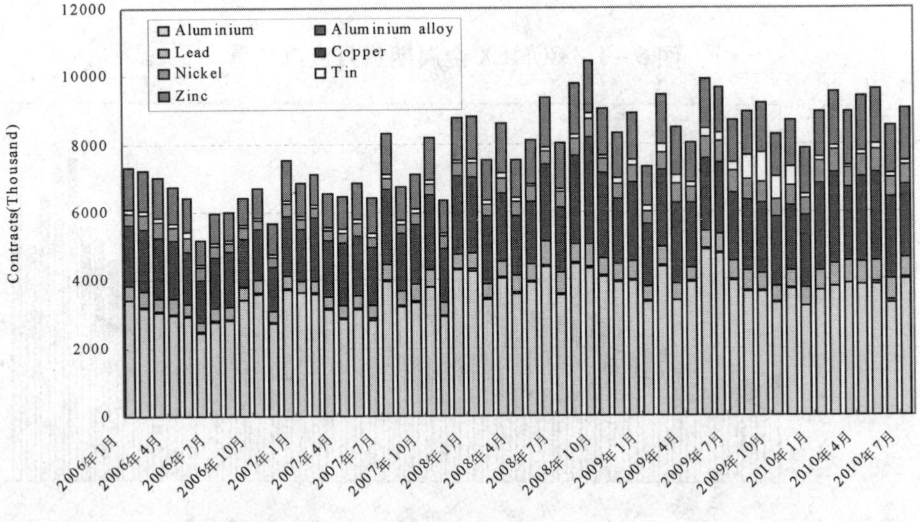

图 6-4　LME 金属期货月度成交量

显然，组约商品交易所主要交易商品为有色金属，其中尤以黄金的交易量为最大，月度交易量为 300 ~ 400 万，银和铜的月度交易量约为 100 万。其交易的能源以轻质原油为主，月度交易量为1 000 ~ 1 500 万，其次是天然气，约为 500 万/月。

芝加哥期货交易所的主要交易品种是农产品，包括玉米、燕麦、黄豆、豆粕、豆油、小麦和稻米，其中玉米和黄豆的交易量较大。

伦敦金属交易所主要交易品种是有色金属，其中以铝、铜和锌的交易量为高，铝的交易量达到近400万/月。

由此可见，纽约、伦敦、芝加哥等知名的国际贸易中心已形成了各具特色的大宗商品现货、期货交易市场，其商品成交量巨大，促进了商品的流通，对国际贸易中心的建设起到了积极的推动作用。

总之，国际贸易中心是一种区位优势加商品交易的地缘经济格局。目前，全球公认的国际贸易中心在功能和形式上有两点共性：其一是交通便捷。它们中多数是港口城市，拥有商品进出口的港航便利，极少数非港口城市也是内陆全天候陆空交通枢纽城市，形成了商品交易的区位优势。其二是拥有大宗特色商品交易或交易服务功能，少则一种，多则几种。值得注意的是，同处亚洲的东京和香港，主要依靠资本市场交易和转口服务功能后来居上。

随着全球生产力的发展、交通运输工具和信息传输手段的革命、国际分工的深化及资本和金融的国际化，全球国际贸易中心已是以商品国际交易或交易服务为基本功能、以国际物流和相关金融信息服务为载体，日趋成为能为客商商品展销和交易提供现代化的齐全的运输、金融、商业、服务设施，提供全天候的现代通讯服务和市场信息服务，提供必要的技术转让、资本运作及相关的科技、旅游、文化、教育、培训等服务的现代国际商务服务中心。

6.2 上海国际贸易中心建设需要发展大宗商品交易市场

现代意义上的大宗商品交易市场，主要指依托信息技术平台，以现货标准化合约为交易标的，实现价格行情实时显示、异地同步交易、市场统一结算、统一交割的商品交易市场。进入21世纪以来，随着互联网和电子商务技术的运用，大宗商品交易市场发展明显加快，并开始从区域市场向全国市场、从有形市场向网上虚拟市场、从现货交易向现货和中远期多种交易方式延伸，成为贸易中心城市扩大贸易规模、增强集聚辐射能力、提高市场话语权的重要平台。随着商务部《大宗商品交易市场管理办法》起草工作的展开，全国大宗商品交易市场的建设热情高涨，2009年全国新增加的市场超过100家。全国具有一定规模和影响力的大宗商品交易市场有70多家，分布在20多个省市，商品种类涵盖有色金属、石油化工及衍生品、煤炭、农产品、纺织原料等多个大类。较具影响的是北京大宗商品交易所、天津渤海商品交易所、北京石油交易所、重庆农畜产品交易所、宁夏北方商品交易所、广西大宗商品交易所、南宁东盟商品交易所等，这一方面表明主要中心城市对大宗商品交易市场在贸易中心建设中的重视程度，另一方面也凸显了具有一定国际市场竞争优势的城市，在抢夺国际贸易中心建设上的决心与力度。

进入21世纪，中国在大宗商品领域一下子成为世界关注的焦点。中国不仅成为石油、有色金属、铁矿石世界第一、第二消费大国，更因为“中国因素”而成为全球大宗商品价格波动的关键因子。但令中国企业尴尬的是，中国企业在大宗商品国际贸易领域，只是被动地接受价格。中国不但不是大宗商品价格上涨的推手，反而成为大宗商品价格上涨的主要“买单者”。因此，要提高中国在大宗商品市场的话语权，培育和发展中国大宗商品交易市场是关键。

推进大宗商品交易市场建设，对于完善上海商品市场体系、加快国际贸易中心建设、增强集聚辐射能力具有重要意义。

一、国际贸易中心需要相应的大宗商品交易市场

商品交易及其服务功能是国际贸易中心的核心，发达的商品交易市场体系是贸易中心发展的基础条件。国际上重要的贸易中心城市，往往都是某种或多种重要商品的主要交易地，对该种商品价格的形成具有指标性的意义。纽约和伦敦不仅是石油、棉花、羊毛、有色金属、黄金、天然橡胶、咖啡等大宗商品集中交易地，而且拥有多家专业交易所和拍卖中心，成为上述大宗商品的价格晴雨表。推进大宗商品交易市场建设，有助于在上海形成具有地区辐射力和国际影响力的商品交易中心、物流中心、信息中心和定价中心，加快上海国际贸易中心建设。

二、发展大宗商品交易市场有助于完善多层次商品交易市场体系

从现货市场到中远期市场，再到期货市场，是市场经济发展的客观规律。大宗商品交易市场服务于有实体贸易的买卖双方，以实物交割为目的，交易方式灵活，业务范围多样（除电子交易外，还开展物流配送、仓储与信息服务等多方面服务），有助于丰富商品交易品种，满足多种交易需求，并最终形成以期货市场为龙头、现货市场为基础、中远期市场为纽带的多层次商品交易市场体系。同时，大宗商品现货和中远期交易市场的充分发展，不仅可以为期货市场的发展输送成熟的交易品种，也可以为期货市场的发展培育大批有经验的交易商和交易人才，形成和期货市场的互动、联动发展。

三、大宗商品交易市场有利于上海口岸货物集散中心功能的实现

大宗商品交易市场将对上海口岸货物集散中心功能的实现起到积极的促进作

用。依托配置全球资源的航运中心设施，加上大宗商品交易市场的商品资源配置功能及中远期订单功能，必然促成国内外重要商品进出口集散中心在上海的形成。

四、大宗商品交易市场是实现大宗商品交易与价格发现中心功能的载体

大宗商品交易市场是实现大宗商品交易与价格发现中心功能的最直接、最有效的载体。大宗商品电子交易市场具有标准化程度高、交易频率高、贸易效率高、辐射能力强及虚拟与实体能够有效相结合的特征，极具形成大宗商品交易中心和价格发现中心的潜力，并承载商品价格指数功能。

五、大宗商品交易市场有利于国际展览与跨国采购中心功能、国内市场流通中心功能、国际购物中心功能的形成与发挥

大宗商品交易市场对于国际展览与跨国采购中心功能、国内市场流通中心功能、国际购物中心功能的形成与发挥，都具有其独特的促进作用。

大宗商品交易市场，无论是现货交易市场还是现货订单交易市场，无论是期货交易市场还是电子交易市场，都肩负着两个重大的社会与历史使命：一是帮助现货生产企业和贸易企业进行低成本、高效率的生产与贸易；二是帮助中国大宗商品的生产和流通，争夺并巩固国际大宗商品市场的定价权和话语权。

对于上海而言，大宗商品交易市场的建设和发展，有助于上海转变发展模式、调整经济结构和支持全国经济结构调整，是中国制造业在国际金融资本与产业资本合围下向产业资本方向突围发展的需要。

6.3 上海大宗商品交易市场的发展现状与存在问题

一、上海大宗商品交易市场的发展现状

经过10年的发展，上海具一定规模的大宗商品交易市场10家左右，涵盖钢材、有色金属、煤炭、石化产品、农产品等行业。目前，上海大宗商品交易市场呈现以下4个特点。

1. 交易额较大

上海大宗钢铁电子交易中心是国内最大的钢材电子交易市场，自2009年以来累计实现各类钢材产品交易1.4亿吨，累计成交金额达4 500多亿元。上海石油交易所2006年开业以来，累计实现各类大宗石油石化产品交易1 800多万吨，累计成交金额近1 000亿元。上海期货交易所（以下简称上期所）成交额占全国的40%，其中天然橡胶的交易量已超过日本东京成为全球最大的天然橡胶期货交易市场，并且这种差距还在越拉越大。2009 年，上海天然橡胶的交易量达到 4.45 亿吨，是东京的 26 倍多（如图 6－5 所示）。

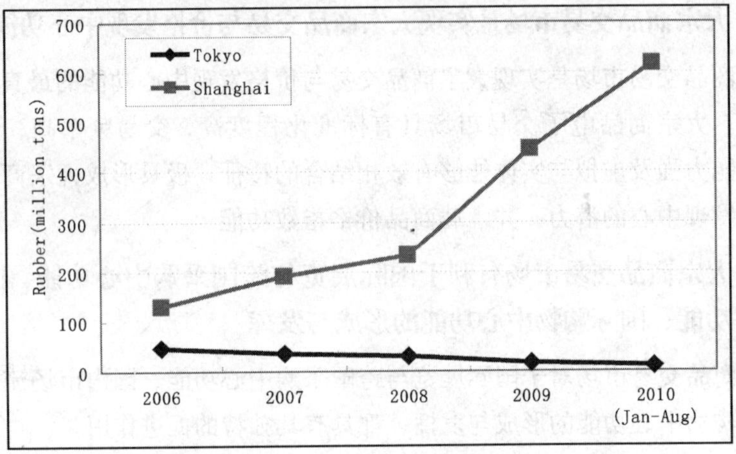

图 6－5　上海与东京天然橡胶的交易量比较

2. 交易品种丰富

例如，上海钢材电子交易品种基本涵盖了钢材的大部分贸易品种，包括线材、螺纹钢、热轧、冷轧及不锈钢等。丰富的交易品种不仅满足了钢材行业的多样化需求，也为钢材期货的平稳运行提供了现货市场的保障。

3. 发展会员较多

例如，上海大宗农产品市场 2009 年建立全国交易商服务中心 304 家，净增加交易客户 1 万多家，遍布全国除西藏、台湾外的所有省、市、区。

4. 部分大宗商品的价格已得到国际市场的认可

我国铜加工企业 80% 以上都参与了上期所的铜期货交易，与此同时，相关行业迅速发展，为期货市场规模不断扩大提供了强大的现货市场基础。随着市场规模的稳步扩大，“上海价格”的影响力正在得到增强，使上海和纽约、伦敦并称为“全球铜三大定价中心”。

事实上，上海大宗商品的交易量还很低，期货交易的品种也较少（上期所仅有 8 个期货品种可供交易），图 6－6 为上期所与 LME 铝和铜交易量的对比。显然，上期所铜的交易量已接近 LME，2009 年分别为 4.06 亿吨和 6.23 亿吨，但铝的交易量相差较大，2009 年上期所交易量仅为 LME 的 8.74%。

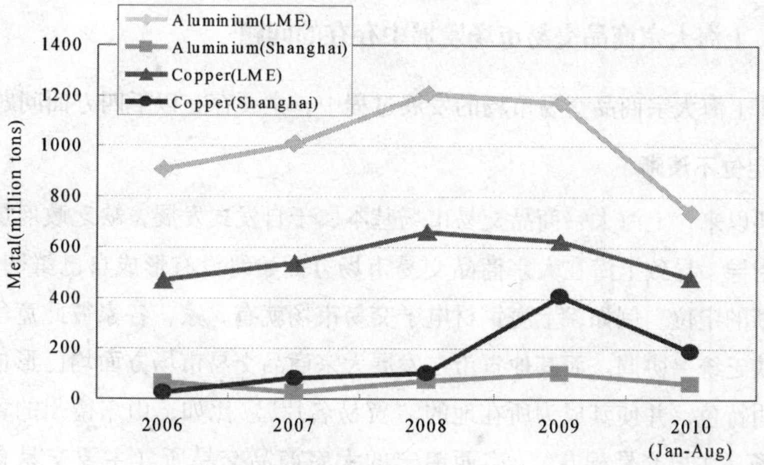

图 6－6　上海与 LME 金属交易量比较

图 6－7 为上期所燃料油与 NYMEX 轻质原油交易量的对比。尽管上期所的燃料油与 NYMEX 轻质原油并不相同，但通过二者的比较可以大致了解上海燃料油交易量。相较而言，上海燃料油的交易量很低，2009 年约为 4.57 亿吨，仅为 NYMEX 轻质原油交易量的 2.44%。

因此，上海大宗商品交易市场建设的基础还比较薄弱，要想从老牌交易中心中抢占市场份额并在某种商品上形成主导地位，将是一项艰巨而又必须完成的任务。

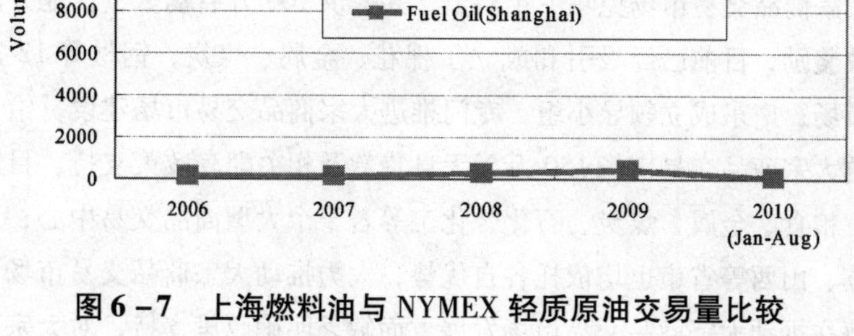

图 6－7　上海燃料油与 NYMEX 轻质原油交易量比较

二、上海大宗商品交易市场发展中存在的问题

当前上海大宗商品交易市场的发展过程中，主要存在以下四方面问题：

1. 定位不清晰

长期以来，上海大宗商品交易市场基本属于自发式发展，缺乏政府层面的统一规划指导，导致上海在大宗商品交易市场方面始终没有形成自己鲜明的特色，缺乏清晰的定位。例如，上海钢材电子交易市场就有5家，各家彼此竞争，资源分散，缺乏统一协调。而其他省市在发展大宗商品交易市场方面均已形成清晰定位和鲜明特色，并使其成为所在地的“贸易名片”。比如，山东德州的黄河商品交易市场（主要交易棉花）、广西南宁的大宗商品交易所（主要交易食糖、橡胶、咖啡等）、广东的塑料交易所、海南的天然橡胶交易市场、天津的煤炭交易市场、吉林的玉米中心批发市场等。

2. 市场不规范

大宗商品交易市场普遍为公司制法人，实行注册登记管理，市场准入门槛较低。这种管理模式一方面有利于推动大宗商品交易市场的充分发展和自由竞争，但另一方面也容易导致竞争无序、市场不规范等问题，市场整合难度大，不利于资源的优化配置。整个大宗商品交易市场行业尚未形成一套成熟、规范的市场运作机制和风险可控的资金管理模式。

3. 政策扶持力度不够

现代大宗商品交易市场具备资源占用少、资金和信息的集聚能力强、对贸易的带动力大等优点，同时又克服了传统大宗商品交易市场对城市物流、交通压力较大等缺点，因而成为诸多省市竞相培育和发展的热点。比如，天津滨海新区对入住的大宗商品交易市场免除1年租金，并提供100万启动资金，地方税收3年全部财政奖励，目前已经吸引和成立了棉花、金属、煤炭、钢材等12家大宗商品交易市场；广东成立领导小组，专门推进大宗商品交易市场建设，给予新成立或落户的大宗商品交易市场150万元无息贷款及相关配套政策支持，目前已经形成塑料、粮食、金属、煤炭、石化、化工等若干个大型商品交易中心；广西、山东、江苏、山西等省市也均依托各自优势，大力推动大宗商品交易市场建设。目前，上海在推动大宗商品交易市场发展方面缺乏明确政策支持，对大宗商品交易市场的吸引力较弱，导致市场发展落后于其他省市。

4. 监管机制不完善

在大宗商品交易市场中，大量资金和交割业务均通过电子平台进行结算处理，因此，保证交易和资金的安全至关重要。目前，上海大宗商品交易市场的监管主要依靠各市场自律，在监管部门、监管规则、监管机制等方面均存在一定的缺失，不利于市场的规范发展。

6.4 建设与发展大宗商品交易市场的政策建议

当前，商务部正在起草《大宗商品中远期交易市场管理办法》，这将从法律上规范、引导、鼓励大宗商品交易市场发展，大宗商品交易市场将迎来重要发展机遇。要紧紧抓住这一机遇，着眼于推进上海国际贸易中心建设需要，加快上海大宗商品交易市场建设。

一、尽快制定发展规划

尽快制定出台上海大宗商品交易市场发展规划，明确大宗商品交易市场发展的指导思想、总体目标、规划布局、主要任务、政策措施、管理体制、风险防范机制等，争取在上海形成3~4个具有国内影响力的大宗商品交易平台，使上海成为若干重要大宗商品的交易中心、物流中心、信息中心和定价中心，不断增强上海多层次市场体系配置资源的能力。

二、明确发展重点

依托现有基础，立足自身优势，按照“三个有利于”的原则，即有利于发挥上海比较优势、有利于增强集聚辐射力、有利于推动上海国际贸易中心建设，明确上海大宗商品交易市场的发展重点。

1. 钢材

上海发展钢材交易市场具备四大优势：一是可以依托国内最具竞争力的钢铁企业——宝钢；二是在宝山、杨浦一带已经形成国内最大的钢材贸易产业集群，拥有上千家钢材贸易企业；三是已经形成若干家具有一定规模和影响力的钢铁交易市场；四是线材和螺纹钢在上期所成功上市，有助于与现货市场形成良性互动。建议充分发挥优势，优化整合现有钢材贸易和流通资源，规范钢材交易品种、交易模式及风险管理机制，将上海建设成为国内最大和国际知名的钢材电子交易中心。

2. 油化工产品

我国是世界第二大石油消费国和第五大石油生产国，开展石油及衍生品交易，对上海相关产业带动和国际地位提升的重要性不言而喻。积极探索开展石油及衍生品现货交易，一方面有助于活跃石油及衍生品交易市场，满足国民经济发展需要；另一方面可以积累经验、培育客户，为石油期货的推出创造条件。要以上海石油交易所为载体，抓住浦东“先行先试”的政策机遇，积极探索开展石油、成品油、大宗化工品的即期现货交易，并积极推动将上海石油交易所作为我国石油储备的市场化运作平台。

3. 煤炭

煤炭是重要的大宗能源产品之一，在国民经济中的地位举足轻重。目前，上海发展煤炭交易市场具有区位优势、市场优势、资金优势、信息优势和港口优势，同时也已经具备一定的基础。上海考尔煤炭电子交易市场已发展多年，主要交易品种焦炭的年交易量已经超过3亿吨，年交易额接近1 000亿元。要积极推动开展焦炭、精煤、动力煤等主要煤炭品种交易，将上海发展成为全国重要的煤炭交易市场。

4. 重要农产品

从资源型市场建设的基础分析，上海是大米、玉米、饲料原料、食用油、食糖、禽畜产品、水产品、进口水果等重要农产品的主要消费地和流通集散地，发展部分重要品种的农产品交易具有一定的优势，也具备一定基础。上海大宗农产品电子商务有限公司在上海运作多年，菜籽粕等交易品种已经成为长江流域油料产品的价格标杆。要在现有基础上，推动建立上海农产品交易所，重点发展粳米、油脂油料、禽畜产品、水产品、进口水果等农产品交易，将上海建设成为国内重要的农产品电子交易市场。

三、鼓励交易方式创新

创新对于大宗商品交易市场的发展至关重要。当前，上海的钢材、煤炭等大宗商品交易市场发展较快，在一定程度上得益于积极创新。例如，上海大宗钢铁电子交易市场除现货、中远期交易外，还开发出专场合同、约期合同、在线挂牌、双向竞价、拍卖等多种交易方式；上海考尔煤炭电子交易市场独创了“F1”风险管理机制，有效地控制了交易中因价格波动产生的违约风险。要根据行业发展及市场自身建设需要，鼓励大宗商品交易市场在交易品种、交易规格、交易方式、合约品种、风险管理等多方面开展创新，以满足多样化市场的交易需求，有效地控制市场风险，不断增强市场的活力和竞争力。

四、探索建立统一的交易结算中心

要利用浦东“先行先试”的政策机遇，在全国率先探索建立大宗商品电子交易结算中心，为全市大宗商品电子交易提供统一结算清算服务，并对所有交易资金实行第三方结算管理。实行交易集中结算，一是有助于加强交易资金管理，降低交易风险；二是有助于推动各市场专注于品种开发、市场拓展及会员服务，促使其更好、更快地发展；三是有助于吸引全国的大宗商品交易市场来沪；四是有助于吸引和集聚数以千亿的交易结算资金，增强上海的金融服务功能。

五、加强政策扶持

要从以下四个方面出台支持政策，加快上海大宗商品交易市场发展：

一是明确组织领导。成立大宗商品交易市场建设领导小组，商务部门、发展改革部门、物价部门、财税部门等有关单位参加，协调推进上海大宗商品交易市场建设。

二是财税政策支持。对在上海落户的大宗商品交易市场给予资金扶持；参照物流等服务业税收优惠政策，实行营业税减免或差额抵扣，并解决交割中增值税差额问题及交易价格结算差价形成的税收问题。

三是土地政策支持。建立大宗商品交易市场园区，鼓励在园区内投资兴建各类大宗商品交易市场，一方面集聚本市现有大宗商品交易市场，另一方面吸引全国的大宗商品交易市场落户上海。

四是基础设施支持。加强信息基础设施建设投入，增加大宗商品交易市场带宽，降低网络服务价格；加快推进物流体系建设，建立若干个大型仓储基地，用于大宗商品市场统一交割。

总之，上海国际贸易中心的建设要从服务全国出发，站在全国的战略高度综合规划，同兄弟省市真诚合作，争取共建共赢。只有满足了各地的需要，国家的整体需要才可能得到满足；也只有满足了各地的需要，上海国际贸易中心才能顺利建成。同样，大宗商品交易市场的建设也要满足全国各地的需要，真诚地与各地合作，争取共赢，推动上海建设成为国际贸易中心。

7　加快发展与开放服务贸易

由世界各国贸易中心变迁与当代特征的分析可知，高端资源配置性的服务贸易越来越成为国际贸易中心竞争力的核心所在。因此，加快发展与开放服务贸易是上海国际贸易中心建设的关键路径和重要着力点。

7.1　服务贸易地位提升是衡量贸易发展先进性的标志

一、服务贸易的界定与分类

服务贸易，是指服务或服务产品作为商品进行交易，以满足消费者需求的经济行为。WTO《服务贸易总协定》（GATS）以《联合国中心产品分类系统》为基础，并在对以货物为中心的服务贸易分类的基础上，结合服务贸易统计和服务贸易部门开放的要求，提出以部门为中心的服务贸易分类方法，将服务贸易分为12大类140多个服务项目。这12大类服务包括：①商业服务，细分为专业服务、计算机及其相关服务、研究与开发服务、房地产服务、无经纪人介绍的租赁服务、其他商业服务；②通信服务，细分为邮政服务、快件服务、电信服务、视听服务、其他通信服务；③建筑及相关工程服务；④分销服务；⑤教育服务；⑥环境服务；⑦金融服务，细分为所有保险及其相关服务、银行及其他金融服务、其他金融服务；⑧健康与社会服务；⑨旅游及与旅游相关的服务；⑩娱乐、文化与体育服务；⑪运输服务，细分为海运服务、内河航运、空运服务、空间运输、铁路运输服务、公路运输服务、管道运输服务、所有运输方式的辅助性服务、其他运输服务；⑫其他未包括的服务。

服务贸易按发生地点及交易范围，可分为国内服务贸易与国际服务贸易。跨越国界进行服务贸易的商业行为就是国际服务贸易，一般具有以下特点：贸易标的一般具有无形性；交易过程与生产、消费过程具有同步性，贸易保护更具有隐蔽性和灵活性，服务贸易管理更具复杂性。目前，国际服务贸易主要有两种统计上的分类：一种是IMF《国际收支手册》中的分类，另一种是WTO《服务贸易总协定》中的分类。国际服务贸易统计分类的要点是将国际收支账户中的服务贸易流量划分为两类：一类是同国际收支账户中的资本项目相关，即同国际的资本流动或金融资产流动相关的国际服务贸易流量，称为“要素服务贸易”流量，主要涉及利息、股息、利润等项目；另一类则是只与国际收支账户中的经常项目相关，而与国际资本流动或金融资产流动无直接关联的国际服务贸易流量，称为“非要素服务贸易”流量，主要涉及劳务项目、运输服务、旅游服务（旅馆和餐厅）、金融服务、保险服务、咨询、管理、技术等专业服务和特许使用项目等内容。

目前，按照WTO对国际服务贸易的界定，服务贸易统计由国际收支服务贸易统计（BOP）和外国附属机构服务贸易统计（FAT）两部分组成，BOP统计主要反映跨境的服务贸易情况，FAT统计反映的是非跨境服务交易的情况。FAT又可进一步分为内向FAT统计和外向FAT统计两部分：外国在东道国投资的机构与东道国居民之间的服务交易称为内向FAT，东道国在境外投资机构与境外居民之间的服务交易称为外向FAT。

此外，服务贸易按其发生的方式不同，可分为三种基本类型：一是提供要素的服务贸易，这种贸易活动主要通过劳动力的流动来实现；二是人员移动和商品移动引起的服务贸易，即随着商品和人员的流动而产生的一种服务贸易；三是物化服务贸易，即把服务物质化，通过转让服务的载体而发生的贸易行为。

二、全球服务贸易发展的标志性特点

第二次世界大战后，随着科技的发展和产业结构的调整，服务贸易得到迅速发展。各国逐步开放服务市场，服务贸易自由化程度提高，服务贸易越来越成为新的贸易增长点。纵观世界各国服务贸易的发展，有以下几个显著特点：

1. 全球服务贸易增长快速

信息技术的高速发展、交通运输的进步、电子商务的发展及国民收入的提高，大大推动了国际服务贸易的发展。据WTO统计，1981年全球服务贸易总额为8 250亿美元，1990年上升为16 010亿美元，2000年为29 512亿美元，2008年则增加到72 000亿美元（见表7－1）。

表 7－1　全球服务贸易发展情况表

单位：亿美元

年度	服务贸易出口额	服务贸易进口额	服务贸易进出口总额
1981	4 130	4 120	8 250
1985	3 809	4 016	7 825
1990	7 827	8 183	16 010
1995	11 874	12 012	23 886
2000	14 794	14 718	29 512
2004	21 000	20 810	41 810
2008	37 300	34 700	72 000

数据来源：WTO Annual Report 2008。

2. 全球服务贸易发展不平衡

一直以来，发达国家在国际服务贸易中占有绝对重要的地位。在世界服务贸易排名的构成中，居于前列的大多是发达国家。1994 年，全球服务贸易排名前 10 位的国家和地区中有 9 个是发达国家，发达国家服务出口占当年全球服务出口的 60%。2000 年情况仍未发生大的变化，无论是服务贸易出口还是进口，全球排名前 10 位中有 9 个发达国家，而且这 9 个发达国家服务贸易出口总额占全球服务贸易出口总额的比重达 56. 3%，服务贸易进口总额占全球进口总额的比重为 54. 2%。2008 年，尽管发展中国家服务贸易有所上升，但发达国家仍占据绝对优势地位，全球服务贸易出口前 10 位中有 8 个国家为发达国家，这 8 个发达国家服务贸易出口总额占全球服务贸易出口总额的 45. 8%；服务贸易进口前 10 位中同样有 8 个国家为发达国家，这些发达国家服务贸易进口总额占全球的比重为 43%。表 7－2 和表 7－3 反映了 2000 年与 2008 年全球服务贸易主要国家排名情况。

表 7-2　2000 年与 2008 年全球服务贸易主要出口国家情况

2000 年服务贸易出口情况				2008 年服务贸易出口情况			
排名	出口方	金额（亿美元）	占比（%）	排名	出口方	金额（亿美元）	占比（%）
1	美国	2 746	19.1	1	美国	5 220	14.0
2	英国	999	7.0	2	英国	2 830	7.6
3	法国	812	5.7	3	德国	2 350	6.3
4	德国	800	5.6	4	法国	1 530	4.1
5	日本	683	4.8	5	中国	1 460	3.9
6	意大利	567	4.0	6	日本	1 440	3.9
7	西班牙	530	3.7	7	西班牙	1 430	3.8
8	荷兰	523	3.6	8	意大利	1 230	3.3
9	中国香港	421	2.9	9	印度	1 060	2.8
10	比利时/卢森堡	420	2.9	10	荷兰	1 020	2.7
上述总额		8 501	59.2	上述总额		19 570	52.5
全球总额		14 350	100	全球总额		37 300	100

数据来源：WTO Annual Report 2008。

表 7-3　2000 年与 2008 年全球服务贸易主要进口国家情况

2000 年服务贸易进口情况				2008 年服务贸易进口情况			
排名	进口方	金额（亿美元）	占比（%）	排名	进口方	金额（亿美元）	占比（%）
1	美国	1 989	13.9	1	美国	3 640	10.5
2	德国	1 323	9.2	2	德国	2 850	8.2
3	日本	1 157	8.1	3	英国	1 990	5.7
4	英国	821	5.7	4	日本	1 660	4.8
5	法国	615	4.3	5	中国	1 580	4.6
6	意大利	557	3.9	6	法国	1 370	3.9
7	荷兰	511	3.6	7	意大利	1 320	3.8
8	加拿大	419	2.9	8	西班牙	1 080	3.1
9	比利时/卢森堡	383	2.7	9	爱尔兰	1 030	3.0
10	中国	359	2.5	10	韩国	930	2.7
上述总额		8 134	56.7	上述总额		17 450	50.3
全球总额		14 350	100	全球总额		34 700	100

数据来源：WTO Annual Report 2008。

即使在服务贸易方面具有优势的发达国家，其服务贸易的发展也是不平衡的。从地理分布上看，西欧和北美的国际服务贸易较为活跃，美国在国际服务贸易中占据最大比重；从行业分布来看，国际服务贸易中占较大比重的项目是旅游、运输、保险、金融和电信等服务。发达国家主要以知识、技术和资本密集型的服务产品为主，发展中国家则多集中于劳动密集、自然资源密集型的服务产品上。

3. 服务贸易方式增多，贸易结构不断变化

国际上把服务贸易区分为运输服务、旅游服务和其他服务贸易三大类。随着服务贸易规模的不断扩大，国际服务贸易结构也在不断变化。1990 年，运输服务占整个服务贸易总额的28.3%，旅游服务占32.3%，其他服务占39.4%。到2008 年，运输服务所占比重下降为23.5%，旅游服务比重下降为25.3%，而其他服务则大幅上升至51.2%（见表7－4）。其他服务成为贸易额最大、增长速度最快的类别，主要原因在于新科技浪潮的推动，信息、金融、电信等服务的快速增长造成。此外，国际服务贸易的技术、知识密集化明显加强。在过去的十多年中，许多服务行业从制造业中分离出来，形成独立的服务经济行业，其中技术、信息、知识密集型服务行业发展最快。其他服务行业，如金融、运输、咨询等服务，由于运用了先进的技术手段，也很快在全球范围内扩大。

表7－4　全球服务贸易构成比例

单位：%

服务项目	1990 年	2000 年	2008 年
运输服务	28.3	23.0	23.4
旅游服务	32.3	32.4	25.4
其他服务	39.4	44.6	51.2
合计	100	100	100

数据来源：WTO《国际贸易统计》。

4. 发展中国家地位逐步上升

全球200 多个国家和地区中，有170 多个属于发展中国家和地区。从总体上看，发展中国家的服务贸易规模与发达国家相比仍较小，但近年来，发展中国家服务贸易的增长幅度已超过发达国家，所占全球份额也在不断上升。例如，2008年中南美洲、独联体国家、非洲、中东、亚洲地区的服务贸易进出口增速均高于全球平均水平（见表7-5）。

表7-5　2008年全球服务贸易发展情况

地区	服务贸易出口			服务贸易进口		
	金额（亿美元）	占比（%）	增速（%）	金额（亿美元）	占比（%）	增速（%）
北美	6 020	16.1	9	4 730	13.6	6
欧洲	19 180	51.4	11	16 280	46.9	10
中南美洲	1 090	2.9	16	1 170	3.4	20
独联体	830	2.2	26	1 140	3.3	25
非洲	880	2.4	13	1 210	3.5	15
中东	940	2.5	17	1 590	4.6	13
亚洲	8 360	22.4	12	8 580	24.7	12
世界总额	37 300	100	11	34 700	100	11

数据来源：WTO《国际贸易统计》。

另外，从发展中国家排名情况看，2000年全球前10位服务贸易出口国家（地区）中，仅有中国香港排名第9位；前10位服务贸易进口国家（地区）中，仅中国排名第10位。但到了2008年，前10位服务贸易出口国家中，中国和印度均位列前10，其中中国排名第5，印度排名第9；而在前10位服务贸易出口国家中，仅中国排名第5。

5. 区域性国际服务贸易得到迅速发展

第二次世界大战以来，区域一体化和贸易集团化趋势加强，无论是发展中国家还是发达国家，纷纷建立了区域性经济一体化组织，如关税同盟、自由贸易区等，特别是在WTO"多哈回合"谈判止步不前的情况下，世界各国纷纷转向小范围的贸易自由化。区域性市场的扩大，使包括服务贸易在内的进出口贸易得到明显增强。

7.2　我国服务贸易的发展与开放

一、我国服务贸易发展与开放的总体状况分析

1. 服务贸易总量快速增长

改革开放以来，伴随着世界服务贸易的迅速发展和中国对外开放的不断深

入，中国服务贸易取得了长足进步，贸易规模迅速扩大，国际地位不断提高，以旅游和运输服务为基础，以通讯、保险、金融、计算机信息服务、咨询和广告等新兴服务贸易为增长点的服务贸易全面发展格局基本形成，服务贸易已经成为我国对外贸易的重要组成部分。

我国服务贸易的对外开放始于20世纪80年代，从那时开始，我国服务贸易进入了较快的发展阶段。1982年，中国服务贸易进出口总额仅为43.4亿美元，到2008年，这一数字增长到了3 040亿美元，其中出口1 460亿美元，进口158亿美元，总量增长了70多倍，服务贸易进出口总量已仅次于美、英、德、法，列世界第五位（见表7－6）。

表7－6　2008年世界服务贸易进出口排名情况

排名	出口国家（地区）	金额（十亿美元）	比重（%）	增长（%）	排名	进口国家（地区）	金额（十亿美元）	比重（%）	增长（%）
1	美国	522	14.0	15	1	美国	364	10.5	8.5
2	英国	283	7.6	7	2	德国	285	8.2	16.1
3	德国	235	6.3	19	3	英国	199	5.7	2.9
4	法国	153	4.1	17	4	日本	166	4.8	5.5
5	中国	146	3.9	20	5	中国	158	4.6	22.0
6	日本	144	3.9	6	6	法国	137	3.9	14.1
7	西班牙	143	3.8	12	7	意大利	132	3.8	13.1
8	意大利	123	3.3	13	8	西班牙	108	3.1	11.5
9	印度	106	2.8	—	9	爱尔兰	103	3.0	11.3
10	荷兰	102	2.7	12	10	韩国	93	2.7	9.7

资料来源：中国服务贸易指南网（http://tradeinservices.mofcom.gov.cn/index.shtml）。

中国服务贸易的快速发展是世界服务贸易发展中的一道亮丽风景，2009年开始，在国际金融危机的影响下，中国服务贸易发展速度有所减缓，但依然增长较快，相信这将是带动世界经济复苏和推动中国经济继续又好又快发展的新动力。

2. 入世后服务贸易开放程度迅速提高

20世纪80年代至2001年，为适应对外开放和满足加入WTO的需要，我国陆续颁布了一些服务贸易对外开放的法规和规章，开放了部分服务贸易领域。加入WTO后，我国又根据入世承诺相继颁布了一批开放服务贸易领域的法规和规章，初步形成了服务贸易全面对外开放的格局。

（1）法律服务。加入WTO时，在《服务贸易具体承诺减让表》中，我国承诺允许外国律师事务所在境内以代表处的形式提供法律服务，同时还对代表处的设立地域、业务范围及代表的最短居留时间作出了限制。

（2）会计、审计服务。会计、审计领域是内地较早开放的服务贸易行业之一，从1992年起，内地就已经开始有条件地允许国际知名的会计公司与中国会计师事务所合作举办会计师事务所，1994年开放内地注册会计师，使外国公民通过考试成为中国注册会计师协会的执业会员成为可能，在加入WTO时，又进一步承诺允许中国主管机关批准的注册会计师设立合伙或有限责任会计师事务所。

（3）建筑设计服务、工程服务、集中工程服务、城市规划和风景园林设计服务。我国加入WTO时，承诺允许设立外资拥有多数股权的合资企业，在加入WTO后5年内，允许设立外商独资企业。

（4）建筑及相关工程服务。在加入WTO时，针对建筑及相关工程服务，承诺允许外国投资者设立拥有多数股权的合资企业；在加入WTO后3年内，允许设立外商独资企业，同时对外商独资企业承揽的建筑项目类型作了一些限制。

（5）房地产服务。我国在加入WTO时承诺：对于自有或租赁资产的房地产服务，除高标准房地产项目不允许设立外商独资企业外不作其他限制；在以收费或合同为基础的房地产服务中，仅限于合资企业形式，允许外商拥有多数股权。

（6）医疗及牙医服务。在加入WTO之前，我国就已经有条件地开放了医疗服务领域。加入WTO时，在商业存在方面，我国承诺允许外国服务提供者与中国合资伙伴一起设立合资医院或诊所，允许外资拥有多数股权；在自然人流动方面，我国则允许持有本国颁发的专业证书的外国医生，在获得卫生部的许可后，在中国提供6个月到1年的短期医疗服务。

（7）广告服务。加入WTO之前，我国已经有条件地开放了广告领域。我国在加入WTO时承诺：允许外国服务提供者以合资企业形式在中国设立广告企业，外资不超过49%；加入后2年内，允许外资拥有多数股权；加入后4年内，允许设立外资独资子公司。

（8）管理咨询服务。我国在加入WTO时承诺：管理咨询行业允许并限于合资企业形式，允许外资拥有多数股权；在加入后6年内，取消股权限制，允许外国公司设立外资独资子公司。

（9）会议服务和展览服务。允许设立合资企业，外资可以拥有多数股权。我国对展览服务未作出承诺。

（10）增值电信服务。加入WTO时，允许外国服务提供者在3个城市设立合资企业，从事7类增值电信业务，外资比例不得超过30%；加入后1年内，地域扩大至17个城市，外资比例不得超过49%；加入后2年内，取消地域限制，外资不得超过50%。

（11）视听服务。视听服务主要包括音像制品的分销服务和电影院服务。在音像制品分销领域，我国在加入WTO时承诺，在不损害中国审查音像制品内容的权利的情况下，允许外国服务提供者与中国合作伙伴设立合作企业，从事除电影外的音像制品的分销；在电影院服务领域，我国在加入WTO时承诺允许外国服务提供者建设改造电影院，外资不得超过49%；在影片进口方面，承诺每年以分账形式进口20部影片。

（12）分销服务。我国加入WTO时，在佣金代理和批发服务方面，承诺在加入WTO后1~5年内，逐步允许外资商业企业从事化肥、成品油和原油等特殊商品的分销业务。在股权比例方面，在加入WTO后2年内允许外资在合营企业中拥有多数股权，取消地域和数量限制；加入后3年内，取消股权限制，但对于经营化肥、成品油和原油等特殊商品的外商投资企业，在加入后5年内取消股权限制。承诺允许设立合资形式的零售企业，同时规定了地域和数量限制。

（13）保险服务。在保险领域，我国加入WTO时对外资保险公司的外资比例、地域及业务范围均作出了详细的承诺，也明确了投资者设立外资保险机构所应具备的资格条件，即外国保险公司应有30年以上的经营历史，连续两年在中国设有代表处，提出申请的上一年年末总资产超过50亿美元。

（14）银行服务。我国加入WTO时对设立外资金融机构的资格条件、地域及业务范围都作出了具体的承诺和规定，即设立中外合资、外国独资银行或中外合资、外国独资财务公司，提出申请上一年年末总资产应超过100亿美元；设立外国银行的分行的，提出申请上一年年末总资产应超过200亿美元。外资金融机构从事人民币业务的，应在中国营业3年，且在申请前连续两年盈利。

（15）证券服务。我国在加入WTO时所作出的承诺主要集中在商业存在领域，在自然人流动领域未作承诺。

（16）旅游和与旅游相关的服务。在饭店餐饮服务方面，我国加入WTO时承诺：外国服务提供者可以合资企业形式在中国建设、改造及经营饭店和餐馆设施，允许拥有多数股权；加入后4年内，允许设立外资独资子公司。饭店餐饮服务在《外商投资产业指导目录》中属于允许类，即在饭店餐饮服务领域允许设立独资企业，无最低注册资本要求，这一领域的实际开放水平已经超过了我国在加入WTO时的承诺。在旅行社服务方面，我国在加入WTO时承诺：允许外国服务提供者可以以合资旅行社形式提供旅游服务，但是有地域限制。

（17）海运及其辅助服务。我国加入 WTO 时承诺：在海运服务及海运代理方面允许设立外资股权不超过 49% 的合资企业，在海运理货、集装箱堆场等方面允许设立外资持有多数股权的合资企业。

（18）公路运输服务。我国加入 WTO 时承诺：加入后 1 年内，对于公路货物运输服务，允许外资拥有多数股权；加入后 3 年内，允许设立外资独资子公司。在公路客运方面，我国加入 WTO 时未作承诺。根据现行规定，道路旅客运输合资企业的外资比例不得超过 49%。

（19）仓储服务。我国加入 WTO 时承诺：外商投资仓储行业限于合资企业形式，加入后 1 年内允许外资拥有多数股权，加入后 3 年内允许设立外资独资子公司。仓储行业在《外商投资产业指导目录》中属于鼓励类，目前允许设立独资企业，亦无最低注册资本要求。这一领域的实际开放水平已经超过了我国在加入 WTO 时的承诺。

（20）货代服务。我国加入 WTO 时承诺：允许外国货运代理公司设立合资货运代理企业；在加入后 1 年内，允许外资拥有多数股权；加入后 4 年内，允许设立外资独资子公司。同时，还规定外商投资货运代理企业的最低注册资本应不少于 100 万美元，加入后 4 年内给予国民待遇；每设立一分支机构，合资企业注册资本应增加 12 万美元，加入 WTO 后 2 年内，这一额外注册资本要求将在国民待遇基础上实施。

（21）物流服务。我国加入 WTO 时未对物流服务作出承诺。《关于开展试点设立外商投资物流企业有关问题的通知》规定，允许设立合资或合作形式的第三方物流企业和国际物流企业。

至今，我国入世已有 10 年，5 年过渡期也已过去，中国全面履行了入世承诺，我国服务贸易开放已进入了更高的阶段，服务贸易的开放水平已达到了很多发达国家的水平。

3. 服务贸易结构不尽合理，结构失衡依然突出

在服务贸易总量快速增长的同时，结构性失衡表现突出。具体表现在：服务贸易主要依赖旅游、运输和其他商业服务等资源和劳动密集型服务，而新兴的知识、技术和资本密集型服务所占比例很小。我国传统经济结构中劳动密集型产业所占比重较大，而知识、技术密集型产业比重偏低，这一结构性特点在服务贸易中也得到较为明显的体现。

表7-7 2000~2004年中国服务贸易分项目表

年份 指标	2000		2001		2002		2003		2004	
	金额（亿美元）	占比（%）	金额（亿美元）	占比（%）	金额（亿美元）	占比（%）	金额（亿美元）	占比（%）	金额（亿美元）	占比（%）
总计	660.04	100	719.34	100	854.61	100	1 012.27	100	1 336.57	100
运输	140.67	21.31	159.59	22.19	193.32	22.62	261.39	25.82	366.11	27.39
旅游	293.45	44.46	317.01	44.07	357.83	41.87	325.93	32.20	448.88	33.58
通讯服务	15.87	2.41	5.97	0.83	10.21	1.19	10.66	1.05	9.13	0.68
建筑服务	15.97	2.42	16.77	2.33	22.10	2.59	24.73	2.44	28.06	2.10
保险服务	25.79	3.91	29.38	4.08	34.55	4.04	48.77	4.82	65.04	4.87
金融服务	1.75	0.27	1.76	0.25	1.41	0.16	3.84	0.38	2.32	0.17
计算机和信息服务	6.21	0.94	8.06	1.12	17.71	2.07	21.38	2.11	28.90	2.16
专有权利使用费和特许费	13.61	2.06	20.48	2.85	32.47	3.80	36.55	3.61	47.33	3.54
咨询	9.95	1.51	23.91	3.32	39.15	4.58	53.34	5.27	78.87	5.90
广告、宣传	4.26	0.65	5.35	0.74	7.67	0.90	9.44	0.93	15.47	1.16
电影、音像	0.49	0.07	0.78	0.11	1.26	0.15	1.03	0.10	2.17	0.16
其他商业服务	132.01	20.00	130.25	18.11	136.93	16.02	215.20	21.26	244.29	18.28

资料来源：根据中国服务贸易指南网（http://tradeinservices.mofcom.gov.cn/index.shtml）相关数据整理。

表 7-8 2005~2009 年中国服务贸易分项目表

年份 / 指标	2005		2006		2007		2008		2009	
	金额（亿美元）	占比（%）	金额（亿美元）	占比（%）	金额（亿美元）	占比（%）	金额（亿美元）	占比（%）	金额（亿美元）	占比（%）
总计	1 570.82	100	1 917.48	100	2 509.09	100	3 044.50	100	2 868.00	100
运输	438.74	27.93	553.84	28.88	745.95	29.73	887.50	29.15	702.00	24.48
旅游	510.55	32.50	582.71	30.39	670.19	26.71	770.00	25.29	834.00	29.08
通讯服务	10.89	0.69	15.02	0.78	22.56	0.90	30.80	1.01	24.00	0.84
建筑服务	42.12	2.68	48.03	2.50	82.87	3.30	146.90	4.83	154.00	5.37
保险服务	77.49	4.93	93.79	4.89	115.68	4.61	141.20	4.64	129.00	4.50
金融服务	3.05	0.19	10.36	0.54	7.87	0.31	8.80	0.29	11.00	0.38
计算机和信息服务	34.63	2.20	46.97	2.45	65.53	2.61	94.20	3.09	97.00	3.38
专有权利使用费和特许费	54.79	3.49	68.39	3.57	85.35	3.40	108.90	3.58	115.00	4.01
咨询	115.06	7.32	162.23	8.46	224.37	8.94	316.80	10.41	320.00	11.16
广告、宣传	17.91	1.14	24.00	1.25	32.49	1.29	41.40	1.36	43.00	1.50
电影、音像	2.88	0.18	2.58	0.13	4.70	0.19	6.70	0.22	4.00	0.14
其他商业服务	262.73	16.73	309.54	16.14	451.53	18.00	491.30	16.14	435.00	15.17

资料来源：根据中国服务贸易指南网（http://tradeinservices.mofcom.gov.cn/index.shtml）相关数据整理。

从表7－7和表7－8的数据可以看出，2000～2009年，我国服务贸易交易量最大的三个部分为运输、旅游和其他商业服务，2009年三大部门的总交易量占服务贸易交易总量的70%左右，而金融服务、保险服务、计算机和信息服务、广告和宣传、电影音像等服务部门的交易量十分有限。由此可以反映这样一种事实，即在我国服务贸易总量中，传统的劳动密集型服务所占的比例远远超过技术密集型和知识密集型服务，这也充分说明我国服务业亟须完成由劳动密集型向知识技术密集型的转变。

4. 服务贸易发展水平低、国际竞争力弱

1980年以来，随着货物贸易的发展，中国服务贸易的总量不断扩大。从1984年到1995年，中国的服务贸易一直保持小额顺差，1995年开始出现逆差，然后进入持续逆差状态，至2000年逆差规模开始呈现逐年扩大的趋势（见表7－9和图7－1），由此可知我国服务贸易发展仍然处于较低水平，全球竞争力较弱。

表7－9　2000年后中国服务贸易逆差

单位：亿美元

年份	出口	进口	差额
2000	304.30	360.31	－56.01
2001	333.35	392.66	－59.31
2002	397.46	465.28	－67.82
2003	467.34	553.06	－85.72
2004	624.34	721.33	－96.99
2005	744.04	834.96	－90.92
2006	919.99	1 008.33	－88.34
2007	1 222.06	1 301.11	－79.05
2008	1 471.12	1 589.24	－118.12
2009	1 295.00	1 589.00	－294.00

资料来源：国家外汇管理局公布的各年《中国国际收支平衡表》。

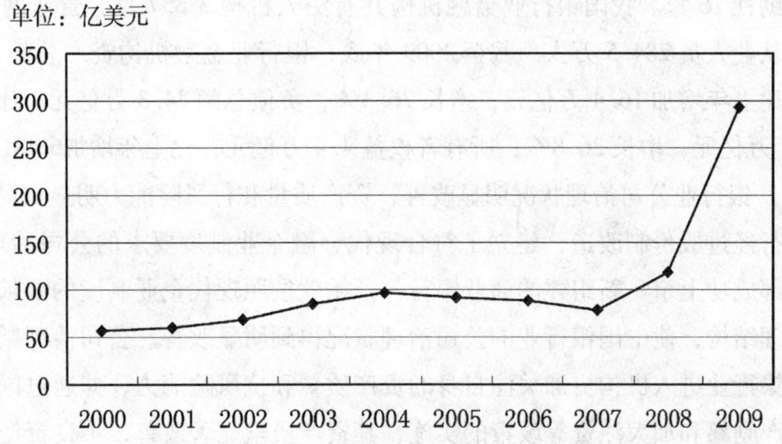

图 7-1　服务贸易逆差呈扩大趋势

2009 年，服务贸易逆差较上年增长 1.49 倍，逆差主要来自运输、专有权利使用费和特许费、保险及旅游项目，逆差金额分别为 230 亿、106 亿、97 亿和 40 亿美元，其中旅游项目自 1982 年以来在年度平衡表中首次出现逆差。服务贸易逆差迅速扩大，说明当前我国服务贸易整体上仍缺乏比较优势。

二、我国服务贸易的行业发展分析——以银行业与旅游业为例

1. 银行业的发展与开放

改革开放以来，中国银行业与中国经济一起进入了快速发展的阶段。为了适应市场经济的需要，我国分阶段地对金融体制进行了改革，对国有专业银行进行了商业化改造，形成了以中国人民银行为中央银行，以国有商业银行为主体，政策性金融与商业性金融适当分离，多种金融机构分工协作、多种融资渠道并存、功能互补、协调发展的金融体系。我国银行业的发展成就主要体现在以下几个方面。

（1）银行业规模迅速壮大。银行业规模壮大表现在银行业金融机构的数量、资产规模和从业人员数量等方面。2009 年，我国银行业金融机构包括政策性银行及国家开发银行 3 家、大型商业银行 5 家、股份制商业银行 12 家、城市商业银行 143 家、城市信用社 11 家、农村商业银行 43 家、农村合作银行 196 家、农村信用社 3 056 家、邮政储蓄银行 1 家、金融资产管理公司 4 家、外资法人金融机构 37 家、信托公司 58 家、企业集团财务公司 91 家、金融租赁公司 12 家、货币经纪公司 3 家、汽车金融公司 10 家、村镇银行 148 家、贷款公司 8 家及农村

资金互助社16家。我国银行业金融机构共有法人机构3 857家，营业网点19.3万个，从业人员284.5万人。截至2009年底，银行业金融机构资产总额78.8万亿元，比上年增加16.4万亿元，增长26.3%；负债总额74.3万亿元，比上年增加15.7万亿元，增长26.8%；所有者权益4.4万亿元，比上年增加6 481亿元。①

（2）银行业公司治理状况明显改善，资产质量和行风险能力明显提高。国有商业银行经过股份制改造，建立了符合现代金融企业制度要求的公司治理结构，并已全部成功上市。新组建的商业银行一开始就按照现代企业制度的要求构造其公司治理结构，使中国银行业的公司治理状况得到明显改善。公司治理结构的改善，使银行业进入机构更加关注自身的资产质量和抗风险能力，并通过国家对其不良资产剥离和加大注资等政策的实施，其资产质量显著改善，不良资产率持续下降（见表7－10）。

表7－10　2003～2009年主要商业银行不良贷款情况表

单位：万亿元

年份	2003	2004	2005	2006	2007	2008	2009
不良贷款余额	21 044.5	17 175.6	12 196.9	11 706.0	12 009.9	4 865.3	4 264.5
不良贷款率	17.9%	13.2%	8.9%	7.5%	6.7%	2.4%	1.6%

资料来源：中国银行业监督管理委员会2009年报。

（3）银行业服务能力和水平不断提高，功能日益完善。通过改革开放，我国银行业不断改善服务理念、手段和方式，使产品和服务单一的状况得以改变。为解决小企业融资难和农村金融服务不足等问题，近年来，银监会大力倡导小企业金融服务，稳步推进小企业贷款“六项机制”建设，大力支持农村金融发展，完善农村金融体系，增加“三农”信贷投入。银行业各金融机构积极响应，主动改变业务流程和组织架构，创新产品和服务，努力满足小企业多样化、个性化和“三农”发展的融资需求。

银行业开放的主要标志是外资银行在华业务的规模、分布地域和业务范围的发展，我国银行业开放是从引进外资银行自设机构开始的。银行业开放的整体战略是：根据我国整体经济发展、对外开放和金融业改革发展的需要，逐步扩大外资银行经营的地域、业务范围和客户对象。以正式加入WTO为界，我国银行业

① 摘自中国银行业监督管理委员会2009年报。

开放大致可以分为三个阶段：

一是加入WTO之前。此阶段主要是为适应我国改革开放的需要，逐步扩大开放地域、业务范围和客户对象。1994年《中华人民共和国外资金融机构管理条例》的颁布，标志着外资银行在华经营开始进入法制化和规范化轨道。1980～1993年，外资银行的经营范围为对外资企业和境外居民开办外汇业务，且开放地域不断扩大；1994～2001年，对外资银行逐步开放人民币业务。从整体上讲，这段时间外资银行在华开展业务主要局限于外币业务，地域也基本集中在沿海地区，总体业务规模不大，市场份额较低，发展速度平稳。

二是加入WTO后的过渡期。这一阶段的开放政策主要为在履行入世承诺的基础上，根据改革与发展的需要，积极稳妥地实施自主开放措施。这些措施具体包括：提前向外资银行开放东北部和中西部地区，调整营运资金要求，允许中外资银行同步开办新业务，如衍生产品交易业务、合格境外机构投资者境内证券投资托管业务、代客境外理财及托管业务等。这一阶段，外资银行得到了较快发展，其营业性机构稳步增加，并开始向中西部和东北地区延伸，业务品种和经营规模不断扩大。

三是WTO过渡期结束后。随着加入WTO过渡期的结束，我国颁布了《中华人民共和国外资银行管理条例》及实施细则，全面履行扩大开放的承诺，全面提高中国银行业对外开放水平，取消了对外资银行的一切非审慎性市场准入限制，并向在中国注册的外资法人银行全面开放人民币业务。该条例对在中国注册的外资法人银行实行与中资银行相同的监管标准，全面体现了国民待遇原则。

截至2009年底，共有46个国家和地区的194家银行在华设立229家代表处，13个国家和地区的外国银行在华设立33家外商独资银行（下设分行199家）、2家合资银行（下设分行6家，附属机构1家）、2家外商独资财务公司，24个国家和地区的71家外国银行在华设立95家分行。获准经营人民币业务的外国银行分行为49家、外资法人银行为32家，获准从事金融衍生产品交易业务的外资银行机构为54家。外资金融机构根据自身业务发展需要和中国区域发展战略，进一步优化在华区域布局。[1]

2. 旅游业的发展与开放

中国国土广袤、山川秀美、历史悠久、文化璀璨、民族众多，漫长的历史和

① 摘自中国银行业监督管理委员会2009年报。

辽阔的国土形成了无比丰厚的旅游资源。近年来，中国经济持续增长，人均收入稳步增加，推动了旅游业快速发展，其人数规模和收入规模都在不断扩大（见表7-11）。

表7-11　近年来我国旅游业发展情况

年　份	2004	2005	2006	2007	2008
入境游人数(万人次)	10 903.82	12 029.23	12 494.21	13 187.33	13 002.74
出境游人数(万人次)	2 885.00	3 102.63	3 452.36	4 095.40	4 584.44
国内旅游人数(亿人次)	11.02	12.12	13.94	16.10	17.12
国际旅游外汇收入(亿美元)	257.39	292.96	339.49	419.19	408.43
国内旅游收入(亿元)	4 710.71	5 285.86	6 229.74	7 770.62	8 749.3

资料来源：国家统计局2009年《中国统计年鉴》。

另据国家旅游局《2010年上半年旅游经济运行报告》预计，2010年上半年国内旅游人数10.97亿人次，比上年同期增长8.6%；国内旅游收入6 055亿元，增长20.6%；入境人数6 550万人次，增长5.5%；旅游外汇收入215亿美元，增长14.5%；旅游总收入7 500亿元，增长19%。

我国旅游业的快速发展，除了受收入增长的拉动外，还得益于政策引导和旅游基础设施的完善。1999年，我国实行“黄金周”休假制度，引发国内旅游井喷式增长；2007年，传统节日纳入休假制度体系；2008年，推出国民休闲计划；2009年，国务院常务会议通过《关于加快发展旅游业的意见》，各级政府普遍以税收优惠、财政补贴、修路建桥、景区升级改造、举办各类旅游推介活动、发放消费券等方式对旅游行业进行有效支持。另外，交通设施的建设有力支持了我国旅游业的发展。据统计，到2008年底，中国高速公路总里程达5.5万公里，河航道通航里程12.33万公里，铁路运营里程7.9万公里，国内民航机场达到160个，整个交通运输通行里程已排世界第二位。

但是，我国旅游业在快速发展的同时，依然存在诸多亟待解决的问题。首先，我国旅游业占国民经济的比重仍然偏低。根据一般规律，当经济发展达到一定水平时，对物质产品的消费需求得到较大程度的满足，对旅游等服务的需求就会急速增长，而我国旅游业的发展尚未显现这一规律，这一方面说明我国旅游业增长还有巨大的潜力，另一方面也说明还有很多因素制约着我国旅游业的进一步发展。例如，我国的社会保障制度尚不健全，保障水平也还不高，即使是对于一些高收入人群，由于尚未完全消除后顾之忧，旅游消费的需求仍然受到限制。其次，旅游业自身的发展还有一些突出的问题没有解决，如旅游资源开发和保护的总体水平较低，区域发展极不平衡，西部作为中国旅游资源最为丰富的地区却缺乏旅游精品，而资源相对缺乏的东部旅游市场却出现供不应求的情况。西部的大漠风情、熔岩峡谷、高山流水和独特的历史文化景观、深厚的民族文化底蕴及独特的民族文化魅力，对中外旅游者具有极大的吸引力，但由于开发力度不够，旅游资源没有转化为旅游产品。而不少地区不顾本地实际情况，不考虑本地区的旅游资源优势，不经过充分论证就将本地区的一座山、一片水、一条沟作为重大旅游资源，采取大力招商引资的办法予以开发，结果破坏了自然生态环境，收效甚微。还有一些地方政府存在着短视行为，在不考虑市场容量、发展潜力的情况下，过于乐观地估计旅游形势，兴办宾馆、饭店等高消费场所，盲目开发旅游资源，存在"面子工程"的嫌疑，造成短期旅游市场火暴却难以为继的局面。

7.3 上海服务贸易发展与开放对上海国际贸易中心建设的意义

一、上海服务贸易发展状况分析

1. 贸易进出口快速增长

作为我国服务贸易领域的排头兵，上海的服务贸易呈现快速发展的态势，且发展速度超过了货物贸易的增长速度，增长率超过了全国服务贸易的增长率。即使在金融危机弥漫全球的 2008 年，上海服务贸易依然保持了较快的增长速度，总额达到了 735.7 亿美元，同比增长 31.6%（见表 7－12）。

表 7－12　2001～2008 年上海服务贸易进出口增长情况

年份	上海服务贸易进出口		上海货物贸易进出口增长率（%）	上海 GDP 增长率（%）	上海第三产业增长率（%）	全国服务贸易进出口增长率（%）
	总额（亿美元）	增长率（%）				
2001	95.0	20.0	11.3	10.5	97.7	8.9
2002	115.7	21.9	19.3	11.3	114.4	18.9
2003	160.5	38.7	54.7	12.3	12.0	18.5
2004	244.8	52.5	42.4	14.2	20.4	32.0

续表

年份	上海服务贸易进出口		上海货物贸易进出口增长率（%）	上海 GDP 增长率（%）	上海第三产业增长率（%）	全国服务贸易进出口增长率（%）
	总额（亿美元）	增长率（%）				
2005	324.9	32.7	16.5	11.1	12.8	17.5
2006	403.4	24.2	22.1	12.0	12.7	22.0
2007	559.1	39.6	24.4	14.3	19.6	30.9
2008	735.7	31.6	13.8	9.7	18.1	15.2

资料来源：上海市商务委员会：《2009 上海服务贸易发展报告》。

2. 上海服务贸易商业存在迅速发展

上海服务贸易商业存在体现为外资企业在上海的商业存在和上海企业在境外的商业存在两个方面。

随着发达国家制造业产业转移进入成熟期，服务业产业转移已成为全球资本流动的主要趋势。近年来，全球服务业外商直接投资占比达2/3，未来几年这一趋势仍将继续。据 WTO 秘书处测算，通过商业存在进行的服务贸易占全球服务贸易总量的56%左右，越来越多的跨国公司正逐步把部分服务通过项目外包、直接投资等方式向发展中国家转移。上海抓住这一机遇，大力吸引外资和引进项目。2001~2008 年，上海服务业吸引外资合同金额年均增长 31.5%，大大高于全市同期合同金额年均 12.8%的增长速度；2008 年，上海服务业吸引外资合同金额占全市的比重达到了73.3%。除此之外，上海还大力发展总部经济，吸引国际跨国企业将总部设在上海，截至2008 年，上海累计设立总部经济机构676 家。

与此同时，上海服务业实行“走出去”的战略，支持有比较优势的各种所有制企业积极开拓国际市场，鼓励本地企业以对外承包工程、劳务合作和设计咨询等方式扩大对外投资。到2008 年底，上海已与 177 个国家和地区建立了对外工程承包和劳务合作关系，对外直接投资的国家与地区达到 101 个，仅外投资企业就达到1 163 家。

3. 贸易规模全国占比不断提高，与亚洲主要市场的差距逐步缩小

上海服务贸易进出口额占我国（内地）服务贸易进出口总额的比重从 2000 年的 11.2%上升到2008 年的24.2%，连续 8 年高居内地各省市之首。如今，上海服务贸易规模不仅大大领先内地诸多省市，而且与我国香港、新加坡等服务贸易较发达国家和地区的差距不断缩小。2000 年，我国香港服务贸易进出口额是上海的8.2倍，新加坡是上海的7.2倍，而2008年已分别降至1.83倍和2.01倍。

4. 传统服务贸易规模大，新兴服务贸易增长快

对于WTO《服务贸易总协定》（GATS）划分的12个服务贸易门类，上海都已实现服务进出口实绩。其中，运输、旅游这两项传统服务贸易一直是上海最主要的服务贸易项目，但比重持续下降，2008年这两项服务出口合计占上海服务贸易出口总额的比重为54%，比2000年下降了7.6个百分点。与此同时，新兴服务贸易进出口增速明显快于传统服务贸易，2008年上海计算机和信息服务出口25.4亿美元，同比增长53%，高出全市服务贸易出口平均增速23.9个百分点。

二、发展与开放服务贸易对上海国际贸易中心建设的意义

1. 有利于产业结构转型，形成货物贸易与服务贸易协调发展的良好局面

上海要建设的国际贸易中心，不仅是传统意义上的货物贸易中心，更是服务贸易中心，是一种货物贸易和服务贸易协调发展、共同繁荣的发展模式。而要形成这种新型的贸易发展模式，上海自身的产业结构亟待转型，即在制造业发展的基础上，大力发展服务业，为货物贸易的发展提供服务支撑。事实上，一些世界公认的贸易中心城市的产业结构中，服务业的地位十分重要。例如，新加坡的服务业是其经济支柱，其中商业服务（包括对外贸易）、交通通讯、批发零售、金融服务等是服务业最主要的行业，正是依托这四大服务业的发展，新加坡才确立了其亚洲金融中心、航运中心、贸易中心的地位。

上海在计划经济时代受体制的影响选择了“重工抑商”的发展模式，这虽然使上海成为我国的工业中心和制造业基地，但商业和第三产业的发展受到限制，形成了第二产业比重畸高而第三产业比重严重偏低的产业结构，改革开放后，虽然第三产业的比重有所提高，但总体上仍然偏低。世界发达城市的经验表明，这样的产业结构不利于城市综合竞争力的提高，限制了城市进一步发展。正因如此，在2008年9月国务院发布的《国务院关于进一步推进长江三角洲地区改革开放和经济社会发展的指导意见》中，提出包括上海在内的长三角的发展目标之一是：到2020年，形成以服务业为主的产业结构，三次产业协调发展。在上述指导意见中，还明确提出了加快以上海国际金融中心和国际航运中心为主的现代服务业发展。2009年4月，国务院发布《国务院关于推进上海加快发展现代服

务业和先进制造业，建设国际金融中心和国际航运中心的意见》，进一步阐述了推进上海加快发展现代服务业和先进制造业及建设“两个中心”的重要意义、指导思想和原则，提出了“两个中心”建设的总体目标，部署了“两个中心”建设的主要任务和具体措施。2009 年 5 月，上海市政府发布《市政府贯彻国务院关于推进上海加快发展现代服务业和先进制造业，建设国际金融中心和国际航运中心意见的实施意见》，进一步强调了加快发展现代服务业和先进制造业及推进上海“两个中心”建设对我国和对上海的意义，进一步具体和细化了“两个中心”建设的任务和措施。2010 年 3 月，上海国际贸易中心建设被列入国家发展战略。这一系列文件和发展战略紧锣密鼓地出台，不仅表明上海“四个中心”建设正式展开，而且还表达了这样一个重要信息：上海产业结构的优化升级已经提上政府的议事日程。

在市场经济中，任何产业的发展壮大都离不开市场交换，第三产业的发展离不开服务贸易的发展，以提供服务为主要内容的第三产业必须依托市场，在服务贸易中发展壮大自己。而服务贸易市场的发育需要有对服务的需求，这主要来自生产性部门，因而生产性服务业将成为未来服务业战略升级的一个重点方向，将出现专业化、分工精细化及与制造业融合等新趋势。加快发展现代服务经济已成为上海经济进入新阶段的战略重点，可以预见的是，现代服务业将成为上海经济战略大转型的“新引擎”。

2. 有利于上海继承其历史、地理、文化等的综合优势，促进贸易发展

上海地处我国东南沿海，位于我国南北海岸线的中点，拥有深水海港可达世界主要港口，又位于长江航道的起点，通达内陆诸多省份，因而上海的命运始终是和水运与开放联系在一起的。从历史上看，每当“海禁”解除，贸易放开，上海临江滨海的地理优势就变得得天独厚了，也正因如此，鸦片战争后，上海被列为五个通商口岸之一。上海开埠以后，西方列强的入侵、西方文化的登陆、租界的出现及西方工商业的建立和发展，使上海城市文化呈现出多元化的特征，并结合原有的江南文化元素，最终成就了后来被称为海派文化的独特城市文化。对于海派文化的特征，有人归纳主要有三：第一是开新、开风尚之先，开创新之先。它善于延纳新事物，变革那悠久、凝重的传统东西。第二是灵活、善变，灵活而不呆滞，善变而不拘一格。从戏剧艺术、学林百科到南京路、淮海路的商品橱窗广告，都反映了它的灵敏、变化新颖、丝毫没有传统文化的矜持。第三是开放性与包容性。近代上海是国际性商业都市，充满五光十色的商品和西方文化，“海派”正视这个现实，迎上去，接受它，溶进自己的变革，推动了社会、经济、文化各个领域的新陈代谢。[1]

吐故纳新、海纳百川、灵活应对、开放包容的城市文化特质，成就了近代上海的繁荣与发展。20 世纪 30 年代的上海已经是远东金融中心，据统计，1935 年上海有外资银行 28 家，总行设在上海的华资银行 162 家。此外，尚有信托公司 11 家，汇划钱庄 48 家，储蓄会 3 家，邮政储蓄会业局 1 家，这些金融机构又在全国各地开设个分支机构，数千个通汇点，不但在全国主要城市有分支行，而且在小城镇也设有办事处和寄庄，构成了一个全国性的金融网络。[2]

商业也是上海最传统、最发达的行业，据 1935 年的一项调查，上海公共租界就业人口的职业构成中，工业人口占 18.28%，商业占 16.36%，银行、金融和保险业占 0.45%。而据 1946 年对上海 290 万就业人口的统计，从事商业的人口占 19.76%，高达 50 万，在商业中心的黄浦区，从商人口甚至高达 45%。[3]

近代上海的发展史充分说明，上海的城市文化是一种开放包容、进取发展的文化，这种文化与服务贸易的发展与开放具有高度的相容性，而闭锁、单一发展工业的模式只能使上海止步不前。在计划经济体时代，尽管上海仍被喻为“计划经济的排头兵”，但“重工抑商”使上海失去了远东金融和商业中心的地位，昔日金融、商业、贸易、运输、加工、旅游等诸多功能已为香港、东京、新加坡等城市所取代。改革开放以后，上海的地理和文化优势再一次显现，来自世界各国和全国各地的精英人士来到上海，不但为上海带来了资金、技术和高尖端的人力资源，密切了上海与全国各地及世界各国的联系，而且为上海文化注入了更为丰富的元素，提升了上海文化中原本就有的开放性特质，更为上海进一步发展服务贸易和提高开放水平创造了机会。

7.4 加快发展与开放服务贸易的举措

一、探索服务贸易有效管理模式

鉴于服务方式与内容的多样性，我国现阶段对服务贸易的管理分散在政府各部门，如金融服务由银监局管理、旅游服务由旅游局管理，这种分头管理的模式有利于专业化管理，但不利于各部门统一协调。应探索一种既有利于专业管理，

---

① 《海派文化及其特征》，载《文汇报》，1990 年 2 月 13 日。

② 张仲礼主编：《上海城市研究》，296 ~ 297 页。

③ 高惠珠：《海派：源流与特征》，载《上海师范大学学报》，1995 年第 2 期。

又能协调统一的跨部门联动机制和管理模式。目前上海已初步建立了由商务委牵头，各部门配合协调的工作模式，但在各部门的具体职责和管理权限方面，尚待进一步明确。

二、提高服务贸易开放水平

在法律制度层面，我国已经全面履行了入世承诺，开放水平有了大幅度提高，近几年上海服务贸易开放的程度也有所加大。自浦东开放以来，中央授予浦东和上海各项功能性优惠政策，这些政策多与服务贸易有关，比如允许外商在金融和商品零售等行业投资经营，允许外资在整个上海的范围内开办银行、财务公司、保险公司等金融机构，允许外商在外高桥保税区开办贸易机构，批准建立中外合资外贸公司，批准部分外资银行经营人民币业务等。但从实际情况看，在某些行业，如交通、运输、仓储、邮电通信业、批发、零售贸易、餐饮业、社会服务业等，外资介入依然有一些隐性的壁垒，这些行业的实际利用外资水平还不高。可考虑通过各种优惠政策扶持服务业的发展，吸引有国际水平的服务性跨国公司入驻上海，优化上海服务业结构，促进服务业能级的进一步提升。提高服务贸易开放水平的原则之一是谨慎渐进，针对不同行业制订不同的开放计划，确定不同的开放深度，尽可能使竞争能力弱的行业有较长的适应和缓冲时间。

三、发挥政府作用，推进服务贸易发展

上海市政府已于2009年9月发布《上海服务贸易中长期发展规划纲要》，把促进服务贸易发展作为全市经济建设的重点，并纳入经济建设和社会发展的总体规划。下一步主要应研究如何落实上述纲要，出台促进服务贸易整体发展的配套政策措施，应在财税、金融等方面提供相应的支持措施，对服务贸易重点企业及项目予以支持。政府还应积极开展重点行业的服务贸易促进工作，针对金融保险、运输、服务外包、文化教育等重点促进的行业，制定促进该行业服务贸易发展的战略和专项规划，进行重点推动。

在上海世博会上，很多企业抓住这次千载难逢的机会，在世博园区设立展馆，向世界展示自己，宣传企业形象，提高了企业的知名度，为企业参与国际服务贸易提供了契机。更重要的是，世博会为企业今后进一步参与国际服务贸易扩展了思路，那就是企业应主动参加各种展览，政府也应鼓励企业参与各种展会，积极在上海举办各类推介活动，为企业提供服务，促进服务贸易出口。

四、加大服务业与服务贸易专门人才的建设力度

现代服务业是知识技术密集型的服务业，而服务贸易人才不但需要服务业的知识技术，还应具备经贸、金融、法律、语言等综合知识和能力。在传统的人才培养模式下，工科类往往重视工程技术人才的培养，财经类往往重视货物贸易人才的培养，而服务贸易作为一种新兴的贸易形式，其所需的专门人才还没有受到包括高校在内的人才培养机构的重视，使服务贸易人才严重匮乏。今后，政府应引导人才培养机构转变观念，适应社会需要，调整专业设置和培养模式，为社会输送合格的服务贸易专门人才。在短期内可以通过各种优惠条件吸引国外和外省市的优秀人才来上海，满足上海发展服务贸易的人才需求，并通过服务贸易规模的扩大，吸引更多的其他人才加入到服务贸易中来，在他们的从业实践中壮大人才队伍，也为国内其他地区培养和输送服务贸易人才。

8 大力推进物流产业集聚

国际贸易中心的形成首先表现为货物贸易的大量集聚，在这种集聚过程中，必然需要快速、便捷、高效的物流服务系统。这种物流服务系统不仅包括物流硬件设施的建设（包括港口泊位群、机场枢纽、集疏运网络），更重要的是物流软件系统的完善（包括高效的口岸通关系统、第三方物流系统、畅通的物流信息平台）。物流产业在空间上的集聚能够有效组合各种物流资源，进而提升物流整体服务水平，对国际贸易中心的形成有着重要的影响。

本章拟从物流产业集聚的角度对国际贸易中心的建设问题进行具体而深入的研究分析，将着重运用产业集聚、企业集群的相关理论分析物流产业的空间集聚，对物流产业、物流园区空间演变问题进行较为深入的探讨，进而解释这种集聚如何促进上海国际贸易中心的建设；同时，还将从国际贸易中心建设的视角探讨物流产业的集聚，进而分析物流产业发展与国际贸易中心建设的互动机制。

8.1 物流产业集聚的基本理论分析

一、物流产业集聚的概念界定

从目前国内外研究的现状看，产业集群的概念相对成熟，但对物流产业集群目前还没有统一的定义。迈克尔·波特认为，产业集群是在某一特定区域内，密切联系的企业及相关支撑机构在空间上聚集并形成强劲、持续竞争优势的现象。按照波特的理论，一个国家和地区的集群类别从产业链的角度可以分为上游产业、功能与支持产业、最终消费商品及劳务产业。

近年来，国内部分学者先后运用经典的产业集聚理论解释物流集聚的现象。李伊松、熊华姝、张文杰等学者在《物流产业集聚影响因素分析》一文中，提出并分析了物流产业集聚形成的条件，给出了在适当的社会条件下并经过需求条件的触发，物流产业集聚是完全有可能形成的结论。同时，根据产业分析中的钻石模型分析框架，他们还给出了对物流产业集聚的形成有重要影响的因素，并对各影响因素和影响因素间的关系进行了深入的分析。南开大学支燕博士在《物流产业集聚的竞争优势研究》一文中，从物流产业集聚形成的经济特质出发，分别对集聚所形成的外部效益、网络效益和资源共享效益进行深入分析，并探讨物流产业集聚所创造的竞争优势，从而论证了物流产业集聚的经济必然性和必要性。方贝贝、任豪祥等学者在《基于集群理论的物流产业发展研究》中，认为产业集群的竞争优势促进了物流集聚区的形成，并通过对产业集群的竞争优势理论进行研究，分析了物流产业的集群现象，指出了未来物流产业的发展研究方向。

根据经典产业集群的概念，并结合前人的研究分析和物流产业自身特性，我们对物流产业集群定义如下：在特定区域中，一群以物流产业（包括运输业、仓储业、装卸业、包装业、加工配送业、物流信息业等）为主导的相关企业与单位，以交通运输枢纽设施（如港口、机场、货运站、堆场等）、科研机构、政府组织为依托，相互依存、相互竞争又相互促进，最终产生经济效应的现象。

物流产业作为生产性服务业，其存在是以其他产业的发展为基础的，这是因为物流需求是一种派生性需求，是在生产和交换中间接产生的，它与流通活动紧密相连。物流的这种特性决定了物流产业的发展与制造业、流通业相辅相成，因此，物流产业集群往往与其他工业园区或产业相伴而生。物流产业集群是物流产业发展的趋势，物流园区往往成为集群发展的有效载体，当物流园区具备了现代物流所有功能环节，物流相关企业之间分工清晰、交叉相连，并且呈现一定竞争优势时，物流园区则可以称得上是真正的物流产业集群。

二、物流产业集聚的特征

第一，区域独特性。形成物流产业集聚区需要合适的空间地点，物流产业本身的特殊性决定了物流集聚区区位选择的独特性。物流集聚区一般自发选择在物流枢纽条件良好的空间区域，该区域是大量货物贸易集聚和中转的场所，需要衔接不同地区、不同国家之间的货物贸易。因此，物流集聚区通常都交通便利，地理条件优越，至少有两种以上运输方式相互连接，以便实现以“门到门”运输为特征的国际多式联运。

第二，产业依赖性。从产业分工的角度分析，物流产业是为社会生产活动作准备，其本身并不能创造价值，只能提升商品的价值。物流业的职能是按需求方的要求，将所需的产品按要求从供给者送往需求者。物流业的职能决定了其生存是以其他产业的发展为基础的，这就要求物流产业的集聚要与相关产业的空间分布相适应，物流的集聚必然依赖于相关产业的稳定发展。

第三，网络开放性。物流产业的特殊性决定了物流产业集群网络必须开放灵活。物流活动本身是一个诸多过程紧密联系的过程，在整个物流活动中，各企业之间要保持信息的高度畅通和良好共享。产业集群的内部企业构成了集群内部网络，集群内部企业又与外部社会资源整合成更大的社会网络，物流企业在整个物流活动过程中与物流需求方、中介机构和辅助性业务企业进行充分的交流合作。

三、物流集聚效应分析

1. 产业效应分析

（1）前向产业效应。物流集群前向产业指物流装备制造业、物流系统产业、物流新工艺和新技术，物流的高效集聚能够促进上述物流集群前向产业的快速发展。随着集聚效应的日益凸现，越来越多的地区着手发展物流园区、物流产业集群区，物流产业集群与区域性物流园区的形成将促进资金和人力资源在空间上迅速聚集，这种集聚又将进一步加速物流前向产业群的稳定成长。

（2）后向产业效应。物流集群的后向产业效应，是指由于区域物流产业的发展将带动公路、铁路、航空、管道、仓储、通讯等区域基础设施的建设，进而拉动对钢铁、煤炭、水泥及制造业和加工行业的产业需求。随着物流产业空间的集聚，基础设施的建设急速膨胀，因此不断带动工业、建筑业等第二产业的发展，这种后向效应能够使区域经济中的基础产业迅猛发展。

（3）旁侧产业效应。物流产业集群的旁侧产业指集聚区商业、外贸业、会展业、连锁行业，甚至包括区域内所有行业的供应、生产、销售中的内部物流活动。区域物流产业集聚式的蓬勃发展，必将极大地带动区域内商贸业、会展业等相关旁侧产业的发展，实现物流集聚与大型商业、会展服务、连锁经营等共同发展，对其旁侧产业起到较好的带动作用。

2. 区域效应分析

物流产业在集聚的过程中往往自发成为区域经济的增长极，物流产业集群的形成既是自身增长极的形成过程，又是逐步发挥增长极作用的过程。物流产业本身有很强的乘数效应，物流产业集群在形成的过程中，人力资源迅速集聚，资金迅速集聚，主导产业迅速形成。

物流产业集群的增长极效应主要体现在对区域经济增长的带动。以日本为例，东京、阪神、京都三大经济圈的物流总量占日本全国物流量的比重长期保持在44%以上，不仅对日本经济的发展起到了重要的支撑作用，还优化了该地区的市场体系结构，带动了各种类别运输业的发展，提供了新的就业机会。物流集聚增长极主要表现在对区域经济竞争力的大幅提升。区域经济的竞争力主要由核心竞争力、基础竞争力和环境竞争力组成。核心竞争力是指生产增加值的竞争力，其中包括企业竞争力。物流的集聚式发展可以提高区域物流企业管理水平，增强企业的核心竞争力。基础竞争力是指支持核心竞争力的基础设施建设水平。物流产业的充分集聚必然会增加基础设施投入，提高区域的基础竞争力。环境竞争力包括市场竞争环境与社会组织和机构环境。发达的物流业是区域经济中新的增长点，有利于创造良好的投资环境，提高环境竞争力。总之，物流业的充分集聚能够成为区域经济的增长极，可以提升区域经济的竞争力。

8.2 物流产业集聚对贸易中心形成的影响机制

一、物流集聚是贸易中心形成的先导因素

物流产业的集聚是贸易中心形成的先导因素。物流产业只有在某一空间内充分集聚，才能够为国际贸易中心的形成创造充分的物理条件。

从产业集聚的角度看，存在两种类型的物流产业集聚：一是政府规划扶持的园区型产业集聚，也就是形成引导培育型的产业集群。这类园区包括国家级、市级的物流园区、出口加工区、保税区等。它们往往具有独特的区位优势，同时政府又提供良好的基础设施条件和较多的优惠政策，在政府的引导下，一批又一批的企业选择园区进行创业，从而形成产业集群。二是民间自发形成的专业市场型物流集聚，主要是企业自发在某一空间集聚。这种集聚主要是由物流企业传统的定向区位选择而产生。

贸易中心的形成严重依赖于成熟的物流产业，只有在空间上形成了集聚的态势，物流产业才能得以成熟。物流产业为货物的交易提供流通的保障，能够有效地加速货物在贸易中心的流转，从而提升贸易中心的交易效率，并充分降低贸易中心的交易成本。

从历史上看，世界上绝大部分贸易中心在发展初期都有物流产业的先导性发展，如香港和伦敦。以东方海外为代表的大型物流企业在香港大量集聚，形成了国际航运中心，进而为香港成为国际贸易中心奠定了良好的基础。伦敦同样如此，发达的伦敦航运金融业使伦敦成为国际航运中心，这种航运金融业的空间集聚同样为贸易中心的形成提供了良好的条件。

二、货物的空间集聚是贸易中心形成的重要标志

国际贸易中心的形成，首先表现为货物贸易的大量集聚。物流产业的集聚本身意味着货物贸易在空间上得以集聚，对上海而言主要表现为港口货物吞吐量的持续攀升和机场货邮吞吐量的稳定增长①，货物的空间集聚成为国际贸易中心形成的重要标志。

贸易中心的形成，从根本上讲是高度发达的货物贸易发展的必然结果。历史上几乎所有可以被称为国际贸易中心的港口城市都有着巨大的货物吞吐量，货物的空间集聚实际上是贸易中心形成的内生机制。

三、物流集聚对贸易中心的形成带来产业效应

由上述分析可知，物流集聚能够带来产业效应，具体分为前向产业效应、后向产业效应、旁侧产业效应。物流的集聚能够促进物流业本身相关产业的强劲发展，其中包括物流业上游的物流装备制造业、下游的客户端行业及相关的金融服务业等，这为贸易中心的形成提供了一定的产业群保障。

其实，贸易中心的形成绝不仅仅是贸易公司的空间集聚，贸易中心的本质是和贸易相关的产业、企业在空间上进行集聚，而物流集聚过程中的产业群的形成势必能够促进贸易中心的形成。

四、物流集聚为贸易中心的形成提供区域经济增长极效应

国际贸易中心的形成还依赖于区域经济的发展。一般来说，几乎所有的国际贸易中心都会成为区域经济的增长极，对其腹地的区域经济起到强有力的经济吸附作用，如上海作为国际贸易中心，其两大经济腹地江苏和浙江两省的经济对上海的依赖程度较大，使上海成为长三角区域经济发展的增长极，而江浙两地发达的区域经济又为上海形成国际贸易中心提供了腹地保障，很难想象脱离了长三角区域经济的上海国际贸易中心会是怎样的情形。

物流产业的空间集聚能够促进区域经济的发展②，而物流的集聚本身又是区域经济发展的增长极，这在客观上为贸易中心的成长创造了条件，本章称之为“区域经济增长极效应”。

---

① 本章将在 8.3 节中运用实证的方法进行详细分析。

② 本章已在 8.1 节中详细分析了此点。

8.3 上海物流产业集聚的发展现状

一、货物贸易的空间集聚

随着上海口岸货物贸易量不断持续攀升，上海国际物流枢纽得以逐步形成。目前上海国际物流枢纽主要由港口物流枢纽、航空物流枢纽组合而成，良好的铁路、公路集疏运系统和多式联运系统成为支撑上海物流枢纽发展的重要保障。

表 8-1 2001~2009 年上海港口物流发展情况

年份	2001	2002	2003	2004	2005	2006	2007	2008	2009
港口货物吞吐量（亿吨）	2.2	2.6	3.2	3.8	4.4	4.7	5.6	5.82	5.9
集装箱吞吐量（万标准箱）	634	861	1 128	1 455	1 808	2 172	2 615.2	2 800.6	2 500

上海港货物吞吐量连续 5 年保持世界第一，在全球性金融危机背景下的 2009 年，其集装箱量吞吐量略有下降，但仍然位列世界第二。从表 8-1 可以看出，上海港口的货物贸易量正在形成空间集聚的发展态势。这种强劲的港口货物的空间集聚主要依靠上海港口腹地经济的强劲拉动，江苏、浙江两地的经济发展促进了长三角地区的货物贸易形成以上海为中心的集聚态势。

另外，除了港口物流货物的空间集聚外，空运货物也呈现了空间集聚的态势。目前，上海航空物流枢纽呈现“一市两场”的特点，形成了以浦东国际机场为主要园区，连接国际、辐射内地的航空物流网络。

上海浦东国际机场是我国三大国际航空枢纽机场之一，目前拥有 2 座航站楼、3 条跑道、218 个停机位，能保障年旅客吞吐量 6 000 万人次、货邮吞吐量 420 万吨和航班起降 49.1 万架次的需求。2008 年，其货邮吞吐量达 260 万吨，全球排名跃升至第 3 位，基本确立了国际物流枢纽的地位。

二、物流产业的空间集聚

1. 北外滩物流服务业集聚

上海市在“十一五”期间重点建设了 20 个现代服务业集聚区，其中就包括了北外滩航运服务业集聚区。

2009 年 5 月，北外滩地区所在的上海市虹口区政府完成《北外滩航运服务集聚区发展规划》。位于北外滩的上海国际航运服务中心、外滩通道、新建路隧道、东长治路拓宽等重大功能性项目和基础设施项目建设目前已经基本完成。北外滩各类项目投资总额超过 405 亿元人民币，集聚各类航运服务企业和管理机构逾 2 400 家，是国内航运服务机构最为集中的区域之一。航运业对该区域（虹口）税收的贡献不断加大，航运税收占虹口区税收总收入的比重从 2003 年的 4.1% 上升到 15.0%。根据《北外滩航运服务集聚区发展规划》，至 2015 年，北外滩航运服务集聚区三级税收年均增长率将达 15% 以上，北外滩地区三级税收将占全区三级税收总收入的 25% 左右。北外滩地区目前集聚港航管理部门和研究机构等 13 家，建有我国第一个也是目前唯一的国家级水运交易市场。虹口区政府提出，到 2020 年，将北外滩建设成为航运企业成群、要素成市、产业成链，并与上海国际航运中心相适应的现代服务业集聚区。

2. 陆家嘴航运集聚

陆家嘴地区经过多年的发展，在航运金融、航运物流、海事研究咨询和船舶服务等方面已实现初步的集聚效应。在陆家嘴地区 2008 年纳税 1 000 万元以上的 417 家企业中，航运机构有 23 家，纳税 26.04 亿元，占 417 家企业纳税总额 241.77 亿元的 10.77%。陆家嘴地区主要实现以下航运产业的集聚：

（1）航运金融。陆家嘴地区现有航运金融机构百余家，主要为航运机构提供船舶融资、投资担保等金融服务。

（2）货代、船代、物流。陆家嘴地区吸引越来越多的航运物流和代理企业在此集聚。

（3）海事法律、海事研发咨询和海事教育。陆家嘴地区集聚了海事仲裁、海事法律咨询、海事研究咨询及海事科研等机构，拥有以上海海事大学为首的一批教育培训机构。

（4）港口、航运服务。陆家嘴地区集聚了从事港口和航运服务的大量企业。

3. 外高桥航运集聚

外高桥保税区是 1990 年 6 月经国务院批准设立的全国首家保税区，规划面积 10km^2，已开发面积 8.53km^2（含 1.03 km^2 保税物流区）。截至 2008 年底，已累计批准项目 9 948 个，引进合同外资 73.5 亿美元，区内企业从业人数 17.4 万，集聚贸易企业逾 5 000 家。经过 19 年的开发建设，国际贸易、现代物流和先进制造等三大核心产业实现跨越式发展。根据外高桥保税区的发展历史和功能特色，外高桥地区在上海国际航运中心建设中的定位是发展航运物流业，突出保税区国际贸易的领先优势、保税物流的规模优势及依托港口的口岸优势，以国际贸易带动航运物流的发展，力争打造符合现代航运物流业发展要求，具备国际竞争力的、具有鲜明特色的上海国际航运中心的功能区域。

4. 洋山临港航运服务业集聚

自20世纪90年代以来，上海港集装箱吞吐量高速增长，年均增长率超过28%。洋山港区的建设适应了国际船舶大型化、高速化的发展趋势，突破了上海港口发展瓶颈，优化了国际航线布局，提高了上海港的服务能级和东北亚航区的转运能力，为上海建设国际航运中心提供了硬件基础，目前港区营运能力已初具规模。

上海洋山保税港区是目前我国内地最接近自由港政策内涵的保税区，正在打造“港区合一”的管理体制，进一步优化上海口岸效率。洋山保税港区管理部门正在研究“对区内航运企业从事国际航运业务取得的收入免征营业税”、“对仓储、物流等服务企业从事货物运输、仓储、装卸搬运业务取得的收入免征营业税”、“允许企业开设离岸账户”、“实施起运港退税”等“先行先试”政策。截至2008年底，洋山保税港区引进物流、加工、商贸等企业51家，其中外资企业14家，总投资1.6亿美元。

三、物流集聚与经济增长的相关性实证分析

通过对2000~2008年上海港货物吞吐量和上海GDP数据进行线性和非线性回归分析，港口货物吞吐量和经济的增长存在明显的正相关关系。

表8-2　2000~2008年上海港吞吐量和GDP数据

年份	2000	2001	2002	2003	2004	2005	2006	2007	2008
吞吐量(万吨)	20 300	22 000	26 400	31 600	38 200	44 300	53 700	56 000	58 200
GDP(亿元)	4 551	4 951	5 409	6 251	7 400	9 144	10 297	12 188	13 698

线性回归分析如下：

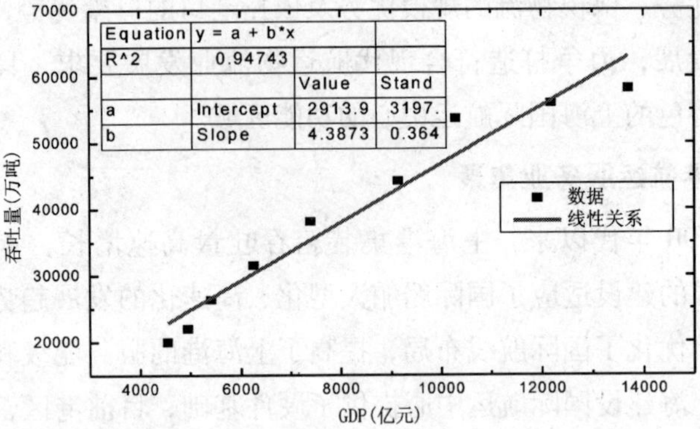

Y =4.3873 * X +2913.9（Y 代表吞吐量，X 代表 GDP）

R2 =0.9474

非线性分析如下：

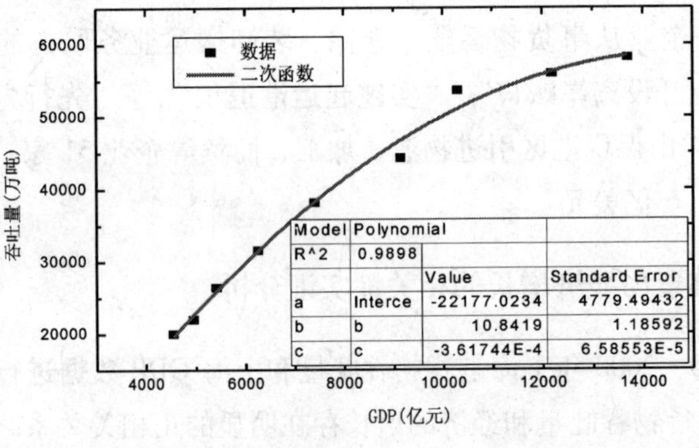

Y = -0.000362 * X2 +10.84 * X -22177（Y 代表吞吐量，X 代表 GDP）

R2 =0.9898

通过上述分析表明，港口吞吐量和 GDP 之间非线性正相关关系明显，非线性拟合度比线性拟合度要高。上述分析充分说明，物流集聚过程中所形成的货物贸易的空间集聚对经济发展有着明显的拉动作用，而对我国过去的几年而言，拉动经济的“三驾马车”（投资、消费、出口）中，出口导致的增长比重最大，由此可见，物流的集聚式发展对国际贸易的繁荣和经济的增长有着不言而喻的重要作用。

8.4 促进物流产业集聚的政策建议

一、构建良好的政策平台

为了促进物流产业的有效集聚，首先需要放宽对物流产业、物流市场的政府管制，促使物流产业的发展由市场进行自动调节。通过构建良好的政策平台，引导不同类型的物流企业合理分布、协调发展，优化物流产业结构。逐步构建以公路、铁路、航空、水运企业为基础的物流产业结构，大力发展多式联运物流企业。政策制定者必须详细了解物流集聚的产业效应，了解物流集聚过程中的前向产业、后向产业、旁侧产业，构建有利于促进物流集聚、各种相关产业能够协调发展的良好政策平台。

二、拓展集群资本运作渠道

从目前上海建设国际贸易中心和国际航运中心的实际来看，物流产业是一个资金相对密集型的领域，物流产业的大量集聚依赖于巨额资金的投入，因此，资金短缺是制约物流园区发展的主要瓶颈。在现代物流产业集群形成的过程中，集群内企业最缺乏的生产要素是资本，在物流集聚过程中，多数企业是中小企业，它们获取资金来源的途径相对较少。因此，上海市政府在推动物流产业集群形成过程中，应该提供良好的融资渠道，促进物流集群企业的发展，拓展集群资本运作渠道是政府义不容辞的责任。在积极拓宽融资渠道的同时，政府还应该为物流集聚区内部资金流相对充裕的企业提供良好的投资渠道，鼓励和刺激产业投资基金的谨慎成长，这将为集聚物流企业提供投资平台。

三、打造物流集群创新体制

产业集群的创新主要包括了技术创新和组织创新，物流产业集群的成长受技术创新和组织创新的影响很明显。首先，技术的创新给现代物流带来了效率的提升，提高了物流企业的服务水平。产业集群技术创新体系的主体包括企业、研发机构、大学、政府部门、中介机构等，其中企业是核心。产业集群技术创新能力的提升主要取决于集群内外各主体间的合作和交流，政府在技术创新体系的构建中起着至关重要的作用，政府制定的鼓励创新的物流集聚政策需要以企业为核心，一切创新的体制的设计都必须以企业利益为根本的出发点。其次，创新体制还包括组织创新。在物流集聚过程中，政府应该充分发挥组织的优势，积极培育新型组织结构，如战略联盟、虚拟企业等，从供应链的角度优化传统的组织架构，使物流集聚能够在组织创新的过程中获得能量的提升。

四、促进中间机构的繁荣发展

中间机构在产业集群发展的过程中有着重要的作用。本书所指的中间机构主要是行业协会，物流集群中的中间机构指物流产业协会。从产业集群成长角度看，政府有必要鼓励集群内的企业组成行业协会，使行业协会成为沟通政府、企业和市场的桥梁和纽带，成为社会多元利益的协调机构，通过行业协会实现行业自律，规范行业行为，保障公平竞争，进而促进集群内企业的交流和合作，构造良好的产业集群合作关系。

五、完善物流集聚区多样化建设

在物流集聚过程中，在空间上会有大量不同的行业、不同类型的企业相对集中，不同的物流集聚区其特点往往也不尽相同，政府应该设法强化物流集聚区的特色，尽量做到不要千篇一律，重复建设。正如本章前面所述，目前上海有洋山、陆家嘴、外高桥、北外滩等物流产业相对集中的区域，针对这些区域，政府应该区别制定适应各自的政策，通过不同政策的引导，使上海不同的物流集聚区能够协调发展，为上海国际贸易中心建设提供更加完善的物流支撑系统。

9 强化行业协会的对外贸易职能

行业协会是由同行业的各企业在自愿的基础上，为谋求和增进自身共同利益而组织起来的非营利性社会经济团体。自我国加入世贸组织以来，随着我国社会主义市场经济体制的日趋完善，行业协会的作用愈显突出和重要。在上海建设国际贸易中心的过程中，行业协会应积极发挥其职能，为上海建设国际贸易中心发展添砖加瓦。本章立足现阶段的具体形势，对上海市行业协会的职能和作用加以分析研究并提出相关建议。

9.1 发达国家行业协会在对外贸易方面的一般经验

根据发达国家行业协会长期积累的经验研究发现，行业协会可以在保护本国市场和开拓国际市场方面发挥积极的作用，主要表现为以下几个方面：

一、通过制定行业标准及最低限价，最大限度地保护本国产业

不少发达国家的行业协会制定了统一行业标准和质量标准规格，不但能促进行业整体发展，还能保护本国产业。例如，美国西红柿生产商想打入墨西哥市场，墨西哥农业协会负责西红柿方面的专家委员会就特地为此制定了一条新的行规，即凡直径大于7cm的西红柿不得上市，后来由于美国西红柿普遍在外观上大于本地西红柿，最终被迫退出墨西哥副食品市场。同时，行业协会设置国产化率、当地含量、本地化程度、原材料采购原则等本应由政府和法律来设置的市场保护和贸易保护规则。例如，美国往往利用政府外的各种行业协会抢先制定各类市场标准和设置种种其他国家商品进入美国市场的非贸易壁垒或限制，利用其高科技的优势和经济优势诱迫其他国家遵从美国有关行业协会所制定的各项规范。据了解，美国行业协会每年用于制定各类市场标准和设置非贸易壁垒的费用高达145亿美元，是美国政府制定相关标准所需费用的400倍。日本、法国、比利时、丹麦、意大利、葡萄牙等国的行业协会对于国外大型零售商店的开业具有进行“经济需求”、“市场规划方针”及“贸易道德”等审查和评议的权力，审查内容包括当地人口密度、现有商店数量和服务地域范围，以及新开的商店对现有商店收入、附近交通、职工的从业情况影响等。

此外，为了减少贸易摩擦，行业协会要管理本行业的出口产品价格，确定最低限价，引导和保护本国产品在国际市场上的合理价格，避免出现企业采用低价格战略打入国际市场和竞相压价从而遭到进口国的反倾销、反补贴诉讼这类现象。

二、利用行业协会身份规避 WTO 规则的约束，保护行业利益

随着传统贸易壁垒的减少，新贸易壁垒的不断出现，反倾销、反补贴与保障措施成为符合 WTO 协议的最重要的贸易保护手段。因为 WTO 规则是成员政府间的承诺和协定，属于国际公法，而行业协会从法律性质上讲属于私法人，其行为属于司法范畴，所以 WTO 规则无法触及也不能干预私法领域的规定。因此，很多国家让各类行业协会充分行使行业代言人的职能，密切关注并随时向政府汇报有关进口产品造成国内产业损害的情况，以便政府能及时发起反倾销、反补贴调查或采取紧急保障措施。在利用这些条款时，行业协会作为私法人可以依照规定提供全面、详细、可靠的证据，并代表行业提出报告，保护行业利益。在美国，一些政治影响力巨大的钢铁协会、棉花协会、小麦协会等，甚至有资格去启动类似 201 条款总统令等这些对外重大贸易保护措施。有些国家还规定，当国外输入品的增加影响国内产业时，行业协会可以指导国内业者自律输入及尽量扩大采购本国产品，或采取非正式限制输入的措施。日本、韩国就经常采取上述做法，如韩国针对国内业者特性订立不同标准及检验程序，减缓进口产品进入市场的时间。

三、通过掌握的行业信息，帮助会员企业提诉与应诉

在国外有很多事例证明，行业协会是许多反倾销案件的提起人或者实际组织者，以行业整体来参与反倾销案件的全部活动，而以政府反倾销机构或单个企业作为提诉人的情况十分少见。政府作为宏观调控的指挥者，对具体行业的经营情况不了解，就不能直接插手干预。由于应诉中的各种费用较高，行业协会作为本行业内企业的共同代表，一般通过收取会费的形式来筹集资金，利用整个行业的资源组织企业共同应诉。由于行业协会对国内外企业的生产和销售情况比较熟悉，还可以提供会员成本资源、成本结构、产品研发、市场份额、经营策略等各种信息，并进行深入分析，不仅可以帮助企业进行战略定位，保持相对竞争优势，为出口产品的定价提供依据，而且掌握的行业信息还能为应诉企业选择合适的“替代国”提供依据。此外，由行业协会出面应诉，可以帮助企业克服因各种

费用较高而应诉难的问题，从而增强与反倾销对抗的能力。

四、通过加强国际间的信息交流，最大限度地促进出口

在国外，行业协会通常会积极地加强与本国以外的行业协会、相关组织、律师事务所及一些中介机构的联系和合作。通过组织国内外交流与合作，充分发挥行业服务职能，开展贸易信息和贸易事务等方面的服务，帮助企业开拓国际市场。在德国，行业协会的主要职能之一是提供信息服务，各行业协会大都有相当健全的信息渠道，能提供市场、技术、社会和政治情报等多种信息，其中以市场信息为主。法国、意大利、加拿大等发达国家的中小企业，有行业协会提供出口渠道和代办出口业务的就占 80%。日本的很多行业协会对中小企业开展咨询指导和各方面的服务，以利于中小企业了解世界市场和安排生产。

除了上述作用外，发达国家行业协会还有对政府决策施加影响、参与国家贸易政策制定、发放原产地证明、参与反贸易壁垒预警机制的建立等职能，以保护国内市场。例如，美国《半导体知识产权保护法》是由美国半导体行业协会（SIA）起草，由国会讨论通过的，最后上升为 WTO《与贸易相关的知识产权协定》（TRIPS）的 8 个重要组成部分之一；美国通讯工业协会（TIA）从 1996 年开始，组织了美国国内众多的协会，起草了《电信法》，1996 年正式通过国会立法；美国的行业协会还是美国政府在 WTO 国际谈判平台的设计者和提供者。

9.2 行业协会及其对外贸易职能

对于行业协会职能的研究，自行业协会产生之初就存在，随着行业协会在我国的发展及中国加入 WTO 之后行业协会在社会经济发展中的作用日益显现，对这一问题的研究也不断加深。有关行业协会的职能，国家经贸委曾在 1999 年发文将其规定为三大类，具体又分为 17 项；《上海市行业协会暂行办法》规定了行业协会需承担的 10 项职能；在理论界，我国有很多学者也对行业协会的职能从不同的角度作出了总结。从对外贸易角度分析，笔者认为，行业协会的职能主要反映在两个方面：基本职能和对外职能。

一、行业协会的基本职能

1. 自律职能

行业协会根据国家有关政策及现实需要，制定行规行约，实行价格自律，保证质量维护行业信誉，协调成员企业的内部关系与外部关系，并通过其内部组织

机制的运行规范其成员的行为，实现其行业内的秩序，保障成员的利益及正常的生产和销售秩序。行业自律是行业协会的主要成因，也是行业协会的主要职能之一。

由于行业协会没有宏观层面的强制力量，不具有强制手段，其许多功能和任务都主要通过自律职能得以体现。行业协会的自律职能主要表现为两个方面：

一是行业内规范。通过制定行业标准、行规行约及最低质量标准，进行质量检查，对本行业产品和服务质量、竞争手段、经营作风进行严格监督，把行业协会及其成员利益与社会整体利益合理地协调起来，将行业协会及其成员的利益追求限制在社会许可的合理限度内，从而提高行业的市场信誉，维护行业公平竞争秩序，推动行业的健康发展。同时，行业协会通过制定行业标准维护行业声誉，降低了交易成本，如某一产品出口商如果没有遵守产品的国际标准，可能损害整个国家该产品出口企业的利益。此外，行业协会还可通过包括数量限制、价格协议、划分市场等自律行为，保护本行业，减少竞争行为。

二是行业内约束。行业协会通过建立行业权利和控制体系，进行行业管理的监督和检查，约束其成员的行为，使之符合法律规定和社会其他方面的合理要求，同时，惩罚对行业发展不利的企业或单位，包括警告、业内批评、通告批评、开除会员资格及建议行政机关依法对非会员单位的违法活动进行处理等。

2. 服务职能

行业协会的服务职能指的是通过各种方式向行业内部企业经营及政府宏观调控提供所需服务。一方面，行业协会对行业内企业的经济发展服务，这是行业协会的主要服务职能。包括为企业提供市场调研服务、信息咨询、举办技术和产品的开发、推广展览会、组织商务考察等，而有些活动，如员工培训、贸易纠纷申诉等，如果单个企业自己应付，可能因为成本太高而无法开展，但是由行业协会来应付，就会克服这一问题，因为服务面广而成本降低，所以企业有些活动只能由行业协会来统一进行。行业协会利用其掌握的信息资源为企业提供服务，使会员能够共同使用外部知识资源，在很大程度上能够克服信息在传递过程中的失真问题，提高信息的使用效率，从而节约会员的交易成本，提高企业的经营效率和会员的经济效益。另一方面，行业协会向政府的宏观调控提供辅助性服务。行业协会通过广泛收集行业内信息及产业动态并反映给政府，为政府制定政策及宏观调控提供了直接的参考资料。同时，对于企业在追求自身利益最大化时进行的一些违法或其他不规范的活动，光靠政府这一宏观层面的管制是不够的，而行业协会拥有特殊的地位据其在经济监管中的权威性和专业性，可对企业是否依据国家有关法律法规和产业政策行事进行审查；对行业协会会员向社会公布的各种经济信息进行核实，发表客观公正的核查报告；协助政府拟定行业规范和职业道德规范，从而维持健康的市场秩序。

3. 协调沟通职能

从字面上可以看出，行业协会的职能侧重于作为中介组织，在政府和企业之间、社会与企业之间、企业之间及行业与行业之间发挥协调沟通的作用，使信息在两两之间畅通无误，促进行业及经济的健康发展。企业为了提高自身利益，竞相压低价格，形成恶性循环，不利于整个行业的发展；或者行业内企业共同协商，为了提高整体利益，控制产量以提高产品价格，形成垄断，不利于社会的整体福利。此时，行业协会在保护商业秘密的基础上进行联络，通过建立行业间和行业内部利益协调机制，协调其成员的经营业务活动，避免或解决行业之间、行业协会成员之间在竞争过程中的利益冲突，实现利益之间的平衡，保证行业内部企业的协调发展。当然，行业协会协调的目的，在于防止不正当竞争和抑制恶性竞争，为会员的公平竞争服务，而不是限制竞争，即不能通过协调机制分配市场份额或者维护某些成员的垄断地位。行业协会还要注重沟通本行业的企业与政府的关系，以及与其他社会组织及其他行业协会的相互关系，在企业与社会有关方面发生矛盾时，行业协会代表企业与有关方面进行沟通协调，以维系社会经济的稳定发展。在配合国家干预和政府管理的同时，当政府部门的干预或管理措施不适合行业及经济发展时，行业协会可以通过一定方式和渠道向政府有关部门提出意见和建议，表达其成员的共同愿望，促使政府部门修正干预或管理措施。行业协会还可以要求对某些行政决定举行公开听证会，并参与政府的机构改革论证。

二、行业协会的对外职能

1. 贸易保护职能

在对外贸易中，行业协会的保护功能得到充分的体现，主要包括应对贸易争端（建立反倾销预警机制、开展反倾销调查）、构筑合理的技术性贸易壁垒、建立产业损害预警机制和进出口磋商机制、利用 WTO 保障条款保护本国产业等。

随着国际竞争的日趋激烈，传统的贸易保护手段（如配额、许可证等）逐步取消，反倾销、反补贴、保障措施、技术贸易壁垒等被世界各国越来越广泛地使用。尤其是我国加入 WTO 后，针对我国的反倾销诉讼不断增加，行业协会可以代替政府协助企业来完成双方都很难完成的工作，对保护我国产业的健康成长，维护我国正常的对外贸易秩序和公平竞争秩序，保护国家的整体经济平稳发展，具有重要的作用。行业协会可以在《实施卫生与植物检疫措施的协定》、《贸易的技术壁垒协议》和《原产地规则协议》许可的范围里，部分替代政府的相关功能，如制定产品和技术的行业标准、发放原产地证明，从而合理地规避政府的义务。

对于行业协会的贸易保护职能，2001 年4 月，国家经贸委和国家统计局联合发布的《关于授予有关行业协会反倾销、反补贴、保障措施有关职能及委托有关工作的通知》中授予的有关行业协会的职能有：负责组织协调本行业企业遭受国外反倾销、反补贴、保障措施调查的应诉工作；负责本行业产品出口价格的协调，维护出口秩序；参与本行业产业损害调查。委托有关行业协会的工作有：协助建立产业损害预警机制和进出口磋商机制，提出与本行业有关的价格承诺的建议；收集、整理、研究本行业产品在国内外反倾销、反补贴、保障措施案例；报送应诉案件进展情况及最新动态；负责采集、分析和上报本行业损害预警数据和动态情况；协助开展保护本行业安全的宣传、咨询及培训工作。

行业协会应根据自身掌握的各种国内和国际市场的销售、价格、数量等信息，以此判断市场状况，帮助政府和企业一起构筑反倾销预警体系，定期或不定期发布预警信息，实现产业保护工作的前置化。在发生摩擦和冲突时，行业协会作为行业代言人，代表企业参与谈判、沟通，进行协调和斡旋。在协调未果的情况下，行业协会帮助企业积极应对，利用自身的特殊优势召集应诉企业紧急会议，通过相关法律知识，研究应诉对策，制订应诉计划，保护企业及行业的利益。当国外企业及行业出现类似情况时，行业协会应积极开展调查、诉讼工作，保护本国产业的健康发展，包括弄清行业的生产、销售、就业等运行状况，组织搜集外国企业在华销售价格、数量及对我国产业的损害（失业、停产、价格下跌、亏损等）和外商的不正当竞争行为，积极配合商务部做好产业损害调查和裁决工作。行业协会还可以在《保障措施协定》和其他例外条款许可的条件下，收集和提供有关国内产业损害的详细数据，并代表会员企业向政府提请采取临时性的限制措施来保护国内的产业，如提高关税、实施进口数量限制等，达到合理保护国内产业的目的。

2. 贸易促进职能

为了维护行业协会成员及整个行业在国际贸易中的地位和利益，行业协会要为行业的贸易工作提供支持和协助。首先，行业协会为会员企业提供贸易信息。

由于行业协会的运作是企业共同负担成本，因此降低了单个企业的交易成本。行业协会凭借其专业性强、联系面广、信息灵通的优势，通过建立信息咨询与服务中心，及时取得本行业的国外市场信息，包括需求、资源与市场份额分配、技术水平、当地政策法规、本地文化风俗及已经占领国际市场的外国企业的情况，而且整理分析出国内外市场、技术、管理等方面的变化与发展趋势，然后迅速反馈给企业，便于企业进行必要的调整。同时，通过收集和监控本行业出口产品的价格、数量及分布的信息，对企业的出口市场分布、产品数量及市场价格进行中观调控，协调产品在不同市场上的分布，保护本国产品在国际市场上的合理价格，减少贸易摩擦。其次，行业协会行业协会凭借自身与国外联系广泛的优势，加强对外交流与合作，组织企业走出国门参加展会，开阔视野，开拓国际市场，促进会员企业与国外企业的往来与合作。同时，组织培训，使企业拥有外贸专业知识一流的业务员，了解 WTO 规则等外贸环境的变化，了解行业最新动态及有关反倾销的法律法规知识。

9.3 上海市行业协会在对外贸易方面的不足

为了了解上海市行业协会发展的真实情况及存在的问题，我们设计了调查问卷进行抽样调查。从这次问卷调查的结果来看，68.2% 的企业反映行业协会在对企业对外贸易促进中的作用有限。目前上海市行业协会在促进贸易发展中的不足主要有以下四个方面。

一、治理混乱的外贸经营秩序乏力

不少中小型外贸企业的经营方式仍没有完全褪尽传统计划经营的模式，与以提高企业的经济效益和增强企业核心竞争力为中心的市场经济运行模式仍有差距，因此，很多企业缺乏有效的竞争手段，企业间的竞争仍停留在比较初级的价格竞争上。为了有能力互相压价，企业必然会偷工减料或假冒伪劣，这是造成外贸经营秩序混乱的主要原因。行业协会虽然早已意识到要通过行业自律和行业管理加强规范外贸秩序，但在其实施的过程中不能坚持“公平、公正、公开”的原则，尤其在质量评比、资质认定和市场准入方面，不客观和不公正的情况时有发生。这不仅导致行业治理无效，而且失去了行业协会的权威。

二、服务功能的发挥受限于贫乏的国际交往

行业协会要以为企业服务为宗旨，任何企业最需要的服务就是开拓市场。在

当前全球经济不景气的情况下，我国出口需求也日渐萎缩，面对这种不利情况，行业协会更要为企业开拓市场服务，为企业“走出去”创造良好的环境。例如，温州烟具协会自成立以来，曾多次组团参加国外产品展销会，目前温州打火机在国际市场上占据80%的市场份额，是离不开温州烟具协会的积极努力的。但上海行业协会在这方面的成功案例还相对较少，这跟以往许多协会忽视该职能的重要性有很大关系。事实上，行业协会的这种作用是政府无法替代而企业也力所不能及的。行业协会在这一方面责无旁贷，应该借鉴他国行会经验，成为我国企业开拓国际市场的领路人和支撑力量。

三、缺乏构筑合理的技术性贸易壁垒的能力

在技术贸易措施上，西方发达国家都已形成了较为完整的体系。而在这一体系中，行业协会等非政府利益集团已成为中间力量。行业协会不仅根据市场动向和企业的反应向政府提出进一步改变技术贸易措施的建议，负责制定和修改技术法规、标准等措施，对产品和服务进行检测和认证，而且在标准的实施过程中，行业协会的影响同样贯彻始终。例如，美国之所以在经济全球化的进程中成为某种意义上的“龙头”，除了其强大的经济实力外，有效地利用政府外的各种行业协会抢先制定各类市场标准，使其他国家遵从美国有关行业协会所制定的各项标准和规范，是其中十分重要的原因。目前，美国全国大约有9.3万个标准，其中4.9万个是由620个民间组织制定。然而，我国对进口产品几乎毫无技术壁垒可言，行业协会在构筑技术性贸易壁垒方面的作用几乎是零。

四、缺乏应对国际贸易各种争端的有效机制

近些年来，我国遭遇的反倾销指控案件数量急剧增加，提诉国和地区越来越多，涉案产品范围日益扩大，这种局面导致了出口市场的萎缩，更带来了严重的经济损失。1994年，我国对外贸易经济合作部发布的《关于中国出口产品在国外发生反倾销案件的应诉规定》明确规定，各进出口商会、中国外商投资企业协会等受委托的组织为反倾销应诉的协调单位，应诉企业必须在它们的统一组织协调下参加应诉。此外，国家经贸委和国家统计局也在2001年4月发布的《关于授予有关行业协会反倾销、反补贴、保障措施有关职能及委托有关工作的通知》中授予了有关行业协会在反倾销中的职能。尽管上述两项法规早就对行业协会在反倾销体系中的协调作用作出了制度性的安排，但从十几年来的反倾销应诉来看，许多行业协会并不能履行或完全有效地履行上述功能，即很不作为，估计应诉比率不会超过30%，胜诉率也只在25%左右。其主要原因除了行业协会自身

的体制障碍和服务功能障碍外，还在于协会缺乏高效的预警机制和快速的反应机制。

9.4 强化上海市行业协会对外贸易职能的政策建议

在当前上海市国际贸易中心战略性目标的指导下，上海市的对外开放度将不断扩大和深化，因此必须高度重视和充分发挥行业协会在其对外贸易中的重要作用。

一、政府方面

1. 为行业协会立法，明确行业协会的性质与职能

法律是衡量经济行为对与错的标尺，是构建和维系市场运行规则的基础，缺少法律的监督，市场经济不可能健康地运转。为行业协会立法是行业协会得以存在和发展的法律保障。我国行业协会组织之所以发展不规范，且发展速度缓慢的原因就是，尽管我们已经意识到并强调行业协会的重要性，但却把它们混同于一般性的协会类组织，共用一部《社会团体登记管理条例》来进行管理。该条例的许多规定妨碍了行业协会的发展和职能的行使。发达国家行业协会的地位、运行、职能都有专门的法律提供依据。虽然美国的行业协会没有专门的法律规范，但其拥有成熟的市场经济基础和健全的社会监督和法律制度。因此，我国也应该尽快出台相关法律，从法律角度对行业协会的发展进行界定和规范，给行业协会一个明确的性质、职能定位，从而有助于增强企业对加入行业协会进行自我管理的信心，对行业的发展将大有裨益，进而保护国内企业和产业利益。

2. 放宽对行业协会的管理，加大监管力度

根据发达国家行业协会的发展经验，行业协会不应是“二政府”或政府的附属物，行业协会的职能应当是双向服务，并且以为企业和行业发展服务为宗旨，同时为政府机构服务，协助政府开展工作。行业协会本身的管理机构就应该是遵循市场化的运作，民主自治，但我国大多数行业协会是政府机构改革的产物，带有浓重的行政色彩。鉴于我国特殊的情况（政企分开的改革尚未完成，企业的自主性不高，行业发展缓慢），政府应该在逐渐放宽对行业协会的直接管制的基础上，积极支持并帮助行业协会发展壮大。加入 WTO 以后，根据 WTO 的规则，我国政府原来所承担的许多管理和行政审批职能都不能自己来履行，否则就有可能被视为贸易保护。借鉴 WTO 规则的操作惯例和国外经验，国家和政府主要制定一些强制性的法规进行宏观调控，而大量具体的技术标准，如行业标准、产品质量标准、检验标准、环保要求、价格协调等，都交给行业协会和相关认证机构去制定和执行。我国政府应逐步减少对行业协会的行政管理，将一些行业性的工作给行业协会。结合中国加入世贸组织和应对贸易摩擦的需要，明确政府委托行业协会进行行业管理的内容与方式，将市场准入、行业标准的设定和监督执行、行业资质鉴定等权力赋予行业协会，使行业协会在规范行业内部竞争行为、规划行业发展、提升行业竞争力、维护本行业的企业利益方面，真正发挥举足轻重的作用。

政府在放手自己的部分职能的同时，也应加强对行业协会的监管和规制。由于行业协会在经济治理中也会出现诸如共谋、排他性的限制竞争和不正当竞争行为引起的垄断、经济低效率及所导致的社会成本的问题，形成行业内的垄断局面，不利于维护良好的行业市场竞争秩序。

此外，需要指出的是，政府官员应该逐渐退出行业协会的主要岗位，行业协会所需的领导及专业人才应由会员企业自己选择，从而提高行业组织的自律性及服务性。

3. 为行业协会提供资金支持

根据国外很多国家的做法，即使是对发展非常成熟的行业协会，政府往往也提供资金。按照国际通行惯例，实施优惠的税收政策，必要时政府给予补贴。行业协会是非营利性的公共组织，因此，政府不宜按照一般企业的税收比率进行征税。政府可免交其所得税，以此减轻行业协会负担，支持行业协会发展，还可创建行业协会发展扶助基金，在行业协会创办和发展过程中遇到困难时，给予及时、必要的帮助，随后让行业协会在自给自足的原则下逐步过渡到按照民主程序自定适合的会费标准。例如，实行级差会费，会长单位、常务理事单位、理事单位、会员单位分别实行不同的标准，为会员单位和政府的单独服务可以另行一次性收费。

此外，政府应提供资金支持行业协会开拓国际市场活动和对外谈判、交涉活动。在行业协会对外交涉的实践中，其他国家都是由政府资助的代表团，而我国经常是由协会带领几百号人的企业队伍自费参加。没有政府的支持和补贴，效果往往不太理想。我国行业协会发展还处于初级阶段，在为会员企业开拓国际市场服务和参加国际贸易交流时，政府应积极给予适当资金支持。

二、行业协会方面

1. 积极应对国际贸易争端

当前国际贸易保护主义盛行，尤其是反倾销、反补贴等诉讼的逐年增加，不仅严重侵害了我国相关行业的利益，而且给我国外贸出口造成了严重的影响。政府行为受 WTO 框架的直接管辖，多数国际贸易活动不宜或难以承担，而单个企业也不愿意或无能力独自应对国际贸易的局势，这时，我国行业协会应当挺身而出，充当企业的代言人，主动担负解决世界贸易争端的重任。在反倾销、反补贴的斗争中，协会应该协助和推动政府研究产业保护对策，完善产业保护机制，建立产业损害预警机制，制定一套保护产业安全的政策法规，同时协调和帮助企业增强自我保护能力和防范意识，积极应对各国采取的贸易保护手段，利用 WTO 的有关规则保护自己的合法权益。具体来说，行业协会可以从以下几个方面加以改进：

（1）加强人员建设和培训

行业协会高效的办事效率取决于能够准确把握市场方向、掌握本行业及国际贸易知识等的专业人才。国际竞争是人才的竞争，我国行业协会在拥有专业人才方面与国外还有很大的差距，这就是我国在国际贸易摩擦（尤其是反倾销）中处于劣势的主要原因之一。行业协会要加强反倾销机构建设，就要充实反倾销专门人才，同时不仅要通过宣传提高我国企业的反倾销意识，特别让企业了解积极应诉的重要意义，而且还要通过自我培训和培训企业，普及国内外及 WTO 有关反倾销的法律法规知识。一方面，多形式、多渠道地开展企业专业技术人员和管理人员教育培训工作，充分结合我国的反倾销应诉情况，重点培养一批精通国际惯例、熟悉世贸规则、擅长国际经贸的优秀专业人才；另一方面，公开招聘吸收一些具备法律、产品技术、国际贸易、财务会计和外语等多方面专业知识的人才，以提高行业协会整体业务水平。应与会计师事务所、律师事务所建立长期合作关系，一旦发生反倾销调查，可以从这些事务所借调专业人员。因为行业协会本身经费有限，不可能养太多的人，而且每个行业协会的反倾销应诉并不是一直都进行的，在没有案件时，协会内人员过多就会造成浪费，所以这个难题也可以通过与事务所建立合作关系来解决。

（2）理顺外贸秩序，加强行业自律

行业协会通过制定行约行规来协调行业内部商品价格、知识产权、资源利用等事项，规范各会员企业的经营行为，制止一切不正当竞争行为，创造行业内部的公平竞争环境，促进行业健康发展，从而达到提高行业整体竞争力的目的。对违反行业协会章程或者行规行约并损害了行业整体形象的会员，行业协会采取相应的行业自律措施对其进行惩罚。

行规行约非常具有针对性和专业性，它可以随着行业发展的情况而修订，对行业面临的问题做出迅速的反应。这样既维护了本国企业的利益，又可以减少贸易摩擦，规范国际贸易环境。

（3）建立反倾销、技术性贸易壁垒预警机制

第一，针对反倾销、反补贴等案件的增多，行业协会应抓紧建立信息系统和反倾销预警机制，收集各国各地区反倾销信息，分析国际经济形势，预测经济走势，监测国内产品遭受国外产品进口冲击可能受到的损害，监测我国产品出口招致进口国采取反倾销、反补贴或保障措施的可能性，尤其是对行业的重点产品及重点国家、重点地区市场变化进行监测、整理和分析，及时发布预警信息，实现行业保护工作的前置化，有效保护行业和企业的安全。行业协会还要充分运用WTO争端解决机制，代表本行业企业维护企业的合法权益。同时，对于外国企业对我国的倾销行为，要组织起来进行反倾销起诉；对于外国企业对我国的反倾销起诉，要组织起来进行应诉，而且要及时地在进入反倾销起诉与应诉程序之前进行协调，争取最大限度地保护我国企业的合法权益。

第二，行业协会要加强通报咨询网站建设，建立国外技术性贸易壁垒信息中心和数据库，及时发布预警信息，为企业提供信息咨询服务，及时向企业提供WTO/TBT通报、WTO/SPS通报、主要贸易对象国的技术法规、国际上技术性贸易壁垒的发展动态等信息，使我国的出口商品适应和满足国际标准或进口国的要求，避免陷入技术性贸易壁垒的陷阱。

（4）建立应对国际贸易摩擦基金

我国在面对国际贸易摩擦时，常常因为资金不足无法开展应对措施而处于被动挨打的地位，这在反倾销应诉时尤为突出。为了鼓励企业积极应诉、减轻企业负担、维护企业权益及避免部分企业“搭便车”的行为，行业协会应该建立应对国际贸易摩擦基金。基金一方面来源于企业，按照协会成员的销售额或产量的一定比例交纳。这样就能将企业应诉获得的收益与为此支付的费用有机结合起来，同时也使企业能获得必要的诉讼资金方面的支持。另一方面来源于政府的财政支持，包括财政拨款或税金减免。再有就是社会各界的捐赠。基金由协会统一管理，一旦同类出口商品遭遇反倾销指控，可用该基金及时支付相关费用，包括律

师费和企业联合应诉的组织成本，最大限度地降低损失，增强行业企业集体抗风险能力。

（5）积极促进贸易争端的解决

当出口产品和出口企业遭到进口国的反倾销诉讼时，如果不应诉，就可能彻底失去进口国的市场。出口国被投诉的生产商和销售商必须填写有关调查问卷，并就出口产品不存在倾销和没有对进口国同类产业造成实际损害进行答辩，同时还应该取得进口商的协助，了解进口国的实际情况，这些工作对单个企业来说很难应对，必须由协会组织出面协调和组织才有好的效果。此外，应诉中包括律师费用在内的各种费用都相当高，单个企业难以承受，这也需要协会出面组织协调，由有关企业分摊费用，或由应诉基金支付。行业协会应作好的应诉准备包括：确定应诉战略和策略、选聘律师、争取政府等相关部门的配合与支持、指导企业填写调查问卷、整理资料和统计数据。行业协会应紧密关注事件进展，通过游说向有关方面施加影响，以尽快合理地解决争端。

另外，我国行业协会还可通过与进口国同业行业协会的交流，包括产品信息、科技、人才、会展等，在争取市场经济地位待遇、公正的裁决方面取得好的效果。当国际贸易争端发生时，在相关政府部门的支持下，国内行业组织可以力争通过对话磋商渠道达成和解协议，解决贸易摩擦，防止争端恶化，最大限度地维护自身利益。加强与国外同行业组织的联系，也有助于我国争取较好的国际贸易环境。

2. 为企业提供全方位服务，帮助企业开拓国际市场

行业协会要以为企业服务为宗旨，切实做到为企业和整个行业服务，赢得企业的信任。行业协会通过各种途径，收集包括行业发展信息、市场需求信息、产品技术信息、技术壁垒等各类信息；通过网络、简报等形式发布行业市场动态、产品流行趋势等；通过组织论坛、讨论等形式，加强协会与企业之间、企业与企业之间的交流和沟通；通过组织企业出国考察、参加各类展会等形式，加强国内外企业之间的联系，帮助企业及时了解国际市场行情，应对国际市场的变化；通过开设贸易窗口等形式，树立企业形象，开拓国际市场销售渠道。

此外，行业协会可以通过国际市场调研对市场细分，向目标市场宣传行业品牌，同时协调成员之间的利益分配，制定市场策略和战略部署，将我国的出口企业以集体的形式打入国际市场。这样既降低了开拓市场的风险，也节约了企业的成本。通过战略性计划的制订和实施，可以逐步树立起企业产品在国际市场上的声誉，从而占据越来越多的市场份额。

还需要强调的一点就是，协会应该突出“为中小企业服务”这项职责。美、法、日各国的商会、协会都把为中小企业服务明确为自己的职责，日本更是有中小企业自己的联合会。日本的中小企业居多，占日本企业总数的99%，从业人员占全部从业人员的80%以上。各地商工会议所普遍设立“中小企业相谈所”，配备了专职的管理人员，就如何改善企业的经营管理等向中小企业提出建议和咨询意见。目前我国协会的行业覆盖率很低，而且大部分会员都是国有企业，这对行业发展及协会职能的行使都不利，在协会的进一步规范和发展中，要尽快解决这个问题。

3. 提高行业的核心竞争力

提高行业的竞争力，是发展中国家在国际市场竞争中的特殊任务，也是我国转变粗放型的外贸增长方式的关键。提升行业的竞争力除了企业自身的努力外，还要充分发挥行业协会的作用。对于产品缺乏竞争力的行业，行业协会应协助政府帮助企业加快改制的步伐，加大利用外资和技术进行产业结构调整和改造升级的力度，使企业尽快地将产品质量、技术和档次升上去，将成本和价格降下来。

提高行业核心竞争力的途径主要有以下三条：一是通过掌握的本行业的国内外市场信息，了解已占领市场的国外企业的信息，将国内同行业企业与之比较，找出差距，并有针对性地缩小差距，从而提高行业竞争力。二是通过学习各种贸易政策，及时地掌握国际贸易环境的变化，为企业提出合适的贸易方案，减少企业不必要的成本和损失，保护企业的利益。三是积极地参与国际经济交流，学习他国的先进技术和知识。技术水平与知识产权是行业竞争力的关键，行业协会要协助大企业建立自己的研发中心，帮助中小企业联合开发。行业协会还要成为企业与科研单位合作的中介，组织企业制定与国际接轨的行业标准，用高标准引导企业提升竞争力。此外，行业协会还要有行业的认证机构，并与国外技术认证接轨。

4. 加强与国外有关行业组织的联系

为了行业发展和为会员企业争取较好的国际贸易环境，我国行业协会应更充分地走向国际市场，加强与国外有关行业协会组织的联系。国外行业协会的经验表明，积极地开展国际交流，一方面可以学习他国行业协会的成功经验，改革自己的不足；另一方面，通过联系和交流，才能及时地掌握市场、司法和国际惯例等方面的最新动态，掌握更多的有利于本国行业发展的信息，才能更好地为行业服务。此外，在发生贸易争端时，请求国外行业协会及组织帮助我们促进问题的解决，甚至在一些重要问题上同政府官员面谈，可使政府决策施加对我国有利的影响，这对我国企业及行业协会的发展都是有利的。

第三篇

国际贸易中心建设中的贸易安全与便利化：海关视角

GUOJI MAOYI ZHONGXIN JIANSHEZHONG DE MAOYI ANQUAN YU BIANLIHUA:HAIGUAN SHIJIAO

《全球贸易安全与便利标准框架》是贸易安全与便利问题在全球化背景下的成果，代表海关未来的发展方向，是对世界海关制度的重大改革。其实施对于中国海关治理模式的变革与发展而言，既意味着机遇，也意味着挑战，而且是机遇大于挑战。贸易安全与便利化的推进，对于上海国际贸易中心建设来说，也具有极其重要的意义。本篇将从贸易安全与便利化的海关视角，研究各个环节的改进与试行对于促进上海国际贸易中心建设的可行性。本篇主要包括六个部分：先行尝试 AEO 制度，保障贸易安全与便利；完善海关对企业的监管模式；构建贸易安全与便利的口岸通关环境；调整与优化对外贸易税收体制便利化；改进与试行原产地规则便利化；跨国公司转移定价中的海关估价与贸易便利化。

10 先行尝试 AEO 制度，保障贸易安全与促进便利

金融危机引发全球经济衰退和有效需求下降的同时，国际贸易摩擦和贸易保护主义不仅加剧了全球贸易量的下降，也使相关不利影响迅速扩散到整个国际贸易的供应链上。2005 年，WCO 通过的以维护国际贸易安全与便利为目标的《全球贸易安全和便利标准框架》将“海关与企业合作伙伴关系”作为两大支柱之一，倡导守法便利并建立国际化的企业信用认证体系（AEO）。中国海关正式签署了实施意向书，进一步促使我国在更大范围内和更深程度上参与经济全球化进程。本章在对贸易安全与贸易便利对国际贸易影响进行分析的基础上，指出 AEO 制度是平衡二者关系的首选制度安排，并就上海在建设国际贸易中心进程中先行尝试 AEO 制度提出系列建议，以创建安全与便利的国际贸易环境，吸引更多的国际贸易来沪集聚，促进国际贸易的发展。

10.1 国际贸易对全球经济增长影响巨大

进入 21 世纪，在经济全球化的浪潮下，国际贸易正在全球范围内形成一个相互依存、共同发展的整体。随着科学技术的发展和各国对外开放程度的提高，流通领域中国际交换的范围、规模和程度得到增强。面向全球性的供应市场、需求市场和物流服务市场，在全球范围内选择合适的供货商、销售商和物流服务商来组建和整合企业的供应链，将企业的供应网络和（或）分销网络不断向国外延伸，以覆盖全球供应市场获取资源和（或）提高全球需求市场的响应速度等来增加销售，这一方式已被越来越多的企业选择。全球供应链跨越多个国家或大洲的情形越来越多，产品跨越国家边界的数量也越来越多，世界市场的形成使各国逐渐融为一体，并极大地促进了全球贸易的发展。国际贸易范围的不断扩展，世界市场容量的扩大，使各国对世界市场的依赖程度也越来越大。事实上，全球贸易的增长速度一直高于全球 GDP 的增长速度。（参见图 10 - 1）。

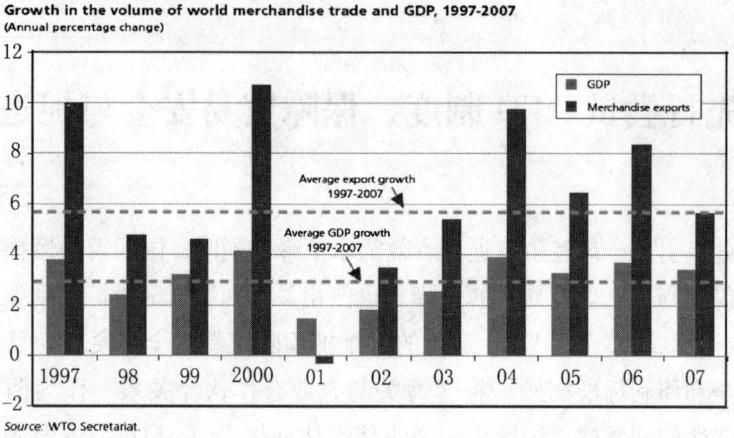

图 10－1　1997～2007 年全球贸易增长情况

2008 年下半年以来，金融危机引发全球经济衰退和有效需求下降的同时，也使国际航运业也受到严重冲击。这一影响可从波罗的海指数（BDI）和中国出口集装箱运价指数（CCFI）反映出来。

波罗的海指数（BDI）被誉为“国际贸易晴雨表”，从图 10－2 可以看出，2008 年 5 月，BDI 达到 11 793 点的历史高点后，就“飞流直下三千尺”，2008 年 12 月中旬一路降到 663 点，为 22 年来最低，跌幅超过 90%。2009 年虽有反弹，但与去年同期相距甚远，显示出国际贸易仍不景气。

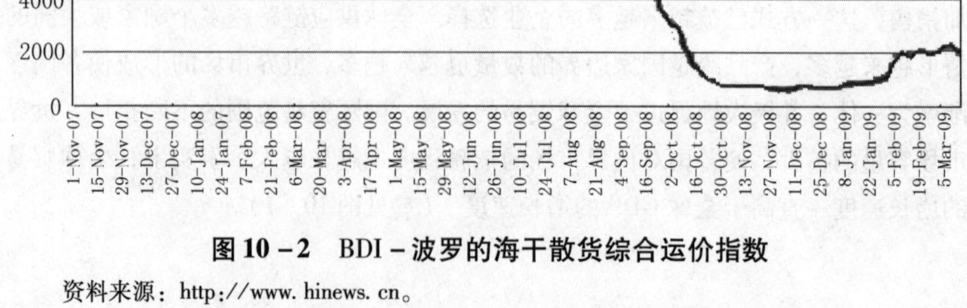

图 10－2　BDI－波罗的海干散货综合运价指数

资料来源：http://www.hinews.cn。

中国出口集装箱运价指数（CCFI）以其科学性、权威性而成为继波罗的海干散货综合运价指数之后的世界第二大运价指数，被联合国贸易和发展会议海运年报作为权威数据引用，被誉为“航运市场晴雨表”。中国出口集装箱运价指数客观反映了集装箱市场状况，成为世界了解中国航运市场的重要指标。由中国远洋集装箱运输有限公司提供的运价数据显示，2008 年上半年中国出口集装箱运价指数在1 100 ~ 1 200点间波动，9 月份以后，这一指数呈迅速下滑趋势，并于年底跌破 1 000 点，2009 年 5 月进一步跌至 800 点。从上海航运交易所提供的中国出口集装箱综合运价指数趋势图（图 10 - 3）可知，CCFI 的变化趋势与 BDI 高度一致，从中也可看出中国出口集装箱运输市场与国际市场密切相关，世界经济对中国经济的影响巨大。

图 10 - 3　中国出口集装箱综合运价指数趋势

上海航运交易所（China Containerized Freight Index Trend）2010 年 5 月 28 日发布。

资料来源：http://www.chineseshipping.com.cn/yunjia/ccfi.asp 2010/5/29。

10.2　便利的贸易环境有利于国际贸易的发展

国际贸易环境是复杂的，便利的贸易环境有利于促进国际贸易的进一步发展，已成为国际社会的共识。OECD（2002，2003a）调研表明，贸易交易成本的 1% ~5% 是由进出口过境手续所造成的，而其差异的产生是由不同国家海关管理的效率和贸易便利化的程度所决定的。研究者利用 CGE 模型评估 TTCs 的减少对福利的影响程度，认为低的 TTCs 将显著增加全球福利，如通过更快、更有效的边境口岸货物流动降低 TTCs。这些研究与实际的调研结果是一致的（见表 10 - 1）。

表 10-1 贸易便利化措施对全球经济福利的影响

作者	研究结果
Francois 等 (2005)	作者根据 CGE 模型估计,每减少 1.5%(或 3.0%)货物贸易的 TTCs 将使全球每年的收入增加 720 亿美元(或 1 510 亿美元),在这些收益中,大部分是由发展中国家受益。
OECD (2002,2003a)	OECD(2002)认为,降低 5% 的 TTCs 可以使 APEC 成员经济体增加 1 540 亿美元的福利。OECD(2003)根据 CGE(GTAP)模型估计,货物贸易减少 1% TTCs 可使全球增加 400 亿美元的收益,而大部分的收益是被发展中国家赚取,这里没有输家。
APEC(2002)	根据 CGE 模型估计,亚太经合组织经济体每减少 5% 货物贸易的 TTCs,将提高其 GDP1 540 亿美元或使其增加 0.9 个百分点。
澳大利亚(2001)	按照 1997 年的价格,研究者估计,就真实的收入每年的增长而言,从海关程序的改革中,菲律宾获益 4.0 亿美元、新加坡 23 亿美元、泰国 12 亿美元。
UNCTAD(2001)	发展中国家减少海运和空运服务成本 1%,将增加全球 GDP70 亿美元。

世界贸易组织经过多轮谈判，关税壁垒已经降到历史最低水平，许多关税和非关税障碍（如配额、许可证和数量限制）已经减少或消除，这极大地促进了国际贸易的发展。但是，在关税减让取得突出成果的同时，其可调整的余地也越来越小，作为国际贸易政策的有效工具，关税的意义和作用在降低，OECD（1997）的一项研究表明，亚太地区从贸易便利化中的潜在获益是关税自由化的两倍左右。贸易的“非效率”作为一种隐形的市场准入壁垒，日益受到众多国际组织和贸易界的高度关注。事实上，在即时生产和交付的现代化商业环境中，更需要的是快速和及时的货物交付，然而长期以来，货物在跨境时所需手续复杂，要求申报的单证繁多，贸易商和官方机构缺乏合作及数据自动化处理的非普遍性使跨境贸易存在诸多不必要的程序，这些程序对跨境贸易带来了许多负面影响。许多国际组织对货物跨境贸易作过调查，调查显示：国际贸易中平均每票货物需要 60 多种单证，尽管这些单证用途各异，但 80% 的内容是相同的，单证繁多使处理单证的工作量增加了 4 倍，导致货物跨境时等待单证处理的时间高达全部运输时间的 20%，单证成本高达全部运输成本的 25%。联合国贸发会做作一项统计，平均一项海关通关程序涉及 20 ~ 30 个不同的部门、40 个文件、200 个数据元素（其中 30 个重复至少 30 遍），并且 60% ~ 70% 的数据至少需要重新输入一遍。由于全球关税的降低，在很多情况下，遵守海关的“繁文缛节”所带来的成本比

关税的成本还要高。

威尔逊等人（2003）运用重力场模型（Gravity Model）对特定国家的贸易收益进行推算，其推算的统计分析表（如表10－2）显示：海关效率的改善对亚太经合组织成员国的港口效率产生很大影响，其影响的程度与该国海关现代化建设的程度的有关。增加海关效率会增加贸易流量，在俄罗斯估计高达30%，在印度尼西亚为22%。智利则不会受到影响，因为它的海关效率超过亚太经合组织平均水平，但它的进口也会因为其他亚太经合组织国家的出口程序改善而提高。该统计表还显示，9个国家的海关效率增加12%，其港口效率就可提高64%以上。

表10－2　贸易便利化和贸易流动

单位:%

国家	海关环境改善推算			港口效率推算		
	出口	进口	合计	出口	进口	合计
智利	—	2	2	21	20	41
中国	9	1	10	74	2	76
印度尼西亚	21	1	22	51	9	60
韩国	3	2	5	15	14	29
墨西哥	8	0	8	37	1	38
秘鲁	5	1	6	98	5	103
菲律宾	13	1	14	100	3	103
俄国	25	5	30	73	36	109
泰国	8	1	9	15	5	20

资料来源：Wilson等（2003）。

亚太经合组织所作的一项调查表明，许多中小型企业（在许多国家它们占GDP总额的60%）不积极参与国际贸易的原因主要是海关程序烦琐而不是贸易壁垒。对于发展中国家来说，海关和交通的低效对其融入全球经济一体化造成极大的障碍，并且可能严重损害其出口竞争力和外国直接投资的输入。

世界银行在1999～2000年进行的一项调查（涉及80个国家、1万家公司）发现，世界许多地区的公司仍然认为海关（和外贸法规）是贸易的重大或中度障碍。图10－4显示，大部分发展中国家的公司认为这些程序严重阻碍了经济增长，特别是南亚和拉丁美洲及加勒比的公司，而中小企业更是难以承受这些复杂的程序。

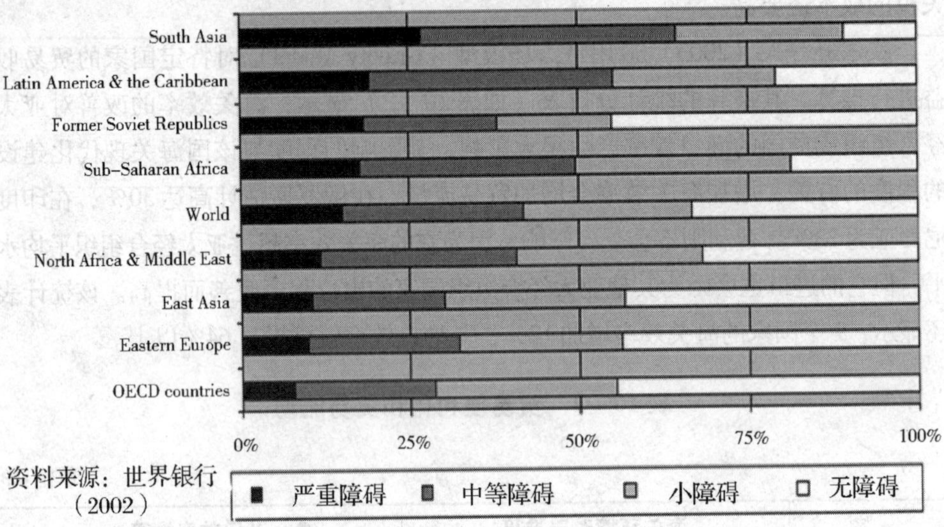

资料来源：世界银行（2002）

图 10－4 海关和外贸法规的运作对经济增长的影响

亚太基金会（2000）对亚太地区 461 家公司的调查也同样证明了这一点。该调查发现，复杂的海关手续是最严重的贸易障碍，大大高于行政管理的限制性约束和关税。53% 的受访者称海关手续是严重的和非常严重的贸易障碍，69% 的发展中国家和 39% 的发达国家对此问题也非常关注。被认为是“严重或非常严重”的海关程序中的具体问题包括：海关法规复杂，对海关法律、法规、行政准则和裁决缺乏信息，与海关决定相关的机制烦琐。表 10－3 显示了发达国家和发展中国家海关问题按严重性的排序。

表 10－3 海关问题按严重性的排序

整体排序	发达国家	发展中国家	海关问题类型
1	2	1	海关规定过于复杂
2	1	2	缺乏关于海关法律、法规、行政准则和裁决的资料
3	3	4	存在的问题提出上诉，并由海关决定的机制
4	7	3	与商品归类的相关问题
5	4	5	海关当局未能保护边境知识产权
6	5	6	与伙伴国家没有统一的海关程序
7	8	7	与货物估价有关的问题
8	6	8	货物的临时进口问题

资料来源：APFC（2000）根据澳大利亚、加拿大、中国台北、中国香港公司、日本、韩国、新西兰、新加坡和美国调研资料整理，根据文莱、智利、中国、印度尼西亚公司、马来西亚、墨西哥、巴布亚新几内亚、秘鲁、菲律宾、俄罗斯、泰国和越南调研资料整理。

从表 10－3 可以看出，发达国家和发展中国家对问题的看法基本类似，但发达国家并未将商品归类视为严重的问题。缺乏透明度是发达国家的大公司最严重关注的问题，而海关规章的复杂性是发展中国家出口商最关注的问题。

为此，国际社会一直在向实现更简便、更协调的国际贸易程序这一目标而努力，有关进一步减少和消除阻碍要素跨境流动的障碍、减低交易成本、建立高效的贸易便利体系等内容已成为多边、区域、双边经贸合作的重要内容。

迄今在世界范围内尚无一个统一的贸易便利化定义（见表 10－4），不过尽管各自的表述有所不同，其基本精神还是一致的，即简化和协调贸易程序，加速要素跨境的流通。近年来，人们更多地从广义的范围（即影响贸易交易的整个环境）来考虑贸易便利化问题。在实践中，各种促进贸易便利化的措施大都体现在通过贸易程序和手续的简化、适用法律和规定的协调、基础设施的标准化和改善等，为国际贸易活动创造一个简化的、协调的、透明的、可预见的环境。因此，贸易便利化涉及的内容十分广泛，几乎包括了贸易过程的所有环节，其中海关与跨境制度是问题的核心，此外还包括运输、许可、检疫、电子数据传输、支付、保险及其他金融要求、企业信息等诸方面。世界银行在 *Reform in The Regular Procedure of Import and Export* 报告中指出，“贸易便利化的计划，是一个国家需要进行综合法律和制度改革的问题，而不是海关一家的事情。”

表 10－4　不同框架下贸易便利化的定义

框架	定　义
世界贸易组织（WTO）1998 年	贸易便利化主要指简化和协调国际贸易程序，包括国际货物贸易流动所需要的收集、提供、沟通及处理数据的活动、做法和手续。
世界海关组织（WCO）2001 年	贸易便利化主要指海关程序的简化及标准化，同时将贸易便利化与贸易安全紧密联系在一起，力求两者的平衡。
联合国欧洲经济委员会（UNECE）2002 年	贸易便利化是指通过对海关、运输（尤其是过境运输）、电子商务等领域的关注，消除海关通过规定、程序、费用、运输规则和章程、交易方式对国际贸易的阻碍，为国际贸易创造一个简化的、协调的、透明的、可预见的环境。
联合国贸发大会（UNCTAD）2001 年	国际贸易程序的简化和协调，而这里的贸易程序系指“在收集、提交、通报和处理国际贸易中的商品流动所需的数据时所涉及的活动惯例和手续，其通常涉及海关程序、国际运输、贸易保险和支付以及过境时必须履行的正式程序和手续”。
亚太经合组织（APEC）2002 年	贸易便利化一般是指使用新技术和其他措施，简化和协调与贸易有关的程序和行政障碍，降低成本，推动货物和服务更好地流通。

当然，要量化海关现代化建设与国际贸易之间的因果关系确实是一个挑战。国际贸易和外国直接投资流量水平的增加可能会导致海关提供有效服务的压力的增加已成为共识，但从实证的角度来考量海关改革对国际贸易的影响却需要一段相当长的时间。从已有的有限的个案研究表明，贸易便利化除了给政府和企业带来直接货币收入之外，还能带来其他几个方面的客观收益（参见表 10－5），这些收益最终会转化成国民福利。

表 10－5　贸易便利化的益处

益处	解释与例证
提高政策的透明度和可预测性	由于企业的经营成本与生产、备货、运输、单证处理的复杂程度息息相关，所以交易程序越透明，经营成本越低。贸易便利化可以增强贸易政策与口岸管理的透明度和可预测性，最大限度地促进整个国家进出口系统效率的提升，从而降低企业的行政管理费用和商务成本。同时，贸易便利化可以最大限度地吸引外商，推动 FDI（外国直接投资）的增长。
增加商业机会	高效的通关效率和便捷的贸易程序，对确保进出口企业抓住潜在的商机是一个关键因素。在贸易发展方面，贸易便利化措施与降低关税同等重要，它不仅能为企业带来商机、市场和利润，而且还有成长壮大的契机和平台。例如，中国—东盟自由贸易区的建立，提供给中国企业的是一个拥有 18 亿消费者、国内生产总值近 2 万亿美元、贸易总额达 1.2 万亿美元的巨大市场，同时它也成为中国企业进入国际市场的跳板和试验田。
提升客户价值	商业界普遍认为：吸引一个新顾客的成本是留住一个老顾客的成本的 6 倍。贸易便利化可以帮助企业为客户提供更为精准、快速的配送服务，进而保持客户关系，这在竞争日强的全球贸易中是日益成为决定性的竞争优势。同时，贸易便利化可以促进企业守法自律及帮助树立诚信自律的企业形象。
提高安全性	透明化和便利化可以减少人为干预成分，降低在国际贸易中出现差错及发生违法犯罪行为的可能性，进而遏制腐败行为的发生。同时，便利化的通关程序所节约的行政成本和人力物力，还可以更多地向打击走私犯罪、保护贸易安全等领域集聚。2007 年 7 月 27 日，美国通过了《“9·11”独立调查委员会反恐建议法案》，规定进入美国的集装箱必须进行 100% 技检。
直接经济利益	贸易便利化有利于营造宽松开放的贸易环境，促进商品和市场要素的自由流动，增加国家贸易规模，进而使经济收益激增。据 APEC（亚太经合组织）的一项研究显示，通过贸易便利化，该地区发展中国家进口货物的价格将下降 1%～2%，APEC 将获取实际 GDP 的 0.26% 的收益，几乎是关税自由化预期收益的 2 倍。

10.3 对贸易安全“度”的把握直接影响国际贸易的健康发展

长期以来，国际贸易安全被理解为减少贸易摩擦、消除贸易障碍及推行贸易自由化，2001年的“9·11”事件转变了世界对贸易安全仅受市场波动影响的单一认识，而将恐怖主义、跨国犯罪等人为破坏性因素作为国际贸易安全的首要威胁（见表10-6）。

表10-6 恐怖主义的经济后果

经济后果	例证
全球化步伐放缓	许多国家可能会减少全球化和科技发展的指导份额而不断增加对国家安全的需要，即以牺牲舒适换取军事和经济安全。同时，开始寻找新的经济发展和市场开放度的平衡。尽管20世纪90年代自由贸易和开放入境在广大发展中国家实行，但对恐怖组织团体渗透的忧虑导致各国实施更严格的移民政策和更严格的边境控制。
军费开支增加	“9·11”事件后，美国和国家的国防开支增加。据斯德哥尔摩国际和平研究所研究表明：2003年全球军费开支较2002年实质性增加约11%，2002年比2001年增长6.5%①。在此期间，全球军费开支实质性增长18%，在2003年达9 560.00亿美元。全球军事开支增加的主要来源是美国，其军事开支占全球总数的一半以上。
政府在经济中的参与度增加	为打击恐怖主义，政府将不得不在资金分配方面发挥更大的作用，将更多的政府资源用于反恐研发，以改善国土防卫和安全。国防和安全开支的增加可能会挤出更多的经济生产性投资和研发经费。打击恐怖主义间接增加对资金的需求，从而对利率上升施加了压力。利率上涨将对生产性研发投资活动产生不利影响，从而影响创新率。
影响贸易流动和技术扩散	创新和新技术发展是先进的工业国家经济增长的主要动力之一。对于那些远离技术前沿的国家，外国直接投资和贸易是各国之间传输领先技术的主要商业机制。“9·11事件”后，主要工业国家的投资流向较不发达国家的速度可能会减慢，因为公司会评估海外地区的国家风险状况。增加边境管制或限制（如美国政府限制获取科学和技术信息的渠道②）减缓技术的扩散，阻碍技术进步，也妨碍移民和技术人才的流动。

① E. Skons, C. Perdomo, S. Perlo-Freeman and P. Stalenheim, Military Expenditure, Chapter 10, SPIRI Yearbook 2004, Stockholm International Peace Research Institute, 2004. 6. 9.

② G. J. Knezo, Possible impacts of major counter terrorism security actions on research, development and higher education, CRS Report for Congress, 2002. 4

续表

经济后果	例　证
增加与安全有关的保费和业务费用	继一系列恐怖袭击后，保险公司要么提高保费，要么缩减或完全放弃与恐怖主义有关的风险保险。航空业已受到保费上涨的强烈冲击，其他部门（包括交通运输，建筑，旅游和能源生产）也受到影响。诸如石油和天然气管道、输电线路、化工厂和发电厂等企业，不得不花费更多的资源用于安全，以保护他们的脆弱资产。它们保持较高的库存水平，以避免供应出现中断，从而提高了经营成本。企业经营成本上升，更高的保险费增加，提高安全性和防止扰乱企业经营的额外支出使企业盈利能力将受到严重影响。更严格的安全要求也影响了海上和空中运送货物的成本，这可能会降低生产力水平，如在机场和边界延长等候时间。在国际海上运输方面，包括通知要求、更频繁的检查及海岸警卫队拖船护送义务等，不仅增加公共财政支出，而且保护主义措施也降低了生产率的增长速度。新的保安措施可能会增加国际贸易的成本1~3个百分点。①

许多安全专家（Burke，2005；Johnston et al，2004；Sheffi，2001）认为，供应链可能成为恐怖分子的下一个目标，全球供应链可以被恐怖分子用来走私武器或核武器。这种脆弱性的一个明显的例子是美国炭疽攻击（FBI，2009）。面对来自全球恐怖主义和流行病等的威胁，存在加强贸易通道控制和增加安全的需求，这从国际组织和各个国家，尤其是发达国家制定的纷繁的条约、协定和措施中可见一斑（CBP，2006；CBP，2008；European Parliament，2004；European Parliament，2005；European Parliament，2007b），典型的例子如美国的“集装箱安全倡议”（CSI）和“海关—商界反恐伙伴计划”（C-TPAT），以及欧盟的“认证经营者”（AEO）倡议。

为防止类似“9·11”事件的再次发生而相继出台的几种不同的供应链安全计划，引起了学术界对这些安全程序的影响和效率的关注（Fletcher，2007；Gutiérrez et al. 2007；Grainger，2007）。

关于权威认证对供应链效率的影响，出现了两种观点：一种认为权威认证能带来“相关的利益”。Lee 和 Whang（2005），依据全面质量管理（TQM）的理论，说明了基于技术的 RFID 的实行可以提高海关检查效率并节省运营商的时间和成本。Rice 和 Spayd（2005）及 Sheffi（2001）指出，在资产可视性和跟踪等

① J. Wouters and T. Ruys, The fight against terrorism and the European security strategy, Institute of International Law Working Paper vol. 64, Faculty of Law, K. U. Leuven (2004) Available at http://www.internationallaw.be.

方面的权威认证也能带来“相关的利益”。Willys 和 Ortiz（2004）强调，供应链的效率和安全是密切相关的，因为货物流动较高的信息透明度预示了高的安全性，可以减少货物在海关的耽搁，从而节省运输费用和时间。另一种则对权威认证在贸易安全和便利平衡方面的美好远景和现实效果存有怀疑。例如，Powanga（2006）认为，只有大公司才有能力从支付与供应链的透明度和可预见的相关安全费用中获益；世界海关组织专家 David Widdowson（2009）更是认为，一些经济体借供应链安全之名对进出口贸易施加了偏重的规则干预，实际上阻碍了世界经济的发展。

事实上，各种国际贸易协定，包括《北美自由贸易协定》（NAFTA）及在 WCO、欧盟、东盟、APEC 主持下进行的服务贸易的一般协定等，都有一个共同的目标：通过促进和加强国际贸易，开拓新的贸易机会。1948 ~2008 年，虽然总体的关税水平在不断下降，但为保障国际贸易安全的区域贸易协定安排的数量却在不断增长（图 10 –5），越来越多的区域贸易协定（RTAs）的实施，使跨境贸易日益复杂。根据这些区域贸易协定的要求，一些额外的文件、跟踪和验证成为跨境贸易的组成部分，从而影响到全球贸易，成为新的贸易壁垒。

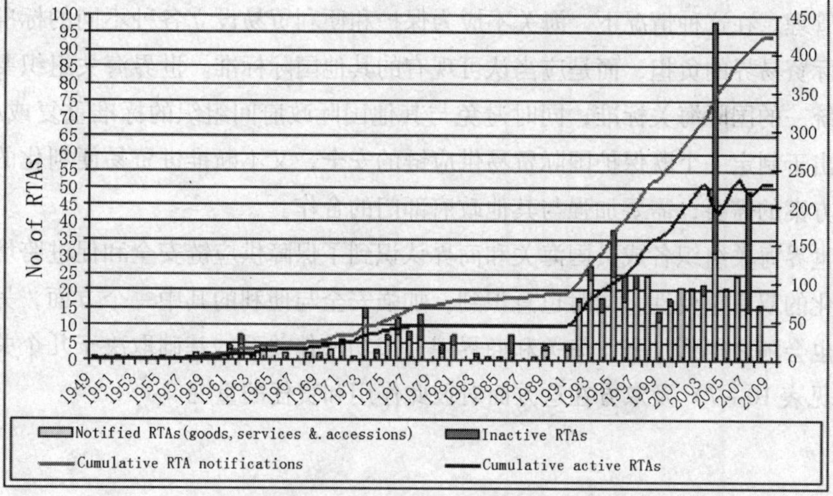

Source: WTO, Facts and Figures, The Changing Landscape of Regional Trade Agreements: 2008 Update

图 10 –5　1948 ~2008 年全球区域贸易协定[①]的演变

---

① 指 GATT/WTO（1948 ~2008）颁布的所有区域贸易协定，其中包括仅生效 1 年不活动区域贸易协定。

10.4 AEO 制度成为平衡贸易安全与便利的首选制度安排

国际贸易是经济繁荣的基本推动力，但全球贸易体制又极易被恐怖分子利用，给整个世界经济造成严重损害，如何创造安全与便利的国际贸易环境就成为国际社会共同努力的方向。作为监管国际货物流动的政府部门，海关在加强全球供应链安全和促进便利贸易方面义不容辞。海关拥有其他政府部门所没有的重要权力，即查验进出境及过境货物和物品的权力、拒绝货物进出境和加速进境的权力、要求提供有关进出口货物的信息权利，根据相关立法，还拥有要求提前提供电子信息的权利。海关独有的权力和专业知识，使得它能够并应当在全球贸易安全与便利方面发挥核心作用。2005 年，WCO 通过以维护国际贸易安全与便利为目标的《全球贸易安全与便利化标准框架》，倡导守法便利并建立国际化的企业信用认证体系——AEO 制度。从此，AEO 制度成为国际社会平衡贸易安全与便利及促进国际贸易发展的首选制度安排。

WCO 认为，海关难以而且没有必要对每一票货物都实施查验，且这种做法将会阻碍全球贸易的流动。因此，现代化海关均采用自动化系统对各种问题进行风险管理。在这种情况下，海关不应为保护和便利贸易设立各种不同的标准，加重国际贸易界的负担，而是应当认可现有的其他国际标准。世界海关组织要建立一套统一的国际海关标准，同时避免与其他国际政府间组织的标准重复或相悖。海关出于制定一个既保护国际贸易供应链的安全，又不断推进贸易便利化的全盘行动方案的需要，需要加强与其他政府部门的合作。

世界海关组织各成员国海关和商界认识到了保障供应链安全和促进跨境物流便利化的双重重要性，同时也意识到，加强安全与便利的其中一个方面，另一个方面也会随之得到加强。海关和商界建立成功伙伴关系的基础取决于几个关键因素（见表 10－7）及双方在这方面对彼此作用和责任的重视。

表10－7　海关与商界的伙伴关系技术细则

关键因素	海关与商界双方的责任
伙伴关系	国际贸易供应链中的经认证的经营者应当采用自我评估体系，以预先确定的安全标准和最佳做法为参照，确保其内部政策及操作程序可以保障货物和集装箱在运至海关监管目的地验放前是安全的。 海关与商界伙伴关系项目应在经认证的经营者的商业模式基础上，允许企业根据自身特点灵活制订其安全计划。 海关应当与经认证的经营者共同明确并制定对应的安全合作措施，该措施应当由经认证的经营者贯彻实施。 共同制定的海关与商界伙伴关系文件，应根据经认证的经营者的商业模式，以书面的形式和可验证的程序，尽可能保证经认证的经营者的商业伙伴，包括制造商、供货商和销售商，均表达遵守《全球贸易安全与便利化标准框架》中设定的安全标准的意愿。在风险分析基础上，应当按照与经认证的经营者的相关安全协议中规定的安全程序，对其商业流程和安全措施进行定期检查。
安全	经认证的经营者应将预先确定的保障安全的最佳做法纳入其现行的商业操作中。 经认证的经营者应采取安全措施，保证建筑物及监管场所的内外及周边的安全，实施准入管理，防止未经授权的人员接近企业设施、干扰运输、进入装船码头和货物堆场。 安全供应链中对于设施的准入管理应结合雇员、来访者、销售商等身份识别卡的发放和管理、内墙及外围监控装置，以及对可以接触公司财产的钥匙、门卡和其他物品的管理。安全供应链中对于设施的准入管理还应及时将到期员工原有的公司身份卡、进入公司及信息系统的授权迅速收回并注销。 应通过采取必要的自动备份手段，保护商业敏感数据，包括设置个人账户密码并定期更换、接收必要的信息系统安全培训、防止未经授权取得并违法使用信息。 人员安全项目应当在本国法律允许的情况下，与对雇员的筛查和评估相结合，包括定期对安全敏感职位雇员背景的检查及留意雇员的社会和经济情况明显的异常变化。 根据经认证的经营者的商业模式，开发必要的安全项目并采取相应措施，提高企业的商业伙伴在供应链上与运输、货物处理、仓储相关业务的诚信度。 应采取措施，保证货物信息（包括电子和纸质方式）易读、及时、准确，并防止数据被篡改、丢失或错误。经认证的经营者和海关将确保商业和安全敏感数据的保密性，提供的信息应仅用于所提供之用途。 经认证的经营者运输或接收货物应确保货物与货运单证相符，应及时、准确地提供从商业伙伴处收到的货物相关信息。在收发货物之前，必须对发货人和收货人进行确认。 经认证的经营者应举行专门培训，为雇员在保持货物完整，识别潜在的安全威胁方面提供协助。经认证的经营者应使雇员熟悉公司已有的规章，能及时发现并报告可疑情况。

续表

关键因素	海关与商界双方的责任
资质认证	海关应和商界共同制定一套完整的认证程序或者资质鉴定程序，为经认证的经营者提供鼓励机制。这将确保企业在安全系统中的投入和实践得到切实的利益，包括降低货物风险布控率和查验率及加速货物通关等。 海关应（以各种方式）与商业伙伴合作，确定在安全供应链中共同取得的收益。 海关应对经认证的经营者及其授权代表所关注的事宜作出积极回应，通过磋商确定正式交流途径，以保证问题得以妥善的传达、处理和解决。 海关应当向全力参与供应链安全的商界伙伴提供其权限范围内所能给予的便利措施。这些便利措施需经评估并对外公布，且应与其相关义务相一致。 各海关应对经认证的经营者地位予以认可。 海关在适当情况下，可以制定或修改有关规定，加速低风险货物的消费或出口的流程。 国际供应链中货物安全不断提高，海关也将从中获益，包括提高情报分析、风险评估的能力及更准确地布控高风险货物，所有这些都将使资源利用得到优化。 海关和经认证的经营者都将从自我评估与确认中获益。
技术	各方均为使用现代化技术提供便利条件，从而确保货物和集装箱的完整。 经认证的经营者应至少遵守不同国际公约中的现行要求，包括但不限于 1972 年的《海关集装箱公约》和 1975 年的《TIR 证国际公路运输海关公约》（简称 TIR 公约）。 各海关应当通过适当增加奖励机制，进一步推动经认证的经营者自愿使用比机械封志更为先进的技术，来确立和监控集装箱和货物的完整及报告集装箱和货物所受的非法介入。 经认证的经营者应就货物和集装箱使用高度安全封志和/或其他装置的事宜制定相关内部规定，防止货物受到破坏。 海关应制定相应的程序，规定封志的验证方法及封志不一致时的操作流程。 海关和经认证的经营者应就共同关注的领域进行开放式对话，进而从提高产业标准和集装箱完整技术及建立共同的应对集装箱封志破坏预案中获益。
交流	海关应经常提供海关与商界伙伴关系项目的最新信息，以推行最低安全标准和供应链安全的最佳做法。 海关应与经认证的经营者或其代表协商，制定发生质询或涉嫌海关违规后的沟通程序，包括为经认证的经营者或其代理人提供电话号码，使其在紧急情况下可以联络到海关关员。 海关应致力于在国家和地区层面开展与国际供应链各方的常规咨询，以讨论共同关心的事务，包括海关关于企业设施及货物安全的法规、程序和需求。 经认证的经营者应配合海关在上述方面的努力，与海关开展富有意义与识见的对话，确保有关安全项目在维持有益于双方的最低安全标准方面进展顺利。

续表

关键因素	海关与商界双方的责任
贸易便利	海关应与经认证的经营者加强合作，最大限度地提供便利，保障源于或通过其关境的国际贸易供应链的安全。 海关应制定和修改相关规定，并采取措施，整合、简化与海关有关的通关所需信息的申报过程，以便于进一步便利贸易和识别高风险货物，并为此采取适当行动①。 海关应当建立机制，允许商业伙伴对其在保护供应链安全中有重大影响的条款变更提出不同意见。

资料来源：根据《世界海关组织框架》附件2《支柱二：海关与商界的伙伴关系技术细则》整理。

《全球贸易安全与便利化标准框架》为促进世界贸易提供了一个崭新、统一的平台，保护贸易不受恐怖活动的威胁，并加大了海关和商界对国家经济和社会繁荣的贡献。它将提高海关甄别和处置高风险货物的能力，增强货物监管的效率，从而加快货物的通关和放行。

表10-8 标准框架的受益方与益处

受益方	益 处
国家/政府	《全球贸易安全与便利化标准框架》的主要目的之一就是保护和便利全球贸易，使国际贸易成为推动经济发展和增长的重要动力。这将有助于保护贸易不受恐怖主义的威胁，同时便利合法贸易，推动海关业务的改革和现代化，加强国家税收征管，加强国内法律法规的准确适用。《全球贸易安全与便利化标准框架》为保障经济和社会发展的安全及吸引外商直接投资提供了有力支持。 《全球贸易安全与便利化标准框架》鼓励海关与其他相关政府部门之间建立合作关系，并认可其他现有的国际标准。它将帮助政府实施统一的边境管理和控制，通过采取必要措施，使政府能够扩大海关在这个领域的权限和职责。
海关	《全球贸易安全与便利化标准框架》的要点之一是建立海关之间的合作网络，促进货物在安全的国际贸易供应链中的顺畅流动。合作网络将使相关信息准确、及时地在海关之间进行交换，使海关更加有效地开展风险管理。这些措施不仅能够提高海关识别高风险货物的能力，而且能够帮助海关加强对国际贸易供应链各环节的监管及更加合理高效地配置海关资源。合作网络将使海关之间的合作更加顺畅，让海关更早地介入对供应链的监管，如根据进口国海关的请求，出口国海关可在出口地代为执行查验。《全球贸易安全与便利化标准框架》同时也规定在一定条件下，海关之间互认监管结果。《全球贸易安全与便利化标准框架》使海关能对国际贸易供应链有一个更广泛、更全面的认识，同时还可以减少重复和复杂的申报要求。

① 世界海关组织修订后的《京都公约》提供了实现此目标的全球模式。

续表

受益方	益　处
海关	综上所述,《全球贸易安全与便利化标准框架》为海关改革和现代化提供了工具,使海关能够应对新的国际贸易环境所带来的挑战。同时,《全球贸易安全与便利化标准框架》比较灵活,使各海关能够根据各自的发展水平、具体条件和要求,以不同的速度实施《全球贸易安全与便利化标准框架》。
商界	在众多的益处中,《全球贸易安全与便利化标准框架》不但为保障国际贸易的安全创造了条件,而且便利了国际贸易,促进了其发展。《全球贸易安全与便利化标准框架》考虑到现代国际贸易生产和配送模式,并以此作为制定各项条款的基础。 经认证的经营者(AEO)将会从中受益,如由于查验率降低而使货物通关速度加快,从而节省时间和成本。《全球贸易安全与便利化标准框架》的一个重要原则就是建立一套国际通行的标准,以增强统一性和可预测性。 以上措施将保证经认证的经营者在他们为建立完善的安全系统和做法的投资中获得回报,包括减少对其货物的风险目标评估和查验,加快货物通关。

为使货物和集装箱运输在全球贸易供应链各环节都获得最大限度的安全与便利，在加强各国海关合作的基础上，WCO 提出了建立一体化供应链管理机制①的措施（见表 10－9），携手政府其他部门和商界共同应对恐怖主义和其他跨境犯罪活动，保障国际贸易供应链的安全，为国际贸易提供一个便捷的贸易环境。

表 10－9　一体化供应链管理机制

措施	具体内容
法律授权	为实施一体化海关监管程序,海关需要获得相应的法律授权。 要求承运人提前以电子方式②向海关传输从出口商处得到的数据法律授权,以满足海关安全风险评估的需要。 一体化海关监管程序中涉及海关在风险评估和海关监管方面的问题,海关跨境合作③有利于加强供应链的整体安全和加快货物通关速度。作为海关间合作的一部分,海关之间应该互相认可对方的监管/查验结果和经营者安全认证项目。

① 《一体化供应链管理指南》（《ISCM 指南》）。
② 《关于海关信息收集与传输的国内立法发展指南》、《双边协议范本》。
③ 《关于海关事务行政互助的国际公约》(《约翰内斯堡公约》)。

续表

措施	具体内容
监管措施	**海关监管**:所有进出境货物(包括运输工具),都应接受海关监管。自货物装入集装箱起(非集装箱运输货物,自货物装上运输工具起),至货物到达运抵地被海关放行为止,有关各方应保障货物的完整。 **风险评估**:为实现监管结果互认①,各海关当局应执行统一的监管及风险管理标准,共享情报和风险信息,交换海关数据,以备将来监督各项标准的实施情况,增加实施联合监控或质量管理程序的可能性。 **离港监管**:起运地海关必须采取各项必要措施,对供应链中的货物进行识别,对未经授权的进行筛选。对海运集装箱货物的检查、风险评估及其他任何措施②,都应该在集装箱装船之前完成。另外,供应链各环节有关海关都应同意运用电子信息系统交换海关数据、监管结果和到港通知等,尤其是被认定为高风险货物的信息。必要的时候,为了能够对高风险货物进行全面筛查,海关应该对其法定授权进行修改。 **海关封志**:为了实现供应链安全和海关一体化监管,尤其是为了确保货物从装箱到运抵目的地由海关验放这一过程中的绝对安全,海关应采取保证封志完好无损的措施③。比如,在集装箱的填装地施加高度安全的机械封志以外,还包括记录封志的施加、变更及在关键环节(如改变运输方式时)对封志的完整性进行确认等程序。此外,海关应该对那些为确保集装箱货物在供应链中的安全而自愿采取新技术的做法提供便利条件。 **单一货物代码(UCR)**:各海关应该实施《世界海关组织关于单一货物代码的建议》及其随附指南。
数据提供	**出口货物申报**:出口商或其代理人必须在货物装上运输工具或装入出口集装箱之前,向出口海关提前进行电子申报。出口商必须以书面形式(最好是以电子形式)向承运人确认已提前向海关递交了出口货物报关单。如果货物出口申报属于不完整申报或简单申报,在有其他需要时,如在后续阶段依照国家法律的规定而收集贸易统计数据时,则需进行补充申报。 **载货申报**:承运人或其代理人必须提前向出口及/或进口海关进行货物电子申报。海运集装箱货物提前电子申报应当在货物/集装箱装船前递交。其他货物的申报,应当在运输工具抵达出口及/或进口海关前递交。申报内容符合相关规定,同时按照国家法律规定,海关可要求事后对提前载货申报进行补充申报。 **货物进口申报**:进口商或其代理人必须在运输工具到达第一个海关之前向进口海关提前递交进口货物电子数据报关单。如果货物进口申报为不完整申报或简易申报,在有其他需要时,例如在后续阶段依照国家法律的规定而收集贸易统计数据时,则需进行补充申报。经认证的供应链为将货物进出口信息流整合为单一的进出口申报提供了可能,相关进出口海关之间可共享这些信息。

① 《世界海关组织全球信息与情报战略》。

② 《国际船舶与港口设施安全规则》b1630－37条。

③ ISO/PAS 17712标准。

续表

措施	具体内容
数据提供	**高风险货物信息交换**:作为海关一体化监管链的一部分,供应链上的有关海关必须考虑在海关与海关之间,特别是针对高风险货物开展数据交换,从而帮助海关进行风险评估和加快通关速度。海关电子数据信息交换系统应当包括交换出口交易情况、海关监管结果及进口到岸通知等。 **“不得装货”、“不得卸货”通知**:海关应该建立一个专门的系统,对不得装、卸的货物签发“不得装货”、“不得卸货”通知。此类通知应该在企业向海关递交风险评估所需的数据后的一个特定时限内发出。 **申报时限**:向进出口海关递交货物申报的确切时间,应该在对不同地理环境、不同运输方式下各种贸易流程进行认真分析,并与企业及其他有关政府机构的磋商之后,在国家法律中明确规定下来。无论其贸易运输方式如何,海关均应为经认证的经营者提供平等的享受简化通关便利的机会。但是,为了在最低程度上确保执法的一致性,避免对不同运输方式的不平等要求,海关要求的提前申报时间不得早于以下规定: (1)海运 -集装箱货物:在离境口岸装船前24小时。 -大宗货物/散货:在运抵目的国第一个口岸前24小时。 (2)空运 -短途货物:飞机起飞时。 -长途货物:在运抵目的国第一个口岸前4小时。 (3)铁路 -在运抵目的国第一个口岸前2小时。 (4)公路 -在运抵目的国第一个口岸前1小时。 世界海关组织数据模型:海关应确保其信息技术(IT)系统互相可通用,并且是基于公开标准基础上的,因此,海关应采用世界海关组织的海关数据模型。该模型基本包括了进出口手续所需的所有数据项目,还为有关货物申报提供了统一的电子信息格式。 单一窗口:政府应当在海关和其他与国际贸易有关的政府机构间建立合作机制,促进国际贸易数据的顺畅流转(单一窗口理念)及在国家和国际层面上共享风险情报。在这种机制下,贸易商只需以电子形式向一个指定机构(最好是海关)一次性递交进出口所需信息。在这种模式下,海关应当与全球供应链中的商业运作及信息流转紧密结合,如使用发票、购货订单等商业单据作为进出口申报时提交的电子单据。
经认证的供应链	**经认证的经营者**:经认证的经营者在向海关递交符合最低要求的信息以后,应当被授予享受简化、快速通关便利的权利。海关安全标准的内容包括:企业在遵守海关规定方面良好的纪录;企业通过参加“海关与商界”伙伴关系项目,在保护供应链安全方面有可供证明的承诺;令人满意的商业账册管理系统。海关与海关之间应当互相认可企业获得的经对方认证的经营者地位。 **经认证的供应链**:经海关认证,国际贸易各环节的所有参与者在货物及有关信息的处理过程中,都遵守有关指定的要求。在该供应链内,货物从产地到目的地都将享受一体化的进出口简化流程,在简化申报中只需提供最小限度的进出口信息。

在海关一体化监管链中，为保障安全而实施的海关监管和风险评估，是一个持续的、由多方共同参与的过程，是自出口商准备出口货物时起，贯穿于整个确保货物完整性的连贯过程。IT 技术的运用在保障贸易安全和促进贸易便捷中起着重要的作用，为此，WCO 专门就海关应用自动化技术准备了详尽的指南①以开发新系统或完善现有的海关信息通讯技术系统，在电子数据交换标准、世界海关组织数据模型、信息通讯技术安全、数据保密和数据保护等方面提供了具体建议。一体化海关监管链使贸易商可以提前向出口地和进口地海关提交货物申报。如果企业也能实施数字证书的互认，则对各方都十分有益，这意味着企业可以向接受并认可该证书的海关提交数字签名的电子信息。数字化证书的互认能够在提高安全性的同时为贸易商提供贸易便利，简化通关手续。

为最大限度地发挥一体化供应链管理机制的作用，创造安全与便捷的贸易环境，WCO 建议尽可能使用经营者的商务系统，并对其进行审计以达到海关的要求。尤其是在经认证的供应链中，由于海关有可能在线进入相关各方的商务系统，一旦保密或法律问题得到解决，海关就拥有了获取更真实信息的渠道，并可能进一步简化手续。另一例子是在货运服务系统中，运输链中相关方在港口或机场建立了一套电子系统，通过此系统交换所有相关货物和运输数据。只要这些系统包括海关需要的信息，海关应考虑加入，并可按其目的提取所需数据。

10.5 先行尝试 AEO 制度，促进上海国际贸易中心建设

2001 年，国务院正式确立了上海“国际经济、金融、贸易、航运中心”的战略发展定位。2009 年，商务部与上海市签署合作协议，共同推进上海国际贸易中心建设。这是继国际金融中心和国际航运中心这一国家战略目标确立之后，上海推出的又一项重大举措。国际贸易中心并不是纯粹的买卖中心，而是供应链的管理中心。从生产到消费的整个过程来看，贸易的功能本质上就是实现交换，贸易是从生产到消费的中介，任何一次贸易过程都涉及商流、信息流、资金流和物流，归根到底，贸易就是要使这“四个流”得以畅通。国际贸易中心建设同国际金融中心和国际航运中心的建设密不可分。科斯的交易成本理论告诉我们，贸易就是要使交易成本最小化，国际贸易中心也就是要达到这个目标，使全球商品流通集聚于此并扩散出去。

上海作为中国最大的对外开放口岸，历史上曾两度成为中国乃至世界的贸易

① 《〈京都公约〉信息通讯技术指南》及《世界海关组织海关计算机化纲要》。

中心。第一次在上世纪二三十年代，口岸大门洞开，被誉为“东方巴黎”。第二次是计划经济时期，作为中国最大的工商城市，上海拥有大量的可供商品，并以特定的三级批发贸易体制，占据了中国流通市场的中心位置。上世纪80年代后，批发体系被打破，各地的商品经济也蓬勃兴起，上海的贸易中心地位受到严重冲击。改革开放以来，历史又一次给上海创造了机遇，经过十多年的努力，上海凭借其通江达海的地理位置、吞吐量居世界第一的海港码头、传统的外贸优势、雄厚的工业基础、足够的城市经济规模、四通八达立体化的海陆空交通网络、信息化的现代通讯手段、比较宽松的国际贸易环境和政策导向、一定的国际贸易服务体系和管理机构、开放的浦东作为对外开放的前沿阵地、中国最具实力的长三角腹地依托及对于长江沿线中西部的辐射影响力的优势，重新成了中国最大的商业城市和外贸港口。目前，上海的“购物天堂”在硬件上已经足以同东京、巴黎等国际大都市相媲美，上海国际贸易流量已占全国的1/3，服务贸易占全国的1/5，双双位居全国前列，在世界上也占有一席之地，国际贸易的经营主体也开始呈现多元化格局。2008年在沪的外贸企业累计34 679家，上海对国际市场的影响越来越大。有数据显示，上海港口岸已拥有以洋山深水港为代表的对外开放公用码头20个，与全球200多个国家（地区）的500多个港口建立了贸易往来。在空港口岸方面，在沪从事国际航空运营业务的航空公司达58家，通航98个国外城市和地区，全球十大物流企业和二十大船公司的分支机构或办事处已全部入驻上海。2009年，上海港货物吞吐量5.9亿吨，继续保持世界第一，集装箱吞吐量2 500万TEU，继续保持世界第二；集装箱国际中转和水水中转比例分别达到5.7%和40.1%；浦东国际机场货邮吞吐量297.96万吨，位居全球第三；上海海关监管进出口货物总值5 154.9亿美元、运输工具17.16万艘（架、辆）、征税入库1 955亿元、统计报关单1 387.7万份，各项主要业务指标均列全国海关首位。

由于对外开放的水平高、参与全球化的程度深、对外依赖度大，因此受国际金融危机的影响也更为直接。据上海海关统计，2009年以来上海口岸外贸进出口继续延续下降态势，前4个月进出口总值为1 881亿美元，比去年同期下降25.6%，其中：进口717亿美元，下降30%；出口1 164.8亿美元，下降22.6%。

在这样的情况下，先行尝试AEO制度，将为国际贸易中心的建设创造便捷和安全国际贸易环境，吸引更多的国际贸易来沪集聚。这既是当前应对国际金融危机的有力举措，也是上海建设国际贸易中心的必要条件。为此，我们建议从以下几个方面着手AEO制度的创建与推行工作（见表10-10）。

表 10－10　AEO 制度建设的现状与建议

项目	目前现状	建议
企业认证	中国海关于2008年正式实施了《海关企业分类管理办法》。该办法按照企业守法水平和信用度高低对有关企业进行评估、分类，设置了AA、A、B、C、D共5个管理类别。其中，AA类企业需经海关验证稽查，符合海关管理、企业经营管理和贸易安全的要求，可将其视为中国的AEO。 AA类企业仅适用于进出口收发货人和报关企业。而中小企业个体由于实力和国际贸易影响力较弱，不能建立起自己的供应链安全标准，对国际贸易的运作流程也较为生疏，海关关于企业经营规模的限制，如“上一年度进出口总值3 000万美元（中西部1 000万美元）以上或缴纳税款人民币3 000万元（中西部1 000万元）以上”（进出口货物收发货人），或者符合“上一年度代理申报的进出口报关单及进出境备案清单总量在2万票（中西部5 000票）以上”（报关企业）的标准，更使中小企业无法或无力得到这个优惠。这种贸易条件上的差异将使越来越多的中小企业处于竞争劣势，并最终可能被挤出国际贸易队伍。 中国海关签署实施《全球贸易安全与便利化标准框架》意向书后，通过确定贸易安全验证的要求及与欧盟开展“中欧安全智能贸易航线试点计划”来实施。2007年，中英、中荷各选取了5对企业参与，中欧双方对各自的AEO制度（欧盟为AEO，中国为AA类企业）的标准、验证稽查、好处、撤销、申诉等进行对比，并互派人员对AEO申请、验证稽查、认证过程进行跟班作业，在完成对比之后开展正式的AEO互认合作。2008年，中国海关总署又与美国边境与海关保护局签署联合声明，启动中美供应链安全联合验证试点。试点以中方为主，美方提供技术支持，参照美国C-TPAT（海关—商界反恐伙伴计划）最低安全标准执行。迄今为止，在广州和东莞进行了两次联合试点工作，总共有18家企业参加验证，17家验证通过。	推行AEO制度是一个长期、复杂的过程，完成认证和实施严格管理有一定的成本，过早地将大部分企业列入此范围，会使他们因成本过高而受到负面影响。鉴于我国的中小企业普遍实力较弱的国情，商界的范围可以大企业为主，在适当的时机逐步推广到中小企业。但需要指出的是，区分大企业与中小企业的标准应是灵活的、动态的及开放的，这样才能最大限度地保证在执行过程中的非歧视性。 在现有海关人力、物力资源条件下，充分发挥各类行业协会的作用，与行业协会定期磋商，使海关的政策措施借助行业协会的渠道更好更快的让企业知晓，也可使行业协会向海关反映本行业企业的愿望与要求，形成意见交流的固定机制。同时，海关也可授权委托行业协会就本行业企业的供应链安全、行业数据统计、行业标准制定等问题进行调研，并采用购买该调研报告的形式来达到支持行业协会的目的。目前，可以先在一些条件较为成熟的协会组织，如中国口岸协会、中国报关协会等试点开展。各级海关还可利用互联网、公告栏、各类报纸杂志等开展宣传，并适时对企业人员进行培训，广泛介绍AEO制度，提高认知度，为AEO制度的全面推广实施打好基础。 在法律授权的情况下，将AEO制度逐渐推广至国际货物供应链的所有参与者。

续表

项目	目前现状	建议
安全监管措施	大力保障贸易物流安全:上海海关充分运用现代科技手段提高实际监管效能,确保在“管得住”的前提下实现“通得快”。目前,已对所有承运海关监管货物的运输车辆安装了 GPS 定位系统,实时监控运输车辆的路线和时间;运用 H986 大型集装箱检查系统对进出口货物实施非侵入式查验;对保税区、出口加工区等特殊区域实行“封闭式围网管理,24 小时卡口值守,区域内巡逻监管”;始终保持打击走私高压态势,密切与地方公安、工商、边防等执法部门的协作配合,完善上海地区反走私社会综合防控体系,切实维护社会经济稳定和口岸贸易秩序。同时,深入开展国际合作,“中美集装箱安全倡议”总体进展顺利,而“中美特大型港口计划”和“中欧安全智能贸易航线试点计划”两项国际合作也落户上海,由此将进一步保证国际贸易供应链和航运安全。	大力提高实际监管效能:充分发挥大型集装箱检查设备及各类检查仪器的使用效能,尽可能减少对货物外包装的破坏,逐步实现非侵入式查验;继续开发完善现有智能化手段(如 GPS、电子关锁等)在物流监控中的使用效能,有效防范非监管车辆承运海关监管货物及可能出现的迂回运输和偷换货物的风险;加强对监管现场、隶属海关、职能部门之间点、线、面结合的科技网络建设,运用信息网络和视频监控技术,建立互动互通“在线监管”监控新机制;着力推进电子卡口控制与联网系统的实际应用,并通过电子关锁、电子卡口管理的相互配合,实现电子关锁自动化管理,杜绝监管场所偷货、换货行为的发生。
便利通关措施	2007 年,上海海关率先开展了分类通关改革试点工作,突破“逐票监管、平均用力”的传统监管方式,以企业资信为基础,综合商品归类、价格、许可证件等信息的风险分析,将全部进出口货物划分为四个风险等级,对应实施不同便利程度的通关模式:对“高资信企业”货物,分别实行“无纸通关、企业单证暂存”和“无纸通关、企业事后交单”作业,计算机自动完成审核、放行等操作,实现通关全程无纸化;对“低风险无证无税”货物,采取“自动验放”,除必要的签印等人工作业外,其余操作均由计算机自动完成;对“低风险涉证涉税”货物,实施“快速验放”,人工进行证件审核、税费征收等操作,快速完成货物验放;对“高风险货物”进行重点审核,并加大实际查验力度。该措施实现了对进出境运输工具、货物的风险识别和有效处置,在确保海关有效监管的同时,切实便利了货物通关。	1. 进一步实施并完善提前报关、便捷通关、特定区域快速通关、接放一体化作业、空运直通式通关等具有首创意义和示范效应的改革项目,提高口岸通关效率。 根据海关总署统一部署,按照“先口岸、后区域”、“先海运、后空运”及“边试点、边评估、边推广”的原则,将所有进口业务现场及海关特殊监管区域区内货物出境环节纳入改革试点范围。 2. 积极总结上海海关驻世博会园区监管服务中心在统筹各方资源、加强联系互动、努力构建高效便捷的世博通关监管模式及在世博园区内实施“零距离”监管服务的经验,创建上海口岸通关环境的安全与便利。

续表

项目	目前现状	建议
便利通关措施	截至目前，上海海关所有海、空运(含快件)出口业务现场、部分进口业务现场及海关特殊监管区域国内货物出口入区环节均已实施此项改革，取得较为显著的初步成效，近九成的出口单证实现自动验放或快速验放，海关作业平均时间缩短一半，进一步减少了企业通关时间和贸易成本。2010年，该项改革拓展至上海海关所有进口业务现场及海关特殊监管区域区内货物出境环节，并逐步在全国海关范围内推广。	3. 应用无纸化的作业方式，实现真正意义上的电子通关，逐步以电子数据替代纸质单证流转；积极探索两次申报的管理模式，在舱单法定提前申报的支持下，守法水平高的企业简单申报后，海关先办理查验放行手续，企业可在规定时间内向海关申报报关单数据，办理补充申报、复核、征收税费等手续；实行集约化接单管理，对需提交纸质单证的，综合利用电子排队、电子派单、信箱接单等手段，使纸质单证审核工作逐步转向后台作业，实现“柜台渐短，人员后移”，把纸质单证作业对通关过程的影响降到最低，切实提高贸易效率；深入推行预估价、预归类，准确定位进出口货物的商品应税要素，减少因工作异议对通关过程的干预，促进贸易便利化。 4. 积极推进区域通关改革，通过“简化和规范转关运输”及推广“属地申报、口岸验放”模式，方便内陆地区对外贸易“借道”上海走向世界，增强上海的贸易枢纽地位和功能。目前，改革范围已扩大至全国19省(自治区)2市，适用企业1 500多家，从属地海关接单到口岸海关放行最快仅需1小时。 5. 支持发展各种新型转关业务，实现进出口货物在上海口岸与国内其他地区、口岸之间的快速流动，吸引更多国际贸易货物选择上海口岸进出口和中转。

续表

项目	目前现状	建议
信息化建设	中国海关早在1999年就参与了中国电子口岸建设,利用现代信息技术,将市商委、海关、检验检疫、工商、税务、外汇、运输等部门的进出口业务信息流、资金流、货物流的电子底账数据集中存放在一个公共数据中心,实现跨部门、跨行业的数据核查,同时为用户提供"一站式"口岸通关物流信息服务。2004年10月,上海海关与上海市政府签订合作备忘录,正式启动上海电子口岸,目前上线运行项目已达71个,用户逾6万家,海关税款电子化支付率达73.14%,并实现长三角地区税费电子支付一体化。	1. 提升上海口岸通关信息化水平。结合海关大监管体系建设,加快研究应用海关H2010通关管理系统,构建能够按业务发展和改革要求随需应变的信息系统体系架构,推动海关信息系统优化整合,为企业通关提供更加快捷的服务。 2. 深化上海电子口岸建设。完善上海电子口岸平台无障碍接入和联通模式,实现与中国电子口岸平台的高效数据传输。在苏、浙、沪三地政府"大通关"合作框架内,加快地方电子口岸的联网合作,推动长三角地区电子口岸互联互通,逐步建立统一的长三角、长江流域进出货物信息平台。积极筹划跨地区合作,努力将上海电子口岸的服务范围延伸至长江流域和中西部地区。拓展上海电子口岸应用范围,为制造、商贸、物流等行业打造供应链信息服务平台和应用系统,在更高的层次上提供优质服务。 3. 探索建立上海国际航运中心综合信息平台。以地方电子口岸为依托,整合现有各类信息平台,拓展适用范围,信息网络覆盖至关、检、港、船、货主和代理企业,形成港口、航运、物流、监管等信息共享的应用体系,拓展口岸信息化建设的深度和广度,提升航运的信息化服务能力。 4. 积极探索物联网应用服务。作为新一代"信息高速公路"的物联网,是通过射频识别(RFID)、红外感应器、全球定位系统、激光扫描器等信息传感设备,按约定的协议,把任何物品与互联网连接起来,进行信息交换和通讯,以实现智能化识别、定位、跟踪、监控和管理的

续表

项目	目前现状	建议
信息化建设	深入推进政务公开，完善上海海关门户网站，建立“网上政务服务大厅”，方便企业办理海关各项手续，切实保障社会公众获取和利用信息的合法权益。加大行风建设力度，应用“咨询投诉受理中心管理平台”和“行风社会满意度监测系统”，畅通关企之间沟通联系的渠道，强化社会监督，增强执法统一性和透明度。与口岸相关管理部门共同签订《上海口岸廉政共建协议》，优化口岸通关环境。 随着电子总署、电子海关和电子口岸的建设，中国海关门户网站体系也已初步建成。	一种网络。一方面，电子标签作为货物唯一的“身份证号码”，将涵盖货物从“出生”到“死亡”的全过程，包含难以穷尽的货物（静态、动态）信息。海关等口岸管理部门可探索通过对进出口货物“粘贴”电子标签，把货物与物联网连接起来，为关企提供实时准确的货物属性（如应税要素、证照管理等）、通关、报检信息、运输工具跟踪定位和路径选择、物流网络设计与优化等服务，在确保货物通关的便利与安全的同时提升企业的综合竞争能力。另一方面，海关监管业务模式也将随着物联网的应用发生根本性变革，海关通关系统、风险分析系统、统计系统等业务模块将借助物联网手段进一步发挥效能，真正达到通关流程无纸化、高精确低风险分类通关、智能统计及非接触式查验等效果，极大地提高工作效率，降低工作强度，减轻工作负担，使“耳聪目明型”海关向“智慧型”海关转变，最终推动贸易便利化的跨越式发展，从而贸易便利化也将进入“智慧时代”。
单一窗口	近年来，各口岸管理部门均积极采取措施，不断提高通关效率，取得了明显的成效。例如，上海检验检疫部门宣布了六条政策，包括：开展预检验模式的试点和推广，推进进口贸易基地的建设和发展；探索在保税物流过程中实施“一站式”检验检疫的工作机制，重点推进外高桥工程机械进出口贸易的发展等。其中，“仓库待检”是上海检验检疫局为刚刚封关起运的浦东机场综合保税区特别推出的一项支持措施，即对特殊商品实行预约制度下的上门查验服务。有了这项措施，一些因本身复杂不易拆箱的仪器设备等，在申请待检获批后，便可以安慰地“躺”在集装箱中等待随时入库，而不必专门运到检验检疫部门指定的查验点。	1. 建议借鉴国际经验，建立“单一窗口”制度，企业只需向一个部门或一个信息系统申报，即完成所有口岸通关手续，将大幅提高口岸通关便利化程度。目前，国际上“单一窗口”有多种模式，结合我国口岸管理的实际情况，可以从以下两种模式中加以选择： (1)单一政府机构模式。由一个政府机构统一接受纸面和电子数据申报信息，传递给相关政府部门，协调各部门监管活动，各部门完成相关手续后，将信息汇总至该机构或系统，由其统一对外发布。

续表

项目	目前现状	建议
单一窗口	海关已树立了"关企合作伙伴关系"的新型服务理念,在现行法制、政策允许的范围内最大限度地为企业提供便利措施。然而,由于口岸执法部门较多,涉及边防、海关、检验检疫、税务、外汇管理等部门,事权较为分散,通关环节条块分割的口岸管理体制使口岸通关事务协调比较困难,社会各界对口岸通关的整体效率仍不十分满意。以上海口岸为例,进口货物平均通关时间 4.3 天,其中海关环节的通关时间平均为 0.73 天,占整个口岸通关中时间的 17%;出口货物平均通关时间 1.47 天,其中海关作业时间 0.2 天,占口岸平均通关时间的 14%。因此,高类别的企业可享受的优惠措施极其有限。 提高口岸通关整体效率最理想的方式,是由一个部门统一管理口岸通关事宜。但这种方式涉及口岸管理体制和国家机构设置的重大调整,在一段时间内难以实现。目前,上海推进"大通关"系统工程,密切海关与检验检疫、港务、船代、空运代理、货代、仓储等部门的联系配合,实现对企业"一站式"服务,有效提高口岸整体工作效率,并在全国率先实行"5+2 天"通关工作制,使上海口岸真正成为"365 天,天天能通关"的无休港。	(2)单一信息系统模式。建立一个由公共管理部门或由商界负责管理、实施的信息采集和传送自动化系统,通过电子方式将采集、使用、传送跨边境贸易活动相关数据融为一体,贸易商只需提交一次标准数据,系统就会自动处理并传递到相关部门。 建立"单一窗口"将会对现行口岸管理体制和各部门、各方面的利益分配造成重大影响。为有效推动该项工作,建议采取上述第二种模式,即单一信息系统模式。在具体推进过程中,由于口岸通关涉及众多政府部门和相关单位,建议以推进报关报检"一单两报"为突破口,先行整合一些关键部门信息和操作流程,发挥"单一窗口"制度的优势和效应,逐步建立健全统一的信息系统,将各部门、各单位的信息有序地纳入,最终实现完全建立"单一窗口"的目标。 2. 探索各口岸相关单位之间的联动协作机制。进一步深化通关单信息联网核查,将关检联动协作扩大到更广阔的领域。以推进关检联动为突破口,探索建立各口岸查验单位、运营单位及服务单位信息互联互通、联动协作的工作机制,并逐步推广到长三角地区和长江流域。 3. 整合优化口岸通关服务布局。根据口岸区域不断迁移和监管政策不断调整的特点,及时落实配套设施建设与布局调整,在上海航运交易所、机场、外港、洋山等航运业务集中和通关业务繁忙的区域,设立"一门式"的通关业务办理场所,努力探索"单一窗口"模式,为企业办理相关业务提供优质服务。

续表

项目	目前现状	建议
经认证的供应链	目前，中国的AA类企业仅适用于进出口收发货人和报关企业，并未惠及国际货物供应链的所有参与者。按照经认证的供应链的要求，凡经海关认证，国际贸易各环节的所有参与者在货物及有关信息的处理过程中，都要遵守有关指定的要求。在该供应链内，货物从产地到目的地的整个流程都将享受一体化的进出口简化流程，在简化申报中只需提供最小限度的进出口信息。	1. 统一实施企业诚信管理。加强诚信体系建设是净化口岸通关服务环境，实施风险管理的重要基础。要加快制定科学、合理、统一的口岸管理评价指标，对外贸经营企业、货运代理企业、报关企业的诚信度进行合理评估，推动口岸相关管理单位互认评估结果，加快通关代理企业诚信建设，不断优化口岸贸易环境。 2. 依靠广阔的长三角腹地作为支撑，抓紧建立合作共赢、联动发展的新机制，加强长三角区域物流规划的协调和配合。 (1)进一步深化区域通关改革。进一步扩大适用“属地申报、口岸验放”通关模式的企业范围，将区域通关向长三角区域内保税监管货物延伸，促进长三角区域物流的无缝连接。将联程中转项目实施试点城市向长三角区域内的空港城市拓展，对国际、国内双向中转旅客实施“联程中转，行李直挂”的中转模式，进一步简化进出境旅客的中转手续。 (2)建立区域虚拟审单中心。长三角四海关的统计报关单量占全国海关的40%以上，建设区域虚拟审单中心是区域通关改革“3 + 1”模式的重要组成部分，对于长三角海关统一执法标准、确保有效监管、完善监督制约机制、提高整体执法水平，具有十分重要的意义。建议以统一的H2000数据平台为依托，合理分配区域电子数据报关单，在总署相关职能部门、外脑机构、区域内海关共同支持和参与下，形成计算机电子审单、虚拟审单中心专业化审单和现场海关接单审核等各环节相互衔接、

续表

项目	目前现状	建议
		联系畅通、协调高效的长三角区域审单作业新模式。实现区域内归类、价格认定的规范统一,进一步增强海关执法的集约性、统一性和严密性,提升海关管理资源的利用效率。 (3)全面推进"水水中转"监管模式。研究实施长江沿岸到洋山港直达船的"水水中转"监管模式,充分发挥长江黄金水道的外贸通道功能;积极推进"陆改水"作业试点,完善外贸货物通过内河转运的海关监管模式;推动保税货物"水水中转",以水路转关形式将国内货物配送至保税港区内仓储,推动构建长三角地区内河集疏运网。
经认证的供应链	目前,中国在延长供应链方面所做的工作如下:已经签订42个双边海关协议,涉及57个国家(地区),如"安智贸"试点计划、中哈边境海关联合监管作业试点等。实施WCO《全球贸易与安全便利框架》,加入APEC贸易便利行动计划及大湄公河次区域海关合作,参与GMS便利跨境客货运输框架协定的谈判等。	(4)建立舱单审核中心。长三角地区海港、空港网点密集,区位优势明显,进出口货运总量占全国海关的1/5,海关对进出境运输工具和进出口货物的实际监管较为集中。建议结合《中华人民共和国进出境运输工具舱单管理办法》的实施,在上海关区设立舱单审核中心,整合长三角地区海关监管资源,对全国海关的海、空运舱单实施集中审核和风险分析处置,并开展相关联系、沟通和咨询工作,进一步提升海关舱单管理水平,统一和规范长三角地区海关舱单作业,全面提高长三角海关的风险防控和通关服务能力。 (5)建立区域业务协调机制和应急保障机制。针对长三角区域内各海关按行政区划自成一体、发展战略和规划各自独立、政出多门的特点,建议比照长三角地方行政"六巨头"会议的形式,每年定期召开长三角区域直属海关关长联席会议,共同商讨、协调区域内的重大管理问题,统筹规划区域内海关的重大

续表

项目	目前现状	建议
经认证的供应链		改革项目和合作项目，协调改革进度，对长三角海关的执法协调作出制度性安排，为统一区域执法奠定制度基础。同时，建立应急保障机制，在区域内制定通关应急预案，建立值班制度，遇有突发事件，及时沟通，协调解决，以提高区域的整体快速反应能力。 (6)推进通关中介代理企业信用互认。目前，海关、检验检疫等口岸管理部门都有自己的企业分类标准，不利于统一管理。要加快制定科学、合理、统一的评价指标，对企业的诚信度进行合理的评估，推动口岸相关管理单位互认评估结果，实现同等类别企业在长三角口岸各管理单位间，适用相同的管理服务措施，为形成长三角统一市场奠定基础。 (7)加强制度建设与国际合作。大力推进CSI、"安智贸"、大型港口项目(MI)、AEO制度、风险管理、能力建设等项目合作计划，建立、巩固和发展中国海关与世界各国海关的友好合作关系，有选择地与我国主要贸易大国和周边国家(地区)海关建立并发展长期、稳定的战略合作伙伴关系，扩展我国在国际海关中的盟友，为我国海关更加深入、广泛地参加多边和区域海关合作创造良好的外部环境。

11 完善海关对企业的监管模式

随着经济全球化进程的加快，国际贸易迅猛发展，企业要求贸易便利与安全的呼声也日渐高涨。WTO 目前对贸易安全与便利的关注主要集中在海关和跨境制度上，特别是在国际物流新发展和“零库存”等经营方式对“无障碍通关”的要求下，对海关通关监管效能提出了更高的要求。海关总署原署长牟新生指出，实现国际贸易的安全与便利是当前形势下世界各国海关的共同任务，各成员海关要进一步加强对话与合作，努力维护世界海关组织的权威，认同世界海关组织的战略目标，积极响应世界海关组织的倡议，承担义不容辞的责任和义务，从而最大限度地实现互利共赢。

在 2009 年 10 月 21 日闭幕的“推进贸易便利化——中国—东盟海关与商界合作主题论坛”上，与会代表一致通过《中国—东盟贸易便利化南宁倡议》，呼吁共同推动贸易便利化的深入发展。此次论坛就推进本区域贸易便利化进行了富有成效的研讨并达成四点共识：一是推进贸易便利化，对于促进国际贸易和世界经济的发展具有重要的普遍意义；二是在当前国际金融危机形势依然严峻的背景下，加快推进贸易便利化，对于促进中国和东盟各国对外贸易和经济的健康、稳定发展更具有重要的特殊意义；三是中国和东盟各国应当按照 WTO 贸易便利化的原则，共同推进贸易便利化，促进中国—东盟自由贸易区的建设，为在更广的范围推进贸易便利化发挥积极的示范作用；四是中国和东盟各国的商界作为贸易便利化的重要推动力量和最直接的受惠者，应当在推进贸易便利化发展过程中发挥更加积极的作用。基于上述共识，《中国—东盟贸易便利化南宁倡议》呼吁：关注 WTO 谈判中关于成立国家贸易便利化委员会的倡议，积极实施世界海关组织《全球贸易安全与便利标准框架》，加大推进本国贸易便利化的力度；加强中国和东盟各国的贸易便利化合作，建立中国和东盟各国海关及相关政府机构之间的合作机制，推进监管互认、执法互助、信息互换等方面的务实合作；建立中国和东盟各国海关及相关政府机构与商界建立更为紧密的战略合作伙伴关系，提高合作水平，加强行业自律和守法经营，共同推动贸易便利化的深入发展。同年 11 月 16 日，由海关总署和陕西省人民政府共同主办、西安市人民政府承办的“欧亚经济论坛海关与商界合作峰会”在西安召开，峰会以“贸易安全与便利”

为主题，旨在改善欧亚地区贸易环境，推动区域经济合作发展。峰会上，中国与哈萨克斯坦、吉尔吉斯斯坦、俄罗斯等欧亚七国海关负责人及上海合作组织秘书处、商界代表共同通过了《推进贸易安全与便利西安倡议》，呼吁共同推进贸易安全与便利。与会各国代表达成共识：当前国际金融危机形势依然严峻，贸易保护主义有所抬头，加快推进贸易便利化，对于应对金融危机挑战、消除贸易壁垒、营造更加公平开放的贸易环境、促进本地区各国经济贸易的健康持续发展具有重要意义。

11.1 海关对企业监管的现状及存在问题分析

一、海关对企业监管的基本内容

海关对企业监管的基本任务就是根据海关法和国家有关法规监督管理企业进出口及与进出口有关的经营活动的真实性和合法性。海关对企业监管是进出口货物监管的基础性业务，贯穿于进出口货物的前期、中期和后期。企业进出口货物是否具备资格、是否符合法律法规的规范、是否完备有关程序和手续，都是海关对企业监管的内容，具体包括以下四点。

1. 资格监管

这主要指办理企业的注册登记、备案。这是海关对企业监管的基础性工作，是海关对企业监管的一项基本制度。

2. 行为规范

这是海关监管企业业务的重要组成部分，也是今后需要重点加强的海关工作之一。行为规范作为一种行政执法，要解决的问题是企业能做什么、不能做什么，从事有关业务应该遵守什么样的规则，有什么义务，当然，其中也包括能享受什么样的权利，有什么样的资信，违反特定的规矩应承担什么样的法律责任等。

3. 海关稽查

对企业实施稽查，也是海关监管企业的重要内容。稽查既是一项制度，也是一种手段，实际上是为规范企业活动而进行的管理。实施海关稽查制度，可以扩大海关监管的时空，在保证进出口合法真实的前提下，最大限度地简化海关手续，达到既方便进出又严密监管的目的。

4. 企业信息档案监管

对企业信息档案进行监管是海关对企业监管的基础性工作，贯穿于资格监管和行为规范中，并直接作用于通关环节。其主要内容是建立、维护和管理以企业为单元的信息档案电子数据库。企业信息档案监管实际上是与海关对企业资格监管、行为规范、稽查及海关整个通关监管相配套的工作。

二、海关对企业监管的现状

近年来，全球货物流通日益频繁，中国进出口贸易迅猛发展，这样的贸易环境对海关和企业皆提出了更高的要求：海关要通过提高通关效率，优化贸易便利化措施，以最大限度降低企业的通关成本；企业也要诚信守法经营，并规范安全运作模式。中国海关面临贸易便利高效运作与更加突出的严密监管、业务量日益增长与监管资源相对不足的双重矛盾，与此同时，反恐、贸易安全、知识产权海关保护等非传统任务的不断加重亦对海关监管提出了挑战。综上，以企业为监管单元，以守法便利为核心原则，运用信用和风险管理的理念与手段，实施对企业的分类管理，就成为海关监管的必然选择，也与世界海关的发展趋势相契合，并符合《全球贸易安全与便利化标准框架》的基本要求。

自2008年4月1日《中华人民共和国海关企业分类管理办法》实施以来，截至2009年7月，全国海关共有AA类企业1 230家、A类企业19 068家、B类企业587 844家、C类企业1 080家、D类企业390家。企业分类管理对AA类、A类高信用企业简化了通关手续，对B类企业实施常规监管，加强了对C类、D类低信用企业的控制。实施企业分类管理，从海关自身发展的角度看，既简化了对高信用企业的通关手续，又加强了对低信用企业的控制，还可以有效减少监管资源的无效投入，进一步优化监管资源合理配置。以维护守法企业权益为目标，对不同类别的企业实施差别管理，是对企业守法自律、安全经营的认可和鼓励，是海关制定的通关便利措施及服务承诺的具体落实，使守法企业能够得到实实在在的通关便利。

对企业实施分类管理是以海关与企业合作为基础的，海关与企业之间已不再是简单的管理与被管理的关系，其合作具体体现在：对愿意与海关合作且管理规范的高信用企业，海关给予高效通关便利；对管理不规范或有走私违规行为的企业，海关对其严密监管的同时，还要引导其守法自律，帮助企业整改，鼓励企业申请更高的管理类别，以获得海关通关便利。

三、海关对企业监管存在的问题

随着实践探索的深入、监管手段的创新和服务意识的增强，对企业实施分类管理及其应用的成果已初步显现。首先，海关甄别与处置风险的能力有了明显提高，海关的监管效能得到有效提升。海关针对不同企业的不同商品的风险特征及大小，有目的性地整合监管资源，从而有效地加大了对高风险企业的监管与稽查力度。其次，口岸的通关速度逐步加快，进出口企业货物流通效率也有了明显提高。在通关流程中，根据不同企业的特点与守法状况，海关实行了海空运货物进口“提前报关、货到验放”，出口“提前报关、无纸通关及便捷通关”等新型通关作业模式。从总体上看，目前海关与企业的关系已初步呈现执法守法、合作双赢的良好态势。

然而，从既能保证贸易安全，又能促进贸易便利，以实现安全与便利兼顾的角度出发，当前我国海关在对企业实施监管以构建关企合作伙伴关系方面尚存在如下问题：

1. 企业信用等级门槛过高

AA类企业作为我国海关的AEO本无可厚非，但由于《中华人民共和国海关企业分类管理办法》对AA类企业作出上一年度进出口总值需超过3 000万美元的资格限定，这无疑把广大中小企业排挤出了AEO的范围，似乎有悖《全球贸易安全与便利化标准框架》的准则。海关与企业的合作伙伴关系是以双方良好的信任为基础的，因此，只有海关充分掌握企业的守法状况，企业也全面了解海关的执法过程，双方才会产生信任。随着现代科学技术的快速发展，海关完全有能力开发并建立企业诚信守法档案数据库，以真实客观地记录企业在监管过程中的行为轨迹，并依据事先建立的企业守法评估模型标准对企业的信用等级进行评分。年度进出口值仅代表企业的对外贸易水平，而与企业信用等级并没有必然的联系，因此，建立海关与企业的合作伙伴关系应严格按照《全球贸易安全与便利化标准框架》规定的海关与商界合作伙伴关系的标准进行，不应人为地设置“准入门”条件，否则不仅对中小企业不公平，而且也不利于我国与美国、欧盟等开展贸易便利谈判。

2. 贸易安全评估标准需进一步明确

依据2008年海关总署颁布实施的《中华人民共和国海关企业分类管理办法》，对企业守法记录的评估已成为评价企业的主要内容，而贸易安全方面的内容仅在AA类企业评估标准第3条中稍有体现，很难直接用于实际操作。之后颁布的实施细则与规范性文件也未对企业贸易安全评估标准、评估要求、评估方式等内容作出明确规定。现行的海关企业分类管理制度仍是以企业诚信守法为唯一导向的，对供应链的安全评估仍然停留在起步阶段，还未形成可操作性的制度规范。面对当前贸易安全形势，现存较为模糊的企业贸易安全评估标准无法满足对贸易供应链中企业的安全状况进行规范、统一评估的需要。在无法掌握真实的供应链安全状况的情况下，海关如实施多方位关企合作，会给贸易安全带来非常大的风险。

3. 风险管理仍未完全应用于整个通关作业流程

虽然目前我国海关各部门的风险管理意识已基本确立，也有了相对应的风险分析技术及手段，但风险管理的理念与手段仍没有真正深度地融合到通关作业流程的各个环节中，还无法成为提高海关监管效能的得力工具。在服务职能管理方面，海关各部门使用各自独立的分析监控系统，检测到的风险信息皆以部门渠道向其各级领导报送，这些信息都是分散的，各系统之间的信息无法共享，彼此间缺乏相互配合，缺乏实现职能监管的共享平台；在指导现场作业方面，没有实时传递信息及快速识别风险的配套辅助系统，因为风险信息不能直接作用于一线通关现场，无法缓解一线现场的执法压力，所以一线通关现场的海关监管目前尚无法实现“有的放矢”。

4. 信息化管理水平参差不齐

在建立了信息化的数据系统的基础上，还要实现数据内部交换、内部与外部交换及外部各系统间的数据交换，如此才能构建一个四通八达的现代化物流信息网。然而，目前我国只有上海、深圳、大连等少数港口的海关实现了通关作业流程的信息化，无纸化的电子通关作业模式还没有全面开展，尤其是一些仍采用传统纸制报关形式的海关或企业，根本谈不上报关数据的交流与共享。在这样的条件下，即使货物经信息化较高的港口，但面临转关、异地报关等问题时，通关的效率仍难以提高。

5. 通关效率与企业期望仍存在一定差距

随着世界经济的快速发展，进出口企业对海关通关效率的要求也在相应地逐步提高，主要表现在：一是“及时制”等新型生产管理方式和“零库存”等新型管理模式的推广应用，要求供应链企业拥有快速响应机制，从而可以尽可能地减少货物通关环节占用的时间；二是近年来我国企业管理水平有了很大提高，越来越多的企业意识到物流对降低运营成本、提高核心竞争力等方面的重要作用和巨大潜力，物流也开始被更多企业视为“第三利润源”，通关效率的受关注度也随之逐年增加，因此，海关实行的一般通关作业模式很难满足上述企业的需要。

11.2 贸易安全与便利下的国际海关监管实践与经验

一、贸易安全与便利下的国际海关监管实践

1. 美国海关的贸易安全与便利化项目

(1) 集装箱安全倡议 (Container Security Initiative，CSI)

CSI 是美国全球反恐战略部署的重要组成部分，以防止恐怖分子利用海运集装箱藏匿大规模杀伤性武器袭击美国为目的。2002 年 1 月 17 日，美国海关署署长伯纳在美国战略和国际研究中心发表演讲时首次提出这一倡议。CSI 由四个核心内容组成：①在对预先获得的信息进行风险目标分析的基础上制定高风险货物集装箱识别标准；②在货运集装箱运往美国前进行预先甄别；③运用先进的科技手段预先查验高风险的集装箱；④设计并使用安全的智能化集装箱。国外海关加入这一计划后，应允许美国海关派员到本国港口，对其港口输往美国的集装箱在起运前进行预先甄别并确定高风险目标，并要求出口国海关进行查验。《全球贸易安全与便利化标准框架》吸纳了 CSI 的大部分核心内容。

(2) 海关—商界反恐伙伴计划 (C-TPAT)

因为供应链安全与否直接关系到美国海关反恐斗争的成败，所以美国海关除了与各国海关联手合作以推进集装箱安全实施以外，还与包括福特汽车公司、美国 BP 公司、摩托罗拉公司、通用公司在内的 7 家大公司联合发起了“海关—商界反恐伙伴计划”(C-TPAT)。C-TPAT 于 2002 年 4 月 16 日开始实施，是美国海关与商界一起联合实行的一项合作计划，目的是在加快货物流通速度的同时，保证进入美国的货物的安全。C-TPAT 计划的重要意义在于，它在保障边境安全的同时没有一味强调监管，充分调动和发挥了商界在反恐斗争中的积极作用，加快了合法物流的速度。美国海关希望通过 C-TPAT 能与商界建立起强大的反恐合作伙伴关系，商界要对其贸易活动的守法和安全问题作出承诺，进口企业要制定相应的贸易政策，评估并研发新措施以求加强自身及供应链上其他贸易伙伴的安全防范。一旦进口企业的上述政策得到实施，作为回报，其进口货物及运输工具进

入美国将享受快速通关的便利。《全球贸易安全与便利化标准框架》中的海关与商界的伙伴关系基本包含了C-TPAT双方的权利和义务，如全面的供应链安全自我评估和降低货物查验率等。

（3）24小时规则（24 – Hour Rules）

为了配合CSI的全面实施，美国海关意识到必须提前收集与集装箱货物有关的资料然后进行风险评估。为此，美国海关于2002年10月31日正式公布了《海关法》修正案（即“24小时规则”），明确规定了货物在国外港口装上船舶前24小时，海关必须从承运人处获得船舶的货物申报单或海关所允许的相关电子申报单，专门承运散装货或杂货的船舶除外。“24小时规则”详细规定了舱单需要申报的内容，不仅对货物描述要具体，而且对收发货人信息的披露要求也同样严格。舱单的内容通常可以修改，但任何对原始申报信息的更改都可能影响到美国海关对货物的风险评估，并可能导致对货物的查验等。同时，“24小时规则”还为“没有遵照规则办事”的申报企业设置了“严惩”制度。《全球贸易安全与便利化标准框架》中也明确规定，集装箱货物申报时限就是离境口岸装船前的24小时。

2. 中欧安智贸计划

2007年11月19日，由中国海关、英国海关、荷兰海关及欧盟税务与海关同盟总司共同促成的“中欧安智贸计划”在中国深圳、英国菲利克斯托和荷兰鹿特丹港之间的航线上正式实施。作为目前唯一参加该项目的中国港口，深圳港将与欧洲的主要大港逐步实现海关国际作业的一体化，构建起亚欧之间便利安全的智能化贸易运输链，在合法货物流动便利的同时把有限的监管资源用于高风险货物，保障全球贸易更加安全、高效。

该试点项目反恐的同时兼顾贸易便利化，而且对进出境废物进行数据交换也将有利于环境保护。计划实施后，中国海关实现了与英国、荷兰海关的数据交换并互认对方的监管结果，同时共同选定参与试点计划的经认证的经营者。在智能集装箱（电子封志）的应用及共同确定风险分析规则基础上，不同国家海关间实现了信息共享。计划首阶段，中国共有包括富士康在内的10家企业参与其中，这些都是自愿参与该项目的在试点航线上皆有一定货运量且由中欧海关共同挑选和认可的高信用企业。参与企业除了享有目前中国海关规定提供给A类企业的便利措施以外，各参与国海关还共同为他们提供了一系列便利：对参与企业实现提前报关，优先审单，优先办理货物查验及放行手续；降低参与企业进出口货物的查验率，共同认可供应链任何一方的查验结果，有效避免货物在进出口国海关重复查验，以缩短货物在港口的滞留时间；当政府当局加强港口管制或因恐怖事件而引起贸易链中断等情况发生时，将最大限度地保证参与企业货物在参与港口快速通关，但参与计划的企业必须保证其集装箱货物在海运过程中不被开拆、调换，并把物流的全程信息提供给海关。

3. 新加坡海关的国家供应链安全计划

在日益全球化的当今世界，国际货物供应链已变得日趋多样和复杂，国际贸易成为世界经济发展的原动力。为实现国际贸易物流便利与安全，海关与商界必须共同承担责任，建立起紧密的合作伙伴关系。正是基于此认识，新加坡海关于2006年7月1日起开始实施国家供应链安全计划，即“保障贸易安全的合作伙伴关系计划”（Secure Trade Partnership Programme，STP）。STP初步为企业制定了有关实施、监控、完善、核查供应链安全措施的框架，提出了一整套有关供应链安全的指导意见，来帮助企业提升经营活动的安全等级以便获得海关认证。新加坡海关被政府指定为负责实施STP的唯一国家行政管理机构，其职责为：认证STP项下的企业；加强宣传；为国内外的相关咨询提供主要服务；增强供应链安全公共意识。

STP与WCO倡导的《全球贸易安全与便利化标准框架》的内容完全相符。STP的目标是：提高对保障货物安全的重要性和实施供应链安全计划的认识；鼓励供应链各企业发挥自身作用以保障其经营安全；根据STP要求实施安全措施的企业可以从供应链日益增多的货物中受益；恐怖分子及走私违法者难以利用供应链从事非法活动；在恐怖袭击发生时最低程度地中断货物流；将新加坡建成为一个安全的运输与贸易集散地。

4. 日本海关的AEO制度

通过简化通关手续，以促进贸易便利化为目的，日本海关积极引入了简易申报制度、事前审查制度、特许出口商可快速通关制度及经认证的经营者（Authorized Economic Operator，AEO）管理制度，在通关前、中、后各不同环节应用差别化管理，以提高进出口通关效率。日本海关规定AEO有三种：进口商、出口商及保税仓库经营者。对这三种类型AEO的标准是一致的，包括：守法记录、安全要求、财务偿付能力、与海关系统相连的企业电子系统。其中，安全方面要符合WTO相关要求，包括设定专门机构以负责安全事务、与海关等政府部门的合作要求、对贸易伙伴的要求，以及工作场所、货物、场站等的安全管理、危机管理、内部审计和教育培训等要求。

日本AEO企业享有的便利措施主要有：进口企业享有提前申报权并为其制定简易申报制度、出口企业享有集中缴税权并配有特定出口申报制度、AEO企业享有优先使用保税仓库等。目前，日本海关正致力于AEO企业的国际相互认证，以达到国际贸易便利一体化的目的。2008年，日本海关积极推动与相关国家的AEO合作工作。同年9月份，日本与新西兰就相互认可日本海关的AEO项目与新西兰海关的"出口供应链安全计划"的相关内容进行了磋商，并取得了很大进展。日本海关还与澳大利亚、美国海关等进行了类似的磋商。目前，日本海关正在研究与东盟、欧盟、中国、韩国等海关开展认证合作的可行性。

5. 新西兰海关的出口供应链安全计划与出口安全的关企合作伙伴关系计划

(1) 出口供应链安全计划（Secure Export Scheme，SES）

以加强并保证国际贸易供应链安全为目的，2004年10月，新西兰海关与美国海关协商并签订SES协议，约定从2004年12月1日起两国海关密切合作，共享贸易信息，对所有出口申报货物及运输工具进行非侵入式查验。SES包含四大要素：以情报为基础的风险评估；对确定存在潜在风险货物实施查验；准确而先进的电子信息；通过企业自愿参与保障出口贸易安全的合作计划减少风险。

(2) 保障出口安全的关企合作伙伴计划（Secure Export Partnership Programme，SEP）

WCO《全球贸易安全与便利化标准框架》包含的AEO制度实施初期，新西兰海关根据本国国情开始实施与AEO制度要求相符合的"保障出口安全的关企合作伙伴计划"，并与符合条件的出口企业签订SEP协议，使之成为海关的合作伙伴，实施SEP协议的企业的货物因被视为是安全的而得以在供应链的每个环节畅通无阻。此外，出口商还要进行必要的投资，以证明其现行的安全系统使之足以成为海关的合作伙伴。这样的投入为签约商增强信心和带来商机的同时，也使零售商和消费者受益无穷。

二、安全与便利下的国际海关监管经验

1. 海关监管理念转向贸易安全便利化

近年来，随着海关职能的转变，各国海关开始逐步引入"服务型海关"的概念，即将海关的监管对象作为其服务对象，以改变双方对立的陈旧观念及僵硬做法，并倡导建立海关与企业的合作伙伴关系，积极实行以客户为导向，动员和鼓

励企业参与贸易便利化，由海关和企业共同维护国际贸易供应链的便利和安全。鉴于全球贸易链的脆弱性，必须采取积极措施避免国际贸易供应链被恐怖主义活动及其他犯罪活动利用，并且在确保不增加成本的情况下，不断促进贸易便利。

2. 海关监管方法引入企业流程控制

“9·11”事件后，美国海关推出了C-TPAT，加入C-TPAT的企业需自我评估其供应链的安全程序，制定安全措施，并保证与供应链各环节的其他相关企业有机结合，一起加强安全程序和安全流程。《全球贸易安全与便利化标准框架》提出，“AEO是以任何一种方式参与货物的国际流通，并经海关核准符合世界海关组织或同等供应链安全标准的一方。AEO包括生产商、进口商、出口商、中间商、承运商、报关行、理货人、港口、机场、货站经营者、仓储业经营者、综合经营者和分销商。”《全球贸易安全与便利化标准框架》要求企业应在AEO经营模式和风险评估的基础上，把海关认定的安全标准、制度和做法纳入企业日常经营行为中，其目的就是通过在企业里建立符合海关要求且满足贸易安全的业务流程，使海关监管与企业作业能充分融合，有效地防范贸易风险。

3. 海关监管职能调整为广义安全保护

随着贸易全球化的发展，安全保护的适时领域已经扩大到了金融、社会、国家、贸易供应链安全等多方面。WCO的《全球贸易安全与便利化标准框架》着重强调通过各海关之间的联合协作，共同加强国际贸易供应链的安全，保护知识产权，联合打击跨国犯罪，强化对本国经济、政治、社会安全的保护。

4. 海关通关监管模式更加灵活高效

海关通关监管模式的更加灵活多样，使海关的管理“前推”和“后移”。例如，货物实行舱单提前申报，运抵前进行风险分析和电子申报，实际到达后实货验放。海关监管中应用风险管理技术，重点筛选进出口货物，引进验证稽查制度，通关过程实行前面放开、后面管住的新型监管手段，把监管重点转向以企业为中心的综合管理，以实现方便企业进出口合法和打击违法、违规的双重目标。另外，通关监管还可引入时间管理技术，不仅重视放行时间上的效率，更注重对一般放行时间所具有的规律性的专门研究，以便能够进一步优化通关监管程序，提升通关效率。

11.3 标准框架下海关对企业监管模式的完善

一、健全企业守法信用评估系统

健全企业守法信用评估系统，是海关推进综合监管模式的基础。以企业守法管理为基础，将分散在各部门的企业信息集中在一个部门，建立进出境企业档案信息系统，综合运用各业务部门所反馈的企管信息，全面掌握企业进出境活动和经营、资信、守法等状况，在各业务部门的共同参与下，实行科学、动态、有效的企业分类管理，为海关综合监管模式的建立打下坚实的基础。

1. 设定企业守法信用评估指标及等级

设定的企业守法信用指标体系主要包括企业财务与非财务指标，其中财务指标反映了企业的财务状况，非财务指标反映了企业的未来发展情况及企业的守法意愿，在此基础上，通过分析这些指标以综合衡量企业通关信用。采取定量分析与定性分析相结合的分析方法，即通过定量分析来分析企业的财务状况，运用德尔菲法对企业的非财务指标作定性分析。其中，定量指标即为财务数据分析，包括企业偿债能力、盈利能力、营运能力和发展能力四方面；定性指标分为企业资信状况、管理水平、竞争能力与发展前景四方面。评价总分 100 分，两类指标各占 50 分。最后，把评价企业的定量指标总得分和定性指标总得分累加，获得企业信用的最终得分。评价等级分为 AA、A、B、C、D 五级，具体如表 11 -1 所示。

表 11 -1 企业信用等级评估

信用等级	分数	信用风险状况
AA	90 分以上	企业信用极好,通关措施最为便利
A	80 ~ 90 分	企业信用较好,给予便利的通关管理
B	60 ~ 80 分	企业信用一般,适用常规管理措施
C	40 ~ 60 分	企业信用较差,监督企业状况,设置监管措施
D	40 分以下	企业信用极差,实行严格的监管措施

2. 设定指标的评价标准

(1) 定量指标

定量指标主要是对被评估企业的财务状况进行的评价，相应的指标数值可从企业向海关企管部门提交的会计报表中得到。评估标准值均以财务部统计评价时公布的企业绩效评估标准值为准，分为优秀、良好、平均、较低、较差五档。同时，根据标准值的不同，规定相对应的标准系数，用介于0~1的数值表示（见表11-2）。根据设定的标准系数，可计算出指标的实际值对应的五档标准值的得分，每个档次的标准值都有相应标准系数与之对应。标准系数与标准值的对应关系具体为：

①优秀值及以上的标准值系数为1；

②良好值及以上的标准值系数为0.8；

③平均值及以上的标准值系数为0.6；

④较低值及以上的标准值系数为0.4；

⑤较差值及以上的标准值系数为0.2；

⑥较差值以下的标准值系数为0。

定量分析时，将被评估对象的财务数据与其对应的标准值相比较，确定被评数值区间，确定标准系数，然后将各指标得分值乘以对应系数，获得该指标最后得分，最后再将各指标得分汇总，得企业定量评估的最终得分。参照《国有资本金绩效评价规则》，各指标权重分别设定为：20%、40%、20%、20%。

表11-2 企业财务指标标准值表

指标	优秀值	良好值	平均值	较低值	较差值
一、偿债能力（20）					
1. 现金流动负债比率（6）	15.7	11.0	5.8	-1.0	-6.1
2. 速动比率（6）	120.6	94.0	72.5	45.8	27.0
3. 资产负债率（8）	39.7	48.7	64.5	83.0	96.6
二、盈利能力（40）					
1. 销售净利润率（10）	23.6	18.2	13.5	6.7	-0.8
2. 总资产报酬率（20）	5.9	3.8	2.3	1.4	-4.0
3. 成本费用利润率（10）	7.2	5.7	3.5	-5.9	-15.2
三、营运能力（20）					
1. 应收账款周转率（5）	13.5	8.9	5.7	2.3	1.2
2. 存货周转率（5）	9.5	6.2	3.9	1.9	1.1
3. 流动资产周转率（5）	2.4	1.8	1.2	0.6	0.3
4. 总资产周转率（5）	1.0	0.6	0.4	0.2	0.1
四、发展能力（20）					
1. 销售增长率（10）	24.2	16.5	8.8	-6.5	-22.3
2. 资本累计率（10）	12.3	7.2	3.0	-7.3	-14.2

(2) 定性指标

除上面分析的财务指标外，还要对一系列定性指标进行分析，包括企业资信状况、管理水平、竞争能力和发展前景四个方面（见表11－3）。因这部分内容主要靠主观评价，所以采用专家打分的方式以实现定性指标的评定。专家组人员由海关法规处、企管处、稽查处工作人员组成。将专家的评估分值求和再平均，即得到企业定性指标的最终得分。

表11－3 定性指标评价标准

指标及分值	评估内容	取值范围		
一、资信状况(30)		高	中	低
1. 企业纳税情况(10)	向海关缴纳税费情况，向税务缴税情况	10	6	1
2. 企业守法情况(10)	主动守法情况，有无违法、违纪情况	10	6	2
3. 企业商业信用(3)	企业经营的诚信守法履约情况	3	2	1
4. 企业报关差错率(3)	企业无意识违纪情况	3	2	1
5. 报表真实性(4)	提供报表资料的真实程度	4	2	1
二、管理水平(30分)		高	中	低
1. 领导者素质(10)	领导者文化素质、守法情况、工作成绩等	10	6	2
2. 员工素质(3)	员工的学历和工作能力	3	2	1
3. 组织结构及制度(8)	组织结构是否完善、制度是否健全	8	5	2
4. 战略实施情况(4)	市场策划、资源利用、组织策略等效果如何	4	2	1
5. 人力资源管理(5)	人事制度是否有利于人的发展	5	3	1
三、竞争和发展能力(20)		高	中	低
1. 企业规模(5)	按行业、地方的标准确定	5	3	2
2. 市场占有率(5)	是否为行业龙头	5	3	2
3. 技术装备水平(4)	设备是否先进	4	2	1
4. 客户稳定性(3)	两年的客户业务量情况	3	2	1
5. 议价能力(3)	与上下游客户的价格谈判地位和能力	3	2	1
四、发展前景(20)		高	中	低
1. 企业环境(5)	经济、科技、社会文化、自然等环境条件	5	3	1
2. 产品替代性(3)	被其他行业或其他产品替代的可能性	3	2	1
3. 行业状况(5)	企业所处行业的发展状况	5	3	2
4. 行业壁垒(4)	进入行业资金，有无技术壁垒	4	2	1
5. 产品生命周期(3)	企业经营产品的发展前景	3	2	1

（3）企业守法信用评估系统应用的案例分析

根据上述已经设定的定量与定性指标权重，对企业的评估分值加权平均，即可获得该企业最终守法信用评估分值，然后比对企业信用级别，最后得出企业的守法信用等级。下面以上海G公司为例作定量和定性分析。

【公司简介】上海G公司成立于1993年，是台商控股的中外合作企业，从事铝回收与再利用，注册资金3 800万美元，占地面积36万平方米，建筑面积9万平方米，员工人数近2 000人。1996年以X品牌在伦敦金属交易所（LME）注册，是中国唯一获准进入LME市场交割的二次铝合金厂商。2005年花园式新工厂建成，2006年被海关评为“红名单企业”，金融危机虽然对该公司影响很大，但公司没有取消一个合同，没有延期付款，也没有裁减一个工人。公司董事长表示，金融危机是扩大市场、树立诚信的良好契机。

【定量分析】表11－4是根据上海海关企管处年审时G公司所提交的会计报表获得的当前财务指标。由企业递交的基本资料可知，该企业为生产性的工业企业，故将其财务指标数据与工业企业标准值相比较，得到企业各指标的最终得分。

表11－4　企业财务指标值

指标	企业财务指标值	评价等级	标准系数	得分
一、偿债能力（20）				18.8
1. 现金流动负债比率（6）	64.86	优秀	1	6
2. 速动比率（6）	106.41	良好	0.8	4.8
3. 资产负债率（8）	43.65	优秀	1	8
二、盈利能力（40）				36
1. 销售净利润率（10）	11.25	良好	0.8	8
2. 总资产报酬率（20）	9.3	优秀	1	20
3. 成本费用利润率（10）	10.63	优秀	1	10
三、营运能力（20）				16
1. 应收账款周转率（5）	9.5	良好	0.8	4
2. 存货周转率（5）	5.8	平均	0.6	3
3. 流动资产周转率（5）	3.4	优秀	1	5
4. 总资产周转率（5）	2.2	良好	0.8	4
四、发展能力（20）				18
1. 销售增长率（10）	16.9	良好	0.8	8
2. 资本累计率（10）	20.4	优秀	1	10
合计				90.8

根据表 11 -4，计算得出本企业定量分析的最终得分为：90.8。

【定性分析】 该企业所在地海关企管处 9 名经验丰富的专业海关管理人员对该企业各项定性指标进行打分，采用模糊综合评价。以领导者素质指标评估为例，设其评估集为：U = {u_1，u_2，u_3，u_4，u_5}，其中：u_1 为遵纪守法情况，u_2 为诚实信用情况，u_3 为法定代表人从业时间，u_4 为主要领导大学以上学历所占比例，u_5 为法人以往业绩。

对应评价集 V:{好，较好，一般，差}，9 名专家评价结果如表 11 -5 所示。

表 11 -5　专家评价结果

指标	好	较好	一般	差
u_1	5	4	0	0
u_2	6	3	0	0
u_3	8	0	1	0
u_4	6	2	1	0
u_5	6	1	2	0

于是得到模糊评价矩阵：

$$R_1 = \begin{bmatrix} 0.5 & 0.4 & 0 & 0 \\ 0.6 & 0.3 & 0 & 0 \\ 0.8 & 0 & 0.1 & 0 \\ 0.6 & 0.2 & 0.1 & 0 \\ 0.6 & 0.1 & 0.2 & 0 \end{bmatrix}$$

通过专家调查法，已经得到 U_1 的权重为 $A = [0.30 \quad 0.25 \quad 0.15 \quad 0.15 \quad 0.15]$，于是得到综合评价集 $B_1 = A \times R_1$ $[0.6 \quad 0.24 \quad 0.06 \quad 0]$。

进行归一化后，$B_1 * = [0.67 \quad 0.27 \quad 0.07 \quad 0]$

按最大隶属度原则，该指标的最后评价结果为好，对应得分为 10。

其他评分情况在此省略，最后得分情况见表 11 -6 所示。

表 11－6　综合定性分析结果

指标及分值	得分
一、资信状况（30）	29
1. 企业纳税情况（10）	10
2. 企业守法情况（10）	10
3. 企业商业信用（3）	3
4. 企业报关差错率（3）	2
5. 报表真实性（4）	4
二、管理水平（30 分）	25
1. 领导者素质（10）	10
2. 员工素质（3）	2
3. 组织结构及制度（8）	8
4. 战略实施情况（4）	2
5. 人力资源管理（5）	3
三、竞争和发展能力（20）	19
1. 企业规模（5）	5
2. 市场占有率（5）	5
3. 技术装备水平（4）	4
4. 客户稳定性（3）	3
5. 议价能力（3）	2
四、发展前景（20）	18
1. 企业环境（5）	5
2. 产品替代性（3）	3
3. 行业状况（5）	5
4. 行业壁垒（4）	2
5. 产品生命周期（3）	3
合计	91

最后将定量、定性的评估结果加权平均，得到企业最后守法信用得分 90.9 分。说明企业通关违法风险极低，该企业可以获得最为便利通关方式。本评估体系对加强海关对企业分类管理有一定的现实意义。

二、完善基于风险的分类通关模式

目前，我国海关立足于中国大部分企业诚信水平较差、守法意识较弱的实际，正在努力转变传统口岸“橄榄型”通关模式，争取在实现现代信用模式的同时，积极尝试建立起以风险管理为基础的分类通关模式，在风险分析基础上对所有与供应链相关企业进行分类管理，对业绩良好、守法经营的企业给予最大限度的通关便利，同时对违规企业进行严密的监管。分类通关模式重点强调的是发展方向、发展过程及最终导向，先符合条件就先发展，当符合条件的企业达到95%以上时便可以用“哑铃型”通关监管模式了。

1. 整合信息，识别风险

目前我国海关使用的风险管理平台仅是一个单纯的信息和数据平台，在信息发布与数据查询方面具有强大的功能，但是对于整个风险管理流程来说，其并不是海关进行风险分析和处置的“大脑”，这与建立“耳聪目明”的智能型海关差距甚远。因此，需建立一个综合性风险预警与信息处置系统，汇总原本分散在各业务职能部门的相关风险信息，并将其提炼加工成为指导业务现场工作的预警提示，然后通过H2000系统直接作用于海关一线监管，形成以各业务职能部门分头采集为基础、风险管理部门集中整合为重点、信息平台统一发布为手段、业务现场执行情况为反馈的工作模式，使整个通关环节由开环的链状工作流程向闭环流程转化。同时，后续得到的信息也可以作用到前期的预警与分析之中，不断地对风险参数进行动态调整与维护，起到降低现场人员的工作难度和改变平均用力的作用。

2. 构建新的通关作业流程

以实行企业分类管理为前提，运用风险管理的理念，使海关监管方式从过去的“一刀切”向适时的“量体裁衣”转变，依据企业的风险等级来分配海关监管资源，把有限的监管资源用在“刀刃”上，实行有差别的通关作业流程，主动选择通关作业模式，努力做到“有所为有所不为”。其中的关键是在“有所不为”上勇于突破，在提高通关效率的同时，提升海关监管效能，从而真正地解决目前海关有效监管与高效运作之间的矛盾。考虑到现行企业分类管理办法相关内容，建议采用电子通关、普通通关及重点管理三种通关作业模式。

电子通关作业模式又称为无纸通关作业模式，即指利用电子口岸及海关H2000系统的功能，改变传统海关对报关企业提交的纸质报关单及随附单证进行审核与验放的做法，直接对相关企业联网申报的报关电子数据进行无纸化审核及验放处理。其适用范围为 AA 类和 A 类高资信企业的报关单，以及低风险不涉证、不涉税的报关单。电子通关作业流程包括电子申报、电子审单、网上支付税费、电子放行、单证自存备查五个主要作业环节。

普通通关作业模式，即根据风险分析结果，实行选择性查验及正常验放的过程。其适用范围为非 AA 类、A 类企业及涉证、涉税报关单。根据其特点，可沿用对一般企业普遍适用的现行通关作业模式。

重点管理通关作业模式是一种惩罚性通关方式，是对某些有不良记录的 C 类、D 类企业，以及某段时间内被海关列入重点监管的 B 类企业进行重点审单及全面查验的方式。在该通关作业模式下，海关执行“报关单申报—电子审单—专业化审单—接单审核—征收税费—查验—放行”的作业流程。

上述三种通关作业流程共同构成了基于风险管理的分类通关模式。海关采用这一模式，通过“守法便利和违法惩戒”的示范效应来大力推广并最大范围地实现电子通关作业流程，促使目前适用普通通关作业流程的企业努力向适用电子通关作业的企业转移，保证重点用力，把主要的监管力量用于管理通关作业流程上，加快通关速度，从而形成海关优化资源、企业便利通关的良性循环。

三、物流监控引入智能集装箱系统

“9·11”事件后，欧美等国开始对海空运安全提高警觉，各国先后都进行了将无线射频识别（Radio Frequency Identification，RFID）技术导入海运安全上的技术革新，我国也应积极与国际接轨。未来，不但旅客和行李可以快速通关，运用了 RFID 技术的智能集装箱同样可在自由贸易港区与海关间通行无阻。在政府部门的强制性推动下，再加上相关政策的制定及实施标准的推行，我国智能集装箱系统的大范围应用指日可待。

所谓“智能集装箱”，通常是指在设备的内部和外部均使用或加装多个 RFID 产品，包括一张电子封条和一张传感器封条，可将这些标签贴在运输货物的集装箱上，就是这些标签能够做到随时将集装箱的一些关键性信息（如位置、灯光、温度、湿度及安全状况的变化）传送给读取器所在网络，现场负责人员管理当地读取器网络，收集、过滤 RFID 系统获得的信息，然后将有效信息输送到交通安全信息系统（Transportation Security System，TSS），发货人通过使用 TSS 系统，可以实现货物的追踪，随时了解货物的即时方位、状态及安全状况。

四、构建海关后续监管体系

企业通关速度的加快，使海关降低了通关环节对企业的约束力，因此，海关对企业的后续监管显得非常重要。当前，海关后续监管体系的格局已经基本形成，各种监管力量也已经形成并且发挥积极作用。伴随海关信息化建设的巨大发展，各类执法评估手段相继投入使用并充分发挥作用，风险分析、统计监测、执法评估、税收分析等的预警性、精确性和控制能力等都有了明显提升，为海关构建后续监管模式提供了充分条件。明确海关后续监管的重点，把握稽查缉私在海关后续监管中的主体地位，加强海关后续监管力量，构筑海关后续综合监管体系，使后续监管成为海关的一道严格防线和重要监管力量。

1. 明确海关后续监管的重点

海关后期监管环节应该区分重点、有的放矢，要针对通关环节的薄弱点进行有目的性的监控，真正做到查缺补漏。如前所述现场通关作业模式，凡在通关环节已被列为高风险且作重点查验的货物，后续环节只作一般监控，甚至给予不监控的便利；在通关环节被列为高风险且作重点审查后却未查验的货物，后期环节给予次重点监控；而那些在通关环节被列为低风险且海关已直接放行的货物，后期环节应作为重点监控。基于这样的监管思路就有效地补充前期的监管与通关环节的风险识别，既达到“管得住”的目的，同时又避免了大量无意义的重复劳作，大大提高了海关监管效率。

2. 加强海关后续监管力量

在海关通关作业流程再造中，剔除了那些无意义的单证签注、环节作业及重复劳动后，就有足够的人力、物力可以投入到后期监管环节上。海关后续管理部门通过不断探索、执法监督、完善批量复核、后续稽查等监控方法，切实发挥自己的监管职责。其中，海关后续稽查是海关实施监管职能的重要组成部分，是海关实现监管时空上“前推后移”的主要手段。海关监管必须转变其稽查工作的理念，充分发挥专业和职能优势，深入企业内部开展企业守法稽查评估，着眼企业内部经营管理状况的检查评估，为企业提供专业性的稽查管理建议书，从而弥补海关正面监管的不足。一方面，从企业内部管理源头上化解海关监管可能存在的风险，对企业实施规范、有效的监管；另一方面，作为现场海关和相关职能部门对企业制定监管措施并实施的重要依据，应减轻海关监管资源不足的压力，提升海关监管效率和质量。

3. 明确稽查缉私在后续监管中的准确定位

稽查、缉私是发挥海关后续监管职能的重要手段，要将其与其他的后续监管措施深度融合，尤其要使稽查、缉私力量形成合力、形成互动，辩证地分析把握稽查、缉私在海关整个监管体系中的准确定位。从静态来看，稽查、缉私是现场监管的有效延伸；从动态上看，稽查、缉私就是流动的电子警察，也是融入海关监管链的重要威慑力量。当由于现行管理或技术原因等无法对制度上存在的漏洞或者对衔接上存在的问题进行改进时，稽查、缉私部门就发挥“黏结剂”的作用，防漏补缺，及时跟进。稽查、缉私已从原本的“站在旁边看”转变为“融入其中干”，在发挥防范、打击作用的同时，通过企业管理、风险分析、稽查及缉私，总结海关后续监管的规律，将其应用于正面监管之中，使海关的后续监管真正成为现场监管的保障和延续，贯穿于海关整体监管的始终，发挥其在海关整体监管中应有的作用，最大限度地保证海关监管的安全与便利。

11.4 海关对企业监管模式的配套保障机制

通过构建完善的海关对企业的监管体系，可以使整个海关监管工作形成一个有机整体，能够促使海关各职能部门与企业相互配合、协调工作，从而推进整个海关监管的改革与发展，有效地解决当前海关监管所面临的高效运作与严格执法之间的矛盾。然而，要想真正将海关对企业的监管体系应用于日常监管工作中，并使其发挥效用，还需完成一系列的基础性工作。结合我国海关的实际情况，特提出以下确保海关对企业监管有效实施的几点建议，为建设海关对企业的监督管理工作提供参考。

一、海关内部组织保障

内部组织保障主要是指海关管理组织要实现扁平化。国外海关的成功经验表明，通关作业流程的高效实施必须要有一体化或扁平化的组织形式与之相配套和相适应。例如，美国海关机构改革实行“总署—海关管理中心—现场海关”的组织结构模式，海关管理中心作为中间层级仅负责为现场海关提供业务咨询和政策指导，没有管理职能和行政决策，现场海关则充分享有自由裁量权与执行权。因此，美国海关组织模式虽名义上为三级管理体制，实质上却趋向于“总署—现场海关”的双层管理结构。目前，我国海关三级事权配置所处困境在于：总署的决策权不甚全面和完整，直属海关监管职能集中，隶属海关权限受限，反应速度慢，执行力度弱。因而，再造扁平化组织形式可以从“总署—直属海关—隶属海关”三个层面进行。通过强化总署的宏观决策管理，弱化直属海关的职能管理；通过职能结构调整，优化人力配置。一是大力加强海关总署宏观决策、职能管理、改革规划和业务监控能力。二是有效整合直属海关的管理资源，形成职能管理合力。直属海关的职能组织形式逐步由传统上下对口的“蜂窝煤型”向业务职能高度融合、互相渗透的“液化气型”转变，职能运行形态也由“金字塔型”向“工字型”转变，如将通关、归类、监管、审价、风险管理、贸易管制等支撑通关作业的密不可分的职能合并运作，并成立综合型业务职能部门。三是调整三级事权后认真反思集权与分权的关系，转变监管思路，并赋予现场海关更充分的裁量权与决定权，以确保海关一线监管到位，最有效地提高通关效率。

二、技术手段保障

技术手段保障主要是指应用新型科技手段，完善电子政务。近年来，随着信息化建设的突飞猛进，海关的现代化信息系统建设也取得了很大进展，先后建立了“电子海关”、“电子口岸”、“电子总署”三大系统。但是，简单的信息化仅仅能起到代替人工、提高效率的作用，如此相对独立的信息系统，其存储的数据不能实现共享，导致各式各样的“信息孤岛”，严重制约了信息化的进步与发展。因此，应加快整合海关监管的各类信息系统、审单作业系统、监控分析系统、执法评估系统、选择查验系统等应用系统，形成具有全国统一的评估处置标准与管理机制的海关监管系统。同时重视与海关外部各职能单位（如工商、质检、税务、银行、公安、港口、空港、码头等部门）的信息联通，真正做到信息共享，实现海关智能化监管。

三、外部保障

1. 加强外部各部门的协作配合

目前，我国口岸管理部门众多，海关、边检、检验检疫、外经贸等部门分别从不同角度进行管理，相互之间在工作环节上很可能出现无法衔接、在政策标准上出现不能统一等现象，但海关与各相关部门及广大企业的根本利益却是相同的，都是以促进经济社会的发展为目的的。例如，在企业管理上，海关要加强与地方政府及工商、质检、银行、税务、检验检疫、外经贸等部门的信息沟通，及时了解并掌握企业的生产经营状况和信用情况；在商品监管上，海关要与行业主管、质量技术等部门及行业协会加强联络与协作，了解商品价格、工艺、技术和标准等方面信息，以引导行业协会更好地发挥行业自律功能；在履行非传统职能上，海关要做好与环保、公安、边检、知识产权等相关执法部门之间的信息交流与共享；在查处行政违规案件和打击走私违法工作上，要重视与地方政府打私机构、地方法院及检察院等相关部门之间的协调与配合，以不断提升海关执法风险的整体效能。因此，要重点建立监管口岸“大通关”制度，加强口岸各执法单位及各相关部门之间的密切配合，完善口岸联络协调机制，通过改革创新等有效途径，积极探求合作共赢，以实现共谋发展。

2. 加强国际合作

国际合作是现代国际社会国家之间相互依存的产物，是各国共同发展不可缺少的重要保证。进入21世纪后，经济全球化发展进一步深入，和平与发展仍然是当代的主题。随着我国综合国力的增强及国际地位和影响的进一步提高，各大国和国家集体更加看重我国的作用，积极寻求加强同我国的合作。我国坚持走和平发展的道路，在平等互利的基础上同世界各国、各地区广泛开展经贸往来、技术和科学文化交流。在这样的国际形势和国内环境下，海关作为我国参与和建构经济全球化和区域经济一体化进程中的国家的主要职能机关，本身的征税等传统职能弱化，促进贸易安全和便利化、保护知识产权等非传统职能强化。基于非传统职能的实现更加依赖于国际上各国和各种政府间、非政府间国际组织的合作，考虑到世界海关新制度的建立和形成状况，中国理应积极参与到海关国际合作的事业中去，在其中从争取重要地位，并逐步过渡到发挥核心作用的地位，以与我国的经济发展状况和国际影响力相适应。

12 构建贸易安全与便利的口岸通关环境

当今世界各国海关的改革与发展都绕不开两大主题：一是贸易便利，二是贸易安全。作为进出境监督管理机关的海关，在推动贸易安全与便利化发展中具有举足轻重的地位，口岸通关更是其中的关键环节。

12.1 口岸环境的研究述评与国外港口口岸环境的发展

一、国内外港口口岸环境的研究述评

在经济全球化、贸易自由化、国际运输市场一体化、信息技术飞速发展的背景下，整个世界的经济和产业结构正经历着重大变革。越来越多的企业，尤其某些大型跨国公司逐步在全球范围内进行生产经营活动，全球性的贸易与供应链正在形成，世界上每一个国家、地区都置身于这一全球链条中。

而港口，作为国际物流的主要节点，在新的形势下，其重要性更加凸显。港口是交通基础设施，为其他产业的发展提供支持和保障。同时，港口对区域，乃至整个国家经济的重要性不言而喻，港口城市也是参与世界分工的核心区域。目前，世界外贸货运的2/3 甚至90% 以上都是由海运完成的（见表12－1）。

表12－1 2000～20007 年世界货物贸易和服务贸易的增长情况

贸易方式	贸易额（十亿美元）	年增长率（%）			
	2007 年	2000～2007 年	2005 年	2006 年	2007 年
货物贸易	13 570	12	14	16	15
服务贸易	3 260	12	12	12	18

资料来源：WTO 秘书处。

鉴于港口对区域乃至一国经济的重要性，世界各港口国家纷纷加强了对港口口岸环境优化的研究，力图通过港口竞争力的提升，更好地促进本国经济发展。

港口口岸环境，一般来说包括硬件环境和软件环境两个方面。硬件环境主要

指港口的配套建设，如基础设施、集疏运体系等；软件环境则主要是与港口相关的配套服务，涉及港口费收体制、口岸通关效率、港口信息化水平、政策法律环境及综合服务（如金融、退税、保险等）方面的内容。

国内外学者及行业专家对港口口岸环境的研究，主要集中于实践层面的建议及政策，包括从口岸发展模式到具体的优惠措施。

1. 对港口口岸的界定

港口口岸指国家在江河湖海沿岸开设的专供人员和货物出入国境及船舶往来停靠的通道。它包括港内水域及紧接水域的陆地。港口水域包括进港航道、港池和锚地，港口口岸包括海港港口口岸和内河港口口岸。

2. 港口投融资体制

国际通行的“地主港”模式是解决港口建设，尤其是公共设施建设资金来源的良方。所谓“地主港”模式，就是政府通过规划界定港口的区域范围，委托港口管理机构代表国家拥有港区及后方一定范围土地、岸线和基础设施的产权，对该范围内的土地、岸线、航道等进行统一开发，并以租赁方式把码头租赁给港口企业经营，实行产权和经营权的分离。政府收取岸线、土地等公用基础设施的出租费用，用于港口基础设施的滚动发展，而码头的上部设施（如库场、机械、设备等经营性设施）则由经营人自己建设、维护、管理和使用。就像旧时地主出租土地给农民耕种并收取地租，但不干涉土地上种何种庄稼、农民置办何种耕具等，国际上形象地称该模式为“地主港”模式。该模式的优点是确立了港口公共基础设施建设和管理的固定投资渠道，实施滚动开发，为港口的长远发展和有效管理提供保障，并从根本上解除了港口企业的负担。

3. 实施区港联动

区港联动，是指进一步整合保税区的政策优势和港口的区位优势，将保税区的特殊政策覆盖到港区，实现区域联动、功能联动、信息联动、营运联动，拓展和提升保税区和港口的功能，形成保税区与港口良性互动发展的局面。区港联动是发展自由贸易区的国际通行模式，通过港区和保税区资源的整合和集成，促进货物在境内外快速集拼、快速流动、快速集运，带动信息流、资金流和商品流的集聚和辐射。

4. 推行区域通关模式

实行区域通关之前，由于货主须向发出、抵达海关分别申报，货物通关至少需1至1.5天。而在长三角实行新的通关模式后，宁波、上海、武汉、合肥等6个城市间，货物一次申报、一次查验、一次放行，通关时间最短缩至30分钟，大大减少了进出口货物通关环节和在口岸停留的时间，提高了物流效率。

5. 建立电子口岸

建立集口岸通关、执法管理及相关物流商务服务为一体，并能提供政务公开、信息咨询和相关电子商务服务，实现数据共享和联网申报、联网核查、联网作业的"大通关"统一信息平台，使企业进出口通关更加有序、便捷，进一步提高港口的国际竞争力。

6. 港口物流

港口物流研究包括对港口物流的定义、港口物流的优化、港口物流的信息化、港口物流及国外物流发展趋势的研究，目的在于提高港口口岸服务功能，促进港口口岸的软环境建设。

在我国，针对如何优化口岸环境，学者和行业专家们进行了一些实证研究，并在研究基础上提出了一些建设性对策，在实践中产生了一定的经济效益。例如，上海港口口岸率先采用"大通关"模式，大幅提高了通关效率；青岛港大力推进港航信息化建设，实现了跨越式发展；天津港在港区建设配套设施，在集疏运体系方面做出了表率，等等。但是，目前国内外尚缺乏一套全面、系统的分析方法，对投资建设、通关效率、信息化水平、费收条件、集疏运系统、政策法律保障及配套服务等方面的港口口岸环境进行全面的评价。同时，在现实中，近年来港口口岸诸多方面问题日益突出，口岸服务效率及港口整体利益有待提高，港口企业反映强烈，这些问题已严重阻碍了港口经济的健康发展。本课题研究旨在理清我国港口口岸存在的带有普遍性和特别制约港口发展的问题，并分析问题产生的原因，期望能够提出具有一定指导价值和可操作性的应对举措。

二、国外港口口岸环境的发展

1. 港口口岸的发展历程

港口口岸的发展与港口的发展历程紧密结合，而港口又是随着社会经济的发展而发展的。从世界港口的发展历程来看，港口主要伴随着工业化的进程而发展。世界工业化主要经历了工业化前期、工业化时期和工业化后期三个发展阶段，港口发展也经历了三个发展阶段。目前许多专家认为，港口正在向第四代发展，其具体演变过程如表12-2所示。

表 12－2　现代港口发展阶段

阶段	时间段	功能特点	生产特点	与用户的关系	决定因素
第一代	20 世纪 50 年代中期以前	运输枢纽、货物装卸与储存	保守形式，货物移动港内交接，低增值	松散、不定期订货	劳动力和资本
第二代	20 世纪 50 年代中期～80 年代	运输枢纽、货物中转、工业与商业中心、增值中心与商业服务	货物流动与中转，联合服务，提高增值	与用户关系密切，港城关系不密切，指令性计划	资本和技术
第三代	20 世纪 80 年代～21 世纪初	多式联运与物流中心，货物信息流动与分配，物流活动	高增值综合物流活动	生产、贸易与运输一体化，港口与用户关系密切，港城一体化	技术、信息和服务
第四代	21 世纪初至中叶	全球资源配置枢纽	组织自动化、生产自动化、经营集约化、管理现代化、信息产业化，全程、全方位、多层次个性化服务	经贸港航运输实行"国民待遇"，港城综合网链一体化，形成区域经济、技术、利益共同体	技术、信息、服务、人才和环境

2. 国外港口口岸环境的发展

（1）新加坡港

新加坡港之所以能成为世界上第二大集装箱枢纽港，与它一直致力于港口物流的系统建设分不开。新加坡港在港口物流建设方面成功的经验是：将物流与电子商务结合。新加坡的两个网络系统——贸易网（TRADENET）和海港网（PORTNET），已成为政府部门、航运公司、货运代理和船东之间有效的、无纸化的沟通渠道，而电子商务则为客户提供物流解决方案，协助客户简化物流程序，提高生产效率，从而降低了成本。发展物流具体有三项措施：满足客户在海港操作时的物流需求，为客户提供项目管理服务，协助客户实施用于海运货物的物流管理电子商务系统，协助客户实施物品流通管理电子商务系统；致力于完善的物流服务；在港口附近的物流园区开展电子商务功能。从以上发展物流的三大措施可以看出，传统的运输意识向现代物流意识转变是一个关键因素，物流技术的运用使港口的电子商务含量大大提升，电子商务物流的加强使港口功能大大拓展，港口由原来传统的运输装卸功能向现代电子商务物流转变。

新加坡港为了吸引更多中转货源到自由贸易区加工中转，采取了以下的优惠措施：为进出口货物提供72小时免费存储服务；为中转货物或进口再出口货物提供14天免费存储；为出口拼箱货提供5天免费存储服务；对中转货物的装卸搬运作业费和码头货物管理费分别优惠9%和50%；允许在自由贸易区内进行拆分、分类、重新包装打标志业务，也可以展览、陈列或从事销售活动。

由于新加坡港务局在执行自由港政策过程中积极采取上述优惠措施，有利于贸易商进出口，吸引了更多过境、进口再出口、中转的货源来港。自1986年以来，新加坡港吞吐量平均每年递增10%以上，集装箱吞吐量每年平均递增20%，一直名列世界大港前茅。

（2）鹿特丹港

鹿特丹是全球吞吐量最大的港口，但鹿港吞吐的货物80%的发货地或目的地都不在荷兰，大量的货物在港口通过一流的内陆运输网进行中转，运抵欧共体各成员国。目前，为了跟上全球贸易、国际运输和全球物流的发展趋势，鹿港不断进行功能调整，即由先前传统的港务管理功能向物流链管理功能转变，具体措施是：完善腹地交通，打造更有效率的集疏运电子商务网络；建设电子商务信息港，创造一个能满足未来电子商务IT需要的环境，并参与许多电子商务IT技术的开发，如与海关的合作，以及ESDL、XML等相关的电子商务技术开发；提供更有效的海关电子商务服务，包括集装箱电子扫描、整合EDI系统及把物流公司作为简化电子商务手续的"有限代表"等措施，以通畅快捷的海关服务确保港口货物的及时发送。

（3）汉堡港

尽管汉堡自由贸易区将在2013年1月1日之后取消，但是其自由港的发展历程及支持政策仍值得借鉴。汉堡港是欧洲实行自由港政策的典型，其自由港依托港区而设，在自由港内可以开展货物转船、储存、流通及船舶建造等业务，享有以下主要优惠政策：船只从海上进入或驶往海外无需向海关结关，船舶航行时只需要在船上挂一面关旗，就可以不受海关的任何干涉；凡进出或转运货物在自由港装卸、转船和储存不受海关的任何限制，货物进出不要求立即申报查验，甚至45天内转口的货物无需记录，货物储存的时间不受限制；货物只有从自由港输入欧盟时才需要向海关结关、交纳关税和其他进口税。汉堡自由港并非不容许非临管性质货物通过，只要能提供有关单证证明，海关就可以给予区别管理，视同在欧盟境内另一口岸已完成进入欧盟手续，到汉堡港只是为了完成物流流程。

表 12-3 欧盟的海关通关细目

项目	海关操作	条件
船只进出港	无需结关	只需要悬挂海关旗帜
货物在港装卸、转船和储存	不受海关限制，不要求立即申报，转口货物45天内无需记录，货物储存时间不受限制	无
货物由自由港输入欧盟	结关及缴纳关税、进口税	无
非临管性质货物	区别管理，视同在欧盟境内另一口岸已完成进入欧盟手续	提供有关单证证明

自由港的辟建主要是为了避免由于关税和复杂的海关手续所造成的贸易障碍，从而促进海运和国际贸易的发展。汉堡自由港对海运与国际贸易的优惠待遇主要是：凡持有关税免纳证的船只均可不受限制地进出自由港，不需办理有关船只与货物的通关手续；过境物资在自由港内可自行装卸、堆存、检验、展览、分类、拣选、包装、贴标、改装、过驳、转运、买卖与处理，均不受海关法规约束；当货物从自由港流向国内其他地区时，则需交纳关税，但免交保证金；在自由港内的船舶修建业务，均不受关税条例约束，但近年来这里的船厂均已停业，厂址移作他用，主要是发展集装箱货运业务。

12.2 港口口岸便利化环境评价与上海口岸的竞争力现状

一、港口口岸便利化环境评价的指标体系

前面已经讲过，虽然国内外学者和行业专家针对口岸环节的各个方面均提出了一些改进思路，但港口口岸环境的综合评价是一个多目标的、综合的、复杂的问题，目前国内尚没有形成一套系统的评价体系。我们认为，可以考虑从促进贸易便利化发展的投资建设、通关效率、信息化水平、费收条件、集疏运系统、政策法律保障及配套服务等方面综合评价港口口岸环境的优劣①。

---

① 本研究的数据来源主要有：世界经济论坛：《全球竞争力报告》（*The Global Competitiveness Report* 2007~2008、2008~2009，*GCR*）；透明国际（*TI*）：清廉指数（*CPI*）；*Ximena*, *Dollar and Micco*（2004）关于港口效率的数据；瑞士洛桑国际管理发展学院：《世界竞争力年度报告》（*World Competitiveness Year book* 2008，*WCY*）。

综合评价的主要目的是系统地揭示被评价系统的状态和发展规律，为科学决策提供可靠的信息依据。综合评价通常要经历以下步骤：确定评价对象、构建综合评价指标体系、指标量化、建立综合评价数学模型、采集和筛选指标数据、对被评价对象进行排序，最后得出综合评价结论。其中的难点是构建综合评价指标，要评价港口口岸环境，就必须构造一个综合评价指标体系。我们借鉴吸收国外经验，研究制定出适合我国国情、适合我国港口口岸具体情况的措施，才能更好地促进我国港口的发展。

港口口岸环境的综合评估应该作为考核评价的最重要原则，综合评估表现为单一评价的全面性和多评价指标的组合和综合。单一评价指标具有普遍性，可以避免评价指标的片面、粗糙，进而减少了评价结果的过大差异，增加可比性，而多指标的综合可以全面、准确地评价港口口岸环境的优劣。

一个港口口岸便利化环境的好坏，取决于众多因素。通常来讲，应重点考虑以下几个因素指标：

1. 港口基础设施

港口的基础设施条件是港口进行生产的直接载体，包括港口、锚地、港池；防波堤、护岸；航道、导航设施；码头岸线长度、泊位吨级和数量；库场面积和容量；装卸和运输机械；动力设备、供电、供水、通讯设备；港作船舶（引航船、交通船、巡逻船、消防船、供水船、燃料供应船、港作拖船和驳船等）、港内铁路和道路等。这些要素体现着港口现实综合生产能力，是港口发展的物质基础，其完善程度影响着港口发展的规模，决定着港口在周围港口体系中的地位和经济腹地的范围，决定着港口的未来发展方向，是与国际港口接轨的重要基础。

2. 口岸通关效率

通关是一个涉及海关、检验检疫、进出口货物申报人、承运人及所有人在内的多角色的运作过程。在现行的管理体制下，我国口岸通关涉及众多部门，有海关、检验检疫机关、外经贸主管部门、外汇、税务、运输、海事、银行、保险等，既有国家执法机关，也有商业机构。其中的任一环节出现问题，都将影响通关的速度和效率。

国际贸易的货运，基本是以水运和空运的形式发生，因此以港口效率指标作为测算海港、空港基础设施及运行效率的指标。这一指标不仅能够说明一国服务国际贸易的基础设施建设水平及是否需要能力建设、技术合作，同时也反映了该国国际贸易运输效率，而这也是影响贸易便利化的重要方面。港口效率指标具体包括：一是港口基础设施质量，衡量一国的港口设施及内河航运（GCR2008）；二是航空运输基础设施质量（GCR2008）；三是航空运输质量（WCY2008）；四是水路运输，衡量水运满足商业需求的水平（WCY2008）；五是港口效率（Ximena，Dollar and Micco，2004）。

3. 信息化水平

信息化对港口的发展起着主导和控制的作用，因此，各个港口都很注重信息化建设。前几年在港口管理系统中投入的信息化建设较多，建立了集装箱管理系统、船舶调度与商务系统、港口货源信息系统、港口计划统计系统、港口物资管理系统、港口海关监管系统、港口主题数据库、港口边检业务网上受理系统、港口理货业务管理系统等近二十余个系统。最近几年港口物流发展较快，实时监控技术在物流运输行业中广泛应用，不断提升了网上订舱、电子数据交换、客户跟踪等服务能力，促进了口岸效率的快速提高。

电子商务指标用来衡量一国是否拥有足够的通讯信息基础设施，以及能否利用信息化提高商业效率并推动经济活动的开展。根据 APEC 对贸易便利化的定义，电子商务是简化贸易手续、推动国际贸易发展的重要手段，因此是否能够及时采用新的信息技术，也是贸易便利化的一个方面。该指标具体包括：利用互联网进行电子商务的公司所占比例，衡量一国企业广泛利用互联网进行商品购买销售活动的水平（GCR2007）；新科技的可获性（GCR2008）；通信技术满足一国商业需求的程度（WCY2008）；网络安全，衡量公司是否对网络安全足够重视。根据 APEC 的 TFAPII，网络数据安全已经成为影响国际贸易安全的重要因素，并成为贸易便利化的重要组成部分（WCY2008）。

4. 港口费收情况

我国港口费收分外贸和内贸两部分。按其性质，可分为行政性收费和营业性收费。行政性收费主要指船舶港务费、货物港务费等，营业性费收则主要是指港口装卸包干费、引航费、驳船费等。港口使费的高低对口岸竞争力有着很直接的影响，因此，世界各国为优化各自港口口岸环境，均采取了一系列措施，最大限度地降低港口装卸和仓储费率，以吸引更多的物流。

5. 政策法规保障

市场经济是法制经济，港口运营需要一整套的政策法规来保障。随着管理体制改革的不断深入，港口行业法律法规也不断完善。继 2004 年 1 月 1 日《中华人民共和国港口法》正式施行以来，交通部又先后出台多项有关法规。同时，各地方政府也加强了对港口行业的法制化管理。到2006年底，上海港、广州港、天津港、嘉兴港、南通港和福州港等一些港口的港口章程已经作为地方性法规颁布施行。还有不少港口制定港口章程的工作已经进入了地方立法程序，许多港口颁布了港口管理条例、规定或办法，使港口管理建立在法治基础之上。

贸易便利化不仅涉及“边境障碍”，也涉及国内规章制度等“境内障碍”，规制环境指标即用来衡量一国国内规章制度的透明度、稳定性等，反映了国际货物贸易发生的国内制度环境。该指标具体包括：政府规章制度负担，衡量需要遵守的政府行政要求是否繁杂（GCR2008）；规章制度密集程度，衡量政府规章制度是否限制了企业的竞争力（WCY2008）；政府政策制定的透明度，衡量政府是否能够对涉及企业的规章制度变化及时通知（GCR2008）；环境法规的透明度和稳定性，衡量一国的环境法规是否稳定、前后一致并公正地进行强化（GCR2007）；商业经营便利，衡量行政法规是否阻碍了商业行为（WCY2008）；法规标准的严厉性，衡量一国环境管制是否严厉（GCR2007）；环境法规，衡量一国环境法规是否阻碍了企业的竞争力（WCY2008）。

6. 配套服务水平

随着港口的不断发展，船公司、货主等对港口所提供的功能也提出了更高的要求。金融结算、保险、贸易代理等必须要跟上港口发展的节奏，才能更好地发挥港口口岸的功能。因此，在发展港航主业的同时，要加快港口配套服务业的发展，具体包括：采取各项有效措施培育港口各项配套服务业的市场；建立良好的市场机制，促进港口配套服务业优势企业发展；整合现有资源，优化资源配套，使港口各项配套服务业形成优势产业；协调主业与配套服务之间的关系，实现共同发展。

APEC的贸易便利化行动计划在其行动清单中，将贸易便利化行动措施分为四大类：海关程序、标准和一致化、商务流动及电子商务。虽然这四大领域可能并不能完全覆盖贸易便利化的全部内容，但是这种根据具体行动措施将贸易便利化固化的方法值得学习。

7. 海关环境

该指标用来衡量海关直接税收成本及国际货物贸易过境管理的透明度。该指标同港口效率指标一样，都是用来衡量一国“边境障碍”的指标，主要区别在于港口效率衡量硬件基础设施，而海关环境衡量政策、规章制度等隐性软件条件。该指标具体包括：进出口中的不合法开支，衡量在国际贸易中除正常税收开支外的非正常开支，这种开支提高了贸易交易成本，同时不利于透明（GCR2007）；贸易壁垒盛行程度，衡量一国非关税壁垒是否削弱了进口商品在该国市场上的竞争力（CGR2008）；海关手续，衡量规范国际货物贸易出入境的手续复杂程度（CGR2008）；海关职权，衡量海关当局是否为货物通行提供便利（WCY2008）；受贿和腐败，衡量受贿和腐败存在的程度（WCY2008）；清廉指数，是把所有国家按照人们对其公务员和政治家的清廉的感受程度做出的一个排行列表。这是一个复合指数，是一种民意测验，从独立的、有公信力的机构针对专家和商界所作的民意调查中收集跟腐败有关的数据（透明国际：CPI）。这些数据并不能反映一个国家腐败的真实程度，现在只是用该指数作为一种辅助评价指标。

二、上海口岸的竞争力现状

2008 年上海港货物吞吐量增长 3%，集装箱吞吐量增长 7%，其各自的总量分别位列世界第一和第二。集装箱“电子标签”引发“运输革命”，进一步巩固了上海港世界大港的竞争地位。重点发展本港核心产业，凭借本港优势辐射长三角地区附近港口，推进长江战略，控制长江黄金水道的货源腹地，提高集装箱市场的占有率，完善了上海港的长江战略、东北亚战略和国际化战略。金融危机的发生使担当建设上海国际航运中心的主力军——上港集团面临挑战。内部挖潜，提高效益，资本运作，加强综合运输体系和服务体系建设，构建水路、公路、铁路一体化运输体系，进一步加快了上海港国际航运中心建设的步伐。

表 12－4 是大连海事大学水运经济研究所制作的《2008 年中国港口综合竞争力指数排行榜》，它依据迈克尔·波特的竞争优势理论和萨缪尔逊的经济学原理，划分 5 个层次，设立 13 个指标，利用统计学软件排序，从中国 60 个港口中遴选出中国最具竞争力的 25 大港口（2008 China Port Top25）。其 5 个层次分别为：投资趋势、吞吐量增长率、港口作业能力、港口财务状况及港口自然条件。5 个层次所包含的 13 个指标为：外商直接投资额、港口投资额、港口集装箱吞吐量增长率、港口货物吞吐量增长率、港口航线、港口装卸率、港口桥吊数、港口泊位数、港口靠泊艘次、港口总资产、港口总利润、港口吃水及港口区位优势。

表 12－4　2008 年中国港口综合竞争力指数排行榜

排名	港口	总得分
1	宁波—舟山港	243.09
2	上海港	239.87
3	青岛港	221.46
4	天津港	205.23
5	广州港	204.12
6	深圳港	200.65
7	大连港	179.34
8	连云港	172.67
9	营口港	170.41
10	厦门港	169.78

数据来源：大连海事大学水运经济研究所。

12.3　口岸软环境与上海口岸通关环境建设的便利化原则

一、国外港口软环境建设的经验

一个港口要竞争高层次的集装箱枢纽港，仅靠深水泊位与深水航道的硬件设施是不够的，还必须拥有支持这些硬件设施顺畅营运所需的软件环境，这是赢得客户青睐的关键，也是耗资巨大的硬件建设充分发挥效益的关键。在港口竞争日益激烈的今天，从“销售服务导向”到“顾客服务导向”所发生的观念的转变，将成为战胜对手的关键。东北亚各大港口对此均有共识，并推出了适合各自理念与特点的服务手段。

中国台湾高雄港已在软件服务环境上制定了五大后续推动重点，即放宽发货中心审批限制；海、空通关连为一体，提高货物运转效率；建立电子商务规范；提供物流业者适用土地；扩大出口加工区经营境外航运中心的简单加工业务。高雄港力图通过这一系列软件服务的建设与完善，建立全球物流运筹中心，最终在集装箱枢纽港竞争中领先。

在改善服务软环境上，日本的主要措施是：集装箱码头全天候工作，保证向船舶提供快速通畅的服务；进一步简化申请装卸货物的手续；减少船舶的港口费用，减少靠港船舶和作业货物的设备使用费，执行有竞争力的货物装卸作业收费标准；建立处理与港口有关手续的后勤信息系统，并与日本其他主要港口及公共管理部门合作，开发电子数据交换系统，以适应国际标准和日本海关的自动货物结关系统等。

韩国釜山港十分注重控制港口使用费，并试图通过低运价竞争策略吸引中国北方港口和日本港口的部分箱源。值得注意的是，韩国政府还在釜山港推行国营企业民营化，这也是韩国大型运输基础设施经营体制改革的首例试点。早在1999年5月，韩国海洋水产部就对釜山港的主要码头——紫城台码头实行民营化进行了国际招标，最终由现代商船中标，取得了该码头的经营管理权。

我国大陆许多港口也已充分认识到改善软环境的重大作用，并采取了一系列有力措施：一是改革口岸管理体制；二是积极开发EDI、集装箱检查系统等技术；三是与著名的跨国企业集团合资组建集装箱码头公司，促使中国港口的软件环境建设在短期内得到长足的发展。

二、上海国际航运中心软环境建设与通关环境建设的关联性

国际航运中心软环境包括诸如优惠宽松的税收政策、口岸通关服务、有竞争力的各种经营性费率，以及与国际接轨的航运立法、海事法律、海事仲裁服务、航运中介组织和船员劳务市场等。作为上海国际航运中心载体的港口是“一体两翼”的组合港，其软环境还应包括信息环境、经营市场环境、物流政策环境、体制环境、人文环境等。

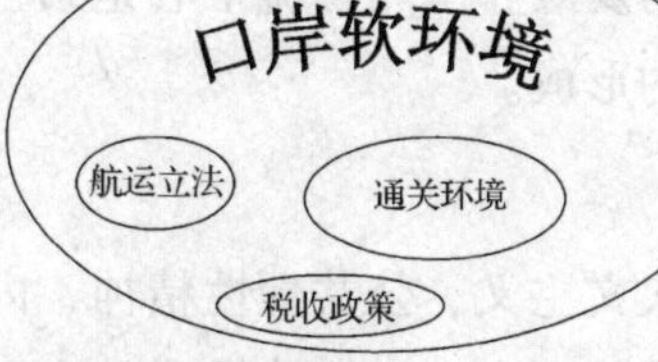

图12－1　口岸软环境与通关环境的关联性逻辑图

上海目前已初步形成包括政策法规、船舶服务、金融服务和加工服务等在内的符合国际惯例、适合中国国情的国际航运软环境。但与世界典型国际航运中心相比，其在行业管理水平、政策法律环境、航运市场体系、航运市场经营环境和口岸运作效率等方面仍存在较大差距，软硬件水平的参差不齐影响了上海组合港的国际竞争力。

国际航运中心软环境建设的内容多，涉及面广，需要重点关注以下几个方面：

1. 形成区域统一市场

国际航运中心是一个区域经济的概念，上海国际航运中心是依托长三角区域经济发展的腹地型国际航运中心，因此必须统筹长三角区域规划，包括产业规划、港口规划、交通运输规划等。统筹区域政策环境并形成长三角区域统一市场，对上海国际航运中心软环境建设的意义重大。

建立补偿制度，产业竞争一直是长三角矛盾的焦点。上海组合港必须整合长三角地区港口资源，将各成员港口分别定位为专业港、中转港、集装箱港或国际商港，避免重复建设和不良竞争，发挥区域综合优势。要做到这一点，除了通过政策协调实现港口资源的优势互补外，更重要的是要按照市场经济规律的要求，建立一套完整的组合港间利益的补偿制度。通过利益的再分配（补偿），有效协调各成员港口的分工与协作，真正实现“一体两翼”的目标。

2. 健全信息平台

港口企业、港口服务企业、政府管理部门必须健全各种信息平台，并形成开放式的信息环境，在此基础上放大国际航运中心信息网络的功效。

3. 优化物流环境

建立良好的法律法规体系、公平的竞争环境，以提高物流效率；通过探索适应现代物流发展需求的海关保税监管新模式，建立以“区港联动”为龙头、以保税物流中心为枢纽、以保税仓库和出口监管仓库为网点的多元化保税仓储物流监管体系，促进现代物流业的发展。国际物流中心是第三代国际航运中心的组成部分，能加速国际航运中心的形成。

4. 加强人文环境建设

人文环境建设包括生态人文主义、公共理性精神、内在人文素质三个基本内容。上海市港口管理局充分认识到人文环境建设对上海国际航运中心软环境建设的重要性，并提出了从盘活存量人才、用好增量人才、借用外脑三个方面加强人才培养，建设和营造港航文化，促进上海港口人文环境的建设。通过长三角区域的共同努力，在体现多元文化亲和力的同时，展示东方文化魅力，从而扩大上海国际航运中心的影响力，增强其国际竞争力。

三、上海口岸通关环境建设应把握的便利化原则

1. 强化口岸单位的服务能力

借鉴国外口岸管理协调服务的成功经验，尽快理顺我国口岸管理协调机制，

加快口岸管理综合立法，出台加强口岸“大通关”的政策措施，增强口岸管理协调能力。引进目标管理机制，进一步明确口岸“大通关”各成员单位工作职责，实行目标管理和考核，不断完善关、检、汇、税、贸、企、代等相关职能部门的联动机制，及时沟通情况，互通信息，解决问题。建议国家的口岸管理机构建立通关情况的公共信息平台，便于大家信息互通、及时交流。同时，要引入民意调查制度，把企业的意见和建议及时反馈到各相关部门，作为各级政府部门改进工作的依据。

建议把口岸基础设施建设分别纳入省市区经济社会发展总体计划，保证建设资金投入，制定优惠政策，按照“谁投资、谁受益”的原则，采取市场化运作方式，吸取和鼓励各类企业参与口岸基础设施建设，弥补建设资金不足；建议国家设立“‘大通关’发展专项基金”，重点建设“大通关”中重要的基础设施和相关的软科学研究。

2. 提升口岸通关质量和效率

一是加快电子口岸实体平台的建设。选择中小企业需求强烈、带动效应明显的项目进行重点突破，尽快实现重点项目上网实体运行，在取得阶段性成果后，逐步扩大联网应用，推动查验、监管、生产服务单位之间的信息整合，最终实现网上报关、报检、审单、放行。

二是加大跨区域口岸“大通关”模式的创新。建议国家口岸办、海关总署、国家质检总局把创新通关模式作为“两型社会”建设综合配套改革先试先行的专项任务，在全国范围内推广天津“无水港”建设模式，给相关“两型产业”企业特殊优惠通关政策，健全“属地报关、报检，属地验放”的直通放行监管模式。只有这样，才能真正建立起跨区域的快速通关体系，发挥重点通关线路的真正优势，降低我国企业的国际物流成本，提高企业的国际竞争力，促进“两型产业”的发展。同时，要整合水运、陆运、空运等物流运输资源，建立“江海联运、铁海联运、陆空联运”模式和“五定班列（轮）”方式，创新“直通机制”和“跨区域通关协作机制”。

三是加快口岸监管服务方式的创新。学习借鉴国际口岸监管服务的先进经验，不断解放思想，转变监管工作作风，持续创新工作方式和业务流程，围绕建设“安全、快捷、有序、畅通”的口岸“大通关”目标，开展形式多样的口岸文明共建活动，自觉提供优质服务。

3. 构建平等商界和口岸单位的关系

一是提高查验机构的监管水平。要设置科学合理的流程，简化手续，实行

“限时服务承诺”制度，降低企业成本，进一步优化分类管理和风险管理机制，保证“两型企业”和其他重点企业的便捷通关。

二是健全监管分支机构的设置。加快申报和筹建新的海关和检验检疫办事机构，力争口岸开放到哪里，监管机构、报关报检就设立到哪里，充分满足企业就近报关报检、货物快进快出的需要。

三是公开收费项目和标准。监管机构要在符合政策规定的前提下，尽量减少检查批次、降低收费标准，并聘请社会监督员，自觉接受企业和社会的监督。

12.4 上海通关环境的贸易便利化推进

一、国外口岸通关便利的经验

国际先进的通关模式多为简化政府监管，以市场为主。美国“9·11”事件之后，前布什政府成立了国土安全部，把移民局和海关合并起来成为一个部门，大大方便了二者之间工作的协调性。在欧洲，各国的口岸只有海关和移民局两家，由海关代行商检职责，移民局代行卫检职责，统筹管理权在海关，使口岸的管理机构简单化，而且政府的监管在很大程度上受港口部门的限制。欧洲于1993年成立欧洲海港组织（EPSO），现在已发展到与欧盟、保加利亚、冰岛和挪威等八百多个港口直接联系。其功能主要是代表港口的利益，为欧盟运输委员会制定的相关政策提供决策建议，包括港口法规的制定、港口融资、环保、港口服务、通关、职业培训、安全、信息化建设等各个方面。在通关方面，ESPO认为，海关及其他管理部门的工作往往限制了港口的操作效率，这种限制应达到最小化，以使整个航运市场获得尽可能大的收益；与港口相关的检查检疫部门的数量（比如移居入境、海关、食品健康卫生、动植物、汽车许可证、反恐等）过多，应该进行削减，或者使其功能综合起来，精简工作程序。

因此，科学高效的一体化口岸管理模式的建立和运行，将对海关在口岸管理中处理同其他政府部门之间的关系产生重大影响，有助于提升海关公共关系处理能力，更好地组织和协调口岸管理事务。

二、上海口岸通关环境存在的问题

与国际先进水平相比，我国的通关速度，尤其是海港口岸的通关速度仍然有较大差距。其特征表现为多头管理、各自为政，没有形成统一的通关管理部门，也没有统一的通关服务体系。整个口岸通关，包括外贸集装箱出口通关，主要存在以下问题：

1. 通关管理体制问题

口岸管理是一项政策性和法规性很强的涉外工作，也是一个复杂的系统工程，有诸多部门参与口岸的运行，参差交错，目标多元。涉及口岸工作的单位和部门包括：口岸查验部门，如海关、检验检疫、边防检查、海事等部门；生产运输部门，如港务局、船公司、理货公司、航空公司等；中介服务部门，如报关行、报检行、货代公司等。而且上述这些部门依据自成体系的法律、法规和规章，在各自的职责范围内实行管理。海关部门有海关法，检验检疫部门有进出口商品检验法、国境卫生检疫法、出入境动植物检疫法，边检部门有出入境边防检查条例、出入境管理法等。这种多部门的口岸管理模式存在着诸多矛盾和问题，在实践中已对进一步开放产生了一定的阻碍作用。

与欧洲、新加坡等国家和地区的市场化通关体系相比，我国的口岸通关仍然是市场机制和政府监管并行，其操作层面主要由港口、机场等相关口岸服务部门进行市场化管理，而政府监管主要表现为三大部门的监管，即海关对货物进行监督管理，检验检疫局进行商检、卫检和动植检，边防局对入境人员进行监管。这三大部门互不统属，各司其职。另外，还有海事、国税、银行、港口等部门也在通关的不同环节发挥作用，如此众多的部门大多为纵向直属管辖，港口地方政府的影响力有限，如果协调不到位，往往造成企业重复申报和重复检验。

在与其他部门存在职能交叉的领域，目前分工合作机制尚不健全，或不尽合理。例如，在边境保护的反恐、公共卫生、环境保护等方面，由于缺乏资源共享机制和信息通报机制，难以形成合力，导致在有关工作的衔接上存在隐患。在口岸管理方面，尽管已经明确了海关的牵头地位，但在实际操作上海关与边检、商检等部门分兵把守，分工明确但缺乏合作机制，各部门各自行使职权，缺乏协调，造成通关时间难以有效缩短，效率难以提高。

2. 通关服务机制问题

实施“大通关”工程以来，口岸通关的信息化建设被提高到前所未有的高度。2005 年 4 月 1 日，《中华人民共和国电子签名法》正式实施，为海关业务向无纸化迈进提供了有力的法律依据。但是，我国的无纸化通关远未达到国际先进水平。海关、检验检疫局、边防局、港口等部门都有自己的计算机网络系统，但是有关信息数据大多只能在部门内互通共享，或者在有限范围内实现了跨部门的信息沟通，如部分港口的海关和港口的 EDI 系统实现了联网，但是距离货主企业

"一站式"服务的要求尚有较大的差距。

上述问题往往被归结为口岸通关信息化程度不高，实际上，各部门之间的配合不畅、各自为政才是问题的关键，有时部门利益、地方利益影响了整个通关效率的提高。由于这些问题涉及的部门多为中央直属机构，地方政府从中协调则很难彻底解决。因此，提高我国内地港口通关效率的关键是改革通关体制，提高各监管部门的综合素质和服务水平，统筹规划，使各有关监管机构共享资源，相互配合。只要整个通关体制理顺了，外贸集装箱出口作为通关体系的一部分，其效率自然会大大提高。但在我国现行体制下，由于通关体系涉及十几家机构、二十多个环节，因此整个通关体制的理顺需要一个漫长的过程。实践证明，政府大包大揽式的改革往往成效不够显著，遵循市场经济规律，市场化运作的改革有时反而能起到很好的作用。借鉴国外的先进经验，以市场化运作的方式进行通关体系改革可能是最有效、最现实的选择。

3. 信息平台问题

上海港在我国内地港口中"大通关"工程实施得最早，通关效率也最高，但与国际先进通关模式相比仍然有差距。上海港虽然也建立了上海经贸网、港航信息网和航运商务网三网合一的亿通网，但是由于没有得到政府的授权，只能进行各通关环节之间信息的交流，而不拥有相关的政府监管职能。而且，上海的通关还没有全部实现无纸化，部分单据仍然需要人工填写和传送，无法进入网上通关流程（参见图 12－2）。

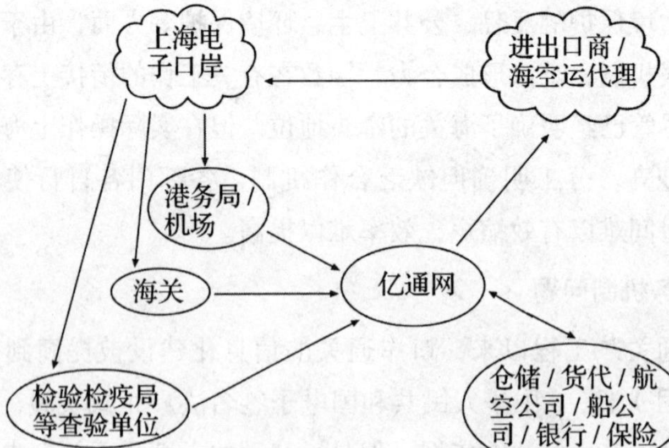

图 12－2　上海港电子通关部分模式

上海港有海关通关系统、检验检疫系统、边防检查系统、港口系统、机场系统等，各系统之间有些实现了互联互通，如海关和港口系统，但大部分港口没有实现在一个信息平台上的信息共享（参见图 12－3、12－4）。这样，不仅造成重复建设、资源浪费，而且大大降低了通关效率，而这些问题出现的根本原因就在于上文所述的管理体制和服务机制上。

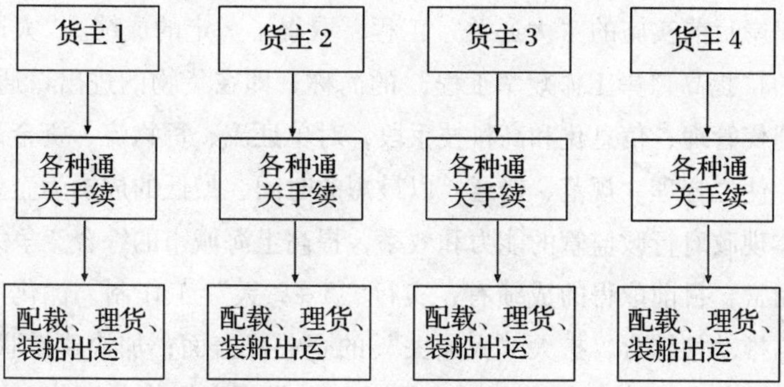

图 12－3　无平台的通关部分模式

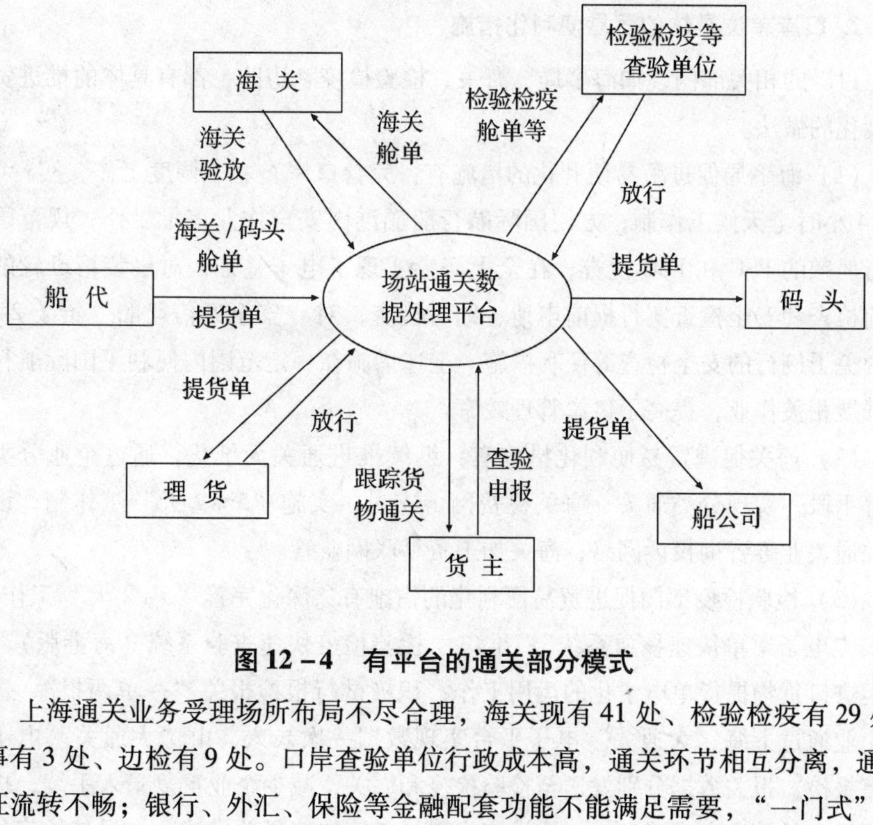

图 12－4　有平台的通关部分模式

上海通关业务受理场所布局不尽合理，海关现有 41 处、检验检疫有 29 处、海事有 3 处、边检有 9 处。口岸查验单位行政成本高，通关环节相互分离，通关单证流转不畅；银行、外汇、保险等金融配套功能不能满足需要，“一门式”场所难以提供快速便捷的通关过程。

三、上海口岸推进贸易便利化的成绩

1. 贸易便利化在上海口岸取得的成绩

上海口岸目前实施的“大通关”工程，取得了一定的成绩。“大通关”是对上海实施的“提高口岸工作效率工程”的简称，即在货物的进出口通关过程中，通过运用现代管理、信息化和高科技手段，对单证流、货物流、资金流和信息流进行整合，使之合理、规范、畅通，以最短的时间、最低的成本为企业提供最好的服务，体现政府行政监管的能力和效率，提高上海城市的综合竞争力。

总体而言，目前取得的成绩有：实行“5+2天”工作制，优化口岸服务环境；引导与推动相结合，扩大“大通关”的企业覆盖面；加快建设联网范围广、服务功能全的电子平台；促进国际货代企业与货代市场规范运作；规范收费管理，降低通关成本。

2. 口岸单位具体的贸易便利化措施

口岸的相关部门，如海事局、海关、检验检疫、边防，都有具体的推进贸易便利化的做法。

（1）海事局促进贸易便利化的措施有：完善口岸查验、调度工作，实行365天24小时全天候工作制；方便国际航行船舶港内安全作业审批工作；规范国际航行船舶的PSC和FSC检查；在全上海港实现了电子签证；对集装箱班轮的开航前检查和安全检查实行提前申请、约时检查，对“安全诚信船舶”给予24个月内免予例行的安全检查等便利措施。上述措施在一定范围内便利了国际航行船舶开展相关作业，提高了口岸管理效率。

（2）海关促进贸易便利化措施有：继续推进通关无纸化，通过企业分类管理等手段，实现分类通关；海关税费网上支付；实施“5+2天”工作制；设立海关通关业务咨询投诉网络；海关加工贸易联网监管。

（3）检验检疫部门促进贸易便利化的措施有：深化完善“5+2天”工作制；推广“电子审单快速核放系统”；推广“检验检疫快速查验系统（海港版）”和海运进口货物提货单电子化的运用工作；积极试行报检报关“一单两报”，进出口企业通过上海“大通关”电子平台实现数据一次录入，由“大通关”电子平台将报检、报关数据分别发送至检验检疫和海关，减少企业重复录入手续，提高数据录入的效率和准确率；加快推广出口加工区快速通关模式；加强与长三角地区检验检疫机构的联系与协作，促进长三角地区通关运作一体化。

（4）边检部门促进贸易便利化的措施有：实行"5+2"工作制；积极推行预检制度，确保船舶到港后即可开工装卸；认真贯彻市政府报检一次性、"一门式"办理的要求，设立总站驻航交所办事处；配备检查执勤装备，提高工作效率；改善现场工作条件，缩短船舶出入境事务处理时间；进一步加强业务培训考核制度，提高处理问题能力。

四、上海贸易便利化联席工作会议

为了推进贸易便利化工作，上海创新性地展开了一系列的工作，其中最为典型和最具有突破性质的，当属上海贸易便利化联席工作会议及其推出的一系列规定和指标。

1. 联席工作会议目标

贸易便利化工作围绕"行政效率最高、行政透明度最高、行政收费最少"的目标，将货物进出口环节分为贸易前、贸易中、贸易后三个环节，梳理和整合各个部门服务管理规范化指标，逐步建立并完善贸易便利化指标体系。

2. 联席成员单位

上海市贸易便利化联席会议各成员单位包括：

（1）市发展改革委。主要负责上海货物进出口通关中的收费管理和协调，负责协调特殊监管区功能整合和拓展中的便利化工作，以及负责上海企业申领国家农产品进口关税配额的审核、发证过程中的便利化问题等。

（2）市口岸办。主要负责口岸综合管理和"大通关"及电子口岸中便利化的协调工作，包括协调市交通港口局、民航华东管理局、上海铁路局、上海机场集团、上海国际港务集团等涉及货物进出口通关环节中的便利化问题。

（3）上海海关。主要负责进出口货物和物品申报管理、单证审核、查验管理、税费征收及企业注册登记等海关管理业务中的便利化问题。

（4）上海出入境检验检疫局。主要负责进出境货物及包装物、运输工具等的检验检疫申报、检验、检疫及监督管理中的便利化问题。

（5）外汇管理局上海市分局。主要负责企业货物进出口的收结汇、付汇及核销中的便利化问题。

（6）市国税局。主要负责企业在进出口税收业务中的便利化问题。

（7）市金融办。主要负责协调企业在银行申办货物进出口业务国际结算中的便利化问题。

（8）市工商局。主要负责从事货物及技术进出口业务的内、外资企业和个体工商户的登记。

（9）市商务委。主要承担上海市贸易便利化工作的牵头、协调和联络相关成员单位的职责，以及在进出口配额、许可证和相关外贸业务审批、审核、备案登记、发证中的便利化问题。

以上与口岸通关有着直接关系的部门包括：市口岸办、上海海关、上海出入境检验检疫局。

3. 上海贸易便利化指标框架

上海市贸易便利化指标框架适用于进出口货物贸易，主要分为三类：

（1）服务管理指标（9个）。该指标是指进出口企业或其代理在办理货物进出口各环节手续分别所需要的时间，以各业务流程时间来衡量。

（2）效率指标（3个）。该指标主要衡量贸易便利化成员单位的工作效率，由共性指标和个性指标构成。

（3）成本指标（1个）。该指标是指在进出口贸易各环节中，企业办理登记注册、备案、通关、检验检疫、外汇核销、出口退税等手续所缴付的费用增减率。

另外，根据贸易开展的时间顺序，贸易便利化指标框架还可分为贸易开展前、贸易开展中、贸易开展后的指标。

12.5 构建我国贸易安全与便利的口岸通关环境

一、贸易便利与贸易安全的关系

当代世界各国海关的改革与发展，无外乎围绕两大主题而展开，一是贸易便利，二是贸易安全。两大主题实际代表着当代世界各国和地区海关组织在推进世界经济发展和维护世界经济贸易秩序的过程。

1. 贸易安全与海关非传统职能

随着经济全球化的深入发展，全球供应链已经将各国经济紧密地结合起来。作为进出境监督管理机关之一的海关，在肩负出入境货物、物品和运输工具监管、征税、统计、缉私任务的同时，一些非传统职能也在不断拓展。例如，WCO提出“确立海关作为保证国家边境安全的首要管理机构的地位”，并对161个成员国海关就“海关改革与现代化”进行了的一项调查，结果显示：75%的成员国海关认为“打击跨国犯罪和保护边境安全是未来海关面临的一个挑战”。

2001年的美国“9·11”事件发生以后，以美国为代表的发达国家，为应对国际恐怖主义威胁，对海关保护本土安全的职能进行了强化，把美国的安全区扩展至地理边境之外，使美国边境由第一道防线变为最后一道防线，并为此实施了一系列新的海关监管制度：集装箱100%查验制度，所有由外国直接或经由中转港口间接运往美国的集装箱货物，都必须在装船前经过非侵入式成像设备扫描及放射性物质探测设备检测并施加封志后，才能进入美国境内，也就是说，进入美国的集装箱必须进行100%技检；“盾牌计划”（Project Shield America），旨在同美国有关企业合作，制止列名武器和军民两用战略敏感技术出口，防范其技术产品被恐怖分子和资助恐怖分子的国家所利用和获取；“集装箱安全倡议”（CSI）：美国海关于2002年1月推出这项计划，向重要的境外海港派驻检查员，在货物集装箱运往美国之前先行甄别，目的在于增强海运货物集装箱的安全，以防范海运集装箱中藏匿大规模杀伤性武器对边境安全和全球贸易所带来的潜在威胁。

无独有偶，欧盟税务及海关同盟总司将“管理并保护欧盟统一的外部边境，打击非法贸易，增强国际供应链的安全”确立为主要职责之一。新西兰海关《2006~2010年海关成果目标》中的第一项，就是“边境安全——提高海关的偕同作战能力，为国家安全作出贡献”。

当前，非传统职能扩张已经是世界海关发展的大势趋，边境保护的范围也已经从传统经济安全扩大到国家安全、社会安全、金融安全、国际贸易供应链安全、公共卫生安全等领域。中国海关职能正由传统职能为主向传统与非传统职能并重调整的加速转轨进程中，亟须未雨绸缪，从思想、制度、技术、人员素质等方面作好海关职能拓展的应对准备。

2. 贸易安全与贸易便利的制衡发展

“9·11”事件发生前，世界海关组织改革与发展的政策与战略被世界贸易组织及其前身牵着鼻子走，其价值重心倾向于推进贸易便利，其改革框架与指南大多围绕“贸易便利”来做文章。这从1973年出台并在其后不断修改完善的《关于简化和协调海关制度的国际公约》（简称《京都公约》）引导的价值理念及公约内容中可以得到佐证。但在“9·11”事件后，以美国为首的西方发达国家为了维护国家的安全利益，打着“反恐”的旗号影响世界各国和世界经贸组织，并将改革与研究的重心调整到贸易安全方向上来。受此影响，WCO在匆忙通过了《国际贸易供应链安全与便利决议》仅两年，又通过了《关于实施国际贸易供应链安全与便利措施的新决议》，直至2005年6月出台《全球贸易安全与便利化标准框架》。这一连串的政策改革，使世界海关组织原先一直所倡导的偏重于便利的价值主张扭转到以安全为重心的方向上来，安全与便利这对价值目标的冲突凸现在世界各国海关面前。实际上，贸易安全价值目标的提出，或者说“9·11”事件的出现，使WCO措手不及，被迫对先前的路线作出战略调整。

3. 美国等发达国家贸易安全与便利的政策博弈

“9·11” 事件之前，以美国为首的西方经济强国为了本国的经济利益，极力鼓吹全球贸易自由化和世界经济一体化，目的是凭其经济强势打开国际市场，特别是发展中国家的市场，以便占取和瓜分全球市场份额。受强国经济利益的驱使，世界经济的眼光和的价值取向聚焦在如何推进贸易便利化这一孤点上。“9·11”事件之后，美国觉悟到贸易安全的重要性，于是急踩了全球贸易自由化前进的刹车，将贸易安全提高到首要位置。从其意愿在世界各国口岸的强行实施，到敦促出台《全球贸易安全与便利化标准框架》，美国将近些年国际海关合作事务的重心完全转移到维护国际贸易安全链的任务上。这再一次证明了当今世界海关发展与改革的价值目标被强国利益所支配着，再次昭示了美国在当今国际政治与经济舞台上的霸权地位。

4. 我国现阶段的贸易安全与便利

（1）现阶段我国应以贸易安全为重

笔者认为，相比“贸易便利”而言，当前中国海关强调“贸易安全”更为重要，其原因在于：一是维护贸易安全是海关的天然职责，把关是海关的本分，服务是海关职责的延伸，切不可受经济组织、政治利益团体的“忽悠”，将海关的改革引人弱化自身职能、取悦于其他经济组织、团体的误区；二是国情的需要，与西方强国相比，我国国际贸易的竞争力仍不十分强大，改革需要的配套措施尚不到位，口岸管理仍不统一、规范，对接世界贸易的国内外安全链仍十分脆弱，受到外来经济非安全因素冲击的风险较高，反走私和承担非传统海关职责的任务仍十分繁重，在这种条件下，维护贸易安全显得更为重要。

（2）以贸易安全为重的通关环境建设

一是各项推进便利贸易的改革措施应当增添安全评估的指数或者系数，评估一项改革措施的成果，不能仅以缩短多少工作日、小时、降低多少贸易成本及企业的满意率等便利指数来衡量，还要相应增加安全指数，如违法风险系数升降的比率、单货相符比率、海关可监控的时间与空间范围及案件查发率等。

二是各项业务改革的推出应当增加安全保障的验核与评估，如果制定出安全指数，就需要进一步增加安全验核步骤。改革试点过程中不能急功近利，片面追求贸易便利尺度的测量，还要兼顾安全的尺寸。安全保障的验核除了传统的查验、稽查手段外，还可以搞“化装试验”。

三是增加业务现场关员安全意识的培养和非安全甄别、发现能力的培训，增强缉私人员对海关业务改革流程的熟悉程度和增大跟进的步履，全面促进海关业务与缉私业务的共通与融合。目前存在的问题是：一方面，我们对海关各业务部门、关员在查缉、防范走私等非安全隐患方面所理应发挥的基础作用调动不够、启用不够；另一方面，缉私部门、干警对海关业务改革的跟进与学习力度不够，呈现出种种打私能力的不足。因而，关警之间迫切需要相互融合、相互联动。

二、构建我国贸易安全与便利的口岸通关环境

1. 组织机构趋向按海关发展要求实施改组

近20年来，世界上约有40多个国家和地区海关根据外部形势和海关自身发展要求进行了机构重组，主要表现为三种改组模式：第一种是“嫁接式”机构重组，即按国家战略发展整体规划的要求与其他相关部门合并重组。例如，美国于2003年整合了美国海关署及边境巡逻、移民、检验检疫等机构，成立海关和边境保护局（CBP），作为统一管理进出境人员与货物的机构；加拿大海关通过改组，将海关同原信息情报、边检、动植物检验检疫等部门合并成为边境保护局。第二种是“自我完善式”机构重组，主要是减少组织机构，压缩管理层级，构建扁平式的组织结构。例如，荷兰海关在2003年的改革中将领导层级由5级压缩为3级，撤销了海关局和基层海关，并将地区海关由7个减少为4个，使决策层和执行层更为紧密的结合，整个组织行动更为协调、灵敏。第三种为“移位组合式”机构重组，主要是将海关在旅客进出境环节的监管职责前移，对外呈现海关和移民局的职责划一，对内则维持各自的职责分工。例如，澳大利亚和新西兰海关改组后，在旅客出入境环节均同时承担海关和移民局的双重职能，但原移民局的机构并未撤销，只是与海关在监管位置上进行了调整，由前台移到幕后，专司非法移民案件的处理工作。

2. 职能履行模式趋向统一边境执法

贸易安全与便利的双重要求使口岸部门各自为政的管理模式显现出各种弊

端，统一边境执法势在必行。鉴于海关在边境执法中重要而特殊的地位，许多国家选择海关作为边境的统一执法者。2003 年 9 月，美国国土安全部决定在全美 300 个口岸实行“一张面孔对外”，即在口岸上由海关及边境保护局承担海关、移民、动植检验等各项边境执法活动，实施“一站式”服务。目前，美、加、澳等国家在边境口岸执法上已实现了海关“一口对外”。统一边境执法的另一种重要方式是推行“单一窗口”，即由单一的权威机构接受纸面和电子数据信息，再把该信息传递给各相关政府部门，协调各部门监管活动，以防止对供应链产生非正常的阻碍。例如，瑞典通过实施“单一窗口”，由海关代国家税务总局、统计局、农业局和国家贸易局实施进口增值税管理、贸易统计、进口许可证管理等执法活动。再如，新加坡海关负责实施“单一窗口”，贸易商通过统一的程序将电子申报数据发送到不同政府部门进行处理和审批，各政府部门将处理结果回馈给贸易商。

3. 探索构建“单一窗口”模式

（1）明确海关主导地位

当前中国口岸管理体制改革正在稳步推进，国家已批准将海关总署口岸规划办公室更名为国家口岸管理办公室，授权海关在中国口岸管理中承担牵头责任并相应调整增加了职能。海关应以此为契机，强化自我意识，学习发达国家口岸管理的科学方法，结合中国口岸实际开展相关课题研究，提出口岸管理体制改革的整体思路，提出不同类型口岸的整体规划及口岸规范的具体措施，并在组织实施中把握主动权，根据国务院的总体要求组织协调口岸通关中各有关部门的工作关系，指导和协调地方政府口岸工作等。通过卓有成效的工作逐渐将口岸管理纳入海关职能体系中，并结合供应链安全与便利、边境保护等的需要，确立海关在口岸管理中的主导地位，拓展海关的发展空间，提升海关在我国经济社会发展中的地位。

（2）建立不同层次的合作协调机制

口岸管理工作不仅涉及不同的管理部门，而且涉及不同的生产、运输、服务部门，它们相互联系，交织在一起形成一个复杂管理系统。海关要围绕提高大通关效率和有效监管为系统目标，理清口岸管理的各项工作，与相关管理部门、生产企业、服务机构建立不同层次的合作机制。一是建立海关与其他政府部门的合作机制。要制定切实可行的合作规程，明确海关与其他政府部门在一体化口岸管理中的具体分工、职责和范围，建立会商制度，加强部门之间的交流，相互开展业务培训，学习和借鉴彼此工作经验。要突出信息互通、加强防范和联手打击这三个合作重点，紧密合作、协调互动，实现优势互补，形成及时沟通、信息共享、加强防范、联手打击、快速联动等合作协调机制。二是建立海关内部的合作机制。口岸管理是一个全局性工作，在明确海关在履行口岸管理职能中的主导地位后，还要统筹资源，在海关内部形成统一领导，各部门各海关积极参与协作配合的工作机制。三是树立亲商观念，建立海关与企业、中介服务机构等之间的合作机制。在保障国家利益的前提下，海关应和口岸管理的政府其他部门一起，听取生产企业、服务机构的现实需求，建立相应的合作协商机制。

(3) 形成“单一窗口”的管理程序

在中国口岸管理中，除海关外还有其他边境执法部门也要求对货物进行检查，并要求贸易商提供单证和数据。不同机构间缺乏协调和配合，给货物通关造成了不必要的延误。因此，实施“单一窗口”、整合口岸管理资源、简化和协调进出口手续和单证成为中国迫切需要解决的问题，而海关在“单一窗口”建设中责无旁贷。具体可遵循以下步骤开展工作：

①研究中国对外开放口岸的现状，从规模、具体业务等的标准不同细分成不同类型；

②理清不同类型口岸具体涉及的业务，并在海关与政府其他政府部门、生产企业、中介服务机构合作下，合并、精简和取消现行分部门管理体制下重复的、非法的、不必要的管理步骤；

③整合口岸管理的资源，将必要的口岸管理事务根据内在逻辑关系，形成管理流程，并以电子口岸和现场办公两种形式来实现“单一窗口”。

4. 推动中国海关保障供应链安全与便利职能的形成

(1) 以供应链为导引构建口岸工作流程

①确立海关与商界之间的伙伴关系。第一，拟定供应链的安全指南。海关应与行业协会及企业代表联合拟定一份供应链的安全指南，以便于企业对照进行自我评估。当然，不同行业的供应链安全指南的内容也不尽一致。第二，企业进行自我评估。申请加入“伙伴关系”的企业可以对比供应链安全指南的内容对自身进行自我全面评估，并将评估的结果提交海关。第三，授予“伙伴企业”的资格。对于通过供应链安全指南评估的企业，海关将授予其“伙伴企业”的资格，除提供信息、商誉、沟通等方面的便利外，还保障其货物快速通关，减少被查验次数。

②积极探索与其他国家（地区）海关之间在供应链安全与便利方面的合作。第一，在举行双边和多边海关国际会议时，积极导入供应链安全与便利内容；第二，互相交换试点供应链安全与便利的相关信息，互相认可对方的供应链安全与便利措施；第三，积极在区域海关国际合作协议中，制定供应链安全与便利的最低标准。

③明确海关与其他政府部门之间的协作方式与内容。虽然说海关在保障全球贸易供应链安全与便利过程中发挥着主导的作用，但它离不开其他政府部门的配合与支持，这一点在中国尤为突出和明显。第一，海关与其他政府部门沟通联系供应链安全与便利措施时，方式可以多样化，如联席会议、情况通报等，定期或不定期均可；第二，沟通的内容可以不限于情况的通报，还可以是供应链安全与便利保障措施的预研交流及事后结果的反馈等；第三，实现与其他负有供应链管理职责的政府联网，保持相关信息的随时畅通。

（2）确立以供应链安全与便利为导向的工作模式

①建议以供应链为切入点，优化海关的申报、归类、估价、纳税、放行的工作流程。现行海关的工作流程虽然也包括有供应链安全与便利的内容，但并不是以供应链的安全与便利为导向的。例如，《中华人民共和国海关法》规定的“进口货物的收货人应当自运输工具申报进境之日起 14 日内，出口货物的发货人除海关特准的外应当在货物运抵海关监管区后、装货的 24 小时以前，向海关申报”，就限制了进口货物到港前预申报和出口货物运抵海关监管区前的提前报关，也就不符合国际海关保障供应链安全的趋势。

②打破条块分割，实施供应链监管的无障碍化；打破关区壁垒，按照供应链自身流向实现无障碍监管。在已形成长三角、珠三角、环渤海等经济区域的基础上，海关应大力推行区域通关一体化工作。建议充分考虑各区域的不同发展程度和口岸与内陆海关不同的监管资源状况，采取多种监管模式。除“属地报关、口岸放行”模式外，可更多采取“选择申报、多点放行、区域联动”来缓解口岸通关压力。

13 调整与优化对外贸易税制便利化

随着经济全球化和一体化的深入，不同层次、不同范围的各类贸易谈判使全球平均关税水平大大降低，传统的配额、许可证和数量限制等非关税化措施也受到一定约束。换言之，影响国际贸易的关税因素和传统非关税措施的壁垒作用日益弱化，各国贸易制度日趋开放，贸易自由化程度大为提高，国际贸易进入了“后关税时代”。但是，各国千差万别的国际贸易程序纷繁复杂、不透明、不统一，“贸易的非效率化”被视为一种非关税措施而成为隐形的市场准入壁垒，严重阻碍着要素的跨境流动。因此，贸易便利化就成为众多国际组织和贸易界关注和研究的重要课题。1995 年，WTO 开始关注贸易便利化问题，并致力于消除“贸易的非效率化”，实现更加便捷、协调、透明的国际贸易程序。各国对外贸易税收制度是国际贸易程序的一个关键环节，因此，不断调整和优化对外贸易税收制度是促进贸易便利化的重要内容之一。

13.1 国际贸易自由化发展与对外贸易税制的变迁

一、自由贸易理论下对外贸易税制的转变

第一个较为系统地阐述自由贸易理论的是古典经济学家亚当·斯密在《国富论》中所倡导的经济自由主义思想。他认为，经济应自由放任，不加限制，而自由贸易与自由市场经济一样，是符合自然秩序的一种贸易模式，是普遍适用的经济学原理，每个国家都应该尽量降低乃至取消关税等阻碍贸易进口的壁垒，经济才会健康的、快速的发展，因此，最理想的贸易政策应是自由贸易政策，允许商品自由输出和输入，在国内外市场上自由竞争。而实际上，这种自由贸易理论在实际推行过程中却困难重重。

英国是自由放任理论的发源地，是唯一一个曾经在某个时期实行全面自由贸易政策的国家，也是新自由世界经济秩序最初的设计者和主角。1846 年，英国摈弃了保护农业的《谷物法》，废除了大部分关税和其他重商主义的保护措施，在 1870 年左右形成相对完善的自由世界贸易体系。英国战胜实行干预政策的强大竞争对手——法国，证明了自由市场和自由贸易的优越性，奠定了其超级世界

经济强国的地位，开启了“日不落”帝国的繁荣时期。

许多人认为，英国凭借其拥有世界领先技术完成了向自由贸易制度的转变和经济腾飞。这种认识是片面的，它忽略了问题的关键——英国拥有世界领先技术的原因。英国工业发展史表明，其领先的技术是通过长期实施较高的关税壁垒实现的。例如，1721 年英国第一任首相沃波尔推行的旨在促进英国制造业发展的改革政策主要包括：降低或完全免征用于加工的原材料的进口关税；对用于加工后出口的进口原材料，提高退税水平；废除大多数制造品的出口关税；提高外国制造品的进口关税；出口补贴扩展到新的出口项目，如丝绸制品和火药，同时对现有的帆布和精制食糖的出口补贴也提高了；管制被引入以便控制制造品，尤其是纺织品的质量，以防止不道德的制造商损害英国产品在外国市场上的声誉。① 此次改革政策对英国工业发展过程产生了重大影响，使英国的技术水平迅速领先于其他国家。但是，英国制造品的高关税政策一直延续到 19 世纪中叶，直到 1846 年废除《谷物法》，英国才进入了自由贸易时代。然而，因 1929 年经济危机的影响，1932 年英国再次大规模地开征关税，自由贸易时代宣告结束。英国经济发展路径大致为：贸易保护政策—工业发展（技术超越）—自由贸易政策—技术被超越—贸易保护政策……

纵观世界市场经济发展的历程，贸易自由与贸易保护一直在激烈博弈中交错存在，各国总会自觉或不自觉地采取保护本国贸易的措施，只是贸易保护的程度不同而已。因此，贸易自由化更多的不是经济角度，而是政治角度②。亚当·斯密也指出：在贸易政策中，国家安全不是唯一的非经济目标，各国可能非常想保留自己的文化传统或保护本国环境。因为各国经济发展不平衡，仍然存在国家利益和民族利益，以及社会制度、经济体制和文化观念等方面的差异，所以贸易利益不可能在世界各国之间均衡分配。

对外贸易税收制度是各国贸易政策中最直接、最有效的重要手段。从参与国际贸易的流程看，对外贸易税收制度主要包括关税（进口关税和出口关税）和特别关税、出口退税（进出口商品税）等，是进出口商品成本的重要组成部分，是影响进出口商品国际和国内价格变动的重要因素，进而影响到进出口国家在生产、贸易和消费等方面的利益调整。因此，关税具有收入再分配效应、经济效应

---

① Brisco, 1907, pp. 131 - 133, pp. 148 - 155, pp. 169 - 171; McCusker, 1996, p. 358; Davis, 1966, pp. 313 - 314.

② 《海闻：贸易自由化实际上是一个政治问题》，2009 年 7 月 4 日，网易财经。

和福利效应，是国际贸易的重要工具。英国、美国、德国等在其迅速崛起的强国之路中，普遍采用了高关税等办法限制进口，同时，采用减免关税、出口退税等办法鼓励本国商品出口，既保护本国经济免受国际竞争冲击，也促进了本国经济的发展。目前，各国的关税制度主要通过奖出限入达到积累国家财富、保护本国产业发展的目的，除了少量的战略性资源保护和技术保护的出口关税外，基本免征出口关税，同时实行出口退税制度，以促进出口贸易。

二、关税减让是二战后国际贸易自由化发展的基石和推进器

1. 关税大战是 GATT 产生的直接原因，关税减让协议是其形成的基础和核心内容

19 世纪末 20 世纪初，资本主义进入垄断阶段。迫于国内垄断资本的压力，各主要资本主义国家纷纷实施贸易保护政策，森严的关税壁垒严重地阻碍了国际贸易的发展。1929 ~ 1933 年的资本主义经济危机加剧了贸易保护主义的浪潮，关税大战愈演愈烈。美国 1930 年通过并实施《斯姆特—霍利关税法案》，将进口税平均提高到占征税商品值的 60%，是美国近百年来关税史上的顶点。美国的高关税引起了 45 个国家提高关税，从而引发了一场世界性关税大战，动摇了自由贸易体制。据统计，1929 ~ 1934 年的全球贸易总量缩水六成以上。

深刻的教训使各国政府认识到广泛开展国际协调与合作的必要性。1933 年美国总统罗斯福上台后，开始实施自由贸易政策，并与欧洲和拉美许多国家签订了一系列包括有降低关税的最惠国待遇原则内容的贸易协定。

1944 年，包括西方大国在内的 44 个国家在美国北部布雷顿森林集会，其目的是建立三个国际经济组织：国际货币基金组织（IMF）、国际复兴开发银行（IBRD）和国际贸易组织（ITO）。IMF 和 IBRD 得以建立，而 ITO 惨遭夭折。各国只得采用变通的办法，以《哈瓦那宪章》中的关税与贸易政策为主要内容，与各国已达成的 123 项关税减让协议合并起草了一项单独协定，命名为《关税与贸易总协定》（GATT），并于 1948 年 1 月 1 日开始生效。GATT 的宗旨是建立一个透明、稳定的国际贸易环境和统一、自由的世界贸易市场。贸易自由化的理念得到广泛接受，形成了第一个世界多边贸易体制。

GATT 形成的过程是曲折的，在其成立之初就只是一个由多国协商折中的临时协定，不是正式的法律规章。但是，GATT 制定了国际贸易活动的行为准则，为国际自由贸易奠定了坚实的基础。其中，大幅度削减关税和限制非关税壁垒是 GATT 规范国际贸易行为最主要和最有效的手段。可以说，没有各国关税减让协

定，就不可能形成GATT。

2. 关税减让原则是GATT的基本原则之一，也是多边谈判的核心

关税减让是GATT实现其宗旨的主要手段，也是前五轮多边贸易谈判的唯一议题。关税减让特指二战后在GATT主持下，成员国通过谈判，互相让步，承担减低关税义务，并经由多方谈判所达成的关税减让协议。协议减让税率对成员具有约束力，称为约束性税率，成员国不得任意撤回或修改，并承担关税减让的法律义务，不得加征其他国内税、进口费，以及改变关税估价办法、对税目重新分类、给予补贴等以逃避、抵消、减让，形成对全体缔约国适用的约束关税，降低关税的总体水平，使国际贸易在稳定和可预见的环境中发展，从而推动贸易自由化。

关税减让是以缔约方互惠互利原则为基础的，具有极大的凝集力和有效性。GATT通过降低缔约方关税总水平，尤其是消除进口高关税壁垒，促进国际贸易的自由化发展①。因此，关税减让原则是GATT实现国际贸易自由化的基本原则，关税减让议题始终置于谈判议题的首位。

3. 关税减让协议是GATT的主要条款，为国际贸易自由化作出重要贡献

GATT作为一项调解缔约方之间关税和贸易政策的多边国际协定，包括序和四大部分内容。第一部分规定了缔约国在关税与贸易方面相互提供无条件最惠国待遇和关税减让表，是整个总协定的核心。第一条最惠国待遇原则是整个关贸总协定体系赖以建立的基本原则。第二条关税减让表是总协定文本在法律上不可分割的组成部分，将各国关税谈判达成的减让项目都列入关税减让表，即以法律形式约束缔约国承担和履行关税减让的法律义务。"肯尼迪回合"将非关税壁垒措施也列入减让谈判的范围，并将非关税措施的减让相应地列入减让表中。第三条国内税范围中的国民待遇规定了缔约国在国内税方面给进口产品"国民待遇"的原则。第六条是反倾销税和反补贴税的规定。征收这种附加税，能使进口商品价格提高，削弱其竞争能力，实现维护公平竞争和保护国内市场的目的。

从GATT到WTO长达五十多年的时间里，关税减让一直是谈判的核心内容，谈判结果也是最有成效的。以工业品平均关税为例，发达国家已经从1947年的40%降至今天的3.8%，发展中国家也从较高的水平降至12.3%。第八轮、第九轮谈判还在谋求继续削减总体关税水平。可见，关税减让是实现最惠国待遇及贸

---

① 1994年GATT关税减让原则主要涉及协定的序言、第一条（最惠国待遇原则）、第二条（减让表）、第二十八条（关税减让的程序）等有关条款。

易自由化最有力的执行载体，它大幅度削减关税，弱化了关税和非关税措施的壁垒作用，直接推动了自由贸易的发展，使国际贸易进入了“后关税时代”，确保缔约国之间建立平等、互惠和无歧视的自由贸易关系。

正因如此，对于所有申请加入 GATT/WTO 的国家来说，关税减让是市场准入谈判的最重要内容之一，是承担开放国内市场义务的一种“入门费”，也是市场准入谈判中最困难的部分。GATT 允许对国内工业进行保护，但只能利用关税进行保护，不可采用非关税壁垒的办法。因此，关税为唯一合法的保护手段，而缔约国之间关于关税减让的谈判就变得十分艰难，其谈判完成时间直接影响申请方“入关”和“入世”的最终完成时间。我国就是如此，本想在 WTO 生效前能够完成“复关”谈判，但由于关税减让协定谈判未能完成而转为“入世”谈判。

表 13－1　GATT/WTO 谈判历程

谈判次序	谈判名称	时间跨度	主要谈判内容
第一轮		1947 年	关税减让
第二轮		1949 年	关税减让
第三轮		1951 年	关税减让
第四轮		1956 年	关税减让
第五轮	“狄龙回合”	1960～1961 年	关税减让
第六轮	“肯尼迪回合”	1964～1967 年	关税与反倾销
第七轮	“东京回合”	1973～1979 年	削减非关税措施
第八轮	“乌拉圭回合”	1986～1995 年	服务贸易自由化
第九轮	“多哈回合”	2002 年至今	综合性贸易问题

13.2　对外贸易税制的优化调整推动了国际贸易便利化

贸易便利化牵扯面很广，WTO 把贸易便利化表述为：简化和统一国际贸易程序。国际贸易程序，是指在提交、通报和处理国际贸易中的商品流动所需要的数据时所涉及的活动、惯例和手续，其通常涉及海关程序、国际运输、贸易保险和支付及过境时必须履行的正式程序和手续。欧盟认为，所谓贸易便利化是指对妨碍贸易的行政管理措施和手续进行简化，旨在为国际贸易活动创造一种协调、透明和可预见的环境。尹利群把贸易便利化定义为：通过简化程序、增强透明、统一标准、完善规范、减少限制等一系列的措施，降低国际贸易活动中的交易成本，从而促进货物、服务的自由流动。简而言之，就是对国际贸易制度和手续的简化与协调。[①] 孙毅彪认为，贸易便利化问题就是国际化问题，国际贸易的过程应该是一个从“简化”到“利化”的过程，但事实上，贸易便利化问题，是个历久弥新的话题，其实质就是复杂的、系统的、多元的国际化问题。[②] 综合以上，贸易便利化的内涵可简单归纳为：减少贸易扭曲，简化和协调各种程序，加快贸易要素的跨境流动，促进国际贸易更高效的发展。例如，政府的规定和管制，特别是海关、外经贸、运输、信息和通讯技术、金融系统，也涉及企业竞争力、管理和技术水平等诸多方面。

其实，早在1923年国际联盟议程就提出了贸易便利化，但是之前为何一直没有引起国际关注？一是因为是贸易自由化是国际贸易便利化的基础，没有贸易自由化就不会出现贸易便利化的问题。反过来，贸易便利化将进一步促进贸易自由化的进程。二是当时国际贸易面临的突出问题是贸易壁垒，国际贸易的自由化是社会各界最迫切的需要。因此，在国际贸易进入“后关税时代”之后，贸易便利化问题才会突显出来。因此，GATT成立的前40年都在集中精力谈判解决关税和非关税贸易壁垒的问题，促进了贸易的自由化。特别是WTO作为一个正式国际组织的成立，与IMF、IBRD共同构成了世界经济的完整体系。WTO/GATT促使世界贸易体制发生了明显变化：①确立了世界多边贸易体制。大多数国家（包括世界上几乎所有主要贸易国）都成为该体制的成员，缔约国之间的贸易额已占世界贸易总额的95%以上。②确立了自由开放的市场框架。WTO是世界多边贸易体制得以有效运转的基础，也决定了市场开放的不可逆转性，并且提供了更加透明和开放的市场空间。

在“乌拉圭回合”结束之前，GATT虽然没有专门关于贸易便利化的协议和协定，但在《海关估价协议》、《原产地规则协议》、《进口许可程序协议》等协议中都包含了一些关于贸易便利化的条款。在“乌拉圭回合”结束之后，货物跨境手续的复杂和所要求单证的繁多越来越引起商界的关注。据统计，企业为此所负担的行政手续成本占总交易成本的30%，超过了所负担的关税和其他费用的总和。另据OECD一项调查结果显示，“乌拉圭回合”削减的平均关税提供的收益大约为贸易额的2%，而贸易便利化提供的收益估计约为贸易额的2%～

---

① 尹利群：《贸易便利化的定义》，载《解放日报》，2009年6月27日。

② 见2009年6月27日《解放日报》。孙毅彪：时任上海海关党组书记、关长，现任海关总署副署长。

3%，其提供的好处可能超过贸易自由化的好处。[①] 亚太经合组织（APEC）的一项研究也显示，通过贸易便利化，该地区发展中国家进口货物的价格将下降1%～2%，APEC将获取实际GDP的0.26%的收益，几乎是关税自由化预期收益的两倍。[②] 因此，建立高效的贸易便利化体系、消除贸易要素跨境流动障碍、降低交易成本已成为世界各国的普遍共识和促进国际贸易发展的迫切需求。贸易便利化将成为促进国际贸易发展的一个新的增长点。

WTO成立之后就开始对贸易便利化问题进行全面考虑和专门分析，经过数年极富建设性的争论，贸易便利化列入新一轮多边贸易谈判的重要议题。2004年10月，WTO成立贸易便利化谈判小组，召开了十多次会议，主要围绕三个核心议程开展工作：货物贸易理事会应当审查、适当时澄清和改进GATT（1994）第五条（过境自由）、第八条（进出口规费和手续）、第十条（贸易法规的公布和实施）的相关方面；确定各成员，尤其是发展中成员和最不发达成员的贸易便利和优先权；技术援助和能力建设。虽然目前尚没全面达成共识，但是“多哈回合”谈判已就80%的谈判内容达成一致，一旦谈判成功，会给全球带来1 500亿美元的直接收益。易小准指出，重启“多哈回合”谈判、推动多边贸易体制建立进程是抵制贸易保护主义、重振世界经济的重要举措。[③]

WTO总干事拉米2010年2月24日表示，受国际金融危机的影响，2009年世界贸易下降了12%，这是自1945年第二次世界大战结束以来世界经济从未出现过的最严重衰退，西方工业强国今年仍然处在经济衰退之中。[④] 要谨防此轮全球贸易衰退再次成为诱发贸易保护主义的直接导火索，因此，在“后金融危机时代”，进一步消除非关税贸易壁垒和规范各国对外贸易税收制度仍是促进贸易便利化的重要内容，也是应对国际金融危机严重影响的有力举措。

13.3 调整与优化对外贸易税制是促进我国国际贸易发展的重要抓手

新中国成立61年来，中国对外贸易取得了显著的成就。改革开放以前，我国经济总体上处于封闭状态，进出口始终在低水平徘徊。1950年，中国出口总

① OECD：《贸易便利化对企业的好处》，TD/TC/P2001.21。

② 尹利群：《贸易便利化的定义》，载《解放日报》，2009年6月27日。

③ 北京“全球智库峰会”：《拆除藩篱　推进复苏——把脉金融危机下的贸易自由化》，新华网，2009年7月5日。

④ 《世贸总干事：2009年全球贸易下降了12%》，国际石材网，2010年2月25日。

值在世界排名第29位，进口总值在世界排名27位。由于大跃进及长达10年的“文化大革命”对国民经济的消极和负面影响，中国对外贸易在世界的位次不断下降，1977年出口总值下降到世界第37位，进口总值也下降到世界第33位。但是，1978年开始改革开放后，中国始终坚持开放的贸易政策，取得了辉煌的成就，尤其是2001年正式加入WTO后，我国对外贸易迎来了历史上最好最快的发展时期。2002~2009年，我国进出口总值年均增长速度为20.73%。2009年，中国出口总值为世界第1位，进口总值为世界第2位，我国经济总量占世界经济的份额也从1978年的1.8%提高到7.3%，列世界第3位。同时，我国进出口商品结构不断优化，对外贸易国际竞争力明显增强。工业制成品出口占出口总额比重由1980年的49.7%上升到2007年的94.9%，以食品、农副产品等为主的初级产品出口占出口总额的比重由1980年的50.3%下降到2007年的5.1%。机电产品和高新技术产品进口快速增长，而初级产品进口额占比下降，从根本上扭转了以大量出口初级产品来换取工业品进口的被动局面（参见图13－1）。

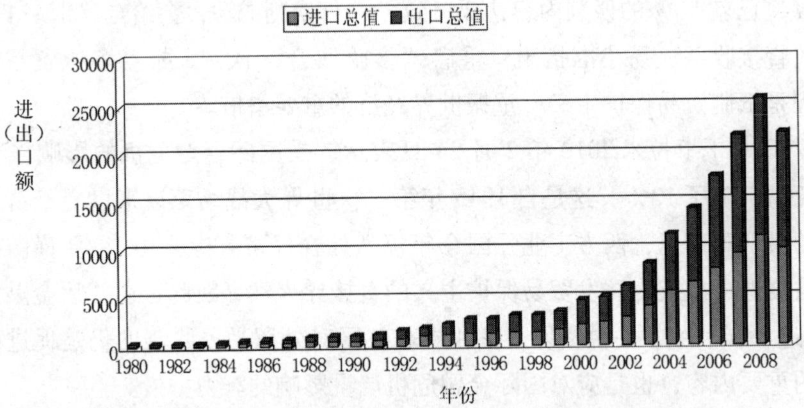

图13－1　1980年以来中国进出口总值趋势

中国对外贸易取得了如此骄人的成就，改革开放是内在的根本原因，加入WTO是最有利的外部环境，在营造对内搞活、对外开放的经济发展环境中，对外贸易税收制度的调整和优化是其中最重要和最有效的抓手之一。

一、关税减让承诺是我国成功“入世”的重要举措

WTO/GATT在发起过的9轮多边贸易谈判中，缔约方之间达成过无数双边协议，其中约束力最强和最有效的成果之一就是大幅度削减了关税和其他贸易障碍。申请加入GATT/WTO的国家，都要通过谈判承诺降低关税和其他形式的市

场开放义务。我国也不例外，在长达 15 年的“入世”谈判中，我国申请愿意把关税减让作为“入门费”和“敲门砖”。

我国 1986 年 7 月提交“复关”申请，1987 年 3 月成立中国工作组。工作组认为中国关税制度与 GATT 体制存在 4 个方面的差距：①关税水平高。1992 年我国平均关税水平是 43.2%，而发展中国家是 15.3%，高关税构筑了外国商品进入中国市场的巨大障碍。②关税制度乱。当时在全国关境内并未实施统一的关税制度，有悖于最惠国待遇原则。③关税措施不透明。我国关税制度有诸多办法和措施属于不公布的“内部文件”，有悖于贸易透明度的原则。④海关估价随意。我国海关“以海关审定的正常到岸价格”作为进口货物关税价格的估价方法，极易形成海关对实际成交价格的干预。

在此认识基础上，工作组起草了中国“复关”议定书，提出中国关税制度需要向 GATT 靠拢的内容有四点：①改革关税制度。我国承诺关税制度在全国范围内统一实施，反映在议定书外贸制度统一实施的条款内，即“WTO 协议和中国加入 WTO 议定书的条款在中国全部关税领土内实施，包括边境贸易地区、少数民族自治区、经济特区、沿海开放城市、经济技术开发区和其他设定特殊关税、国内税和规章的地区”。②实现关税透明度。我国承诺改善关税制度的透明度，反映在议定书贸易制度透明度条款中，即“所有有关货物贸易、服务贸易、与贸易有关的知识产权，以及外汇管制方面的法律、规章和措施，公布后才能实施，并应提供给 WTO 成员国、企业和个人”和“定期向 WTO 成员国提供经济和贸易数据”。③修改价格定义。我国承诺加入 WTO 后立即全面实施海关估价协议。④签订双边协议。我国承诺关税减让。与我国进行双边关税减让谈判的国家有 37 个（其中欧盟 15 个国家作为一家），占据我国对外贸易总额的 80% 以上。我国的主要贸易伙伴就是关税谈判的主要对手，如日本，占我国进口市场的 18.4%，向我国索要 4 253 个商品的关税减让，1998 年完成谈判。

2001 年 9 月，WTO 秘书处发布新闻公报，显示我国入世关税减让的综合结果是：①农产品平均关税降至 15%，降税后最高税率将是谷物类（65%），它是关税配额外的税率类；②工业品平均关税降至 8.9%；③信息技术产品关税在 2005 年降至零；④自加入 WTO 的当年起，开始履行降税义务，5 年基本履行完毕，少数商品宽限至 2010 年；⑤对于税则中 7 066 个 8 位数商品税目，全部实行约束，未经谈判不得自行提高税率。

二、“入世”后我国对外贸易税制便利化的进展

我国“复关”和“入世”谈判的过程实际就是一个开放国内市场和融入国际市场的激烈博弈过程，高关税壁垒是我国必须首先解决的首要问题之一。我国自愿申请把关税减让作为“复关”的“入门费”是十分正确的，也是很有吸引力的一张好牌。

1993年12月15日“乌拉圭回合”结束，但中国复关谈判未能完成。1994年下半年，中国复关代表团提高了关税减让出价，准备把关税水平由1992年的平均税率43.2%减为17%。这个出价远远超过“乌拉圭回合”对参加国的要求，但由于主要缔约方的阻挠，中国未能在“乌拉圭回合”协议生效前结束复关谈判。之后，中国转为“入世”谈判。而随着各国贸易壁垒逐渐拆除，美、欧等国对我国关税谈判的要价不断提高。

经过十多年的谈判，中国更加坚信加入WTO是中国融入世界经济、最大限度地利用国际资源、提高参与世界贸易规则修改和制定方面话语权的最佳途径，同时也清醒地认识到主要国际贸易伙伴国对中国关税减让的要求之迫切和要价之高。因此，按照WTO规则的要求，在我国民族经济能够承受的竞争压力范围内，我国要尽快完成关税减让谈判，扫除入世障碍，以免“夜长梦多”。

于是，中国政府从1992年起开始采用为世界各国广泛采用的协调制度目录，并开始大幅度降低关税水平，取消进口调节税，共降低了3 371个税号的关税税率，将平均关税水平由43.2%降至39.9%。2001年1月1日，我国再次自主降低关税，关税总水平下降为15.3%（见图13-2）。中国加入WTO前的10年累计自主降税64%，以实际行动证明了中国入世的决心和履行义务的诚意，也对入世谈判的最终完成和全面履行关税减让表起到了很好的缓冲作用。否则，5年时间内要把关税总水平由43.2%降低到9.9%，如此大降幅降低关税对国内经济的冲击和影响难以想象。

我国入世承诺的关税总水平是9.9%，其中工业品是9%，农产品是15.2%。2002年关税总水平降至12%，2003年降到11%，2004年降到10.4%，2005年是9.9%，2006年是9.9%，5年基本完成。我国不折不扣地认真履行了降税承诺，彻底改变了我国传统的高关税政策。2006年以来，我国关税总水平维持在9.8%。2010年8月3日，中国财政部发布消息：截至2010年1月1日，中国入世时的降税承诺已全部履行完毕，关税总水平逐年降低，由入世前的15.3%降至目前的9.8%，其中工业品是8.9%，农产品是15.2%。中国关税总

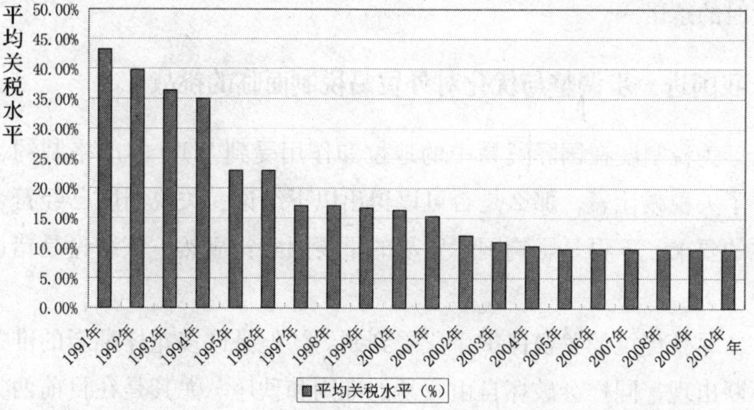

图 13 - 2　1991 ~ 2010 年中国平均关税水平

水平在发展中国家中是最低的。同时，中国关税税率结构趋于合理，进口税率由0至65%不等，基本形成了资源性产品、零部件、制成品关税税率由低至高的合理结构。①

削减关税壁垒是中国入世承诺中最为引人关注的一份“厚礼”。当时国内对此曾有不少顾虑，认为关税减让会给国内的企业带来巨大的压力，对国内的经济造成不利的影响。但入世以来的事实证明，关税减让不仅没有对中国经济产生不利影响，还加强了本国企业在国际市场上的竞争力。这是由于 WTO 的宗旨是推动自由贸易，只有成员间相互开放市场，实现互利共赢，中国才能在融入世界经济一体化的规程中实现进出口贸易的快速增长，成为世界头号出口大国。② 即使在国际金融危机的严重影响下，中国经济在 2009 年仍然保持了 8.7% 的高度增长，贸易顺差世界排名第二。

截至 2010 年，中国加入 WTO 的承诺已全部履行完毕，建立起了符合规则要求的经济贸易体制，成为全球最开放的市场之一。中国通过积极参与 WTO 各项活动，为自身的经济社会发展注入了强大的活力，也赢得了 WTO 成员和国际社会的广泛肯定和赞赏。③ WTO 总干事拉米在接受香港凤凰卫视专访时表示，中国对于世贸组织已非常重要，现在是世界贸易中的重量级角色。总体而言，中国履

---

① 《中国入世降税承诺完成　关税从 15.3% 降至 9.8%》，中国新闻网，2010 年 8 月 3 日。

② 挪威《晚邮报》援引《经济学人》杂志报道，2010 年 2 月 22 日。

③ 《中国入世承诺全部履行　工业品等关税将再减 30%》，载《上海证券报》，2010 年 7 月 22 日。

行了入世时的承诺。[①]

三、我国进一步调整与优化对外贸易税制面临的挑战

目前，关税制度在国际贸易中的地位和作用受到 WTO 的严格制约，中国已全面履行了关税减让表，那么是否可以得出以下结论：关税制度已经符合世界经济一体化的要求，不再是影响国际贸易的重要因素？显然，该结论是错误的，主要因为：

第一，尽管传统的关税保护手段受到制约，但是许多花样翻新的准关税壁垒手法的不断出现，同样会破坏自由贸易的准则和秩序。尤其是在目前西方发达国家尚处于复苏时期的情况下，这种威胁更大。比如，2010 年 9 月 29 日美国国会众议院投票通过的《汇率改革促进公平贸易法案》，旨在对所谓低估本币汇率的国家征收特别关税。在美国国内经济复苏乏力、失业率居高不下及国会中期选举的政治压力下，这种做法正是近期美国贸易保护主义升温的一种体现。[②] 该法案于 2009 年 5 月由美国民主党众议员蒂姆·瑞安等提出，试图修改美国贸易法，以赋予美国商务部更大权限，使之能够在特定条件下把所谓“货币低估”行为视为出口补贴，进而对相关国家输美商品征收反补贴税。参与提出这项法案的议员称，中国人民币对美元严重低估，造成美国对华贸易逆差，影响了美国就业和经济复苏。“司马昭之心，路人皆知。”美国欲通过该法案迫使人民币和其他国家货币升值，以达到解决国内经济复苏和贸易逆差等问题。中国和其他国家决不会甘做美国的“替罪羊”，放任本币升值。美国一旦启用《汇率改革促进公平贸易法案》，定会招致相关贸易国的报复，很可能掀起各国汇率大战，并将重蹈 1930 年点燃关税大战的覆辙，延缓世界经济整体复苏的步伐，破坏 WTO 国际贸易自由的规则。

第二，中国作为一个负责任的贸易大国，全面履行 WTO 规则，促进贸易自由开放。在全球金融危机中，中国自身受到很大冲击，但是仍然通过了拉动内需的一揽子计划，为贸易伙伴在全球需求疲软的情况下创造了一个庞大的市场需求。同时，中国还组织了 13 个投资贸易促进团，赴海外采购商品和扩大投资合作，对世界经济复苏发挥了重要的拉动作用。据统计，中国 2009 年对世界经济

---

① 《中国已全面履行入世承诺　成为世贸中重量级角色》，国际在线，2010 年 8 月 10 日。

② 《美国众议院通过汇率改革法案》，载《北京晨报》，2010 年 10 月 1 日。

的贡献率达50%。但是，由于西方发达国家尚未完全摆脱全球金融危机的阴影，而中国经济发展是“一枝独秀”，所以一些国家频频施压中国贸易环境，这些都可能促使世贸组织对我国提出更高的“非常规”要求。①

第三，各国在应对全球金融危机中，都不同程度实施了对本国经济的刺激措施，采取了一些补贴和扶持政策，这些可能会成为世贸组织认定的“灰色区域”，从而加以严格审议。例如，中国在这两年里，多次调高出口退税率和扩大出口退税的范围，也引起一些国家的质疑。

13.4 调整与优化我国对外贸易税制的原则

由上述分析可见，继续调整和优化我国对外贸易税制不仅有利于中国进一步融入世界经济一体化潮流，也有利于中国尽快发展成为世界贸易强国和在世界多边贸易体系中扮演规则制定者的角色。同时，目前的国际经济局势对我国贸易税制既是一次严峻的考验，也对我国贸易税制进一步调整和优化提出了更高的要求。在进一步调整和优化我国贸易税制的过程中，应该注意以下几个原则性问题：

第一，深入研究和把握WTO关于贸易税制的有关规定和准则，科学地利用有关规则指导我国贸易税制的调整和优化，尽量避免不必要的贸易摩擦和贸易报复等，同时灵活运用WTO贸易税制的有关规定和准则，最大限度地保护我国进出口贸易。例如，我国现行的稀土出口政策属于战略性贸易政策，尽管日本等国强烈抗议，但它符合WTO的相关规定，其政策效果类似于配额限制，WTO虽对配额限制的使用有严格规定，但对战略性贸易政策的适用并没有具体的限制性规定，因此，该政策既能有效地保护我国有限的稀土资源，又不容易遭遇贸易纠纷和制裁。

第二，跟踪研究世界主要国家在贸易税制方面的惯例做法及新趋势、新特征，为我国贸易税制的调整和优化提供参考依据。例如，发达国家普遍实行消费型增值税，使本国出口商品彻底退税，提高国际竞争力。我国于2009年开始废除生产型增值税，全面实行消费型增值税，降低了我国出口商品的国内税负，其受益面比出口退税制度更优越，所有出口商品都能够受益。这种做法既符合国际惯例，也符合WTO的规定。

第三，深入研究中国国情，尤其是在我国经济结构转型升级的关键时期，贸

---

① 《中国关税为发展中国家最低》，载《北京日报》，2010年6月2日。

易税制的调整和优化一定要符合国内经济发展的要求。例如，鼓励服务业等第三产业的发展，就必须改革我国现行的营业税制度，尽快把第三产业纳入增值税征收的范围，大大减轻第三产业的税负，既有利于第三产业的发展，也有利于促进对外服务贸易的发展。

此外，贸易税制的调整和优化还要与国家的贸易政策、产业政策、就业政策等改革相协调，才能有效促进国际贸易的自由化和便利化。

14 改进与试行原产地规则便利化

在全球经济的飞速发展与融合的同时，原产地规则逐步演化为一种贸易政策工具或实施贸易政策的配套工具，在某种程度上成为国际贸易发展的一个阻力。因此，进行原产地规则的国际协调和推进原产地规则便利化日益成为国际共识。本章将在原产地规则基本概念及对原产地规则便利化进行定位的基础上，分析我国原产地规则在便利化方面存在的主要问题，进而提出在改善与试行原产地规则便利化方面的政策建议。

14.1 原产地与原产地规则的概念

一、原产地的概念

货物的原产地（Origin)，是指货物的最初来源地，即生产、采集、饲养、提取、加工和制造产品的所在地。在传统意义上，货物的原产地主要与货物的品牌、质量、价格等因素相关，是确定货物品质、品牌、品位的参照物。随着国际贸易的发展，原产地的概念逐步演变成原产地规则，成为实施贸易政策和差别关税的重要判定标准。

从一般经济范畴看，原产地是指商品的出产地，可以细分到某个国家境内的具体省（州或道)、市、区（县)、镇（村）等。当货物加入国际流通后，货物的原产地通常是以国家（地区）为界定范围，主要是指货物原产于某一个国家（地区)。因此，在国际贸易中，原产地又被称为进出口货物的“经济国籍”。

在国际贸易中，货物的原产地具有唯一性。也就是说，任何货物的生产加工过程，无论涵盖了多少个国家（地区)，其原产地只能是一个国家（地区)，而不可能既是A国（地区）又是B国（地区)，否则将会给国际贸易统计、贸易政策实施等带来不利影响。

二、原产地规则的概念

原产地规则（Rules of Origin，ROO）指判定进出口货物原产地的标准和方法，是一个国家（地区）判定一项产品的原产地而普遍适用的法律、法规及行政裁决的总称。原产地规则既包括用以判定进出口货物原产地的技术标准和规范，也包括各种原产地管理措施。目前，国际上已形成了原产地规则的基本要素，如完全获得标准、税则归类改变标准、加工增值标准、加工工序标准、原产地认证及核查的基本程序等。但是，由于原产地规则作为各国（地区）贸易政策配套工具所具有的政策敏感性和技术复杂性，各国（地区）的原产地规则不尽一致，有时甚至是南辕北辙。例如，用相同或类似的原材料和加工工序在不同国家（地区）生产的货物，若按不同国家（地区）的原产地标准对货物原产地进行判定，常常会得出完全不同的结论。有鉴于此，自20世纪50代以来，国际上对各国（地区）原产地规则进行协调的努力从未间断。自20世纪90年代起，GATT/WTO一直致力于制定一套在世界范围内适用并具有普遍约束力的原产地规则。

三、原产地规则的国际协调

自GATT于1947年初创以来，随着国际贸易的发展，原产地规则演变成为各国实施贸易政策的重要配套工具。① 国际上逐渐形成了优惠和非优惠原产地规则两大体系。无论是优惠原产地规则，还是非优惠原产地规则，其主要目标，都是为了确保各国贸易政策措施的有效实施。半个多世纪以来，国际社会为协调和统一各国的原产地规则付出了长期大量的努力。

1953年，国际商会（ICC）向GATT各成员方散发了关于判定制成品“国籍”的统一定义提案②，这是国际上协调原产地规则的首次尝试。国际商会提议，对于完全用一国的劳动力和材料生产的产品，应视该国为原产国；用两个以上国家的劳动力和材料生产的产品，应视产品在其境内最终发生实质性改变的国家为原产国。实质性加工是指赋予产品新的个性特征的加工，各成员方可以此为标准，制作可视为实质性加工的加工工序种类清单。对于国际商会的提案，各国立场分歧明显，一些国家希望一步到位达成原产地定义的统一规则，而另一些国家则对达成一个国际普遍接受的原产地定义持怀疑态度。他们认为，原产地问题与各国经济政策密不可分，受其经济贸易政策影

---

① Kingston, The economics of rules of origin, in Vermulst, Waer and Bourgeois, Rules of origin in international trade: a comparative analysis, Un. Mich. Press, 1994, p7 ~24.

② General Agreement on Tariffs and Trade, Basic Instruments and Selected Documents, 2nd Supplement, 56 (1954).

响，不同国家的原产地规则也就不可避免地存在差异。因此，国际商会的提案最终未能得到GATT的采纳。

《京都公约》于1973年5月19日由海关合作理事会（CCC）主持颁布，自1974年12月25日起实施。为了制订一套简单、实用、有效和可预见的海关制度统一规则以适应时代发展的要求，1994~1999年，世界海关组织（WCO）召集各国专家，对该公约进行了全面修订。《京都公约》（1973）中的原产地规则，在《京都公约》（1999）中得以保留，并被转换为专项附约十，分为三章，包括原产地规则、原产地证件和原产地证件监管三大部分。但直到2006年2月3日，达到40个缔约方加入《京都公约》（1973）的最低入门线后，该公约的修正案方始正式生效①。目前，《京都公约》（1999）的缔约方为59个，涵盖了约90%的国际贸易。

经过半个多世纪的发展，原产地规则已经演化为一种贸易政策工具或实施贸易政策的配套工具，这已成为国际共识，但GATT多边框架开始重视原产地规则被滥用的问题，并下决心对各国的原产地规则进行协调，则是近20年的事情，且经历了一个渐进的过程。1981年，GATT秘书处制定了一个原产地规则注解。1982年，经各成员方贸易部长同意，GATT着手就各成员方所使用的原产地规则进行研究。但在原产地规则议题被纳入“乌拉圭回合”谈判框架之前，GATT没再就原产地规则问题做更多的工作。

20世纪80年代末，国际贸易在以下三个领域的发展，迫使国际社会把注意力聚焦到原产地规则的议题上：其一，在各种优惠贸易安排（包括区域贸易安排）如春笋般涌现的同时，也催生了多种原产地规则；其二，在各种多边配额安排（如多种纤维协议和钢材出口自动限制）中，产生了大量的国际货物原产地争端；其三，各国反倾销法律、法规的滥用，与通过第三国规避这些反倾销措施的行为之间形成相互博弈的格局。所有这些问题的产生，都是长期以来国际社会未能达成一套协调一致的原产地规则的结果。因此，在“乌拉圭回合”谈判的后期，GATT各成员方认识到了就协调原产地规则达成一项多边协议的必要性。在中国香港、日本、美国及欧共体等成员方所提交建议的基础上，各成员方经过深入磋商，最终形成了《原产地规则协定》，并将其列入《“乌拉圭回合”多边贸易谈判结果最后文件》中。

---

①《关于简化与协调海关制度的国际公约修正案的议定书》。

14.2 原产地规则便利化的定位

一、贸易便利与贸易保护：便利是口号，保护是本质

原产地规则的出现缘于贸易便利化的需要，五十多年来的国际努力也一直致力于形成一套类似于《商品编码与协调制度》的原产地协调机制，便于国际的贸易交流与发展，然而原产地规则是目前国际上唯一没有达成国际多边协定的贸易规则，也是各国仅剩的能合法援用于贸易保护的救命稻草。

美国的原产地规则一向以严格著称，尤其体现在纺织和服装行业、汽车行业。对这两大行业，美国无论在非优惠原产地规则中还是在北美自由贸易区等优惠性原产地规则中，都专门打造了更加严格的规则。例如，对于很多纺织品，美国采用了加工工序标准，规定产品必须从纤维开始就选用美国原材料，并在美国进行之后所有的加工生产，这样的成品才能取得美国的原产资格。2008 年金融危机爆发，美国迅速提出了《购买美国货法案》，并加大对他国产品进口的限制，以此保护本国不断出现亏损问题的企业。2010 年希腊等欧盟成员国的债务危机，迫使欧盟缩减了国外采购规模，转向对本国产业的扶持。

欧美过往所高调提倡的贸易便利化问题已经不是时下关注的重点，他们如今更多关注的是如何保护本国产业的生计和发展。对便利的要求只不过是这些发达国家在本国经济蓬勃发展遇到内部需求不足、对外资源需求增加时的一种伎俩，根本目的在于通过打开其他国家的贸易大门获取发展中国家的廉价能源和劳动力资源及广阔的市场，满足本国的生产和消费需要。

在国际贸易中，对自身利益的保护永远是根本宗旨，便利不过是对外喊出的口号，其目的在于约束他方而不是约束自身。因此，发展中国家在制定和实施原产地规则时，应注意以下两点：

一是不能仅关注我们所制定的规则是否与国际规则接轨，更应关注自身的产业和经济特点，关注规则对本国企业和产业的保护功能与效果；

二是不仅重视外国产品在进口到我国时所享有的便利化权益问题，同时应重视本国产品出口到他国应享有的便利化权益问题。

二、贸易便利与贸易安全：对出口强调便利，对进口强调安全

在发展中国家刚刚兴起贸易便利化意识和行动的时候，欧美等发达国家已经开始实施贸易安全的系列措施。以美国为例，美国海关为落实贸易安全的要求，

实施了一系列新的海关监管制度，包括集装箱100%查验制度和“集装箱安全倡议”。在原产地规则方面，美国要求所有进口到美国的产品都必须加贴原产地标记。美国《1930年税则法条》（Tariff Act of 1930）第304条及例外条款第134部分，首次提出了原产地标记，这是世界上第一次以法典的形式确立原产地标记的法律地位。其基本精神是：对原产国标记的要求对所有输美国家的商品都有约束力，否则便不能顺利对美出口；原产国标记标示的原则是强制性的。根据1930年《关税法修正案》19U. S. C. 1304案304章要求，原产地标记必须在显著位置上施加，并使之尽可能清晰、牢固和永久性。按照这个规定，每一原产于外国的货物或其包装必须附有原产地标记，它的直接理由就是要使美国的“最终购买者”（Ultimate purchaser）了解该商品的真实原产地。

美国海关对进口货物原产地标记的监管和处罚都十分严格，具体措施如：在原产地标记不正确的进口货物通关时，海关应在应缴关税外额外征收10%的税款；对于原产地标记不正确的进口货物，海关应扣留货物及其容器，直到进口人在海关的监管下，将货物出口、销毁或贴上正确的原产地标记为止；如果进口人要刷新商品的原产地标记，需要在30天内按规定程序完成，并向海关重新报关；进口人对标记不正确的货物进行刷新、销毁、出口等行为时，必须对海关随时实施监管的费用开支给予补偿；进口人可放弃原产地标记不正确的货物，货物的所有权归政府。日本和欧盟也相继对部分进口产品的原产地标记提出了类似的强制性规定。

美国对原产地规则的实施总体情况可归结为：对他国的进口产品实施苛刻严格的规则，对本国的出口产品尽量提供便利条件。同样的情况在日本、欧盟也存在着，只不过明显程度暂低于美国。因此，我们在制定和实施规则时，也应该平衡贸易安全和贸易便利的关系。作为一个负责任的大国，我们应该顺应国际贸易的发展趋势和提供贸易便利的条件，但是我们的贸易便利同样要以贸易安全为前提，同时要注意对本国出口产业的利益保护。

14.3 我国原产地规则在便利化方面存在的主要问题

本部分的论述前提是要明确贸易便利化对原产地规则提出的具体要求：一方面，易于企业和使用者获得并理解；另一方面，实现优惠的成本较低，至少小于最终获得的优惠额。根据这一前提审视我国现有的原产地规则，笔者发现存在以下问题：

一、谈判阶段：暂未形成一套统一的标准文本

这种情形的历史原因在于我国政府在“十七大”正式提出“自贸区战略”前，一直没有形成一套长期有序的规划。另外，作为一个发展中国家，由于缺乏原产地规则的谈判经验，在以往的大多数谈判中，我们还主要依赖于谈判对方提出的方案和文本。这些缔约方包括发达国家，也包括发展中国家，涵盖拉美、亚洲、非洲、大洋洲等不同区域，因此，每次谈判都会采用一个与之前不同的新文本，各谈判结果始终不能保持一致的体系。

1. 自贸区战略的国际形势

进入21世纪以来，国际格局呈现出世界多极化、经济全球化和区域经济一体化趋势。据统计，截至2008年底，向世界贸易组织（WTO）通报并生效的区域贸易安排已达到238个，其中80%以上是在近10年内签署的。到2010年底，全球范围内的区域贸易安排预计将达到400个，其中自由贸易区是区域经济一体化的最主要类型，占已向WTO通报区域贸易安排的90%以上，全球区域贸易安排成员国间的贸易量已经超过世界贸易总额的55%。

随着各国对发展自贸区的高度重视，自贸区已成为大国开展战略合作与竞争的重要手段，正在加速改变世界经济和政治格局。而金融危机的爆发又加速了欧美积极探寻区域经济合作与建立自贸区的脚步，如美国以《北美自由贸易协定》为基础，积极构建符合美国利益的双边和区域自由贸易协定网络；欧盟在加速内部经济一体化的同时，将FTA作为其全球贸易新战略的主要平台，并把构筑自由贸易体系的触角伸向了亚太地区。另据美国有关方面统计，截至2008年底，如果把美国参与的所有自贸区视为一个整体，这些成员国间的贸易总额将占美国出口总量的52%，占全球GDP总量的14%，成为世界第三大经济体。在亚洲，日本已制定了其全球化战略和FTA战略，明确提出与东亚大国、资源生产国和人口大国开展经济合作关系的构想和具体实施计划；韩国也制定打造“FTA中枢”的发展目标，将与大国和区域集团构建FTA网络作为其优先发展战略。可见，欧、美、日、韩等国已经形成了区域及全球范围的FTA网络布局，争夺区域经济的主动权和主导地位（见表14-1）。

表 14－1 欧美主导的自贸区势力范围

欧洲主导自贸区（采用泛欧原产地规则模式）	美国主导自贸区（采用北美原产地规则模式）
欧洲经济区（EEA，含 27 个欧盟成员国和冰岛、挪威、列支敦士登，共 30 个国家）	美国和中美洲国家（包括哥斯达黎加、关塔那摩、洪都拉斯、尼加拉瓜）建立的自贸区
欧盟和北美（墨西哥）	北美自由贸易区（美国、加拿大、墨西哥）
欧盟和拉美（智利）	美国和拉美（智利）
欧洲经济区和环地中海国家（如埃及、以色列、巴勒斯坦、约旦）建立的自贸区	美国和环地中海国家（如以色列、约旦）建立的自贸区
欧洲经济区和部分亚洲国家（如新加坡、韩国）建立的自贸区	美国和亚洲国家（如新加坡、韩国）建立的自贸区
欧洲经济区和南欧的巴尔干半岛国家（如克罗地亚、马其顿）建立的自贸区	

自贸区的发展已经逐渐超越了经济范畴，兼具政治、军事、外交战略意义。在世界各国特别是大国竞相发展自贸区的形势下，如果置身局外或落于人后，我国的发展空间就会受到挤压，从而在日趋激烈的国际竞争中就可能处于不利境地。

因此在 2001 年以后，我国开始采取“两条腿走路”的策略，在参与多边贸易谈判进程的同时，把参与区域经济合作作为新时期我国外经贸的战略重点，提出了“大国是关键，周边是首要，发展中国家是基础，多边是重要舞台”的外交战略布局。从 2002 年与东盟签订第一个 FTA 开始，我国的自由贸易区建设从无到有、从被动响应到主动倡议，已形成遍及五大洲的分布格局。2007 年胡锦涛总书记在党的“十七大”报告中，更是把“实施自由贸易区战略”提升到国家发展战略的高度，谋求与世界各国互利共赢的经济贸易合作，为我国“全方位、宽领域、多层次”参与多双边经济贸易合作明确了定位，指明了方向。温家宝总理在 2009 年政府工作报告中，再次提出“要加快实施自由贸易区战略”。由此，自由贸易区建设已经成为我国新时期对外开放的新战略。

2. 我国自贸区战略尚未形成一套科学合理的发展规划

从 2001 年加入《亚太贸易协定》算起，我国参与区域经济一体化已经十个年头，然而我国仍未形成一套完整科学的 FTA 战略规划。已签署 FTA 的大多数对象国在资源优势及与我国的经济互补性上都稍显不足，与我国 FTA 战略提出的拓展市场空间、优化资源配置、促进双向投资的初衷尚存在一定的落差，主要表现在：

第一，早期签署的FTA大多是出于政治目的，而非经济考虑。例如，中国—东盟自贸区、中国—巴基斯坦自贸区及《亚太贸易协定》的签订，主要是出于地缘因素的考虑，提倡“多予少得”，通过与周边国家建立区域合作来增进互信，消除误解，共同构筑和平稳定、睦邻友好的国家外交关系。

第二，多数FTA成员国都是发展中国家，不具有与我国的经济互补关系。除了我国和新西兰、新加坡签署的FTA，大多数与我国建立FTA的成员国都是发展中国家。作为发展中国家，其竞争优势往往都体现在劳动力成本优势上，大多不具备技术优势。因此，这些发展中国家与我国易于形成竞争关系，而非互补关系。

第三，缺少与资源大国或技术强国的区域性合作。我国虽资源丰富，但是在石油、铁矿石等能源上仍需要大量进口。中国同海湾合作委员会、澳大利亚、南部非洲等资源输出国（地区）虽早已提出建立自贸区的设想，但迟迟没有实质性进展。另外，与具有显著技术优势的发达国家也暂未达成自贸区协定，与挪威、瑞士等欧洲国家及日本的自贸区谈判，还一直停滞在建立自贸区的可行性研究和前期磋商中，这些情况都严重影响了我国技术引进和贸易升级的进程。

为在构建FTA网络的国际博弈中尽量占据主动权，我国必须进一步明确并调整FTA整体战略，加大投入，谋求我国经贸及对外关系发展的更大空间。

3. 谈判资源短缺，与任务速增形成对比

我国由海关负责自贸区原产地规则的谈判和实施。据了解，海关总署关税司设有原产地办公室，现有约8个工作人员，并分别在深圳和珠海设立了深圳海关原产地办公室和拱北海关原产地办公室，各有不到10名工作人员。从机构设置和人员上看，与技术性强、工作量大的原产地管理工作相比，十分不匹配。

另外，随着国际自贸区谈判的增多，赴外谈判的频率也逐渐增高，对资金的需要也随之增加。目前，有限的人力物资与日益繁重的自贸区原产地谈判工作形成了越来越明显的矛盾，高负荷的工作压力必然会影响到今后自贸区原产地规则谈判的效率和质量，因此需要及时培养原产地技术谈判专家和增设外脑机构来辅助今后的原产地谈判工作。

二、制定阶段：规则具体内容间缺乏协调性，某些具体标准已不符合当前生产现状

自中国—东盟FTA实施以来，中国—智利FTA、中国—巴基斯坦FTA、中国—新西兰FTA、亚太贸易协定、中国—新加坡FTA、中国—秘鲁FTA和中国—哥斯达黎加FTA等相继进入实施。我国的自贸区呈现出由点到面、全线铺开之势。自贸区对我国来说是个新生事物，优惠原产地规则的制定更是在摸索中前行，无既有的经验可循。因此，我国目前已签署的各自贸协定的原产地规则在执行要求和原产地标准方面差别较大，既给企业熟练掌握和运用优惠原产地规则带来了不便，也给海关统一执法带来了挑战。

1. 我国现有优惠原产地规则内容不协调

如上所述，我国现有的各优惠原产地规则差异较大，缺乏协调性。总体来看，有两种模式：第一种模式包括中国—东盟自贸区、中国—智利自贸区、中国—巴基斯坦自贸区、中国—新加坡自贸区、亚太自贸区的协定；第二种模式包括中国—新西兰自贸区、中国—秘鲁自贸区和中国—哥斯达黎加自贸区的协定。

上述两种模式的形成发展也与海关对原产地规则的认识逐渐加深、不断总结既有经验的过程相一致。在自贸区建设的早期，由于绝大部分的企业、行业对税则归类改变标准不了解，而对增值标准则比较熟悉，且增值标准的直观和简单易懂也容易被各行业、企业接受，因此，我国早期达成的自贸协定都采用了第一种模式。从2008年开始实施的中国—新西兰FTA起，则首次采用了第二种模式，并且在随后的中国—秘鲁自贸区谈判和中国—哥斯达黎加自贸区谈判中继续使用。

模式的不同也直接影响到规则的结构安排和具体内容有较大差异：从结构上看，两种模式的不同之处在于：第一种模式在一般规则中对原产地标准、直接运输、原产地证书、进口申报、文件保存等作一般性规定，并明确规定原产地规则以增值标准（区域价值成分）为主要标准（一般要求货物的本地成分达到40%～50%的比例，即可认为是原产货物），同时对少部分双方有特别关注的利益产品制定产品特定规则清单（如中国—东盟FTA、中国—新加坡FTA的产品特定规则清单只涵盖了约526个六位子目的产品），采用税则归类改变标准、加工工序标准、混合标准等作为补充；第二种模式在一般规则中对原产地标准、直接运输、原产地证书、进口申报、文件保存等条文作了更细化的规定，并明确规定产品特定规则清单以世界海关组织（WCO）的《商品名称及编码协调制度》

(HS)的商品分类为基础，在产品特定规则清单中对所有号列的商品逐一制定产品特定规则（以2007版HS为例，涵括所有的5 052个六位子目），且在产品特定规则制定上以税则改变标准为主要标准，辅以少量的增值标准和加工工序标准作为补充。从规则的具体内容上看，虽然两个模式的一般规则都有相似的条款，但各个协定在具体条款的规定上各不相同。例如，关于原产地证书的有效期，中国—东盟FTA和中国—巴基斯坦FTA并未作明确规定，而其他自贸协定都明确规定原产地证书的有效期自签发之日起1年内有效；关于低于多少金额的进口货物可免于提交原产地证书，中国—东盟FTA的门槛是200美元，中国—智利FTA的门槛是600美元，中国—新西兰FTA的门槛是1 000美元；关于进口申报，中国—东盟FTA并未要求进口人进口时主动声明货物享受优惠协定税率，而随后的中国—智利FTA、中国—新西兰FTA、亚太贸易协定、中国—新加坡FTA、中国—秘鲁FTA等则要求进口人进口时应主动声明货物享受优惠协定税率（见表14－2）。

表14－2 各自贸协定原产地一般规则异同（部分条款举例）

协定名称	原产地证书有效期	免于提交原产地证书的金额门槛(美元)	进口时是否要主动声明
亚太贸易协定	1年	未作规定	未作规定
中国—东盟FTA	未作规定	200	未作规定
中国—巴基斯坦FTA	未作规定	200	未作规定
中国—智利FTA	1年	600	要
中国—新西兰FTA	1年	1 000	要
中国—秘鲁FTA	1年	600	要
中国—哥斯达黎加FTA	1年	600	要

2. 现有优惠原产地规则缺乏协调性

第一，从海关管理和企业使用的角度看，各自贸协定的原产地规则的一般规则及产品特定规则清单各不相同且日益繁复，不易于进出口商等规则使用人的理解。复杂的原产地规则也增加了海关管理的复杂性和难度，增大了行政成本。为享受优惠，企业必须熟悉各个优惠贸易协定不同的原产地规则，从而额外增加了企业的交易成本，这也导致自贸协定的利用率不高，成员方之间的贸易潜力没有得到充分挖掘。

第二，从对贸易的影响角度看，如果分别与我国签订自贸协定的两个国家在地理上相隔较近（如智利和秘鲁都处于南美洲），但却使用不同的优惠原产地规则模式（中国—智利 FTA 使用第一种模式，中国—秘鲁 FTA 使用第二种模式）时，鉴于上述两种模式的标准迥异，有可能影响我国出口企业的整体生产决策和采购计划。企业无法以相同的方式在两个国家采购中间材料进行加工生产，难以获得规模性生产的成本效益，其进行议价的余地因而也变小。

如果企业认为获取自贸区原产地资格的成本将大于受益额时，就会面临两种选择：一是为同时获得在两个国家的优惠待遇铤而走险，进行原产地欺诈；二是索性放弃对自贸区原产地规则的利用意愿，这种选择将背离自贸区建立的初衷，即增进双方贸易交流与合作。

3. 某些具体标准已经不符合当前生产现状，亟待改变

我国自 2005 年 1 月 1 日起开始实施《中华人民共和国原产地条例》，海关总署为配合实施条例特别颁布了实质性改变标准的判定细则，并制定了 51 个章目下的适用从价百分比和加工工序标准的产品清单。根据该规则，在判定一项产品的原产地时，首先应确定产品是否在清单范围内，如果属于清单内容则必须采用清单中所规定的原产地标准；如果不在清单规定的范围内，则要适用四位税则归类改变标准。

在 5 年多的实践中，不乏产业升级、技术更新的发生，清单中的特定原产地标准已经需要更新换代了。另外，对于清单外的产品，是否仍应该以四位税则归类改变为判定原产地的依据，还是应该对部分产品的税则归类改变标准细化到六位税目，这些问题也需要经过认真调研来重新论证。

因此，建议通过产业调研重新修订现有原产地标准清单，具体流程如下：

第一步，应进行总体贸易形式分析并对重点商品行业走访，做到对双方行业的竞争力优劣了然于胸。

第二步，根据分析、调研的结果，由主管部门提出初步草案。草案应对我国竞争力弱、易受贸易冲击的重要产业通过提高标准严格度来作出适当的保护。

第三步，将海关制定的初步草案送各个行业协会和企业代表征求意见，请其从行业的微观角度，结合本行业的竞争力、技术水平、加工工艺现状等情况对草案提出具体需求和修改建议。

第四步，在主管部门掌握各行业的利益诉求和信息反馈后，经统筹整理形成产品特定规则清单的修改稿。该修改稿需转发到国家其他相关部委，由这些国家部委在其职能范围内根据国家整体战略提出意见。

第五步，由原产地主管部门将平衡后的国家整体利益和行业具体利益，通过原产地技术语言写入原产地规则的谈判对案中，并以此作为国际谈判的根本依据。

以上所建议的工作流程的合理性在于：

（1）原产地规则作为海关三大技术之一，对专业技术要求非常高，因此谈判文本需要由海关原产地专家以技术语言来设计和制定。

（2）企业和行业协会最了解本行业的生产加工流程和技术水平，可以提出具有针对性的、符合行业发展情况的具体需求。

（3）企业作为营利性机构有自私性和局限性，其建议大多会以自身利益为出发点，最大限度地谋求政策保护。因此，在制定原产地规则时需要各部委从国家整体战略角度进行统筹掌握，在符合国家整体利益的前提下满足各行业的利益诉求。

4. 原产地标准的基本模式需要调整

我国现存的原产地标准体现出以增值百分比标准为主导的特点。采用增值百分比标准有其合理性，但也具有较明显的缺点。

我国目前所签订的自贸区以发展中国家为主，发展中国家的特点应作为选取原产地标准的重要参考之一。中国—东盟、中国—巴基斯坦、中国—智利和亚太贸易的 FTA 均以增值标准作为原产地规则的主标准。增值标准简单明了、便于理解，已被广大企业所熟知，但也有其固有的缺点。一是主观性较强，较容易受人为因素干扰；二是国际贸易中的原材料价格、制成品价格及汇率水平波动导致计算结果波动大；三是由于需要计算各种价格要素，对于企业账册存档和管理要求很高。由于发展中国家的法制不够健全，上述缺点有可能在实施中被进一步放大。

（1）公式计算的主观性较强，在证书签发过程中较容易受到人为因素的干扰。一般来说，增值标准都制定了计算公式，要求各自贸协定成员方遵循 WTO 的海关估价协定和国际公认的会计准则确定到岸价（CIF）、离岸价（FOB），并进行增值比例的计算。不过，我国的原产地增值标准只规定了成交价格方法，即原产成分与出口产品离岸时的成交价格的比率不小于一定百分比即可享有原产资格，对于公示中的原产成分及成交价格等参数的内涵和计算方法并未明确。签证机构目前仅推出了关于非优惠原产地证的签证办法，尚未制定关于优惠原产地证书的签证细则。因此，在涉及原产成分的具体计算方法时，便会遇到含混不清的情况，如：进口的中间材料中所包含的原产成分如何计算，是否可以累计到最终产品的原产价值中；同一工厂若混合使用原产和非原产零部件生产同一类产品，应如何计算各批次产品的原产成分价值，采用何种库存方法，涉及的劳动力价值及促销、经营、售后、特许权费、运输、保险和包装成本、利息成本等成本应按照何种方法进行分配和计算；这些细节性问题都没有法律依据。而且在现实操作中，部分原产地证书的签证机构对具体签证人员的监管能力有限，导致部分签证人员有过度的自由裁量权，对本不具备原产资格的货物仍然随意签发优惠原产地证书。对于这样的情况，一旦进口国海关对货物的原产地真实性有所怀疑，即使其向出口国提出核查请求也很难被查实。

（2）要求企业有完善的账册存档和管理机制，对企业的守法程度和自律性要求很高。采用增值百分比标准，对企业账册存档和管理机制有很高的要求，需要企业有良好的守法程度和自律意识。但是，发展中国家的法制意识一般较低，社会诚信体系不够健全，企业的守法程度和自律性相对不足。这些国家的企业有可能难以抵制优惠关税的诱惑，而冒险以欺诈方式修改会计账册，人为扭曲增值标准计算的真实性和客观性，从而骗取原产地资格。因此，增值百分比标准会在一定程度上催生瞒骗风险。

（3）发展中国家多是国际贸易中的弱者，受原材料价格、制成品价格水平波动的影响较大，汇率的波动更放大了材料价格和制成品价格的波动。发展中国家是国际贸易中的弱者，缺乏议价权，多为商品价格的被动接受者。同时，很多发展中国家的经济管理能力不成熟，政治稳定性较差，这都会导致汇率浮动偏大，会进一步放大进出口商品的价格波动。因此，同样的产品基于汇率和原材料价格的变动，可能在不同时期却得到不同原产地的认定结果，这无疑降低了企业贸易决策的可预见性，在一定程度上催生了企业在利用优惠贸易协定方面的投机性。

三、实施阶段：签证成本较高，签证机构单一

1. 政府机构长期垄断优惠原产地证的签证权

（1）法律法规对原产地签证机构的有关规定

2004 年，国务院发布了《中华人民共和国进出口原产地条例》（国务院令第 416 号），其中第十七条规定出口货物发货人可以向国家质量监督检验检疫总局

所属的各地出入境检验检疫机构（以下简称质检部门）、中国国际贸易促进委员会及其地方分会申请领取出口货物原产地证书。该规定明确了质检部门的签证机构与贸促会签证机构具有同等签发出口原产地证书（含各自贸协定项下的优惠原产地证书和非优惠原产地证书贸易协定）的权力。但自2004年中国—东盟FTA正式实施直至2009年，在长达5年的时间里只有质检部门单独签发各自贸协定项下的优惠原产地证书。鉴于自贸区优惠贸易的发展和优惠原产地签证业务的增加，贸促会近几年逐步开始行使部分自贸区原产地证的签证职权。2009年，原产地主管部门海关总署发布第45号公告，明确规定出口货物发货人可以向中国国际贸易促进委员会及其地方机构申领优惠贸易协定项下我国出口货物原产地证书，真正改变了由质检部门单独签发优惠原产地证书的局面。

（2）中国贸促会简介

中国国际贸易促进委员会（简称中国贸促会，China Council for the Promotion of International Trade，CCPIT）是由中国经济贸易界有代表性的人士、企业和团体组成的全国民间对外经贸组织，成立于1952年5月。经中国政府批准，中国贸促会于1988年6月组建了中国国际商会（China Chamber of International Commerce，CCIC）。中国贸促会的宗旨是：遵循中华人民共和国的法律和政府的政策，开展促进对外贸易、利用外资、引进外国先进技术及各种形式的中外经济技术合作等活动，促进中国同世界各国、各地区之间的贸易和经济关系的发展，增进中国同世界各国人民及经贸界之间的了解与友谊。

目前，中国贸促会、中国国际商会在16个国家和地区设有驻外代表处。在国内，中国贸促会、中国国际商会在各省、自治区、直辖市建立了50个地方分会、600多个支会和县级国际商会，还在机械、电子、轻工、纺织、农业、汽车、石化、商业、冶金、航空、航天、化工、建材、通用产业、供销合作、建设、粮食、矿业、煤炭、物流部门建立了20个行业分会，并对中国对外服务工作行业协会予以指导，拥有全国会员企业近7万家。中国贸促会、中国国际商会及其所属业务部门加入了许多国际组织，其中包括世界知识产权组织、国际保护工业产权协会、国际许可证贸易工作者协会、国际海事委员会、国际博览会联盟、国际商事仲裁机构联合会、太平洋盆地经济理事会、国际商会等，同世界上200多个国家和地区的工商企业界建立了广泛的经贸联系，与300多个对口组织签订了合作协议，并同一些国家的商会建立了联合商会。

中国贸促会作为我国最早由政府授权并一直从事出口货物原产地证签证工作的机构，已有50多年的历史，建立了覆盖全国的近300家签证机构网络，年签证量占全国总量的50%以上，80%以上的签证业务通过电子数据传输完成。

2. 政府签证和商会签证的优劣性比较

（1）政府签证

政府签证，是指由出口国授权的政府机构负责签发原产地证书的一种签证模式，这是最为常见的原产地证书签证方式。发展中国家优惠原产地证书的签发常由政府机构包揽，如印尼规定由贸易主管部门发证，新加坡规定由海关部门发证。而在很多发达国家，政府机构逐步淡出了非优惠原产地证书的签证程序，主要致力于优惠原产地证书和专用原产地证书的监管，如欧盟非优惠原产地证书已经完全由商会签发，对于优惠原产地证书，则实行“两步走”的签证模式，即由企业向商会申领优惠原产地证书，再由欧盟成员国海关核发。

官方签证的优点是可以利用政府机构的行政资源加强对原产地证书签发程序的监督和管理，确保原产地证书的质量；其缺点是政府机构在市场竞争中既扮演“裁判员”制定签证规则，又要扮演“运动员”参与签证服务和市场竞争，角色不够清晰，定位出现交叉。

（2）商会签证

商会签证，是指由出口国授权的商会负责签发原产地证书的一种签证模式。商会参与签发原产地证书，最早可以追溯到1923年。根据在瑞士日内瓦达成的《关于简化海关手续的国际公约》（又称《日内瓦公约》）的有关规定，各签约国应尽可能简化企业申领原产地证书的程序，并应允许其他机构参与签证工作，只要这些机构“拥有必要的授权”并向国家“作出必要的保证”。目前，世界各国的非优惠原产地证书大都由商会签发。

随着区域经济一体化的发展，各国（地区）商会参与签发优惠原产地证书的做法也越来越普遍。许多国家在维持政府机构签发优惠原产地证书体制不变的同时，指定专门的商会组织参与优惠原产地证书的签发工作。例如，澳大利亚、韩国、英国和中国香港的有关商会组织均得到了政府授权，开展签发优惠原产地证的相关工作。

商会签证的优点是商会网络分布广，签证程序简便，签证费用相对较低。由经授权的政府机构和商会组织同时负责优惠原产地证书签证工作，由市场自然选择，有利于降低企业进出口运营成本，提高各项优惠贸易政策的实际利用率。其缺点是商会往往具有逐利性，一些资质低的商会容易受经济利益的驱动而降低原产地证书的签证门槛。

3. 我国质检部门和贸促会签证服务的比较

本课题组于2009年11月12日邀请中国丝绸集团等16家从事进出口贸易的企业进行座谈，了解他们申领优惠原产地证书的情况。根据调研结果，对质检部门和贸促会提供的签证服务作出对比，具体见表14－3。

表14－3　质检部门和贸促会的服务要素对比表

服务要素		质检部门	贸促会
签证时间		1～2个工作日	2～3个工作日
签证范围		全部自贸区	部分自贸区
分布网点		约300个签证网点	约300个签证网点
签证费用	企业注册费	500元(个别地方的企业可免除)	没有
	申报系统使用费	2 000～3 000元/年	280～480元/年
	签证费	40元/份(对空白原产地证另外按每份5元的价格收费)	40元/份(没有对空白原产地证的收费项目)
	申领员培训费	800元/年	一般为免费

可见，在我国优惠原产地签证工作中，贸促会具有成本低的优势。但是由于自贸区签证工作起步较晚，贸促会的职权范围还比较局限，不能像质检部门一般办理所有自贸区形式的原产地签证服务。目前，贸促会仅对中国—东盟、中国—秘鲁、中国—新西兰、中国—新加坡和亚太协定等成员国享有签证权，对于早期签署的中国—智利、中国—巴基斯坦等协定不具有签证权。另外，贸促会刚刚开始实施自贸区的原产地签证权，为保障签证质量，各地方贸促会需要将企业的申报材料寄送到北京总会进行审核，再转发回地方贸促会，这无疑会降低贸促会发证的时效性。因此，对于一些实力较强的大型企业，如果其对签证费用的价格并非十分敏感，则会倾向于效率更高、稳定性更强的质检部门；对于一些对价格较为敏感的中小型企业，则会尝试性地选择贸促会这样地新兴签证机构。

4. 在原产地证书签发过程中引入商会等非政府机构是一种国际趋势

出口货物申请优惠原产地证书是一项社会性的服务工作，由商会等非政府机构签发优惠和非优惠原产地证书成为国际上的一种趋势。打破优惠原产地证书由一个部门签发的垄断局面，引入竞争机制，将提升签证机构的服务意识和管理水平，便利于企业申请优惠原产地证书。这必将促使企业更主动地申领优惠原产地证书，积极运用自贸协定提供的各种优惠贸易工具，提高自贸协定的使用率，真正发挥自贸协定的贸易促进功能。

14.4 上海改善与试行原产地规则便利化的建议

一、原产地规则与贸易便利化的关系

第一，原产地规则是应贸易便利的需要而产生的。WTO 一直致力于多边国际协调规则，根本目的在于确保各国适用统一的原产地判定办法，便于管理者和企业的应用。

第二，原产地规则的制定不可避免地会融入贸易政策等政治因素。对于一国的重要产业，各国会制定严格的例外规则，以实现贸易保护作用。原产地规则因区域贸易安排的涌现而更加苛刻和复杂，难于理解和适用，其发展现状已经呈现出阻碍便利贸易的态势，被学者形象地比喻为“意大利面碗”。

第三，欧美等发达国家正在酝酿简化其原产地规则体系。“简化（Simplification）”对原产地规则的直接要求是：其一，规则易于理解；其二，合规成本低，至少要低于受益价值。

第四，自由贸易区在我国“十七大”报告中被确定为国家战略。自由贸易区的运行离不开合理的原产地规则支撑，而原产地规则的严格程度直接决定了自由贸易区的实施效果。过于严格的原产地规则势必毁损自由贸易区的价值，而缺乏监督的原产地规则将导致利益外溢。

二、上海国际贸易中心建设与原产地规则便利化的改善建议

在上一节中我们谈到原产地规则在谈判、制定、实施阶段都存在不足，但本书仅就上海市地方政府的可行性措施论述，对于国家法律法规制定层面的事宜（如建立国际谈判标准文本、修订非优惠原产地标准清单等）不作探讨。

第一，推行预裁定机制。根据国务院 2005 年 1 月 1 日实施的《中华人民共和国原产地条例》，原产地管理可以实施预确定。这种机制和商品归类的预确定机制有相似的效果，可以将管理前移，提高企业申报的便利度。

第二，降低企业的签证成本。企业目前申报原产地证需要缴纳服务年费，并且要专门聘用有资质的申报员，每年需要定期有偿地参加申报员培训班。为鼓励企业利用原产地规则，应考虑暂免或降低部分费用，同时应公开注册费、工本费、网络维护费等所有有关签证的费用。

第三，拓宽企业获得信息的渠道。通过调研发现，很多企业获得优惠原产地证的信息是通过境外客户，本身并不知道自贸区协定可带给他们优惠。建议政府有关部门提供培训服务及支持社会机构提供培训服务，通过网络方式公开发布优惠信息，制作出版免费的普及读物。

第四，增加签证方式。贸促会作为政府授权机构正逐步开展优惠原产地证的签发工作，这符合国际发展趋势。由社会机构补充政府机构发证，既可以打破垄断，又可以提高效率，应推动并鼓励企业通过贸促会办理签证。

第五，实行认证经营商的原产地声明制度。在欧盟，“经许可的出口商”（Approved Exporters）可以自行提供原产地声明，并获得与提供原产地证一样的优惠待遇。根据我国签署的部分自贸区协定规定，企业在符合特定条件时也可以提出原产地声明并享有优惠待遇，无需申领原产地证，但这一制度并未有效开展。建议配合海关2008年业已推出实施的《中华人民共和国海关企业分类管理办法》，针对具有良好信誉的企业首先试用原产地声明制度。《中华人民共和国海关企业分类管理办法》按照企业守法水平和信用度高低对有关企业进行评估、分类，设置了AA、A、B、C、D五个管理类别。其中，AA类企业需经海关验证稽查，符合海关管理、企业经营管理和贸易安全的要求，可尝试对这些企业率先试用原产地声明机制，鼓励其参与自贸区贸易并获得优惠。

15 跨国公司转移定价中的海关估价与贸易便利化

中国加入WTO以来，随着我国融入经济全球化的程度日益加深，跨国公司在我国的投资大幅增加。截至2008年底，在中国的外商直接投资存量达到8 647亿美元。2009年，我国实际使用外资金额900.33亿美元。2010年1~4月，我国实际使用外资金额307.89亿美元，同比增长11.28%。中国目前是世界上吸引外商直接投资最多的发展中国家，世界五百强的跨国公司有400多家通过直接投资进入中国市场。

随着跨国公司在我国的投资大幅增加，跨国公司的贸易量也相应地大幅提升。2004年5月以来，中国在国际贸易中一直非常活跃，一直到2008年11月由于全球金融危机影响外贸快速增长势头才出现了短期滑坡。2009年3月，中国外贸重新开始企稳回升，8月份确立拉升趋势，12月月度进口值创造了历史最高纪录，月度出口值也列历史第四高位，加速复苏趋势明显。据海关总署统计数据，2009年中国外贸进出口总值为22 072.7亿美元，全年贸易顺差1 960.7亿美元。其中，2009年出口12 016.7亿美元，使我国成为全球第一出口大国。而跨国公司对中国的外贸贡献率相当大，在贸易顺差中扮演了重要角色。在中国的对外贸易结构中，外资企业占贸易总额比例超过50%。众所周知，其在投资、生产、销售等方面具有统一的全球性战略和目标，跨国公司在利润最大化目标的驱动下，通过其内部贸易实现各种资源在全球范围内的流动和最优配置，从而实现全球范围内的一体化经营，如跨国公司通过向中国投资将其制造业转移到中国。应该说，这是全球产业分工的必然结果，而跨国公司的这些运作带动了中国进出口贸易量的快速增长。

由于跨国公司的投资和贸易量的大幅增加，跨国公司内部贸易已成为海关税收新的增长点。同时，如果跨国公司滥用转移定价政策，将人为扭曲进口货物的成交价格，这样其内部交易价格与市场价格之间的差异会导致不同形式的利润转移。跨国公司通过转移定价进行税负转移，减少其总体税负，造成国家有关税收损失，其避税问题日益突出，成为影响海关税收的一个巨大隐患。而且，非正常定价的关联交易也不符合正常交易原则，一些关联企业利用转移定价展开不正当竞争，垄断市场，干扰市场交易秩序。

跨国公司转移定价及其海关估价，是一个复杂的难题。国际贸易的便利和安全是一对矛盾，而对海关而言，在促进贸易便利化的同时，如何应对跨国公司通过转移定价逃避海关税收的行为，是面临的新挑战。在2010年3月召开的全国部分海关审价工作座谈会上，跨国公司转移定价被认为是海关估价“系统性难题的代表”，“需要继续加大力度去应对和破解”。而在上海，应对和破解跨国公司转移定价这一难题的意义尤为突出。多年以来，上海海关的海关税收金额居全国第一，2010年1~4月，上海海关的海关税收金额为909.91亿元人民币，占全国同期4 045.85亿元人民币的22%。由此可见，完善对跨国公司转移定价的海关估价，对于促进贸易便利化具有重要意义。

15.1 跨国公司内部贸易及其转移定价

一、跨国公司内部贸易

跨国公司内部贸易，是指跨国公司的母公司与其海外子公司或跨国公司的子公司与子公司之间在全球范围内建立起来的分工和协作。这种内部贸易既包含着各种对象（如产品、技术、服务等）的交换，也包含着上述各种对象的转移。

跨国公司内部贸易是跨国公司经营一体化的结果，跨国公司经营一体化也需要其内部贸易予以支撑。跨国公司通过其内部贸易达到经营一体化的目的，从而实现利润最大化。

跨国公司内部贸易在国际贸易总额中占有很大的比例，虽然跨国公司的内部贸易导致产品、原材料、技术与服务的国际流动，但与一般国际贸易相比，其内部贸易价格往往不是一种按照供求关系的变化所形成的市场价格，而是按照有管理的定价方式，实现公司内资源的交换、转移。跨国公司为了确保集团利益最大化，人为地控制定价，专门制定内部结算价格，实施转移定价。

二、跨国公司转移定价及其具体动机

转移价格是跨国公司进行内部交易时所采用的价格，由母公司确定，它在一定程度上不受市场供求关系的影响，而是取决于公司经营管理上的需要。

转移定价在整个跨国公司内部贸易中处于一种核心地位，内部贸易的功能通过其得以发挥。通过转移定价，直接实现了跨国公司内部各公司间和相关国家间的利益调节，保证了跨国公司全球整体利益的最大化，推动了跨国公司内部一体化经营乃至经济全球化的形成。因此，转移定价是跨国公司实现内部贸易功能的

有效机制，但同时也直接影响了相关国家的经济及税收。

各国税制的差异及外汇管制的存在，是促使跨国公司运用转移定价的重要诱因。具体而言，跨国公司转移定价的动机可以分为税务动机和非税动机两种。税务动机就是降低跨国公司的全球总税负，如通过跨国公司内部转移定价避税，将利润从高税负国向低税负国转移，使集团利润在低税负国积聚，以逃避高税负国的税收负担，从而实现整个集团的税负最小化。在国际贸易中，可以通过在内部贸易中运用转移定价，扭曲进出口货物成交价格以规避相关国家（地区）的关税，即高关税国家的子公司从其他子公司进口的价格要压低，而低关税国家的子公司的进口价格可抬高，以减少整个公司缴纳的关税金额，有效增加公司总体效益。而非税动机主要包括在不同国家间实现资金转移、规避外汇风险等。

15.2 对跨国公司转移定价评估与调整的原则和方法

目前，国际上对转移定价评估与调整的原则和方法主要涉及以下三个方面。

一、各国税务部门对转移定价评估与调整的原则和方法

“正常交易原则”是世界各国税务部门评估和调整转让定价的基本原则。跨国公司转移定价是企业自身的战略行为，但对转移定价若不进行规范将会对有关国家税收和正常的贸易秩序产生较大影响。在认识到转移定价将对本国带来的严重后果后，世界各国税务部门纷纷开始对转移定价予以规范，以限制跨国公司转移定价政策对本国经济及税收的危害，而经济合作与发展组织（OECD）的“正常交易原则”则在其中产生了很大的影响。

“正常交易原则”又称为“公平独立交易原则”（Arm's Length Principle），它要求跨国公司将其附属的公司视为各自完全独立的企业，按照无关联企业之间业务往来的方式来从事它们之间的内部交易，这将不会出现企业收入和费用的人为转移。因此，只要它们没有按照“正常交易原则”从事经营活动，有关管理部门就有权按“正常交易原则”所产生的市场价格重新核定该笔交易的价格，并按重新核定后的价格予以征税。

当前各国税务部门对跨国公司转移定价都遵循“正常交易原则”，按照独立竞争企业间交易的价格进行评估和调整，具体方法可以分为传统交易法和利润法两类。传统交易法包括可比非受控价格法、转售价格法、成本加价法；利润法主要包括利润分割法和交易净利润法。

1. 传统交易法

可比非受控价格法，是指通过参考非受控交易的价格，来评估受控交易中的价格的达成是否为正常交易价格，此法最能体现“正常交易原则”的要求。

转售定价法，是指从可比非受控的转售价格中扣除其合理的毛利，来评估达成的价格是否为正常交易价格。

成本加价法，是指以受控交易货物的生产成本加上合理的毛利，来评估达成的价格是否为正常交易价格。

上述三种方法是确定关联企业之间交易是否正常的直接方法，但由于与交易相关的因素及企业的情况不同，要确定一个使纳税双方及不同征税机关都接受的正常交易及其相关的价格并非易事。当无法取得可比价格或无法取得可参照信息时，有关部门将利用利润法来评估转移价格。

2. 利润法

利润分割法，是指首先计算跨国公司集团的受控交易的利润总额，然后通过考察关联企业在交易中所作的贡献来划分应属于关联企业的利润，并以此来判断交易是否符合正常交易原则。

交易净利润法，是指用可比非受控纳税人的净利润为参照，对受控交易的价格进行评估和调整。

上述两种方法，只要符合“正常交易原则”并适用于具体企业，就可以采用。

二、各国海关对转移定价的评估与调整

在国际贸易中，各国海关对进口货物的估价都采用《WTO 估价协定》的估价准则。关于对转移定价的评估，包括对有特殊关系的买卖双方的销售的调查和价格比较两个方面。

《WTO 估价协定》第一条第二款规定：买卖双方的特殊关系本身不构成海关拒绝使用被估进口货物成交价格的理由。如果这种特殊关系并未对价格造成影响，则应接受其成交价格；如果海关有理由认为此种关系可能对交易价格产生影响，则需要对销售进行调查。

为保证调查的统一性和准确性，《WTO 估价协定》进一步规定：如果有证据证明，买卖双方存在特殊经济关系，但按照独立双方的方式买卖货物，则可以认定它们之间的关系没有影响货物的价格。这主要包括以下两种情况：定价方式与

该行业的正常定价做法相一致或与卖方制定的售予与其无特殊关系的买方的定价方法相一致；货物的价格足以收回全部成本加利润，该利润代表该公司在一代表时期内（如按年度计）销售同级别或同种类货物所实现的总利润。

此外，根据《WTO 估价协定》第一条第二款（b）项的规定，对有特殊关系的买卖双方之间的销售中，还可采用价格比较的方法。只要进口商证明被估货物的成交价格非常接近于下列同时或大约同时发生的价格之一，则该成交价格应被接受：供出口至相同进口国的相同或类似货物售予无特殊关系的买方的成交价格；根据倒扣价格法的规定确定的相同或类似货物的完税价格；根据计算价格法的规定确定的相同或类似货物的完税价格。

上述被用来进行比较的价格被称为测试价格，这类评估标准的实质就是将转移定价的价格与非转移定价的价格进行比较，来证明特殊关系是否影响成交价格。若确定买卖双方的价格受到特殊关系的影响，则海关将采用海关估价中的相同货物成交价格方法、类似货物成交价格方法、倒扣价格方法、计算价格方法，以合理方法对进口货物另行估价。

综上所述，我们认为各国税务和海关当局在对待跨国公司转移定价的问题上可以说有类似之处，都是遵循一个共同的原则：买卖双方之间的交易应该是“按照独立双方的方式买卖货物”，应该是“公平交易”。

三、各国就海关估价如何使用“正常交易原则”及其具体方法的分歧

税务和海关当局在对待跨国公司转移定价的问题上可以说有类似之处，然而，对如何协调 OECD 的转移定价指南与《WTO 估价协定》的关系及 OECD 对跨国公司转移定价进行评估和调整所采用的具体方法，即三种传统交易法（包括可比非受控价格法、转售价格法、成本加价法）及利润分割法和交易净利润法，两种新方法是否可运用于海关估价中，目前各国仍有较大分歧。

2009 年 10 月 19 日 ~ 23 日，在世界海关组织总部比利时布鲁塞尔举行的世界海关组织（WCO）估价技术委员会第 29 次会议上，OECD 有关代表被邀请出席，并就对跨国公司转移定价进行评估和调整所采用的上述五种方法及有关案例进行了介绍。

听取 OECD 代表介绍后，各国会议代表就如何对上述转移定价案例进行讨论时发生分歧。美国代表认为，应直接进入实质性讨论，分析该案例具体内容；而欧盟、澳大利亚等成员代表认为，应首先明确在海关估价中如何使用转移定价指南，即明确 OECD 的转移定价指南与《WTO 估价协定》的关系，进而确立海关

估价处理转移定价问题的总原则。最后会议达成共识，即无论是否进入具体案例讨论都回避不了原则性问题的讨论。

随后，会议的讨论焦点集中于OECD的上述五种方法是否可以运用于海关估价中。加拿大等国代表认为，海关估价有一套完整的逻辑体系，在买卖双方有特殊关系的交易中，可通过测试价格检验特殊关系是否影响成交价格，如上述特殊关系影响成交价格的成立，则海关对其实施另行估价，采用相同货物成交价格法、类似货物成交价格法、倒扣价格法、计算价格法，以合理方法确定其完税价格，无须采用OECD的上述五种方法。欧盟代表则提出，买卖双方有特殊关系的交易在当今的国际贸易中所占份额已达95%以上，而其中跨国公司运用转移定价方法进行利润安排的情况非常普遍，海关始终要面对转移定价问题，因此有必要进一步形成一个更明确的、统一的海关估价如何处理转移定价问题的原则。双方观点各有不同的支持代表，本次会议并未解决上述分歧。

15.3 我国对转移定价的评估与调整

一、税务部门对转移定价的评估与调整

《中华人民共和国税收征收管理法》第三十六条规定，企业或者外国企业在中国境内设立的从事生产、经营的机构、场所与其关联企业之间的业务往来，应当按照独立企业之间的业务往来收取或者支付价款、费用；不按照独立企业之间的业务往来收取或者支付价款、费用，而减少其应纳税的收入或者所得额的，税务机关有权进行合理调整。其调整顺序是：①按独立企业之间进行相同或者类似业务活动的价格；②按再销售给无关联关系的第三者价格所应取得的利润水平；③按成本加合理的费用和利润；④按其他合理的方法。这里的前三种方法与国际上的规定类似。我国对于其他合理方法，在具体操作中较多地采用利润法（包括利润分割法和交易净利润法）对转移定价进行评估和调整。

二、海关对转移定价的评估与调整

目前，中国的海关估价全面实施《WTO估价协定》，经修订的《中华人民共和国海关审定进出口货物完税价格办法》已于2006年5月1日开始实施，这使我国海关估价的法律法规与《WTO估价协定》相一致。

我国海关估价提倡按照成交价格原则实施海关估价，同时在评估特殊关系是否影响成交价格时，要求海关审查以下内容：一是买卖双方的定价是否与该行业

的行业定价惯例相一致；二是卖方的销售是否如同对其向无关系的买方那样销售；三是有关价格是否已经包括了卖方的全部成本加上利润。此外，还参照《WTO 估价协定》的规定，对有特殊关系的买卖双方之间的销售，采用价格比较的方法，并就被用来进行比较的价格（即测试价格）进行了具体规定。例如，上述销售中，买卖双方的关系影响成交价格的成立，则海关对其实施另行估价，采用相同货物成交价格法、类似货物成交价格法、倒扣价格法、计算价格法，以合理方法确定其成交价格。

15.4 完善对跨国公司转移定价的海关估价

一、正确认识 OECD 转移定价指南与《WTO 估价协定》的关系

笔者认为，税务部门和海关对转移定价问题看待的角度不同。海关是以每批进口货物的成交价格为基础征税，关心的是每笔交易的价格，申报价格过低，则关税及进口环节税减少。而税务部门是以一定时间段内如每个年度的应税净收入为基础征税，关心的是企业总体上的利润，以进口后转售的情况推算，利润越多，国内税收就越多，而价格过高，则利润减少，那么国内税减少。因此，税务机关通常会坚持按较低的转移价格估算，以确保国家获得最大的税收收入。而对海关而言，则正好相反，进口货物的完税价格越高，海关税收也就越多。

鉴于上述原因，在实践中，如果海关和税务部门不协调各自对转移定价评估与调整的方法的话，有可能将会使进口商及纳税人夹在其中而左右为难。因此，笔者以为，从理论上正确认识 OECD 转移定价指南与《WTO 估价协定》的关系，非常重要。我们认为，无论是每笔交易的价格还是企业总体上的利润是否合理，其前提都是跨国公司在转移定价的问题上应遵循一个原则，那就是买卖双方之间的交易应该是公平交易，这也是海关和国内税务部门共同追求的目标。因此，我们应该协调海关和税务部门各自对转移定价评估与调整的方法，具体而言，在理论上，我们应该把 OECD 转移定价指南所制定的“正常交易原则”及其一系列具体方法作为对《WTO 估价协定》关于特殊关系是否影响价格规定的适当补充；而在实践中，就海关估价而言，可借鉴和运用 OECD 的“正常交易原则”及其传统交易法和两种利润法去完善海关对跨国公司转移定价的估价，并促进贸易便利化。

如何借鉴和运用 OECD 的“正常交易原则”及其传统交易法和两种利润法，是摆在我们面前的一个课题，我们认为应从法律法规、信息与管理模式三方面着

手，即完善相关法律、法规，增强针对性和可操作性；共享信息，实现对转移定价的有效管理；完善与转移定价相适应的海关估价管理模式。

二、完善相关法律法规，增强针对性和可操作性

目前，我国海关估价的法律法规依据是《中华人民共和国海关法》、《中华人民共和国进出口关税条例》、《中华人民共和国海关审定进出口货物完税价格办法》等，总体而言，相关估价的法律、法规在关于跨国公司转移定价方面的规定还不够明确。

跨国公司转移定价不再仅仅是每笔交易的价格，其转移定价政策的制定更是一个系统的过程，关心的是企业总体上的利润，因此，可借鉴和运用 OECD 的“正常交易原则”，在更广泛的层面从立法上针对跨国公司转移定价作出规定，增强可操作性。应明确规定：除进口货物的价格以外，跨国公司在完成制定转移定价政策和转移定价政策调整前，上述信息都应告知海关，海关作出预判并跟踪实际申报情况，一旦发现问题立即通知企业，企业及时作出相应调整。上述规定可提高企业确定价格和海关确定货物完税价格时的效率，促进贸易便利化。

与此同时，在涉及跨国公司转移定价的估价中，应强化跨国公司的举证责任，应在立法上明确规定：在转移定价已经发生的情况下，纳税人负有义务就转移定价的方法和理由提出证据，证明其内部交易定价符合“正常交易原则”。如果没有反证，海关在价格质疑过程中所举证的全部情况均被认为是事实；如果要推翻这一结论，纳税人应负举证责任，以确保国家税款的应收尽收。同时，还应增加对操纵转移定价逃避税收进行处罚的条款。

三、共享信息，实现对跨国公司转移定价的有效管理

对转移定价而言，无论是促进贸易便利化还是保障海关税收，最有效的方法就是信息共享，而这有赖于海关、税务等部门的密切协调与配合。

海关与税务、工商等部门因涉及不同领域而拥有不同信息，因此应加强政府部门间联系，海关、税务等部门可联手建立专门的转移定价管理机构，分别从不同角度发挥各自的作用，以有利于信息在不同的主管部门之间更有效地流转，以避免前面所提到的进口商及纳税人夹在其中而左右为难的情形，从而促进贸易便利化。

与此同时，对于跨国公司滥用转移定价，海关、税务部门也应加强反避税工作中的信息交流和沟通，从而形成合力，确保有关法规的执行富有成效。

对海关而言，其估价部门可与税务等部门实现信息的充分交流，以便掌握更为有力的证据和资料，在估价工作中占据更为主动的地位。海关应与税务部门加强联系配合，确立相关联系配合办法，在可能的情况下尝试联合办案，坚决打击在海关低报价格、在税务部门高报价格的两头逃税的现象。

就共享信息而言，海关应建立与中介机构的合作机制，发挥中介机构在获取信息与进行沟通中所起的作用，以弥补人力资源和信息的相对不足。海关还应与守法的跨国公司沟通合作，通过他们了解转移定价方法、价格构成等情况，在此基础上有重点地对跨国公司的有关进出口货物的交易情况进行专项检查，以加强对跨国公司转移定价的管理。

四、完善与跨国公司转移定价相适应的海关估价管理模式

完善的管理是促进贸易便利化的基础和前提，为进一步完善对跨国公司转移定价的管理，应借鉴 OECD 的“正常交易原则”及方法，并将其与我国海关估价实际相结合作为必要的补充，建立与跨国公司转移定价相适应的管理模式。

完善转移定价的管理模式具体包括：建立预约定价制度、完善对跨国公司转移定价及其政策的认定、完善对跨国公司转移定价评估的方法和程序三个方面。

1. 建立预约定价制度

跨国公司在其经营领域占有绝对优势，海关若单纯对进口货物价格进行审查和监控，将在管理中处于被动地位，而海关对税收的事后调整，其不确定性和滞后性会影响跨国公司的经营决策，从而引起海关和纳税人之间的矛盾和争议。如能实现海关事前掌握，则能使海关在管理中变被动为主动。当然，要做到这一点需要有法律法规的保障，我们在前面已强调海关法规应明确规定，跨国公司在制定完成转移定价政策和转移定价政策调整前应将信息告知海关。

在海关事前掌握的基础上，海关可借鉴税务部门的经验实施预约定价制度。我国税收征收管理法实施细则第五十三条规定：纳税人可向主管税务机关提出与其关联企业之间业务往来的定价原则和计算方法，主管税务机关审核、批准后，与纳税人预先约定有关定价事项，监督纳税人执行。上述预约定价制度的核心是企业与税务机关达成预约定价协议（Advanced Pricing Agreement，APA）。海关可借鉴税务部门经验采用预约定价制度，将对跨国公司转移定价的事后审计调整为事前审计，这对保护跨国公司的合法经营和海关的依法征税都有好处。进出口货物纳税人可事先将其转移定价方法向海关申请，如果海关在事前审查中认可该交

易的转移定价符合“正常交易原则”，它们便不会再对此项交易的合理性产生怀疑，经审定认可后作为其在进出口交易中的成交价格予以接受，并作为计征税收的依据，这为纳税人提供了极大的便利，对贸易便利化将起到积极的推动作用。

预约定价制度使海关通过预先界定关联企业间的交易来解决转移定价潜在引起的争议，这样既为纳税人的合法经营提供了便利，也为海关依法征税提供了保障，有利于国际贸易的发展和投资环境的进一步改善。而如何进一步完善对跨国公司转移定价及其政策的认定并使预约定价制度能够有效实施，是完善管理模式的关键所在。

2. 完善对跨国公司转移定价及其政策的认定

如前所述，从理论上我们应该把 OECD 的“正常交易原则”及其认定方法作为对《WTO 估价协定》关于特殊关系是否影响价格规定的适当补充，因此，在我国海关估价的实践中，应将《WTO 估价协定》中关于特殊关系影响价格的规定与 OECD 的“正常交易原则”及其认定方法相结合加以运用。上述结合运用的关键点在于，要注重对其整体定价政策及其执行的认定。

针对跨国公司进行内部贸易采取转移定价而缺乏第三方可比价格信息的情况，运用成交价格难以对每票进口货物的申报价格作出准确认定，因此应通过对其整体定价政策及其执行进行审核。目前，OECD 关于转移定价的“正常交易原则”及其定价方法并未纳入我国海关估价法规中，因此，我国海关可将我国海关估价法规与将 OECD 关于转移定价的“正常交易原则”及其定价方法相结合，在此基础上进行客观评估和合理调整。

评估跨国公司转移定价政策及其执行，应调查企业的运作，对企业情况进行全面了解，海关今后在开展转移定价政策评估审核时，将不再仅仅涉及一家企业，而必须针对多个关联企业，即使其整体定价政策符合“正常交易原则”，也应掌握除向出口商支付货款之外，是否有其他间接支付情况，以确保进口货物的申报价格真实反映了企业的定价政策，若通过审核发现转移定价政策的执行发生偏差，则应及时作出调整。

3. 完善对跨国公司转移定价评估和调整的方法和程序

目前，就海关估价而言，对转移定价的评估及调整的方法和程序还有待完善，完善的关键在于对特殊关系是否影响成交价格的评估认定及海关对被估货物的另行估价两个方面。关于特殊关系是否影响成交价格的评估及另行估价，应注重交易评估、进口交易利润水平分析、另行估价三个环节。

如前所述，海关关注的主要是每笔交易的价格，税务部门关注的主要是企业总体上的利润是否合理，但海关和国内税务部门有一个共同追求的目标，在对待跨国公司在转移定价的问题上也遵循一个共同的原则，那就是买卖双方之间的交易应该是公平交易。因此，海关可借鉴 OECD 的正常交易原则及方法，对上述三个环节予以完善。

（1）交易评估

交易评估主要指海关应审核买卖双方之间的特殊关系是否影响到成交价格。在交易评估中，海关可借鉴 OECD 的“正常交易原则”，把其对转移定价的认定作为海关对特殊关系是否影响成交价格审核的一种补充，具体审核被估货物的利润水平是否低于该出口商销售的相同、类似货物的利润水平。若受特殊关系影响，出口商销售给进口商的被估货物的利润水平低于该出口商销售的相同、类似货物的利润水平，而进口商又不能证明申报价格的真实性和准确性，则海关拒绝接受其成交价格，而使用其他方法估价。

（2）进口交易利润水平分析

在交易审核及测试价格过程中，海关应要求进口商提供相关数据资料以说明情况，海关以此来分析出口商的采购成本、销售收入及利润水平。

在此应注意，海关在对特殊关系是否影响了成交价格、转移定价是否符合行业定价惯例、转移价格是否与行业的一般费用及利润水平一致等进行审核时，采用的资料、数据应注意其完整和准确程度，因为上述信息是海关做出估价行为的依据。

若在交易过程中，被估货物的利润水平低于该出口商销售的相同、类似货物的利润水平，则海关有理由认为买卖双方之间的特殊关系影响了成交价格。这时海关应当书面将理由告知进口货物收货人，要求其以书面形式作进一步说明，提供相关资料或其他证据，证明双方之间的关系未影响成交价格，否则，海关将不接受申报价格而另行估价。

（3）另行估价

根据规定，进口货物完税价格不能按照进口货物成交价格来确定时，海关应当另行估价。在另行估价时，由于各种条件的限制，对有关转移定价的进口货物往往采用合理方法估价。海关在合理方法的采用中，同样可引入 OECD 对跨国公司转移定价的评估和调整的正常价格原则及其方法作为补充，这很有意义。具体而言，可从出口商的合理利润水平出发，来估定进口货物的成交价格，也就是以出口商的采购成本为基础，按照可比交易的利润水平即从事相同或类似货物交易的公司向我国出口相同、类似货物的利润水平为依据，确定出口商的利润水平，从而得出对出口商向进口商销售被估货物的价格，并以上述价格为基础来确定被估货物的完税价格。在一般情况下，可以认为各公司的销售利润水平应当和其承担的职能和风险相一致，即公司承担的职能风险越少，其利润水平应该越低；公司承担的职能风险越多，其利润水平应该越高。因此，通过比较被估交易与可比交易的功能差异，可以确定被估货物交易应调整的利润水平。

综上所述，完善对跨国公司转移定价评估和调整的方法和程序，首先应强化对申报价格是否符合成交价格被接受条件的审查。审核方法可借鉴 OECD 的“正常交易原则”，在对特殊关系是否影响成交价格认定时，注重于将被估货物利润和该出口商销售的相同、类似货物的利润水平进行比较，从中寻找突破口。而在另行估价时，可引入 OECD 对跨国公司转移定价的评估和调整的正常价格原则及其方法作为补充，按照可比交易的利润水平为依据，确定出口商的利润水平，从而得出被估货物的价格。在上述整个过程中，海关应充分运用质疑权和估价权，积极开展审价，并深入分析、研究信息，从而最终实施客观公正的估价。

后　记

上海市社会科学创新研究基地、上海发展战略研究所工作室由上海市哲社办和上海市人民政府发展研究中心于2009年联合发起设立，上海海关学院成功获批为“上海贸易中心建设”创新研究基地、上海市人民政府发展研究中心战略研究所“石良平工作室”。2009年，上海海关学院受上海市人民政府发展研究中心邀请，共同举办了“上海国际贸易中心论坛”，围绕着“上海国际贸易中心建设与贸易便利化”的主题进行了系列研究。2010年，学院与浦东新区合作，共同展开了“上海三港三区联动机制”的研究。这些研究成果在多家媒体和学术刊物上发表，引起一些社会反响。

本书是“上海贸易中心建设”系列蓝皮书之一，主题确定为“贸易便利化与上海国际贸易中心建设”，目标是从贸易便利化的视角研究如何完善上海作为国际贸易中心的结构框架。贸易便利化是一个全球关注的问题，随着中国国际贸易地位的提高及金融危机后贸易保护主义的盛行，贸易便利化问题越来越引起人们的兴趣，而中国的贸易便利化进程也日益成为全球贸易的关注重心。本专著的成果将有助于人们了解中国贸易便利化的进程、存在问题及改进措施，也便于人们了解贸易便利化对上海建设国际贸易中心的重要意义。

本书由“上海贸易中心建设”创新研究基地与上海市人民政府发展研究中心战略研究所“石良平工作室”的专兼职研究人员共同完成。其中，导论由石良平撰写，第一章由黄丙志撰写，第二章由齐晓斋撰写，第三章由姚海华撰写，第四、十三章由李九领撰写，第五章由孙浩撰写，第六章由金宏彬撰写，第七章由毛道根、钟昌元撰写，第八章由罗军撰写，第九章由匡增杰撰写，第十章由陈苏明撰写，第十一章由李红霞撰写，第十二章由胡蓉撰写，第十四章由厉力撰写，第十五章由林弘撰写。全书完成后，由石良平和黄丙志负责统稿及整理，最后由黄丙志对全书的格式进行统一编排。

本书的出版要感谢上海市人民政府发展研究中心主任周振华、副主任朱金海和孙福庆研究员，以及上海市哲学社会科学规划办公室主任荣跃明的关心和支持，也要感谢上海海关学院党委书记郑建民同志和院长肖建国教授的全力支持，他们为“上海贸易中心建设”创新研究基地和“石良平工作室”的建设提供了资金、人员及时间的保障，也提供了大量观点和智慧。没有他们的关心和支持，本书不可能顺利地完成。此外，还要感谢中国海关出版社的普娜主任为本书的顺利出版所做的大量工作。

本书的阅读对象主要是从事国际经济与贸易研究的学者和负责宏观经济管理与决策的部门官员，以及对国际经济与贸易有兴趣的读者。书中不当之处，敬请读者指正。

石良平

2010 年 11 月于上海海关学院

主要参考资料

中文部分

[1][美]丝奇雅·沙森著．周振华等译．《全球城市：纽约、伦敦与东京》[M]．上海社会科学院出版社，2005 年。

[2][美]曼纽尔·卡斯特尔．《信息化城市》[M]．江苏出版社，2001 年

[3][德]贡德·弗兰克著．《白银资本——重视经济全球化中的东方》[M]．第 2 版．中央编译出版社，2008 年 9 月

[4]鲍晓华．《上海贸促会改革与发展战略研究》[J]．载《国际商务研究》，2004 年第 1 期

[5]晁钢令．《上海加快推进国际贸易中心建设的战略思考》[J]．载《科学发展》，2010 年第 3 期

[6]陈晖．《国际贸易安全与便利：我国<海关法>面临的新课题》[J]．载《国际贸易问题》，2008 年第 8 期

[7]陈凯、武爱文．《行业协会性质、特点及其相关研究述评》[J]．载《生产力研究年》，第 6 期

[8]陈松洲．《中国服务贸易发展的现状、制约因素及对策研究》．载《经济与管理》，2010 年第 2 期

[9]陈苏明．《AEO 认证对海关稽查的影响——基于风险管理基础稽查的 AEO 认证》[J]．载《上海海关学院学报》，2008 年第 1 期

[10]陈向明、周振华主编．《上海崛起》[M]．世纪出版集团、上海人民出版社，2009 年

[11]陈仪、沈继来、龚柳燕．《海关后续监管模式的再认识》[J]．载《上海海关学院学报》，2008 年第 3 期

[12]程大中．《国际贸易中心的历史演变及其对上海的启示》[J]．载《世界经济情况》，2009 年第 7 期

[13]成思危．《从保税区到自由贸易区：中国保税区的改革与发展》[M]．经济科学出版社，2003 年

[14]费建．《上海国际贸易中心建设的关键突破点——大宗商品电子交易市

场》[E],http://www.ccbot.com/info/20100126049/20100126049000051.html

[15]高惠珠.《海派:源流与特征》[J].载《上海师范大学学报》,1995年第2期

[16]高汝熹等.《批发业:贸易中心的主体,产业体系的枢纽——东京、大阪都市中心批发业的分析和对上海的启示》[J].载《上海经济》,1996年第6期

[17]高小红、周茂荣.《贸易开放度测度研究述评》[J].载《经济评论》,2008年第6期

[18]顾宝炎、崔婷婷.《服务贸易发展:上海的路径选择》[J].载《国际经济合作》,2009年第2期

[19]顾卫平.《上海构建国际贸易中心的客观需求及基础条件》[J].载《上海经济研究》,1994年第7期

[20]谷克鉴.《香港国际贸易中心功能及其在内地的演化与拓展》[J].载《财贸经济》,1997年第1期

[21]郝崇福.《海关通关管理》[M].中国海关出版社,2007年

[22]郝修建.《海关支持企业应对金融危机优惠措施实施后出现的问题及思考》[J].载《上海海关学院学报》,2009年第1期

[23]洪山.《世界海关制度的重大改革》[N].载《国际商报》,2007年4月13日

[24]黄丙志.《WTO规则与国内市场统一性要求的衔接》[J].载《世界贸易组织动态与研究》,2005年第3期

[25]黄正松.《浅谈我国海关风险管理模式的改进——从澳大利亚模式中得到的启示》[J].载《商业经济》,2009年第4期

[26]何江红、刘成早.《企业分类管理亟待完善》[J].载《八方论坛》,2009年第2期

[27]何茂春.《国际服务贸易:自由化与规则》[M].世界知识出版社,2007年

[28]何卫平.《浅论上海行业协会的发展与完善》[J].载《上海企业年》,第1期

[29]胡华.《推行"精细化管理",提高海关监管整体效能》[J].载《上海海关学院学报》,2008年第3期

[30]蒋满元、唐玉斌.《东盟自由贸易区形成与发展的经济效应分析》[J].载《广西经济管理干部学院学报》,2007第3期

[31]姜永坤.《找准上海国际贸易中心建设的突破口》[N].载《文汇报》,

2009 年 2 月 2 日

[32]李邦君.《把上海建成国际贸易中心的战略构想》[J].《国际商务研究》,1995 年第 1 期

[33]李恒光、崔丽.《国外商会类行业组织及其发展经验借鉴》[J]. 载《青岛科技大学学报(社会科学版)》,2004 年第 3 期

[34]厉力.《原产地规则及其在区域贸易安排中的适用问题研究》[M]. 中国海关出版社,2009 年

[35]李文健.《海关改革与发展的价值目标——推进贸易便利与维护贸易安全不能顾此失彼》[J]. 载《上海海关高等专科学校学报》,2006 年第 4 期

[36]李延、刘平、徐慧筠.《原产地规则的国际协调》[J]. 载《中国海关》,1998 年第 11 期

[37]刘东升.《国际服务贸易》[M]. 中国金融出版社,2004 年

[38]刘丽娟、徐进亮主编.《原产地规则——产生、运用与改革》[M]. 中国经济出版社,2001 年

[39]刘似臣.《中国贸易开放度的比较分析》[J]. 载《统计研究》. 2005 年第 6 期

[40]孟夏.《潜在的限制与扭曲——探析自由贸易安排中的原产地规则》[J]. 载《国际贸易》,2005 年第 1 期

[41]沈玉良等著.《上海国际贸易中心建设研究》[M]. 上海人民出版社,2009 年

[42]石广生.《中国加入世界贸易组织知识读本》[M]. 人民出版社,2002 年

[43]仇保兴.《小企业集群研究》[M]. 复旦大学出版社,1999 年

[44]上海市商务委员会.《2009 上海服务贸易发展报告》[R]. 上海三联书店,2009 年

[45]上海市商务委员会国际服务贸易处.《上海服务贸易发展特点与前景分析》[J]. 载《国际商务财会》,2010 年第 1 期

[46]上海外高桥保税区管理委员会.《上海外高桥保税区 2008 年经济发展统计公报》[R],2008 年

[47]上海综合保税区管理委员会.《2009 年上海综合保税区经济发展统计公报》[R],2009 年

[48]邵月琴、柏文波、李娜.《关于构建科学的海关企业管理类别评定标准的探讨》[J]. 载《上海海关学院学报》,2009 年第 2 期

[49]沈玉良、高耀松.《上海现代国际贸易中心建设:内涵、利益和思路》[J].载《国际贸易问题》,2008 年第 5 期

[50]石良平.《扩大开放度,加快贸易中心建设》[N].载《解放日报〈新财经周刊〉》,2009 年 6 月 27 日

[51]施蕾生.《加强上海国际贸易中心的功能塑造》[J].载《上海商业》,2005 年第 4 期

[52]史占中.《企业战略联盟》[M].上海财经大学出版社,2001 年 7 月

[53]史占中.《基于集群化战略的科技园区发展模式》[J].载《上海经济研究》,2002 年 11 期

[54]宋斌斌.《海关总署监管重点转向企业》[N].载《中国工业报》,2008 年 5 月 5 日

[55]宋国良.《建设国际贸易中心亟须发展服务贸易》[J].载《上海企业》,2009 年第 7 期

[56]孙慧.《中外口岸通关模式的比较研究》[J].载《商业研究》,2006 年第 17 期

[57]孙毅彪.《合力推进贸易便利化,共同应对挑战》[J].载《上海海关学院学报》,2009 年第 3 期

[58]孙震东.《关于贸易安全与便利目标下关企合作路径的若干思考》[J].载《金卡工程·经济与法》,2009 年第 10 期

[59]陶昌盛、沈雅琴.《上海未来的选择:构建现代国际贸易中心》[J].载《经济纵横》,2003 年第 5 期

[60]陶呈成.《经济全球化背景下的中国贸易安全法律保障制度探讨》[J].载《法制与社会》,2009 年第 5 期

[61]王火灿.《国际贸易中心的形态与成因及上海的目标与对策》[J].载《国际商务研究》,1995 年第 3 期

[62]王加丰.《中世纪西欧大城市与资本主义起源的关系》[J].载《世界历史》,1998 年第 2 期

[63]王军.《全球化治理视野下的中国海关变革与发展——以实施 <WCO 全球贸易安全与便利标准框架 >》[J].载《学习月刊》,2008 年第 7 期

[64]汪玮.《关于无纸化通关与保障基础数据质量长效机制的建立》[J].载《上海海关学院学报》,2009 年第 2 期

[65]王新奎.《上海国际贸易中心建设的基本思路》[J].载《沪港经济》,2010

年第3期

[66]吴文洁、郭芳.《我国行业协会发展的国际借鉴》[J]. 载《商业时代》,2007年第9期

[67]郗治安.《积极主动转危为机加快海关改革与发展》[J]. 载《上海海关学院学报》,2009年第1期

[68]肖林、任新建.《国际贸易中心建设与大宗商品交易市场发展》[J]. 载《科学发展》,2009年第7期

[69]谢思全、丁鲲华.《我国行业组织现状及发展态势分析》[J]. 载《江西社会科学》,2006年第12期

[70]徐桂华、李晓洁.《构建上海国际贸易中心的条件和策略分析》[J]. 载《经济经纬》,1996年第1期

[71]许思远.《基于风险管理的海关大监管体系之构建》[J]. 载《上海海关学院学报》,2009年第3期

[72]许学武.《加快建设国际贸易中心的几点建议》[J]. 载《上海商业》,2005年3月

[73]徐晞、叶民强.《政府职能向行业协会转移的新制度经济学分析》[J]. 载《商业研究》,2006年第16期

[74]阎蓓等.《跨国公司全球采购背景下的上海国际贸易中心建设》[J]. 载《上海经济研究》,2009年第2期

[75]杨丽艳.《经济一体化的历史演变与理论发展》[M]. 第1版. 法律出版社,2004年10月

[76]杨奕锋.《中国海关风险管理理论探讨》[J]. 载《法治与社会》,2008年第3期

[77]杨宇立.《经济发达地区行业协会的现状及发展中面临的问题——以沪、穗、温州三地为例的分析》[J]. 载《上海经济研究》,2002年第11期

[78]姚为群.《全球城市的经济成因》[M]. 上海人民出版社,2003年10月

[79]姚小霞.《国外行业协会发展特点及其启示》[J]. 载《世界经济与政治论坛》,2002年第5期

[80]叶全良、王世春主编.《国际商务与原产地规则》[M]. 人民出版社,2005年

[81]曾铮等.《贸易便利化测评体系及对我国出口的影响》[J]. 载《国际经贸探索》,2008年第10期

[82]曾晓洋.《发展现代服务业集群——纽约和东京的启示》[J]. 载《国际商业技术》,2009 年第 2 期

[83]张海华.《中国海关对进出境船舶舱单管理的历史沿革》[J]. 载《金卡工程·经济与法》,2009 年第 8 期

[84]张泓铭.《上海商贸业发展与国际贸易中心建设》[J]. 载《上海经济研究》,2009 年第 7 期

[85]张红玉.《在全球生产组织方式调整中重新定位我国保税区功能》[J]. 载《特区经济》,2006 年第 8 期

[86]张建清、沈铭辉.《欧盟发达国家行业中介组织在国际贸易中的作用、特点及其启示》[J]. 载《世界经济导刊》,2006 年第 1 期

[87]张涛.《建立和完善加工贸易后续监管机制有效防范"两个风险"》[J]. 载《上海海关学院学报》,2009 年第 1 期

[88]张作乾.《香港国际贸易中心及其"九七"后发展前景》[J]. 载《世界经济》. 1997 年第 7 期

[89]赵广君.《上海国际贸易中心建设过程中保税区的功能作用研究》[J]. 载《经济论坛》,2009 年第 2 期

[90]赵维田.《世贸组织的法律制度》[M]. 第 1 版. 吉林人民出版社,2000 年 1 月

[91]郑春荣.《德国商会与协会制度的若干经验》[J]. 载《德国研究》,2001 年第 1 期

[92]中美战略经济对话参考编译材料之《全球优惠性原产地规则的多边化》

[93]中美战略经济对话参考编译材料之《原产地规则与美国贸易政策》

[94]周文昌.《重构海关信用评级体系促进外向型经济健康发展》[J]. 载《上海海关学院学报》,2009 年第 2 期

[95]周振华.《世界城市理论与我国现代化国际大都市建设》[J]. 载《经济学动态》,2004 年第 3 期

[96]周振华等主编.《世界城市:国际经验与上海发展》[M]. 上海社会科学院出版社,2004 年 5 月

[97]朱国正.《试论中国海关在贸易便利化进程中面临的挑战与对策》[J]. 载《上海海关高等专科学校学报》,2005 年第 3 期

[98]朱桦.《上海国际贸易中心建设之我见》[J]. 载《上海商业》,2010 年第 1 期

[99]朱连庆.《如何构建上海国际贸易中心》[N]. 载《文汇报》,2009 年 6 月 20 日

[100]朱颖.《论"优惠原产地规则"》[J]. 载《世界经济研究》,2004 年第 8 期

英文部分

[1] Acemoglu D., Simon Johnson and James Robinson, 2005, "The Rise of Europe: Atlantic Trade, Institutional Change, and Economic Growth", American Economic Review, Vol. 95, No. 3, pp. 546 - 579.

[2] Agreement on Implementation of Article Ⅶ of the General Agreement on Tariffs and Trade 1994.

[3] Allan S. Carrie 2000: From integrated enterprises to regional clusters: the changing basis of competition, Computers in Industry.

[4] Amin A and Robins K 1990: The reemergence of regional economies, The mythical geography of flexible accumulation. Environment and Planning D: Society and Space 8.

[5] Anne O. Krueger, Free Trade Agreements as Protectionist Devices: Rules of Origin, National Bureau of Economic Research, Working Paper No. 4352, April 1993.

[6] Christopher S. P. New Measures of Trade Creation and Trade Diversion. Journal of International Economics, 2008(75): 349 - 362.

[7] Dunn, E. S., A Statistical and Analytical Technique for Regional Analysis [J]. Papers of Regional Science Association, 1960(6): 97 - 112.

[8] Emanuel O. Endogenous Free Trade Agreements and The Multilateral Trading System. Journal of International Economics, 2005(67): 471 - 497.

[9] Esteban-Marquillas, J. M., A Reinterpretation of Shift and Share Analysis [J]. Regional and Urban Economics, 1972, 2(3).

[10] Feenstra, Robert C., 1998, "Integration of Trade and Disintegration of Production in the Global Economy", Journal of Perspectives, 12: 31 - 50.

[11] Friedman J. The world city hypothesis. Development and Change. 1986.

[12] Fujita M., Krugman P. and Venables A. J., The Spatial Economy: Cities, Regions, and International Trade, The MIT Press, 1999.

[13] Graham, Stephen 1999, "Global Grids of Glass: On Global Cites, Telecommunications and Plenary Urban Networks." in Urban Studies 36(5 - 6): pp. 924 ~ 949.

[14] Hall. P. The world cities. London: Heinemann. 1966.

[15] Inama Stefano, Rules of Origin in International Trade, Cambridge University Press, 2009.

[16] Lanvin B. Trading in a new world order: the impact of telecommunications and data services on international trade in services. Boulder: Westview Press. 1993.

[17] Nazara, S. , Hewings, G. J. D. , Spatial Structure and Taxonomy of Decomposition in Shift-share Analysis[J]. Growth Change, 2004(35).

[18] Paul Brenton, Rules of Origin in Free Trade Agreements, the World Bank Group Trade Note 4, 2003.

[19] Robert Koopman, Zhi Wang. How Much of Chinese Exports Is Really Made in China? Working Paper for U. S. International Trade Commission, March 2008.

[20] Rod Falvey and Geoff Reed, Rules of Origin as Commercial Policy Instruments, University of Nottingham, acknowledges financial support from the Leverhulme Trust under Progrmme Grant F114/BF, 2000.

[21] Kala Krishna, Understand Rules of Origin, Pennsylvania State University and NBER, 2004.

[22] Sassen, S. Cities in a world economy. London: Pine Forge Press. 1994.

[23] Scott L. B, Effrey H. B. Do Free Trade Agreements Actually Increase Members' International Trade[J]. Journal of International Economics, 2007(71): 72 ~ 95.

[24] Taijif, Hideo K. Free Trade Networks. Journal of International Economics, 2007(72): 310 - 335.

[25] Taylor P. J. , Catalano G. , Wailker D. R. F. Measurement of the world city network. In GaWc Research Bulletin, 2001, No. 55.

[26] Thompson, Edmund R. 2000, "Hong Kong as a Regional Strategic Hub for Manufaturing Multinationals. " in Ake E. Anderson and David E. Anderson (Eds.) Gateways to the Global Economy, Cheltenham: Edward Elgar.

[27] Transfer Pricing Guidelines for Multinational Enterprises and Tax Administrations, OECD, 1999.

[28] WCO. Framework of Standards to Secure and Facilitate Global Trade. 2005 - 7.